Reden und Aufsätze 48

Die **Borgia**
zwischen Wissenschaft und Kunst

Ein Kongreß in Schwäbisch Hall

Herausgegeben von Marion Hermann-Röttgen

Reden und Aufsätze
Herausgegeben im Auftrag des Rektorats der Universität Stuttgart
von Jürgen Hering

Redaktion:
Prof. Dr.-Ing. Gerhard Kohn
Prof. Dr.-Ing. Andreas Reuter
Prof. Dr. phil. Herwarth Röttgen
Prof. Dr.-Ing. Werner Schiehlen

Postfach 10 49 41, D-70043 Stuttgart
Telefon (07 11) 121-22 22; Telefax 121-35 02

Satz und Druck: Offizin Chr. Scheufele, Stuttgart
Graphische Gestaltung: Peter Keidel, Stuttgart
Aufnahmen S. 14, 17, 18, 19, 20, 64, 115, 125, 204, 293:
Fotoatelier Kern, Schwäbisch Hall

ISSN 0940-0710
ISBN 3-926269-16-2

Inhaltsverzeichnis

Zum Geleit: Jürgen Hering

Direktor der Universitätsbibliothek Stuttgart

Das Redaktionskollegium hatte zunächst Bedenken, das bewährte und bekannte äußere Format der erst vor wenigen Jahren wiederbelebten Schriftenreihe der Universität Stuttgart »Reden und Aufsätze« mit dem Borgia-Band zu sprengen.
Allerdings war dies in der Geschichte der 1924 gegründeten Reihe schon einmal geschehen. Im Jahr 1957 erschien als Band 23 – gedruckt von der Offizin Chr. Scheufele und verlegt von der Deutschen Verlagsanstalt – ein Gedenkbuch der Technischen Hochschule Stuttgart zur Erinnerung an ihren Ehrenbürger Paul Bonatz. Es enthält die bei der Akademischen Trauerfeier für den im Dezember 1956 verstorbenen Architekten und Hochschullehrer gehaltenen Reden, ist mit 11 Zeichnungen von Paul Bonatz geschmückt und dokumentiert auf ganzseitigen Fotos 16 seiner Bauten aus den Jahren 1910 – 1948.
Wenn man aber, wie Rektor Wilhelm Bader damals schrieb, Bonatz nur gerecht werden konnte, wenn dem Wort das Bild sich zugesellt, und wenn dies ein eigenständiges, der Sache angemessenes Buchformat voraussetzte, dann wird angesichts des hier vorliegenden stattlichen Bandes über den 1992 veranstalteten Borgia-Kongreß schnell deutlich, daß sich der strenge Rahmen der Schriftenreihe geradezu öffnen und weiten mußte, um das vielseitige Geschehen der vier Mai-Tage in Schwäbisch Hall, um die Fülle der Texte und das Kaleidoskop der Bilder aufnehmen und wiedergeben zu können.
Band 48 ist damit ein besonderer Band in dieser Reihe geworden, und das wird wohl für eine ganze Weile so bleiben. Zu verdanken ist dies Frau Dr. Marion Hermann-Röttgen, die nicht nur spiritus rector für den Borgia-Kongreß selbst war – mit einem Arbeitsfeld, das vom Konzept bis zur Durchführung alle Stufen der künstlerischen, wissenschaftlichen und organisatorischen Leitung umfaßte – sondern ebenso für die Konzeption und Drucklegung dieses Buches. Daß dabei die Beschaffung der erforderlichen Finanzmittel mindestens so schwierig war, wie die Text- und Bildbearbeitung für dieses vielschichtige Buch, wird der verstehen, der solche Mühe schon auf sich genommen hat.
Das Redaktionskollegium und die Universität Stuttgart haben deshalb Anlaß, Marion Hermann-Röttgen für ihre Arbeit vielmals zu danken und sie zum vorliegenden Ergebnis zu beglückwünschen.
Schön, daß die Offizin Chr. Scheufele über eine Generation hinweg an beiden Bänden Hand angelegt hat: war 1957 Carl Keidel um die mustergültige Ausstattung des Bonatz-Bandes besorgt, so hat fast 40 Jahre später Peter Keidel »Die Borgia zwischen Wissenschaft und Kunst« in die richtige Form gebracht.

Stuttgart, im Oktober 1995

Jürgen Hering

Grußwort Klaus von Trotha

Minister für Wissenschaft und Forschung

»Als Schirmherr dieses ungewöhnlichen Kongresses freue ich mich besonders, daß es der Initiatorin der Veranstaltung – der Literaturwissenschaftlerin Marion Hermann-Röttgen – gelungen ist, die wissenschaftlichen und künstlerischen Ergebnisse in Form einer Publikation der Öffentlichkeit vorzustellen.
Der Kongreß hatte die Zielsetzung, die verschiedenen kulturellen und wissenschaftlichen Aktivitäten der Landeshauptstadt Stuttgart, vertreten durch die Universität Stuttgart, und der Region, vertreten durch die Stadt Schwäbisch Hall, mit einem attraktiven Arbeitsvorhaben zu verbinden. Unterstützt durch mehrere Institutionen der Städte ist eine vorbildliche kulturwissenschaftliche Zusammenarbeit von Stadt und Land in die Tat umgesetzt worden.
In seiner umfassenden Idee dürfte dieses Projekt ziemlich einmalig sein. Ich wünsche mir, daß ähnliche Veranstaltungen, die eine intensive Begegnung zwischen Wissenschaftlern und Künstlern ermöglichen, auch in Zukunft möglichst oft stattfinden können.«

Stuttgart, im August 1995

Klaus von Trotha

Grußwort Karl Friedrich Binder

Oberbürgermeister der Stadt Schwäbisch Hall

1992 war ein Jahr vielfältiger Jubiläen: An zahlreichen Orten wurde an die »Entdeckung Amerikas« durch Christoph Columbus im Jahr 1492 durch Ausstellungen und andere kulturelle Veranstaltungen erinnert. 1492 war jedoch unter anderem auch das Jahr, in dem Alexander VI. Borgia den Papstthron bestieg.

Dieses Ereignis bildete den äußeren Anlaß für den Kongreß »Die Borgia. Eine Renaissance-Familie im Zwielicht«, den die Stadt Schwäbisch Hall und die Universität Stuttgart gemeinsam veranstalteten. Diese Zusammenarbeit zwischen der Stadt Schwäbisch Hall und der Universität Stuttgart bedeutete für Schwäbisch Hall ein Novum – und sicherlich war es auch für die Universität Stuttgart wohl keine alltägliche Angelegenheit, eine solche Veranstaltung nicht auf dem Campus der Universität, sondern dezentral in Schwäbisch Hall abzuhalten.

Zahlreiche Institutionen der Universität Stuttgart beteiligten sich ebenso daran wie verschiedene kulturelle Einrichtungen der Stadt Schwäbisch Hall. Der Kongreß, dessen Schirmherr der Minister für Wissenschaft und Kunst des Landes Baden-Württemberg, Klaus von Trotha, freundlicherweise übernommen hatte, bot neben Vorträgen und Diskussionen in- und ausländischer Gelehrter ein umfangreiches Rahmenprogramm, das Ausstellungen, Theater, Kabarett, Filme und Konzerte umfaßte. So widmete unter anderem das Hällisch-Fränkische Museum seine Jahresausstellung der »Renaissancefamilie Borgia – Geschichte und Legende«, die Haller Akademie der Künste beleuchtete das faszinierende Thema aus dem Blickwinkel zeitgenössischer Künstler.

Die ehemalige Löwenbrauerei in der Katharinenvorstadt erwies sich bei der Aufführung von Victor Hugos »Lucrezia Borgia«, die von der Stuttgarter Nolobühne in Szene gesetzt wurde, als spannende Kulisse für experimentelles Theater. Den Bilderbogen rundete das Goethe-Institut mit einer Fotoausstellung über das »Appartamento Borgia« ab, die Papstwohnung im Vatikan, und auch das abschließende Renaissance-Fest im Hof der Haller Hospitalkirche trug wesentlich zu diesem erfolgreichen viertägigen »Festival der Sinne« bei.

Über die Beteiligung ihrer bewährten kulturellen Infrastruktur hinaus, übernahm die Stadt Schwäbisch Hall auch weitgehend die Finanzierung dieses außergewöhnlichen Unternehmens, und dies ist auch für die wohlhabende Stadt Schwäbisch Hall in Zeiten knapper werdender Mittel nicht ganz selbstverständlich. Doch wollte man mit der Veranstaltung dieses Kongresses über die Renaissancefamilie Borgia eine bestehende Tradition in der städtischen Kulturarbeit fortsetzen. In den letzten Jahren waren immer wieder von verschiedenen Kultureinrichtungen der Stadt aktuelle Themen gemeinsam aufgegriffen und unter verschiedenen Aspekten einem breiteren Publikum vorgestellt worden. Neu ist freilich die Zusammenarbeit und gemeinsame Trägerschaft mit der Universität Stuttgart, die einen fruchtbaren Dialog zwischen Wissenschaft und breiter Bevölkerung während dieses Kongresses er-

wachsen ließ. Vor der intimen Haller Stadtkulisse fand nun dieses interdisziplinär angelegte Projekt eine überwältigende Resonanz in weiten Kreisen und verankert sich so als unvergeßlicher Glanzpunkt im Kulturleben Schwäbisch Halls.
Namentlich möchte ich mich bei Dr. Marion Hermann-Röttgen bedanken, die nicht nur die Idee zu dieser Veranstaltung geboren, sondern die wissenschaftliche und künstlerische Planung übernommen und die gesamte Organisation geleitet hat.
Außerdem gilt mein Dank Bürgermeister Wilfried Brückner, der mit seinem Sekretariat die Leitung der Planung in Schwäbisch Hall federführend hatte, und Professor Dr. Herwarth Röttgen, der mit dem Institut für Kunstgeschichte innerhalb der Universität Stuttgart die Organisation betreute.
Ich glaube, wir alle wissen das große Engagement von allen Beteiligten zu schätzen, das notwendig war, um ein so umfangreiches Projekt zu verwirklichen.

Schwäbisch Hall, im Dezember 1994

Dr. h. c. Karl Friedrich Binder

Grußwort Jürgen Giesecke

Altrektor der Universität Stuttgart (1990 – 1992)

Anläßlich des 500. Jahrestages der Wahl von Rodrigo Borgia zum Papst Alexander VI. wurde am 28.Mai 1992 ein einzigartiger Kongreß »Die Borgia – eine Renaissance-Familie im Zwielicht: Geschichte – Legende – Bühne« in der alten Reichsstadt Schwäbisch Hall eröffnet, der eine vielfältige Resonanz in Kultur, Kunst und Wissenschaft gefunden hatte. Die Antwort auf die Frage nach dem Einzigartigen, nach dem Ausdruck des Besonderen liegt in der erstmaligen Konzeption der viertägigen Veranstaltung. Je nach Zeitströmung, europäischem Geist, Philosophie, Wahrheitsfindung fanden die Borgia unterschiedlichen Ausdruck in Dichtung und Historie. Ob Machtstreben, Familienbande, menschliche Unzulänglichkeiten, Rücksichtslosigkeit, Unmoral oder Skandale, – stets waren es Forscherdrang, historisches und künstlerisches Wirken einer Vielzahl von Wissenschaftlern und Kunstschaffenden, die in Wahrheitsfindung und bildhaftem Vollziehen prägende Werke über die Borgia in der jüngsten Zeit hatten entstehen lassen.

Und so fand das Festival hinsichtlich Idee, Ausgestaltung und Durchführung seine Wurzel primär in einer Symbiose von Wissenschaft, Kultur und Kunst. Eine in der Landeshauptstadt Stuttgart angesiedelte, rund 165 Jahre alte, technisch orientierte Universität, die mit ihren in 14 Faktultäten vereinigten ca. 140 Instituten mit hierdurch signalisierter Forschung und Lehre sich einen in aller Welt hohen Ruf erobert hat, war Dank nachhaltiger Initiativen in die weitere Umgebung, auf das flache Land während der damaligen Kongreßtage hinausgezogen. Zusammen mit der gleichfalls in Stuttgart beheimateten Staatlichen Hochschule für Musik und Darstellende Kunst und mit geachteten, das Kulturleben der Stadt Schwäbisch Hall gestaltenden Institutionen und Förderern hatte sich die Universität zur Trägerschaft für den Kongreß bereitgefunden. Ihre Wissenschaftler, die an fünf in die beiden geisteswissenschaftlichen Fakultäten eingebundenen Instituten für Kunstgeschichte, Philosophie, Literaturwissenschaft, ältere deutsche Philologie und neuere englische Literatur wirken, hatten vielfältige Beiträge geleistet, um mit Vorträgen, einem aus dem Englischen übersetzten Theaterstück und mit Ausstellungen das insgesamt auch Konzerte, Oper und Tänze, Filme und Kabarett einschließende Kongreßprogramm als eine ungewöhnliche Verbindung von Wissenschaft und Kultur lebendig werden zu lassen.

An dieser Stelle gebühren Frau Dr. phil. Marion Hermann-Röttgen erneut große Hochachtung und Anerkennung. Sie bewältigte eine immense Arbeit, um den Kongreßtagen nicht nur das Gepräge zu verleihen, sondern auch alle organisatorischen Unternehmungen in der Verklammerung der vielen Beteiligten, in der Festlegung der einzelnen Veranstaltungsorte, in der Bewältigung der finanziellen Absicherung zum Erfolg zu führen. Dieser umfangreichen Aufgabe nahm sie sich an, obwohl sie nicht dem Lehrkörper der Universität Stuttgart angehört, stattdessen freiberuflich als

Literaturwissenschaftlerin und Logopädin erfolgreich tätig ist. Ihren künstlerischen und literarischen Begabungen entstammt u. a. das Buch »Die Familie Borgia, Geschichte einer Legende«, das die Brücke zu dem Schwäbisch Haller Festereignis geschlagen hatte.
Im Rückblick auf die gelungenen Kongreßtage wurden alle Erwartungen in reichem Maße erfüllt, die Veranstaltungen nicht zu einem elitären Wissenschaftskongreß erheben, sondern zu einem Angebot an seine Besucher aus Stadt und Land werden zu lassen, ferner die Familie Borgia wissenschaftlich und künstlerisch zu werten, sie in den Glanz der Renaissance einzufügen. In vielen Bildern von Menschen mit der Interpretation von zeitgenössischen Künstlern und Wissenschaftlern trat die berühmte Papstfamilie in das Bewußtsein der zahlreichen Gäste von Vorträgen, Ausstellungen, musikalischen Darbietungen, Theater- und Filmaufführungen.
Möge dieses einmalige, vorbildliche Konzept einer die breite Öffentlichkeit ansprechenden, ereignisreichen wissenschaftlichen Tagung in nächster Zukunft eine schöpferische Nachahmung finden!

Stuttgart, im Dezember 1994

Jürgen Giesecke

Alexander VI. Borgia, Pinturicchio, Appartamento Borgia, Vatikan

Ein Kongreßbericht

Rathaus Schwäbisch Hall

Ein Kongreßbericht

von Marion Hermann-Röttgen

Die Idee

Dieses Buch ist entstanden, um ein außergewöhnliches Ereignis zu dokumentieren, das wegen seiner Vielfältigkeit nicht einfach zu beschreiben sein wird.
Die Idee zu der Veranstaltung wurde im Sommer 1990 geboren, zwei Jahre bevor der Kongreß stattfand. Anlaß war der Gedanke, daß sich im Jahre 1992 die Wahl Rodrigo Borgias zum Papst Alexander VI. zum fünfhundertsten Male jähren würde. Der ursprüngliche Plan war, an der Universität Stuttgart ein kleines wissenschaftliches Colloqium über die Borgia zu veranstalten. Drei Jahre gingen ins Land, Zeit genug, die kleine Idee zu einem großen Projekt heranwachsen zu lassen.
Bei den Borgia handelt es sich um eine Familie, die sich schwerlich auf eine wissenschaftliche Diskussion reduzieren läßt. 500 Jahre hat man sich mit ihr befaßt: Theologen und Philosophen, Kirchen- und Politikhistoriker, Kunsthistoriker, Germanisten, Literaturwissenschaftler und Anglisten. Doch nicht nur Wissenschaftler haben sich für Alexander Borgia interessiert, sondern Künstler aller Art: Maler und Bildhauer, Dramatiker, Romanciers, Lyriker und Komponisten.
Sollte eine vollständige Skizze entstehen, welche die Vielfalt des Umgangs mit dieser Familie in 500 Jahren darstellen könnte, so gehörten wissenschaftliche Vorträge verschiedener Fakultäten dazu, aber auch Ausstellungen, Theater, Kabarett, Konzert, Oper, Tanz und Kino. Je länger der Plan wuchs und gedieh, desto mehr wandelte sich das Ausgangsthema.
Es ging nicht mehr allein um die Familie Borgia, sondern um die menschliche Phantasie, die im Laufe der Jahrhunderte die Geschichte der Borgia mit immer neuen Geschichten umwoben hat. Die Geschichte der Geschichten der Geschichte am Beispiel der Borgia wurde das eigentliche Thema dieser Veranstaltung, die das Zusammenspiel von Phantasie und Ereignis, von Fiktion und Realität, von Kunst und Wissenschaft thematisierte und zugleich repräsentierte.
Es galt also, ein interdisziplinäres Projekt von allgemeinem Interesse und nicht eine wissenschaftliche Veranstaltung für Spezialisten zu gestalten. Theorie und Praxis mußten durch die gemeinsame Arbeit verschiedener Institutionen zusammenwachsen. Wissenschaft und Kunst, zwei Stiefkinder unserer Gesellschaft, die beide stets in finanziellen Schwierigkeiten sind, sollten verbunden werden. Als das Projekt geplant wurde, waren beide noch in einem Ministerium unter dem Minister für Wissenschaft und Kunst Klaus von Trotha vereinigt, der sich deshalb auch gerne bereit erklärte, Schirmherr der Veranstaltung zu werden.
Als der Kongreß eröffnet wurde, war wenige Tage zuvor die Auflösung und Umbenennung des Ministerums beschlossen worden, so daß der Kongreß eine Abschiedsfeier des alten Ministeriums wurde, die

bewies, daß die Ehe zwischen Kunst und Wissenschaft durchaus eine Zukunft hätte haben können.
In verschiedenen Sprachen – den unterschiedlichen wissenschaftlichen und den unterschiedlichen künstlerischen Sprachen – wurde über *ein* Thema gesprochen: die Renaissancefamilie Borgia.

Das Thema Borgia

Der historische Anlaß, die Borgia zu behandeln, war das 500jährige Jubiläum der Papstwahl Alexanders VI. im Jahre 1492.
Seit dieser Zeit sind die Borgia Gegenstand von Historie und Literatur. Mit den Borgia wird Macht, Sexualität und Grausamkeit assoziiert, kaum jemand, der noch nicht von ihnen gehört hat. Genaues jedoch wissen die Wenigsten zu berichten. Woran liegt der zwiespältige Ruhm der Borgia, was zeichnet sie unter anderen historischen Figuren aus?
Schon zu Lebzeiten war Papst Alexander Borgia von Interesse für seine Umwelt, nicht nur, weil er als Papst sowohl kirchliche als auch weltliche Macht auf sich vereinte, sondern vor allem weil er eine Politik betrieb, die den Nepotismus seiner Vorgänger übertraf und eher an das Regiment absolutistischer Dynasten erinnert, wie wir es nach Alexander an den meisten europäischen Fürstenhäusern antrafen.
Reichtum, Schönheit, Klugheit und rhetorisches Geschick gingen in ihm und seinen Kindern eine ungewöhnliche Verbindung ein, die Erstaunen auslöste und die Phantasie der Menschen beflügelte.
Der plötzliche Aufstieg dieses ausländischen Papstes, die glänzenden militärischen Erfolge seines begabten Sohnes und schließlich der überraschende Tod des Papstes mit dem daraus folgenden jähen Sturz des Helden Cesare Borgia und dem – zumindest teilweisen – Zusammenbruch des soeben für die Kirche eroberten Imperiums provozieren eine dramatische Interpretation des Pontifikats.
Alle öffentlichen Personen erregen im Volk Neugier in Bezug auf ihr Privatleben, das weithin verborgen bleibt und deshalb geheimnisvoll erscheint. Im Fall der Borgia bot sich durch zahlreiche Ereignisse, die in die private Sphäre der Familie hineinreichten, reichlich Stoff für Gerüchte: die offiziell anerkannten Beziehungen Rodrigo Borgias zu Frauen, die wechselnden Verlobungen und Ehen der Papsttochter Lucrezia und deren gewaltsame Lösungen, die Rückkehr Cesares aus dem Kardinalsstand in das weltliche Amt eines Militärs und schließlich die dramatischen Todesfälle in der Familie, vor allem der Mord an Juan Borgia und an Lucrezias zweitem Gatten Alfonso von Bisceglie wurden als Geschichten weitererzählt.
Die Spannung zwischen öffentlicher Macht und privater Person ist häufig Thema der Literatur. So erklärt sich, daß man nie allein von Alexander spricht, sondern immer auch von Mitgliedern seiner Familie, die in ein vollständiges Bild der Person des Papstes mehr hineingehören als bei vielen anderen berühmten Männern der Geschichte. Die Borgia bilden eine Familie nahezu im üblichen Sinne, und Familien scheinen den Betrachter stets zu faszinieren, weil dadurch Nähe oder Ferne zu den eigenen Lebensverhältnissen entsteht.
Im Laufe der letzten fünf Jahrhunderte hat sich die Auffassung der Historiker von dem Pontifikat Alexanders VI. vielfach verändert, noch variantenreicher sind die künstlerischen Versionen des Bildes der Familie Borgia.
Das Thema des Kongresses mußte also zum einen der Dialog von Geschichte und Legende sein und zum

anderen die Beziehung der Rezipienten und ihrer jeweiligen Zeit zu der Renaissancefamilie Borgia.

Das Projekt des Kongresses

Unabhängig von dem eigentlichen Thema »Borgia« gab es für diese Veranstaltung Zielsetzungen, die über das rein wissenschaftliche und künstlerische Interesse hinaus ein so umfangreiches Projekt in bezug auf den Arbeitsaufwand und die finanzielle Investition in vielfacher Hinsicht rechtfertigten.

Kooperation von Landeshauptstadt und Region

Minister von Trotha hatte bei seinem Amtsantritt betont, daß der Bezug zwischen der Landeshauptstadt Stuttgart und der Region intensiviert werden sollte und sah in einem Projekt, das von Stuttgart und Schwäbisch Hall gemeinsam veranstaltet würde, eine Umsetzung dieser Intention.

Gemeinschaftsprojekt von Universität und Stadt

Die Stadt Schwäbisch Hall wiederum zeigte großes Interesse an einer Gemeinschaftsarbeit mit der Universität Stuttgart, um ihre eigenen intensiven Bildungsaktivitäten an wissenschaftliche Forschungen anzugliedern.

Universitäre Arbeit angebunden an die Öffentlichkeit

Der Universität Stuttgart liegt grundsätzlich daran, die interne Arbeit der Studenten in einen Bezug zur Öffentlichkeit zu setzen, um die Trennung des universitären und des öffentlichen Lebens zu überbrücken. Deshalb entsprach die Idee, thematische Vorarbeit in Seminaren der Universität zu leisten und im Anschluß eine Exkursion nach Schwäbisch Hall zu machen, um dann an dem Kongreß die eigenen Forschungsarbeiten mit den jeweiligen Dozenten öffentlich vorzustellen, sowohl dem Interesse der Studenten als auch der Dozenten.

Interdisziplinäre Arbeit innerhalb der Universität

Interdisziplinäres Arbeiten wird besonders von Studenten immer wieder gewünscht. Gelegentlich finden übergreifende Seminare zweier Institute statt. In diesem Fall waren fünf verschiedene Institute beteiligt, die in Seminaren an der Vorbereitung und mit der Exkursion an der Durchführung des Kongresses teilnahmen.

Hospitalhof Schwäbisch Hall

Kino im Schafstall

Zusammenarbeit unterschiedlicher Institutionen

Sowohl innerhalb Stuttgarts als auch innerhalb Schwäbisch Halls waren mehrere Institute beteiligt. Das gemeinsame Projekt eignete sich, die wechselseitige Arbeit besser kennenzulernen. Als besonders produktiv und interessant erwies sich die gemeinsame Arbeit der Studenten der Musikhochschule und der Universität Stuttgart. In Schwäbisch Hall haben insgesamt fünf Institutionen an der Gestaltung des Programms aktiv mitgewirkt, abgesehen von weiteren Institutionen, die mit der Organisation beschäftigt waren.

Koordination von wissenschaftlicher Theorie und praktischer künstlerischer Umsetzung

Eine der reizvollsten und fruchtbarsten Aufgaben dieser Veranstaltung war die Zusammenarbeit von Wissenschaftlern und Künstlern, die sich zum großen Teil zum ersten Mal mit den wechselseitig verschiedenen Methoden, Interessen und Möglichkeiten in einem gemeinsamen Projekt auseinandersetzen mußten.

Die mitwirkenden Institutionen

Institutionen in Stuttgart

Universität Stuttgart:
- Institut für Philosophie
- Institut für allgemeine und vergleichende Literaturwissenschaft
- Institut für ältere deutsche Philologie
- Institut für neuere englische Literatur
- Institut für Kunstgeschichte

Hochschule für Musik und darstellende Kunst:
- Abteilung Oper
- Abteilung Alte Musik
- Abteilung Rhythmik
- Abteilung Sprecherziehung und Rezitation

Stadtbücherei Stuttgart

Institutionen in Schwäbisch Hall

Bürgermeisteramt
Volkshochschule
Hällisch-Fränkisches Museum
Goethe-Institut
Akademie der Künste
Kommunales Kino im Schafstall
Informationsamt
Forum für Kunst und Kultur
Stadtbücherei Schwäbisch Hall
Buchhandlung Gebhard

Künstlergruppen

Nolo-Bühne Stuttgart
Kleinkunst Bühne Höfels-Elkarim
Deko Trio Crailsheim
Renitenztheater Stuttgart

Freie Musikgruppen

Duo Favori
Gruppo di Musica Popolare

Freischaffende Künstler

Künstler aus der BRD, Italien und der GUS:
Musiker, Sänger, Regisseure, Schauspieler, Sprecher, Fotografen, Maler, Bildhauer, Graphiker.

Wissenschaftliche Referate aus folgenden Disziplinen

– mit Referenten der Universität Stuttgart und Wissenschaftlern aus Österreich, Italien und Spanien:

Theologie
Philosophie
Geschichte
Germanistik
Literaturwissenschaft
Anglistik
Kunstgeschichte

Wissenschaftliche Mitarbeiter für die Ausstellungen und Kataloge aus verschiedenen Instituten und Museen

Württembergisches Landesmuseum Stuttgart
Frankisch-Hällisches Museum Schwäbisch Hall
Institut für Kunstgeschichte
Freischaffende Wissenschaftler

Informations- und Kulturamt der Stadt Schwäbisch Hall

Die Geschichte eines Projekts

Eine originelle Idee, ein wahrhaft interdisziplinäres Projekt, eine ungewöhnliche Kooperation von Kunst und Wissenschaft sollte – so meint man – viele offene Türen finden. Und zunächst war es auch so.
Der Rektor der Universität ließ sich rasch begeistern, zumal als sich Dozenten von fünf Instituten spontan einverstanden erklärten, in vorbereitenden Seminaren das Thema Borgia zu integrieren. Der Plan, gemeinsam mit der Stadt Schwäbisch Hall als Veranstalter des Kongresses zu fungieren, schien sinnvoll im Sinne der Zusammenarbeit mit der Region und in der Aussicht, sich die Kosten zu teilen.
Der Bürgermeister von Schwäbisch Hall stimmte großzügig einer finanziellen Unterstützung des Projektes zu, und so war bei dem ersten gemeinsamen Treffen die Basis für das Projekt bereitet. Die Universität wollte den wissenschaftlichen Teil finanzieren, die Stadt einen Teil der künstlerischen Aktivitäten und die Organisation. Das Fränkisch-Hällische Museum sollte die Kosten für eine große Ausstellung und einen Katalog tragen. Als dem Minister Klaus von Trotha das Projekt vorgestellt wurde, bot er spontan und herzlich seine Schirmherrschaft an.
Zunächst erwies es sich als ein großer Vorteil, daß die Veranstaltung in der überschaubaren Stadt Schwäbisch Hall stattfinden sollte. Schon Anfang 1991 saßen alle Institutsleiter von Schwäbisch Hall um einen Tisch: der Museumsdirektor, der Direktor des Goethe-Instituts, der Direktor der Volkshochschule, der Leiter der Haller Akademie der Künste, der Theaterleiter der Festspiele, die Leiterin des Informationsamtes, der Oberbürgermeister und der Baubürgermeister. Heiterkeit und Ideenreichtum prägten diesen Anfang. Alle waren bereit, in irgendeiner Form mitzumachen.

Die Hauptarbeit konnte beginnen. Die aktiven Teilnehmer mußten gewonnen werden, die Wissenschaftler und die Künstler. Nahezu alle, die gefragt wurden, sagten zu, obwohl die Honoraraussichten mehr als spärlich waren. Das wissenschaftliche und das künstlerische Programm war rasch zusammengestellt. Sogar die ersten Sponsoren fanden sich leicht, so daß der zur Verfügung stehende Betrag der Stadt um die Hälfte erhöht werden konnte.
An dieser Stelle soll eine kleine Geschichte über die Borgia eingeflochten werden für alle die Leser, die dem Aberglauben nicht ganz abhold sind. Da heißt es nämlich in einem Konzil einige Jahre nach dem Tode Alexander Borgias, Alexander habe – und das wird

durch ehrenwerte Zeugen wie den späteren Papst Paul IV. Carafa belegt – ein Bündnis mit dem Teufel gehabt. Was nach den ersten glücklichen Erfolgen der Planung geschah, ließ den Verdacht aufkommen, es könne etwas Wahres daran sein.

Gegen Ende des Sommers 1991, als schon insgesamt etwa 150 Personen in Vorbereitungsarbeiten steckten, wurde der Direktor des Museums nach Karlsruhe berufen, der Direktor des Goethe-Instituts nach New York, sein Stellvertreter nach Bukarest, die Leitung des Informationsamtes kündigte aus personellen Gründen ihre Mitarbeit an dem Projekt, der Festspielleiter sah keine Möglichkeit eines der vorhandenen Borgia-Dramen auf der Kirchentreppe zu inszenieren, der Geldgeber einer anderen Theatergruppe fiel aus persönlichen Gründen aus.

Kein Wunder daß die Stimmung im Bürgermeisteramt auf den Nullpunkt sank. Ein Krisengespräch in Schwäbisch Hall fand statt, in dem nahezu ausschließlich ehemals Begeisterte beieinandersaßen, die sich diesesmal mit der Absicht eingefunden hatten, das Projekt zu Grabe zu tragen. Doch was verwaltungstechnisch vielleicht noch gegangen wäre, war praktisch unmöglich geworden. Zu viele Beteiligte gab es bereits, die Arbeit und Geld investiert hatten und ein Scheitern zu diesem Zeitpunkt verübelt hätten. Am Ende der Verhandlung war die Begeisterung reduziert auf praktische Einsichten, und das Ergebnis war ein Kompromiß.

Die geplante große Ausstellung konnte das Museum ohne Direktor schwerlich noch auf die Beine stellen. Stattdessen wurde beschlossen, mit einer Gruppe von sechs freien wissenschaftlichen Mitarbeitern eine kleinere Ausstellung zu bestreiten, ohne die großen Gemälde, die ursprünglich aus Italien geholt werden sollten.

Den unerwarteten finanziellen Verlust der Theatergruppe konnte die Stadt nicht ausgleichen, also wurde eine zweite Sponsorensuche geplant, um das Stück zu retten. Tatsächlich gelang die Aktion, und die Proben konnten fortgesetzt werden.

Die ausgefallenen Mitarbeiter waren schwer zu ersetzen, also wurde die Planung vor Ort auf verschiedene Institute in Schwäbisch Hall verteilt. Das erschwerte zwar die Organisation, aber eine Notlösung des Problems war auf diese Weise gefunden. Allerdings waren durch die Beteiligung so vieler Institutionen häufig die Zuständigkeiten unklar.

Das gleiche Problem entstand im Hinblick auf die Finanzierung des Projektes. Gerade weil die Veranstaltung interdisziplinär war, und somit zwischen den Stühlen Kunst und Wissenschaft angesiedelt, standen manche Fördermittel nicht zur Verfügung, die bei einer klaren Entscheidung für das eine oder andere eingesetzt worden wären.

Dennoch ist der Kongreß in seinem finanziellen Rahmen geblieben, wurde kein Defizitunternehmen und hat Stadt und Universität nicht mehr gekostet als geplant. Den Grundbetrag stellte die Stadt Schwäbisch Hall und übernahm auch das finanzielle Risiko. Die Ausstellung im Fränkisch-Hällischen Museum und der zugehörige Katalog wurden aus dem Museumshaushalt finanziert. Etwa die gleiche Summe, die die Stadt investierte, kam durch Sponsorengelder von Banken und Firmen zusammen. Die Universität, vertreten durch den Rektor, war bereit, die Kosten für die ausländischen Referenten zu übernehmen, die Exkursionskosten für die Studenten und die Dienstreisen für ihre Dozenten. Minister Klaus von Trotha ermöglichte diesen Unkostenbeitrag, in dem er sich dafür einsetzte, daß das Land Sondermittel genehmigte. Die übrigen finanziellen Belastungen übernahm die Fakultät 8 der

Universität und verzichtete dem Projekt zuliebe auf verschiedene eigene Ansprüche.
Die Hotelkosten von vier ausländischen Gästen hat das Goethe-Institut übernommen. Das Regierungspräsidium bezahlte eine Musik- und Tanzveranstaltung. Die Stadt Stuttgart hat nichts beigesteuert.
Ein unerwartet hoher Anteil wurde durch Einnahmen finanziert, weil der Kongreß während aller wissenschaftlichen Vorträge fast bis auf den letzten Platz ausgebucht und alle Theateraufführungen ausverkauft waren. Zudem war das Abschlußfest mit über 1000 Besuchern auch in finanzieller Hinsicht ein Erfolg.
Dennoch wäre die Bilanz weniger positiv ausgefallen, wenn die beteiligten Künstler und Wissenschaftler nicht zurückhaltend in ihren Honorarwünschen gewesen wären. Engagement und Begeisterung hat viele bewogen, dieser ungewöhnlichen Sache zuliebe für wenig Geld oder gar umsonst zu arbeiten. Ein beträchtlicher Anteil ist indirekt dadurch erarbeitet worden, daß die beteiligten Schwäbisch Haller Institutionen ihre Sekretariate und zusätzliches Hilfspersonal unentgeltlich eingesetzt, Räume freizügig zur Verfügung gestellt und Telefon- und Portokosten in ihre Budgets integriert haben. Nicht zuletzt aus dem Bedürfnis, das Engagement aller Beteiligten würdigen zu wollen, ist die Dokumentation des Kongresses nun doch noch möglich gemacht worden.

Die Katharinenvorstadt

In Schwäbisch Hall gab es ein umstrittenes Projekt, das durch einen Zufall mit dem Borgia-Kongreß in Verbindung geriet: Die Katharinenvorstadt. Dieser Stadtteil von Schwäbisch Hall ist ein eng bebauter, relativ unzerstörter, kaum durch Neubauten veränderter

Bürgermeister Wilfried Brückner

Bezirk, der recht unterschiedliche Meinungen in der Stadtverwaltung auslöste. Von weitreichendem Abriß über Neubau und Teilsanierung bis zu vollständigem Erhalt und denkmalpflegerischer Restaurierung gab und gibt es alle Varianten an Meinungen. Mitten in der Katharinenvorstadt stehen zwei im wörtlichsten Sinne hervorragende Gebäude: die Katharinenkirche und der ruinöse Turm der Löwenbrauerei. Über die Kirche bestand wohl immer weitgehend Einigkeit, von Abriß zumindest redete auch unter den extremsten Vertretern einer radikalen Neugestaltung des Bezirks niemand. Der Brauereiturm wurde jedoch zu einer Art Symbol der zwiespältigen Meinung. Die einen begeisterten sich für den hohen quadratischen Backsteinbau mit seinen Burgzinnen, der als grandiose Silhouette aus der Katharinenvorstadt über den Kocher nach Hall schaut. Die anderen sahen in dem halbverfallenen Gebäude allenfalls ein Industriedenkmal, das man eventuell erhalten oder auch nur gut dokumentieren sollte, die dritten empfanden das Gebäude als unnützen Störenfried auf kostbarem Bauland der engen Innenstadt und plädierten für seinen Abriß.
Die Auseinandersetzung der Stadt hätte mit den Borgia nicht viel zu tun gehabt, wenn die Stuttgarter

Blick auf die alte Löwenbrauerei in Schwäbisch Hall

Regisseurin Freia Fischer, die im Auftrage des Kongresses nach Schwäbisch Hall kam, um einen geeigneten Aufführungsort für Victor Hugos »Lucrezia Borgia« zu suchen, sich nicht gerade für diesen Turm begeistert hätte. Aus dem Fenster des Bürgermeisteramts erblickte sie den Backsteinbau: »Der Borgia Palast. Da drüben steht er ja, der Palast Lucrezia Borgias aus Ferrara.« In der Tat, die Ähnlichkeit ist frappant. Die Ruine schreckte die Regisseurin nicht ab, im Gegenteil, die Verlassenheit des Gebäudes, die zerbrochenen Fenster, die eingestürzten Böden, die abgerissenen Pfeiler, die Treppen ins Leere, der makabre Zauber einer vergangenen Pracht schienen ihr der ideale Raum für Victor Hugos romantische Tragödie.

Bürgermeister Wilfried Brückner fand in der Regisseurin auf diese Weise eine leidenschaftliche Verbündete für den Erhalt des Turmes. Mit einer Aufführung in diesem Gemäuer konnten die Freunde der Katharinenvorstadt erhoffen, die Bevölkerung auf die Schönheit des Turmes hinzuweisen, den Sinn für Architektur einer vergangenen Epoche wach zu rufen und sie vielleicht auf diese Weise für eine neue Bestimmung des Gebäudes zu gewinnen.

Ein Theaterstück in der Katharinenstadt sollte diesen Stadtteil einbeziehen in das eigentliche Zentrum der Altstadt, ohne den typischen Charakter dieser Gegend zu beeinträchtigen. So wurde der »Borgia-Turm« der umstrittenste Punkt des Projektes, der Grund, warum manche in der Stadt den Kongreß ganz und gar nicht wünschten und manche um so mehr. Das Gebäude so herzurichten, daß man darin eine Aufführung gestalten konnte, ohne mit der Baupolizei, den Sicherheitsbehörden in Konflikt zu geraten, kostete Geld, bedurfte eines listenreichen Verhandlungsgeschicks und wurde in unerwarteter Weise das Herz der Vorplanung.

Die Vorbereitungen

Die künstlerische und organisatorische Planung war in Form eines Werkvertrags zwischen Schwäbisch Hall und mir in Form einer freien wissenschaftlichen Tätigkeit geregelt. Meine Arbeit bestand neben der wissenschaftlichen und künstlerischen Planung aus der Leitung der Organisation und Koordination der beteiligten Institutionen und Mitwirkenden.

Nachdem die finanziellen Fragen im Wesentlichen geklärt waren, galt es zunächst, die Referenten für den Kongreß zu finden. Erfreulicherweise konnten gleich zu Beginn der Planung die beiden bedeutendsten lebenden Borgia-Forscher für Vorträge gewonnen werden: der spanische Jesuit Padre Miquel Batllori, Professor an der Gregoriana in Rom, und die österreichische Professorin Susanne Schüller-Piroli (†), ebenfalls

Katharinenvorstadt in Schwäbisch Hall

aus Rom. Aus Padua sagte uns der italienische Germanist Tacconelli zu. Die übrigen neun Referenten fanden sich unter den Professoren, Dozenten und Lehrbeauftragten der Universität Stuttgart.

Bereits im Sommersemester 1991 begannen an fünf verschiedenen Instituten Seminare, die das Thema Borgia aus verschiedenen Aspekten in ihre Thematik miteinbezogen. Im Fach Kunstgeschichte wurde im Wintersemester 91/92 eine Exkursion nach Rom veranstaltet und die Kunst während des Pontifikats von Alexander Borgia vor Ort studiert. Einzelheiten zu den Seminaren werden geschildert, wenn über den Verlauf des Kongresses berichtet wird.

Die Akademie der Künste in Schwäbisch Hall – unter Leitung von Michael Klenk – stellte das Wintersemester 1991 unter das Thema Borgia und motivierte so die Studenten, gemeinsam mit den Dozenten aktiv an der Vorbereitung der künstlerischen Programme mitzuwirken.

Die Volkshochschule Schwäbisch Hall ließ ab Winter 1991 einen vorbereitenden Vortragszyklus zu dem Thema Borgia laufen, der gedacht war, der interessierten Bevölkerung von Schwäbisch Hall vor dem eigentlichen Kongreß eine vertiefte Einführung in die Thematik anzubieten.

Die Universität Stuttgart bot einem Freundeskreis, der aus den Ehepartnerinnen der Professoren und Dozenten besteht, vor dem Kongreß eine Tagesexkursion als einführende Veranstaltung.

Die drei Ausstellungen bedurften intensiver Vorbereitungen. Für das Hällisch-Fränkische Museum mußten nicht nur ein neues Konzept entwickelt, sondern die Exponate gesucht und zusammengestellt, die Rechte für die Ausleihe erbeten und die Versicherungsfragen geklärt werden, bevor die eigentliche wissenschaftliche Erarbeitung der Exponate beginnen konnte.

Im Goethe-Institut wurde die Foto-Ausstellung über die Gemächer des Papstes Alexander VI., das Appartamento Borgia organisiert, die der Lions-Club Stuttgart Schloßgarten finanzierte. Aus den Vatikanischen Museen mußten Aufnahmen für die Ausstellung bestellt, Vergrößerungen angefertigt und ein Katalog verfaßt werden.

Die dritte Ausstellung in der Akademie der Künste sollte bildnerische Arbeiten von Gegenwartskünstlern zeigen. Im Sommer erging eine erste Einladung an die Künstler, sich an dem Projekt zu beteiligen.

Die Stadtbücherei Schwäbisch Hall stellte in ihren Räumen eine Vitrine mit Büchern zu den Borgia zusammen, ebenso gestaltete die Buchhandlung Gebhard ihr Fenster mit einer großen Auswahl an Literatur zu dem Thema. Die gleichen Bücher waren während des Kongresses an einem Büchertisch einsehbar und zu erwerben. Während der Kongreßtage bot sich die Buchhandlung Gebhard spontan an, bei den letzten organisatorischen Abläufen behilflich zu sein.
Mit der Gestaltung des Hofes der Hospitalkirche – dem Tagungsort – wurde der Künstler Thomas Urban beauftragt, der im Winter 1991 mit den Planungen für eine große Installation begann.
Bereits im Sommer 1991 setzten die Vorbereitungen für die verschiedenen Theateraufführungen ein. Das Theater von Freia Fischer im Turm der Löwenbrauerei bedurfte, abgesehen von den normalen Regiearbeiten, baulicher Vorbereitungen, die das Gebäude in einen Zustand versetzten, der eine Aufführung überhaupt erst ermöglichte. Entscheidende Aktionen dafür wurden durch den Baubürgermeister Wilfried Brückner über den Bauhof der Stadt veranlaßt.
Studenten der Anglistik begannen im Wintersemester mit der Übersetzung des englischen Textes von Swinburne. Unmittelbar nach Weihnachten fanden gemeinsame Sprechproben mit den Studenten der Musikhochschule statt, in denen gemeinsam der deutsche Text sprachlich korrigiert wurde. Der russische Gastregisseur entwickelte das Konzept seiner Regie aufgrund des Textes, den wir ihm nach Petersburg sandten, und erarbeitete die Inszenierung mit den Studenten der Sprecherziehung in einem Intensivkurs von nur 14 Tagen unmittelbar vor dem Kongreß.
Ein schriftstellerischer Auftrag, einen kabarettistischen Text für eine Schauspielerin zu entwerfen, erging im Sommer an den Texter und Regisseur Christian Achmed Elkarim. Die Regiearbeiten begannen im Spätsommer, Voraufführungen wurden als Werbeaktion für den Kongreß ab Januar im Renitenztheater Stuttgart veranstaltet.
Texte für eine Reziationscollage mit Borgiatexten aus fünf Jahrhunderten wurden im Winter 1991 zusammengestellt und der Rezitatorin Birgit Kindler zur Vorbereitung übergeben.
Das Deko Trio Crailsheim erhielt im Spätherbst den Auftrag, Szenische Tableaus für eine zeitgenössische Darstellung der Borgia-Legende zu entwerfen, herzustellen und als Aufführung vorzubereiten.
Die Gestaltung des großen Abschlußfestes wurde innerhalb eines Komitees geplant.
Thomas Urban und Martina Petereit vom »Kunst- und Kulturforum« übernahmen vor dem Kongreß hauptverantwortlich die künstlerische, dekorative und kullinarische Organisation des Renaissance-Festes.
Das kommunale Kino bemühte sich, für den Kongreßtermin zumindest vier repräsentative Borgiafilme aus vier verschiedenen Jahrzehnten zu erhalten. Die musikalischen Gruppen, das Gitarren Duo und die Musiker Gruppo Popolare erhielten ihre Aufträge, probten aber außerhalb der Kongreßräume in eigener Verantwortung.
Das inhaltliche Konzept für die Aufführung der Opernklasse der Musikhochschule wurde von Ernst Poettgen von der Stuttgarter Staatsoper und Klaus Nagora, Professor an der Musikhochschule, im Winter erstellt, die Proben dazu fanden unmittelbar vor dem Kongreß statt.
Langfristig war die Planung des Konzertes der Klasse Rhythmik und Alte Musik, die unter Ursel Fischer-Bernlöhr Tänze und Musik der Renaissance in Originalkostümen vorbereiteten. Die Noten, Texte und Choreographien mußten in Italien besorgt werden, bevor die eigentlichen Proben beginnen konnten. Am schwierig-

sten erwies sich jedoch die Beschaffung der Kostüme. Ein ausführlicher Bericht der Leiterin schildert die vielfältigen Probleme.
Die Koordination der verschiedenen beteiligten Institutionen in Schwäbisch Hall leitete Bürgermeister Wilfried Brückner, vor allem mit Hilfe seiner Sekretärin Martina Franke. Klaus Heller, Leiter der Volkshochschule Schwäbisch Hall, erklärte sich bereit, mit seiner Institution unter der Leitung von Hanna Pfomann die gesamte Arbeit der Buchungen für den Kongreß und für die zahlreichen Veranstaltungen zu organisieren. Die Hotelreservierungen versorgten Heidi Vanden-Eeckhout und Robert Spoden vom Informationsamt Schwäbisch Hall. Die Betreuung der Referenten, vor allem der ausländischen Gäste, übernahmen Ariane Willikonsky und David Röttgen.
An der Universität setzte sich der Rektor Jürgen Giesecke als Leiter und Repräsentant der Universität aktiv und positiv für das Projekt ein. Die beteiligten Dozenten und Studenten erwiesen sich als kooperative und begeisterungsfähige Partner während des Projekts.
Die federführende Organisation übernahm das Institut für Kunstgeschichte unter Leitung des Ordinarius Herwarth Röttgen gemeinsam mit seinem Sekretariat, der Assistentin Sabine Poeschel und den hilfswissenschaftlichen Assistenten.
Je näher der Kongreß rückte, desto drängender wurden die organisatorischen Probleme, die nicht das große Konzept, sondern die zahlreichen Kleinigkeiten betrafen, die vor Ort geklärt werden mußten. Unerwartet und unentgeltlich bot sich das gerade erst gegründete »Kunst- und Kulturforum« an, bei der organisatorischen Durchführung behilflich zu sein. Die kleine Gruppe junger Leute suchte eine Chance, sich im Bereich der Kulturarbeit in Schwäbisch Hall zu bewähren.

Dank

Sicher wäre es angemessen, an dieser Stelle noch einmal alle Institutionen und Personen aufzuzählen, die an dem Borgia-Kongress beteiligt waren. Die Sorge, einen der vielen Helfer zu vergessen, hindert mich jedoch daran. Nur die beiden jeweils hauptverantwortlichen Organisatoren der zwei Veranstalter möchte ich namentlich nennen: Bürgermeister Brückner für die Stadt Schwäbisch Hall und meinen Mann Herwarth Röttgen für die Universität Stuttgart, ohne deren Einsatz und diplomatisches Geschick diese Veranstaltung sicher nicht stattgefunden hätte.
Danken möchte ich zudem allen denen, die finanziell geholfen haben, die Idee eines so ungewöhnlichen Kulturprojekts in die Tat umzusetzen. Doch trotz großzügiger Unterstützung wäre nie ein so buntes vielfältiges Programm entstanden, wenn nicht hunderte von Mitwirkenden gewesen wären, die bereit waren, sich für wenig Geld zu engagieren.
Viele gab es, die ohne jedes Honorar Begeisterung und Phantasie, Zeit und Mühe über viele Monate der Sache und der Idee zu Liebe investiert haben.
Nicht zuletzt wegen dieser Freunde und Kollegen lag mir daran, die Publikation des Gesamtprojekts zu verwirklichen, kostete es auch noch einmal jahrelange Mühen. In diesem Zusammenhang möchte ich dankend Peter Keidel erwähnen, der einen großen Teil seiner engagierten Arbeit bei der Herstellung des Buches der Sache zuliebe nicht in Rechnung gestellt hat.
Für alle die mitgewirkt haben, soll dieses Buch eine Erinnerung sein an ein Projekt gemeinsamer, wirklich interdisziplinärer Kulturarbeit, das zumindest während der vier Borgia-Tage in Schwäbisch Hall, eine selten glückliche Mischung von Kunst, Wissenschaft und Unterhaltung war.

Programm

Die Borgia

Eine Renaissance-Familie im Zwielicht

Geschichte
Legende
Bühne

Kongress
28. – 31. Mai 1992
in Schwäbisch Hall

Veranstalter:
Stadt Schwäbisch Hall
Universität Stuttgart

Veranstalter: Stadt Schwäbisch Hall
Universität Stuttgart

Schirmherr:
Klaus von Trotha, Minister für Wissenschaft und Kunst
des Landes Baden-Württemberg

Ehrenkomitee:
Klaus von Trotha, Minister für Wissenschaft und Kunst
Karl Friedrich Binder, Oberbürgermeister der Stadt Schwäbisch Hall
Jürgen Giesecke, Rektor der Universität Stuttgart
Rolf Hempel, Rektor der Staatlichen Hochschule für Musik und Darstellende Kunst Stuttgart

Vorbereitung und Organisation:
Wissenschaftliche und künstlerische Planung:
Marion Hermann-Röttgen
Bürgermeisteramt Schwäbisch Hall:
Bürgermeister Wilfried Brückner
Hällisch-Fränkisches Museum Schwäbisch Hall:
Harald Siebenmorgen und Elisabeth Schraut
Volkshochschule Schwäbisch Hall: Klaus Heller
Goethe-Institut Schwäbisch Hall:
Heinz H. Becker und Max-Peter Kammeyer
Akademie der Künste Schwäbisch Hall: Michael Klenk
Kommunales Kino Schwäbisch Hall: Peter Ege
Informations- und Kulturamt Schwäbisch Hall:
Christa Glück
Universität Stuttgart: Herwarth Röttgen
Staatliche Hochschule für Musik und Darstellende Kunst Stuttgart: Rolf Hempel

Förderer:
Ministerium für Wissenschaft und Kunst
Gustav Epple GmbH Stuttgart
IBM Deutschland GmbH
Kreissparkasse Schwäbisch Hall
Landesbausparkasse Württemberg
LG-Stiftung: Kunst und Kultur, Landesgirokasse Stuttgart
Lions Club Stuttgart-Schloßgarten
Löwenbrauerei Schwäbisch Hall
Druckerei Oscar Mahl KG Schwäbisch Hall
Sparkassen-Versicherung AG Stuttgart
Stiftung Würth Künzelsau
Württembergische Versicherungsgruppe Stuttgart
Fuchs Gerüstbau Bühlertann

Tagungsort:
Schwäbisch Hall

Tagungsdauer:
Donnerstag (Christi Himmelfahrt), 28. Mai bis einschließlich Sonntag, 31. Mai 1992

Veranstaltungen:
Hospitalkirche Schwäbisch Hall, Am Spitalbach
(Vorträge, Renaissance-Fest, Konzertmatinee)

Alte Löwenbrauerei
Lange Straße 37 (Theater)

Theaterkeller der Stadt Schwäbisch Hall
Hafenmarkt (Kabarett)

Kino im Schafstall
Im Lindach (Filme)

Hällisch-Fränkisches Museum
Keckenhof (Ausstellung „Die Renaissancefamilie Borgia. Geschichte und Legende")

Goethe-Institut
Am Spitalbach (Fotoausstellung „Das Appartamento Borgia im Vatikan")

Akademie der Künste
Lange Straße 37 (Ausstellung „Die Borgia aus der Sicht zeitgenössischer Künstler")

Tagungsbüro:
Hospitalkirche Schwäbisch Hall, Am Spitalbach
geöffnet:
28.05.92: 13.00 – 18.00 Uhr
29.05.92: 8.30 – 17.00 Uhr
30.05.92: 8.30 – 18.00 Uhr
Telefon: 0791/751-326

Information und Anmeldung:
Volkshochschule Schwäbisch Hall, Klosterstraße 8
7170 Schwäbisch Hall
Telefon 0791/72029
Telefax 0791/85321
Bürozeiten: Montag bis Freitag, 8.30 bis 12.30 Uhr
Montag bis Donnerstag, 14.00 bis 18.00 Uhr

Programm

Donnerstag, 28. Mai 1992

14.00 ERÖFFNUNG
BEGRÜSSUNG
Karl Friedrich Binder, Oberbürgermeister der Stadt Schwäbisch Hall
Klaus von Trotha, Minister für Wissenschaft und Kunst des Landes Baden-Württemberg
Jürgen Giesecke, Rektor der Universität Stuttgart
Marion Hermann-Röttgen, Stuttgart

VORTRÄGE
Miguel Batllori S.J., Rom/Valencia:
„Die Renaissance-Politik Alexanders VI: Rom-Italien-Spanien-Europa"
Marion Hermann-Röttgen, Stuttgart:
„Das Cesare Borgia-Bild in Niccolo Machiavellis 'Principe'"
Gabriele Hoffmann, Stuttgart:
„Der Machtmensch Cesare Borgia bei Friedrich Nietzsche"

17.30 ERÖFFNUNG DER AUSSTELLLUNG:
Keckenhof (Ausstellung „Die Renaissancefamilie Borgia. Geschichte und Legende")
mit Empfang im Hällisch-Fränkischen Museum.
Einführung: **Elisabeth Schraut**

20.30 Theater in der alten Löwenbrauerei mit der Nolo-Bühne Stuttgart
Victor Hugo: „Lucrezia Borgia"
Regie: **Freia Fischer**

20.30 Kabarett im Theaterkeller mit **Klara Höfels:**
Christian Duda: „Lucrezia Borgia"
Regie: **Christian Achmed Gad Elkarim**

20.30 Kino im Schafstall: Stummfilm:
„Lucrezia Borgia" (1922), Regie: Richard Oswald
Original Piano-Begleitung: **Michael Schlierf**

22.30 Nachtvorstellung im Kino im Schafstall:
„Lucrezia Borgia" (1951), Regie: Christian Jaques

Programm

Freitag, 29. Mai 1992

9.00 VORTRÄGE
Susanne Schüller-Piroli, Rom:
„Die Rolle Lucrezias in der dämonistischen Papst-Legende"
Herwarth Röttgen, Stuttgart:
„Savonarola und die Borgia"
Sabine Poeschel, Stuttgart:
„Bildnisse und Pseudo-Bildnisse im Appartamento Borgia"

12.00 ERÖFFNUNG DER FOTO-AUSSTELLUNG
„Das Appartamento Borgia im Vatikan" mit Empfang im Goethe-Institut. Einführung: **Sabine Poeschel**

14.30 VORTRÄGE
Luigi Tacconelli, Padua:
„Faust und Borgia: Die Borgia-Figur in der Faustsage"
Marion Hermann-Röttgen, Stuttgart:
„Vanozza im 17. Jahrhundert:
Die Geliebte Alexanders VI. als barocke Mätresse"

17.00 EMPFANG IM RATHAUS durch Oberbürgermeister Karl Friedrich Binder mit Renaissance-Musik vom **„Duo Favori",** Stuttgart

19.00 ERÖFFNUNG DER AUSSTELLUNG „Die Borgia aus der Sicht zeitgenössischer Künstler" mit Empfang in der Haller Akademie der Künste
Konzeption: **Michael Klenk**

20.30 Theater in der alten Löwenbrauerei mit der Nolo-Bühne Stuttgart
Victor Hugo: „Lucrezia Borgia"
Regie: **Freia Fischer**

20.30 KABARETT im Theaterkeller mit **Klara Höfels:**
Christian Duda: „Lucrezia Borgia"
Regie: **Christian Achmed Gad Elkarim**

20.30 Kino im Schafstall: Stummfilm: „Lucrezia Borgia (1922), Regie: Richard Oswald
Original Klavier-Begleitung: **Michael Schlierf**

22.30 NACHTVORSTELLUNG im Kino im Schafstall:
„Das Liebeskonzil" (1981), Regie: Werner Schroeter

Programm

Samstag, 30. Mai 1992

9.00 VORTRÄGE
Helga Schüppert, Stuttgart:
„Das literarische Frauenbild der Renaissance und 'Lucrezia Borgia'".
Michael Kienzle und **Dirk Mende,** Stuttgart:
„Theater um die Borgia. Anmerkungen zum literarischen Skandal um 'Das Liebeskonzil' von Oskar Panizza".
Hans Ulrich Seeber, Stuttgart:
„Swinburne's Borgia-Drama 'Der Herzog von Gandia' und das Frauenbild im England des 19. Jahrhunderts".
REZITATION **Birgit Kindler,** Freiburg:
„Alexander VI., Cesare und Lucrezia Borgia - Eine Collage von Borgia-Texten aus 500 Jahren".

14.30 PODIUMS-GESPRÄCH mit den Referenten des Kongresses, Leitung: **Herwarth Röttgen,** Stuttgart

18.30 **RENAISSANCE-FEST** im Hof der Hospitalkirche Schwäbisch Hall
Kleiderordnung: von Zivil bis Kostüm
Festgestaltung: Haller Akademie der Künste, SHA Kunst- und Kulturforum Schwäbisch Hall e.V.
Installationen und Kostüme: **Deko-Trio,** Crailsheim
Rauminszenierung: **Thomas Urban,** Schwäbisch Hall
FESTPROGRAMM:

19.00 THEATER: Algernon Charles Swinburne: „Der Fürst von Gandia", Ausführende: „studio gesprochenes wort" der Staatlichen Hochschule für Musik und Darstellende Kunst Stuttgart.
Leitung: **Uta Kutter,** Regie: **Juri Wassiliew,** St. Petersburg

21.00 KONZERT: Gesang, Musik und Tanz aus Rom um 1500 mit Originalinstrumenten. Ausführende: Studierende der Staatlichen Hochschule für Musik und Darstellende Kunst Stuttgart.
Leitung: **Ursel Fischer-Bernlöhr**

22.00 MUSIK ZUM TANZEN UND ZUHÖREN aus Italien.

Programm

Sonntag, 31. Mai 1992

10.00 STADTFÜHRUNG: „Schwäbisch Hall um 1500",
Harald Siebenmorgen, Karlsruhe

11.30 KONZERT-MATINEE in der Hospitalkirche Schwäbisch Hall:
„Lucrezia Borgia und andere Frauengestalten in der italienischen Oper des 19. Jahrhunderts".
Ausführende: Studierende der Opernschule der Staatlichen Hochschule für Musik und Darstellende Kunst Stuttgart.
Leitung: **Klaus Nagora**

FILM · WIEDERHOLUNGEN im Kommunalen Kino im Schafstall:

14.00 „Lucrezia Borgia„ (1922), Regie: Richard Oswald
16.00 „Lucrezia Borgia" (1951), Regie: Christian Jaques
18.00 „Das Liebeskonzil" (1981), Regie: Werner Schroeter

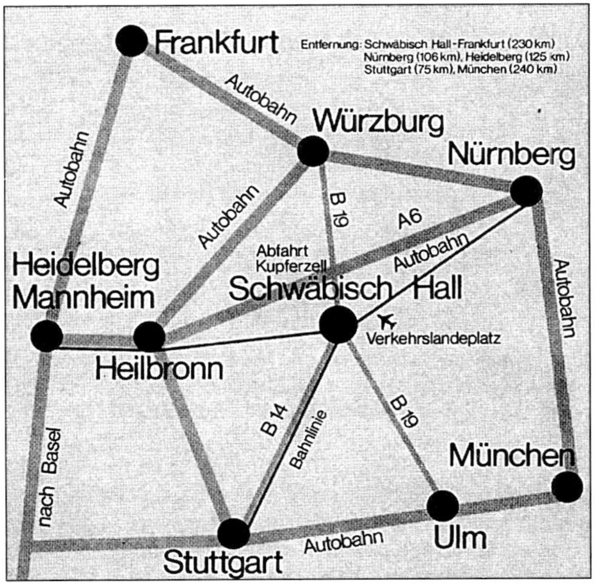

Beiprogramme

Universität Stuttgart: Seminare

Im Sommersemester 1991 begann die Universität Stuttgart mit den Seminaren, die das Thema Borgia aus verschiedenen Aspekten in ihre Thematik mit einbezogen.
Die Seminare hatten ein wissenschaftliches Hauptthema und berücksichtigten schwerpunktmäßig in unterschiedlicher Weise die Familie Borgia. Alle Studenten dieser insgesamt fünf Seminare waren berechtigt, an einer gemeinsamen interdisziplinären Exkursion nach Schwäbisch Hall zu dem Borgia-Kongreß teilzunehmen, damit sie Gelegenheit hatten, ihre unterschiedlichen wissenschaftlichen Zugänge anhand desselben Themas zu diskutieren. Im folgenden werden die Ankündigungen aus den damaligen Vorlesungsverzeichnissen abgedruckt.
Besondere Beachtung verdient die Arbeit der Studierenden des anglistischen Seminars unter Leitung des Ordinarius Hans Ulrich Seeber, die in Zusammenarbeit mit Studierenden der Klasse Sprecherziehung der Staatlichen Hochschule für Musik und Darstellende Kunst Stuttgart und dem russischen Regisseur Juri Wassiliew, Professor an der Hochschule für Theaterwissenschaft St. Petersburg, die Erstaufführung der deutschen Version des englischen Dramas »The Duke of Gandia« des Romantikers Algernon Swinburne erarbeiteten.

Ankündigung der Seminare im Vorlesungsverzeichnis

Institut für Neuere deutsche Philologie:

Dr. Kienzle/ Dr. Mende: **Der Literarische Skandal**
Zielgruppe: Grund- und Hauptstudium

Voraussetzungen: Grundkurs

Inhalt und Ziel: Literarische Werke waren oft Anlässe und Auslöser für ideologische, religiöse und soziale Auseinandersetzungen. In literarischen Skandalen versuchten bestimmte Gruppen ihre (angeblich) bedrohten Normen, Werte und Symbole in der Öffentlichkeit als die beherrschenden zu behaupten. Das inkriminierte Werk selbst diente oft nur als Vorwand und blieb häufig ungelesen. Der Skandal jedenfalls wird überwiegend auf dem Felde ästhetischer Kategorien ausgetragen, während seine Folgen gesellschaftlicher Art sind. Skandale um unzüchtige, gewaltverherrlichende, revolutionäre, kriegsfeindliche, freigeistige oder satanische Texte lassen sich verstehen als organisierte und inszenierte Interpretation im Namen einer Masse, in deren Konsequenz der Autor für sein Werk ausgegrenzt, diszipliniert oder gar verfolgt wird. So sprechen die Anstoßnehmer im Namen des »gesunden Volksempfindens«, der »Steuerzahler« usf. Daß der Autor und der literarische Markt andererseits von Skandalen auch profitieren kann, sie bisweilen einkalkuliert, gilt gleichfalls. Mit dem Schwerpunkt auf der deutschen Literaturgeschichte werden Werke von F. Schlegel, Gutzkow, Hauptmann, Schnitzler, Quidde, Lamszus, Remarque, Klaus Mann u.a. zugrunde gelegt. Absicht des Seminars wird es sein, eine Theorie des literarischen Skandals zu erarbeiten.
In Zusammenhang mit dem Borgia-Kongreß wird das

Drama Oskar Panizzas über die Borgia »Das Liebeskonzil« intensiv behandelt.
Studenten dieses Seminars sind berechtigt, an der Exkursion nach Schwäbisch Hall zu dem Borgia-Kongreß teilzunehmen.

Zeit und Ort: Dienstags 14–17.00 Uhr (4stündig!!) in M 17.22 (Wer, was erwünscht ist, bereits in den Semesterferien ein Referat übernehmen möchte, möge sich in den Feriensprechstunden oder telefonisch melden.)

Institut für Ältere deutsche Philologie:

Dr. habil. Schüppert: **Frauenbild in der Literatur der Renaissance**

Zielgruppe: Hauptstudium Germanistik

Voraussetzungen: Zwischenprügung in ÄDPH

Inhalt und Ziel: Im Zeitalter der Renaissance wird dem traditionellen mittelalterlichen Frauenbild besonders in Italien ein neues Bild entgegengestellt, das in der Literatur wie auch in einigen Lebensläufen erscheint. Die Konzeption in Deutschland im Umkreis der Humanisten, aber auch bei manchen anderen Autoren, zeigt verschiedene Möglichkeiten, Tradiertes und Neues zu verbinden. Texte verschiedener Gattungen sollen auf traditionelle und utopische Entwürfe hin befragt werden.
Die Figur der Papsttochter Lucrezia Borgia wird als repräsentative Frauenfigur der Renaissance behandelt werden. Dazu soll die Lyrik, die an ihrem Hof in Ferrara von Bembo, Pater und Filius Strozzi und anderen Humanisten entstanden ist, studiert werden.
Studenten dieses Seminars sind berechtigt, an der Exkursion nach Schwäbisch Hall zu dem Borgia-Kongreß teilzunehmen.

Literatur: E. Garin, Der Mensch der Renaissance, 1990 (Kapitel »Frau«). Texte von Erasmus, Hans Sachs und Johannes von Tepl (bei Reclam), weitere Textausgaben zu Semesterbeginn.

Ort: M 11.91 (KI). Zeit: Dienstag 14.00 – 15.30 Uhr. Beginn: 15. Okt. 1991.

Institut für Neuere englische Literatur:

Prof. Dr. Seeber: **Frauenbilder in der englischen Literatur des 19. Jahrhunderts**

Zielgruppe: Hauptstudium

Voraussetzung: Zwischenprüfung

Inhalt und Ziel: Die Frage nach der gesellschaftlichen Rolle der Frauen gehört zu den großen Themen der Kultur und der Literatur des 19. Jahrhunderts. Bei allen individuellen Verschiedenheiten fällt dabei auf, daß der Frau bestimmte Rollen und Funktionen zugewiesen werden, denen in Kunst und Literatur deutlich abgrenzbare Frauenbilder entsprechen. Zugleich setzt sich die Literatur kritisch mit gesellschaftlich vorgeprägten Frauenrollen auseinander und/oder entwirft in utopischen oder angstvollen Projektionen Wunsch- und Schreckbilder. Das Seminar will ein erster Versuch sein, verschiedene Frauenbilder des 19.Jahrhunderts zu erfassen und zu ordnen. So gibt es die Aufsteigerin, die »gefallene Frau«, die konventionelle Frau, die »progressive« Frau, die *new woman,* die *femme fatale*, die ideale Geliebte, die romantische Rebellin, die Prostituierte, die Frau als Opfer u.a. Wir werden uns hauptsächlich auf drei Romane stützen (George Eliot, *Middlemarch,* Jane Austen, *Pride and Prejudice,* Charlotte Brontë, *Jane Eyre*), aber auch Gedichtbeispiele (z.B. von Keats, Swinburne und Tennyson) heranziehen.

Referate und Hausarbeiten erschließen auch andere Autorinnen und Autoren (Thackeray, E. Gaskell, Hardy, Dickens). Die Teilnehmer und Teilnehmerinnen müssen sich auf ein erhebliches Lektürevolumen einstellen.
Besondere Berücksichtigung wird das Borgia-Drama »The duce of Gandia« von Swinburne finden, das von einer Gruppe von Studenten ins Deutsche übersetzt werden soll.
Studenten dieses Seminars sind berechtigt, an der Exkursion nach Schwäbisch Hall zu dem Borgia-Kongreß teilzunehmen.

Literatur: Jane Austen, Pride and Prejudice (Penguin, 1972)
Charlotte Brontë, Jane Eyre (Oxford University Press, 1980)
George Eliot, Middlemarch (Penguin, 1965)

Zeit und Raum: Mittwoch, 11.30 – 13.00 Uhr, Raum 17.51

Institut für Philosophie:

Blockseminar: Hoffmann M.A.: **Der Gewaltmensch bei Burckhardt und Nietzsche**

Niccolò Machiavelli bewunderte den Gewaltmenschen Cesare Borgia, den Sohn Alexanders VI. wegen seiner staatsmännischen »virtù«. Das spätere Schlagwort vom Machiavellismus hat dagegen einen anderen Tenor; es steht für skrupellose Machtgier und Amoralität. Für Jacob Burckhardt ist der Renaissancemensch das »große Individuum« und zugleich ein »uomo universale«. Burckhardt, ein Verehrer Machiavellis, sieht die Gewalt als das Recht des Stärkeren dann gerechtfertigt, wenn sie »über das Individuelle hinausgeht«, zum Nutzen eines Allgemeinen. Wie verhält sich dazu Nietzsches »Wille zur Macht« – »jenseits von Gut und Böse«? Welchen Typus Mensch vertritt das »gesunde Raubtier« Cesare Borgia?. Es wird bei dieser Diskussion vor allem um Nietzsches Unterscheidung von aktiver und reaktiver Kraft gehen.
Die Person Cesare Borgias, der zu einem Teil Machiavelli als Vorbild für seinen Principe dient und ebenfalls bei Burckhardt ausführlich Erwähnung findet, steht im Zentrum des Seminars.
Studenten dieses Seminars sind berechtigt, an der Exkursion teilzunehmen.

Institut für Kunstgeschichte:

Hauptseminar: Dr. Kieven / Dr. Poeschel: **Das Mäzenatentum der Päpste**

Die Päpste gehörten als Auftraggeber zu den großen Mäzenen der Kunstgeschichte. Anders als in erblichen Dynastien, gab es in der »Wahlmonarchie« Papsttum durch neue Pontifikate auch neue künstlerische Akzentsetzungen.
Wir behandeln päpstliche Aufträge für Architektur, Skulptur und Malerei, die nach dem Ende des Schismas bis zum Ende des 16. Jahrhunderts in Rom entstanden sind. Untersucht werden soll, inwieweit diese Aufträge vom Mäzen beeinflußt wurden, wie sich die Konkurrenzsituation am päpstlichen Hof auf die künstlerische Produktion auswirkte und ob der Wandel der politischen Bedeutung des Papsttums Einfluß auf die Gestaltung der Kunstwerke hatte. Vertiefend wird das Mäzenatentum von Papst Alexander VI. Borgia behandelt.
Studenten dieses Seminars sind berechtigt an der großen Exkursion nach Rom und ebenfalls an der Exkursion nach Schwäbisch Hall teilzunehmen.

Ort: 13. Stock, Friedrichstraße. Zeit: Mittwoch 15.45 – 17.15 Uhr.

Volkshochschule Schwäbisch Hall: Vorträge

Klaus Heller

Löchnerhaus VHS

Die Volkshochschule hatte sich von vornherein bereit erklärt, durch eine vorbereitende Vorlesungsreihe an dem Borgia-Projekt mitzuwirken. Der Grundgedanke dabei war, die Bevölkerung Schwäbisch Halls vor dem Kongreß zu erreichen, auf das Thema so vorzubereiten, daß Interesse geweckt und mögliche Hemmungen, an einem wissenschaftlichen Kongreß teilzunehmen, abgebaut werden konnten.

Unsere Sorge war, daß das Wort Kongreß selbst interessierte Bürger abschrecken und manchen an der Teilnahme der Veranstaltungen hindern könnte. Die Vortragsfolge wurde so gestaltet, daß ein Besucher der Reihe ausreichend Information bekam, um auch ohne weitere historische Vorbildung den wissenschaftlichen Vorträgen des Kongresses mit Neugier folgen und die künstlerischen Darbietungen genießen zu können. Zu unserer Freude wurde das Angebot reichlich wahrgenommen.

Daß die Volkshochschule im weiteren Verlauf der Vorbereitung einen so großen Teil der Organisation übernehmen würde, hatte ihr Leiter Klaus Heller zu Beginn sicher nicht geahnt. Vor allem durch die freundliche Energie seiner Mitarbeiterin Hanna Pfomann leistete die Volkshochschule einen unersetzbaren Beitrag zum Gelingen des Projekts.

volkshochschule
SCHWÄBISCH HALL

Kulturgeschichte · Kunst · Musik

Aus Anlaß des Borgia-Kongresses:

3303 Die Borgia – eine Renaissancefamilie im Zwielicht

Gemeinsam mit der Universität Stuttgart veranstaltet die Stadt Schwäbisch Hall vom 28. bis 31. Mai 1992 in Hall einen Kongreß, der den berühmt-berüchtigten Gestalten der Familie Borgia vor und um 1500 gilt, ihrer geschichtlichen Rolle und Bedeutung, ihrer Wirkung und ihrem Nachleben.
Dies ist für uns der Anlaß, im Vorlauf zu dieser Tagung in einer kleinen Vortragsreihe einige besonders interessante Aspekte der Borgias, ihrer Zeit und ihres Nachwirkens vorzustellen und anschaulich zu machen. Referentinnen des Kongresses haben sich dafür zu Verfügung gestellt

1. Die Borgia – Geschichte und Geschichten

Die meisten haben schon von ihnen gehört, aber die wenigsten wissen genau, wer die Borgia sind. Ihr Ruf ist schlecht, man denkt an Verbrechen und Ausschweifung, an Giftmord und Inzest. Papst Alexander VI. Borgia ist vor 500 Jahren im Jahre 1492 gewählt worden. Er hat der katholischen Kirche am Ende seiner Regierungszeit 1503 einen großen Staat hinterlassen und bedeutende Verdienste durch Förderung von Kultur und Wissenschaft erworben; sein Erbe ist die Voraussetzung für die Blütezeit unter Julius II. Michelangelos Pietà entstand in seinem Auftrag, aber auch für die Verbrennung Savonarolas zeichnete er verantwortlich. Seine Zeitgenossen haben ihm nicht verziehen, daß er Italien nicht befreit hat von der Türkengefahr und nicht zu verhindern wußte, daß die Franzosen in das Land einfielen. Die Nachwelt hat sich wenig mit Alexanders Sinnenleben befaßt. Die Geschichte weiß anderes zu berichten als die Geschichten, die über die Familie Borgia erzählt werden. Die Borgia sind eine Familie im Zwielicht, die das Schicksal hat, in einer Zeitenwende, am Rande der Neuzeit gelebt zu haben, so daß sich Mythos und Realität miteinander verbinden.

Referentin: Marion Hermann-Röttgen M. A., Stuttgart

Donnerstag, 19. März 1992, 20 Uhr, Löchnerhaus.

2. Pinturicchios – Fresken für Alexander VI. Borgia

Zielsetzungen eines Papstes in Bildern

1492–94 malte der Umbrer Bernardino Pinturicchio mit seiner Werkstatt die fünf Räume des Appartamento Borgia für Papst Alexander VI. aus. Dies ist die früheste zusammenhängende Palastdekoration im Vatikan und unmittelbares Vorbild für die Stanzen Raffaels. Das enorme Bildprogramm ist nur mit der Sixtinischen Kapelle vergleichbar. Anders als diese aber, die die Institution des Papsttums verherrlicht, erweist sich das Programm als personenbezogen. In allen Räumen zeigen sich direkte Verbindungen der Bildthemen zum Papst, die eine zeitgeschichtliche Relevanz aufdecken. Die Dekoration der halboffiziellen Privaträume im Apostolischen Palast ist ein Bildprogramm, das über heilsgeschichtliche Aspekte hinaus auf die kirchenpolitischen Ziele des Borgia-Papstes anspielt.

Referenin: Dr. Sabine Poeschel, Universität Stuttgart

Donnerstag, 26. März 1992, 20 Uhr, Löchnerhaus

3. Der Gewaltmensch bei Jacob Burckhardt und Friedrich Nietzsche

Steht Cesare Borgia, der Sohn Papst Alexanders VI., Modell für zwei große Entwürfe zum Thema „Macht/Gewaltmensch"?
Machiavelli bewunderte Cesare Borgia wegen seiner staatsmännischen Tüchtigkeit. Der „Machiavellismus", bis heute Synonym für Machtgier und Amoralität, verträgt sich indes nicht mit Jacob Burckhardts Verehrung Machiavellis. Der Autor des Werkes „Die Kultur der Renaissance in Italien" sieht vielmehr in dem Künstler und Theoretiker Leone Battista Alberti den vorbildlichen Renaissancemenschen als „uomo universale" oder „allseitigen Menschen". Das „große Individuum" hat eine „enorme Willenskraft, welche magischen Zwang um sich verbreitet und alle Elemente der Macht und Herrschaft an sich zieht".
Nietzsche sieht den „Willen zur Macht" noch entschiedener „jenseits von Gut und Böse". Die von der Masse der „Herdenmenschen" bewunderten Gewaltmenschen entlarvt er als „triumphierende Sklaven", die letztlich scheitern, weil sie nicht zur Selbstüberwindung, zur „Strenge gegen sich selbst" gelangen.

Referentin: Gabriele Hoffmann M. A., Universität Stuttgart

Donnerstag, 2. April 1992, 20 Uhr, Löchnerhaus.

3304 Die Kunst in Rom um 1500 und die Rolle der Päpste

Rom hatte im Laufe des Mittelalters mit der historischen auch seine Bedeutung als künstlerisches Zentrum verloren. Das Exil der Päpste seit 1378 und das Schisma trugen zum Verfall der einstigen Metropole bei. Als Martin V. aus dem Hause Colonna 1417 das Schisma beenden konnte, war die römische Kunstproduktion auf ein vergleichsweise provinzielles Niveau abgesunken. Erste größere Aufträge werden auswärtigen, vornehmlich Florentiner Künstlern erteilt. Erst seit der Mitte des Jahrhunderts gehen vom päpstlichen Hof umfassendere Aktivitäten aus. Nikolaus V. (1447–55) läßt durch Bernardo Rossellino einen Neubau der Peterskirche beginnen. Zugleich entsteht in seinem Auftrag mit der Ausmalung der Nikolauskapelle im Vatikan durch Fra Angelico der erste große Freskenzyklus der Renaissance auf römischem Boden. – Sixtus IV. (1471–84) beruft zur Ausmalung der Sockelzone in der von ihm gestifteten Sixtinischen Kapelle die bedeutendsten Maler Mittelitaliens, unter ihnen Botticelli, Ghirlandaio, Perugino und Signorelli. – Unter dem Borgia-Papst Alexander VI. setzt ein merklicher Aufschwung ein: Giuliano da Sangallo wird mit der Fortführung des Neubaus von St. Peter beauftragt, Pinturicchio malt 1492–95 die Appartamenti Borgia im Vatikan aus. Rom gewinnt eine solche Anziehungskraft, daß Bramante, der bedeutendste italienische Architekt seiner Zeit, 1499 nach Rom übersiedelt. – Papst Julius II. (1503–13) schließlich gewinnt für Rom die künstlerische Vormachtstellung in Italien zurück, indem er 1506 Michelangelo, 1509 Raffael beruft. Wenn auch von Geburt nicht Römer, schaffen sie in der Auseinandersetzung mit der antiken Tradition doch eine neue, spezifisch „römische" Kunst.

Kursleiter: Dr. Manfred Wundram, Professor für Kunstgeschichte

Beginn: Montag, 11. Mai 1992, 20 Uhr, Löchnerhaus.

Programm 1/92

Haller Akademie der Künste: Seminare und Vorträge

SOMMER-SEMESTER 1992

HALLER AKADEMIE DER

K · Ü · N · S · T · E

INTERDISZIPLINÄRES FORUM FÜR ZEITGENÖSSISCHE KUNST E.V.

LANGE STRASSE 37 · 7170 SCHWÄBISCH HALL

TEL. 0791/8818

Die Haller Akademie der Künste war unter Leitung von Michael Klenk vom ersten bis zum letzten Augenblick intensiv an der planenden, vorbereitenden und durchführenden Arbeit beteiligt. Von ihr gingen entscheidende Impulse aus, große Unterstützung in verschiedenen Bereichen und eine anhaltend gute, stets kreative Stimmung.

Abgesehen von der großen Ausstellung, die später noch ausführlich behandelt werden wird, stellte die Akademie ein ganzes Semester unter das Thema »Borgia«. In verschiedener Weise beteiligten sich die Studierenden auf diese Weise an den Vorbereitungen. Wenn auch nicht alle Arbeiten, die in diesem Zusammenhang entstanden, benutzt oder ausgestellt werden konnten, so war zumindest eine intensive Auseinandersetzung mit der Zeit der Borgia erreicht. Das Interesse an dieser Familie und ihrem historischen Hintergrund war geweckt und an einem Aspekt vertiefend erarbeitet worden.

Als Beispiel sei die Beschäftigung mit der Kleidung der Zeit um 1500 genannt. Einige Auszüge aus dem Semesterprogramm belegen die weit gefächerte Vorarbeit.

Kurse

Kunstgeschichte

Grundstudium

Die Kunstgeschichts-Vorlesungen werden im SS 92 von 4 Dozenten gehalten:

- 9.3.92: Einführung in das Werk von **Max Klinger** (1857–1920) (als Vorbereitung der Exkursion nach Frankfurt)
  Dozent: Michael Klenk
- 16.3.92: Einführung in Leben und Werk **Toulouse-Lautrecs** (als Vorbereitung des Ausstellungsbesuchs in Paris)
  Dozent: Michael Klenk
- 23.3./30.3./6.4.1992: **Joseph Beuys** (1921–1985): Jeder ist ein Künstler:
  Welche innovativen Gedanken trägt J. B. unter seinem berühmten Hut?
  1. Leben und Werk – eine untrennbare Einheit
  2. Soziale Plastik und erweiterter Kunstbegriff – Versuch einer Annäherung
  3. J. B. als Pädagoge – Film über die interdisziplinäre Lehre an der Kunstakademie Düsseldorf

  Dozentin: Jenny Wozilka
- 27.4./4.5.92: **„Artemisia Gentileschi“** – Die römische Malerin (1593–1652), Tochter eines berühmten Vaters, erarbeitet sich durch ihr Können gesellschaftliche Unabhängigkeit und künstlerischen Ruhm.
  Trotzdem setzt nach ihrem Tod ein 350 Jahre währendes Schweigen ein, das erst in jüngster Zeit gebrochen wird. Weshalb die Kunstgeschichte so lange mit einer Bewertung und Einordnung ihres Werkes gezögert hat und welche geänderte Sichtweise erforderlich ist, den Zugang zu ihren Bildern zu erleichtern, versucht der Vortrag zu erschließen.
  Dozentin: Hildegard Heinz
- 11.5.92: Kunstgeschichtliche Einführung zum Thema **„Borgia“**
  Dozent: Michael Klenk
- 18.5./25.5./15.6.1992: **Grundstudium** (Fortsetzung der Reihe aus dem WS 1991/92 ...) Kunst und/oder Geschichte.
  Im Blickwinkel dieses Kurses stehen Kunst und Geschichte von voraussichtlich 1960 bis heute. Hören, Sehen, Erarbeiten und Selbst-Erleben von Kunst und Geschichte stehen im Vordergrund der Auseinandersetzung mit dem Thema.
  Dozentin: Sigrid Rosen-Marks
- 22.6.92: **„Frida Kahlo“** (1907–1954), Leben, Werk, Vergleiche
  Dozentin: Sigrid Rosen-Marks

Ausstellungen

- **„Die Klasse Michael Klenk der Haller Akademie“**
  vom 19.1.–28.3.92, Kreiskrankenhaus Gaildorf
- **„Thomas Scherl“**
  Eröffnung: 31.1.92, 19.00 Uhr, vom 1.–9.2.92, tägl. 17-19 Uhr
- **„3. Semester Haller Akademie“,**
  Eröffnung: 21.2.92, 19.00 Uhr, vom 22.–28.2.92, tägl. 17-19 Uhr
- **„Die Borgia aus der Sicht zeitgenössischer Künstler“,**
  Eröffnung: 29.3.92, 19 Uhr, 30.5.–7.6.92, Sa + So 11–14 Uhr, Mo – Fr 17–19 Uhr
- **„Gerhard Frank“,**
  Eröffnung: 1.7.92, 19.00 Uhr, 2.–12.7.92, tägl. 17–19 Uhr
- **„4. Semester Haller Akademie“,**
  Eröffnung: 4.9.92, 19.00 Uhr, 5.9.–13.9.92, tägl. 17–19 Uhr

Veranstaltungen, Termine

- **Semesterbeginn:** Montag, 9. März 1992
- **Mitgliederversammlung:** Freitag, 21.2.92, 20.00 Uhr in der Al demie
- Abschließendes **Renaissancefest** des Borgia-Kongresses un Mitwirkung der Haller Akademie und des Deko Trios Crailshe (Kostüme, Tableaus, Installationen, Inszenierungen): Samst 30.5.92, 18.00 Uhr
- **Abschlußfest:** Samstag, 27.6. ab 19.00 Uhr
- **Semesterende:** Mittwoch, 1.7.92
- **Semesterbeginn** (WS 92/93): 28.9.92, dazu Beratungswoche 7.–11.9.92 und 21.–25.9.92, täglich 17–19 Uhr

Pantomimik

Für alle, die sich für Pantomimik interessieren und durch das Spie neue Leute kennenlernen möchten.
Die Pantomimik, die man zwischen Comedia Dell'Arte, cyrk, Revia Ballet einordnen kann, ist nicht nur das Spiel ohne Worte, sondern a Schlüssel zur Schauspielerei und Improvisation.
Man lernt in der Gruppe zu arbeiten und mit Masken zu spielen.
Dozent: Piotr Kus
Beginn: Sa, 21.3.1992, 15.00–17.00 Uhr
Weitere Termine nach Absprache (insgesamt 4 Nachmittage)
Ort: Großer Raum der Akademie
Gebühr: DM 90,–, Vollstudenten DM 20,–
Max. 15 Teilnehmer

Kostüm-Design

In diesem Kurs kommen Fantasie und Kreativität zum Tragen – bis an Grenzen des Tragbaren. Die Kostüme werden nicht nur aus Stoff, sond allerlei anderen Materialien gestaltet. Aus einer Reihe von Themen schlägen, wobei eigene Ideen jederzeit willkommen sind, sollen gem same Konzeptionen entstehen.
Ziel des Kurses ist eine Inszenierung der Kreationen. Näh-Kenntnis sind nicht notwendig, an Materalien kann grundsätzlich alles Erdenklic mitgebracht werden.
Dozentin: Brigitte Klupp
Beginn: 10.3.92, 19.00–21.00 Uhr, nur März/April (11.3.–29.4.)
Gebühr: 180,– DM

Filmgeschichte

Anhand von 12 beispielhaften Filmen sollen die wichtigsten Phasen d Geschichte dieses Mediums dargestellt werden; dabei werden auch d wichtigsten Begriffe der Sprache des Films erläutert und Ansätze d Filmanalyse vermittelt.
Dozent: Peter Ege
Beginn: Mi, 11.3.92, 17.00–18.00 Uhr
Gebühr: DM 150,–

Videofilm

Praxis: Rund ums Speisen und Essen

Im Kurs werden die verschiedenen Gestaltungsmöglichkeiten der Vide filmtechnik untersucht und angewandt, um die unterschiedlichste Motive der Nahrungsaufnahme und des Essens zu inszenieren. Schwe punkte bilden hierbei der Umgang mit der Requisite, Beleuchtung, Kam rafführung und Montage. Kosten für Leihgeräte werden anteilig berechne
Dozent: Achim Dietz
Beginn: Mi, 11.3.92, 19.30–22.30 Uhr (nur vom 11.3.–29.4.92-5 Abend
Gebühr: 270,– DM

STADTBÜCHEREI

Stadtbücherei Schwäbisch Hall und Renitenztheater Stuttgart: Voraufführungen des Kabaretts »Lucrezia Borgia« von Christian Duda

Schon in der ersten Planungsphase erklärte sich Gerhard Woyda, Direktor des Stuttgarter Renitenztheaters, bereit, bei der Veranstaltung mitzuwirken. Er vermittelte den Kontakt zu der Schauspielerin Klara Höfels und dem Regisseur Christian Achmed Gad Elkarim. Das Künstlerpaar war von Anfang an begeistert an dem Thema interessiert.
Das Renitenztheater ließ in Stuttgart ab Mitte Dezember 1991 etwa 10 Voraufführungen laufen, um so auf den Kongreß aufmerksam zu machen und das Stuttgarter Publikum zu interessieren
Unmittelbar vor dem Kongreß fand in der Stadtbücherei Stuttgart aus gleichen Gründen eine Aufführung statt, die gekoppelt war mit einem einführenden kurzen Vortrag von Marion Hermann-Röttgen über die Familie Borgia.
Einzelheiten über die Inszenierung und den Text selbst werden in dem Kapitel über die Theaterveranstaltungen berichtet.

Pressemitteilung Mai 1992

Solo für Lucrezia Borgia

In einem ungewöhnlichen Monolog verkörpert Klara Höfels am 22. und 23. Mai, 20 Uhr, im Saal der Stadtbücherei Stuttgart im Wilhelmspalais Lucrezia Borgia, die Tochter des Papstes. Lucrezia Borgia gilt als Giftmischerin und Geliebte von Vater und Bruder. Die Texte von Christian Duda, Klara Höfels in den Mund gelegt, sind locker und frech; sie flechten die Sprüche bekannter Geistesgrößen der Gegenwart ungeniert in Lucrezias Monolog ein. Die Jahrhunderte werden durcheilt, Lucrezia wandelt sich von der Femme fatale in schwarzen Dessous zur strickstrumpftragenden Marketenderin. Unterhaltsam und erotisch: ein glanzvoller Auftritt von Klara Höfels unter der Regie von Christian Achmed Gad Elkarim.
Einführung: Marion Hermann-Röttgen.

Klara Höfels und Christian Achmed Gad Elkarim

Damenkreis der Universität Stuttgart: Exkursion

An der Universität Stuttgart gibt es eine Veranstaltungsreihe für die Ehefrauen der Professoren und Dozenten, die vierteljährlich stattfindet. Üblicherweise wird diese Aktivität von der Frau des amtierenden Rektors organisiert.
In einem Gespräch mit Traudl Giesecke wurde die Idee geboren, den Damen eine Gruppenfahrt zu dem Kongreß anzubieten und zusätzlich einen ganztägigen Ausflug unmittelbar vor Kongreßbeginn zu veranstalten, der Gelegenheit geben sollte, durch einen historischen Vortrag über die Papstfamilie, Vorbesichtigungen der Ausstellungen und die Teilnahme an der Generalprobe eines der Theaterstücke mit dem Thema vertraut zu machen und auf einen eventuellen Besuch weiterer Kongreßtage vorzubereiten. Das Interesse war groß, und der Bus wurde voll. Die Exkursion fand unter der Führung von Marion Hermann-Röttgen am Tage vor der eigentlichen Kongreßeröffnung statt.
Die heitere Stimmung des Tages wurde in der Erinnerung getrübt, als bekannt wurde, daß Anita Pritschow, die Gattin des damaligen Prorektors, am Morgen nach dem gemeinsamen Ausflug vollkommen überraschend verstorben ist.

Rektorat der Universität Stuttgart
- Sekretariat -

Keplerstr. 7

7000 Stuttgart 1

11. Mai 1992

Meine sehr verehrten Damen,

nun ist es soweit, daß ich Ihnen Einzelheiten zu unserem Tagesausflug nach Schwäbisch Hall bekanntgeben kann. Wie ich Ihnen schon andeutete, findet dort vom 28. - 31. Mai unter der wissenschaftlichen und künsterlischen Planung unserer Frau Dr. Marion Hermann-Röttgen der

"BORGIA"-Kongreß mit dem Thema
"Eine Renaissance-Familie im Zwielicht"
Geschichte - Legende - Bühne

statt. Dieser spektakuläre und attraktive Kongreß enthält zahlreiche wissenschaftliche und kulturelle Beiträge, deren Themen seit 500 Jahren Gegenstand von Forschung und Literatur sind.

Am Tag vor der Kongreßeröffnung

- dies ist der Mittwoch, 27. Mai -

haben wir innerhalb unseres Damentreffens in Absprache mit Frau Dr. Röttgen Gelegenheit, einen Einblick in diese breitgefächerte Veranstaltung von Wissenschaft und Kunst, Musik und Theater zu bekommen.

In großer Vorfreude auf einen interessanten und fröhlichen gemeinsamen Tag mit Ihnen zusammen, meine lieben Damen, grüße ich Sie sehr herzlich

Als Ihre Traudl Fiesecke

Zeitlicher Ablauf am 27. Mai:

- 10°° Uhr Bus-Abfahrt am Parkplatz Fernsehturm
- 10.30 Uhr Bus-Abfahrt in der Keplerstraße (vor den Kollegiengebauden I und II)
- 12°° Uhr Möglicnkeit zu einem (preiswerten) Imbiß/ Mittagessen auf der Fahrt nach Schwäbisch Hall im Gasthof "Löwen", Mainhardt-Stock.
- 13°° Uhr Besichtigung der Ausstellung "Die Borgia" aus der Sicht zeitgenössischer Künstler in der Akademie der Künste (Langestr. 37, SHA)
- 14°° Uhr Einführungsvortrag von Frau Dr. Röttgen
- 14.30 Uhr Besichtigung der Fotoausstellung "Das Appartamento Borgia im Vatikan" im Goethe-Institut (Am Spitalbach 7, SHA)
- 15.30 Uhr Teilnahme an der Theater-Generalprobe "Der Fürst von Gandia" von Algernon Charles Swinburne in der Hospitalkirche (Am Spitalbach)
- 16.30 Uhr Gelegenheit zu einer Kaffee-Pause im "Café am Markt", gegenüber des Doms St. Michael, am Markt 9-10.
- 17.30 Uhr Rückfahrt (voraussichtliche Ankunft in Stuttgart: 19°° Uhr)

16. Juni 1992

Meine lieben Damen,

in tiefer Trauer und unfaßbar für uns alle mußten wir an Christi Himmelfahrt von unserer lieben, so sehr verehrten

ANITA PRITSCHOW

Abschied nehmen. Ihr jäher Tod hinterläßt auch in unserem Damenkreis eine nicht zu schließende Lücke. Wir sind erschüttert. Mit ihrer ungebrochenen Herzlichkeit und ihrer erstaunlichen Aktivität, gepaart mit hoher Begabung und natürlicher Bescheidenheit ist sie uns Vorbild und wird unvergessen bleiben.

Wie ein kostbares Geschenk empfinden wir aus heutiger Sicht ihre Teilnahme am Ausflug nach Schwäbisch Hall - an ihrem letzten Lebenstag. Als Zeichen unseres dankbaren Gedenkens, unserer Trauer und Verbundenheit legte ich im Namen von uns allen einen Kranz am Grab von Anita Pritschow nieder. Den Hinterbliebenen brachte ich persönlich unser großes Mitgefühl zum Ausdruck.

Studenten: Exkursion

Allen Studierenden, die in den fünf vorbereitenden Seminaren der Universität Stuttgart mitgearbeitet hatten, wurde angeboten, an einer gemeinsamen Exkursion nach Schwäbisch Hall über alle vier Kongreßtage von Donnerstag bis Sonntag teilzunehmen. Die Finanzierung von Fahrgeld, Übernachtung- und Tagesspesen wurde von der Universität geleistet.
31 Studierende fuhren mit und begleiteten den Kongreß mit bewunderungswürdiger Treue, sie fehlten weder bei den Vorträgen, selbst nicht bei den ersten um 9 Uhr, noch bei den Veranstaltungen tief in der Nacht.

Die Exkursion nach Schwäbisch Hall

von Jeanette Binder und Andrea Ranscht

Als Studenten der Fachrichtung Kunstgeschichte besuchten wir zur Vorbereitung des Kongresses »Die Borgia. Eine Renaissancefamilie im Zwielicht« im SS 1992 eine Reihe von Seminaren, die thematisch in Verbindung zu den wissenschaftlichen Vorträgen der Veranstaltung standen. Unter anderem das kunstgeschichtliche Seminar »Mäzenatentum der Päpste« unter Leitung von Dr. Kieven und Dr. Poeschel, sowie »Die Frau in der Renaissance« von der Altphilologin Dr. habil. Schüppert.
Angeregt durch die Arbeit innerhalb der Seminare und neugierig auf den ersten wissenschaftlichen Kongreß in unserem Studium, reisten wir in Schwäbisch Hall an. Nach unserer Ankunft nutzten wir die Zeit bis zum Kongreßbeginn, um die Stadt zu erkunden und uns die Lage der verschiedenen Veranstaltungsorte anzusehen. Mit der Eröffnungsrede des Oberbürgermeisters Binder im Hospital zum Hl. Geist war der Startschuß für die drei folgenden Kongreßtage gegeben:
Die wissenschaftlichen Vorträge begannen, begleitet von einem künstlerischen Rahmenprogramm, das für Entspannung und Unterhaltung während der Kongreßdauer sorgte und die wissenschaftlichen Beiträge thematisch ergänzte.
Bereits am ersten Tag wurde die Ausstellung »Die Renaissancefamilie Borgia. Geschichte und Legende« im Hällisch-Fränkischen Museum eröffnet, die detaillierte Informationen zur Politik Alexanders VI. – dem berüchtigtsten Vertreter der Familie – lieferte. Der zweite Tag wurde durch die Vernissage der Fotoausstellung »Das Appartamento Borgia im Vatikan« zwischen den wissenschaftlichen Vorträgen aufgelockert. Außerdem sorgte eine Theateraufführung der Nolo-Bühne mit dem Titel »Lucrezia Borgia« für Diskussionsstoff. Diese sehr experimentelle Inszenierung bot eine alternative Sichtweise zu den wissenschaftlichen Erörterungen über die Renaissance und die ihre Zeit prägende Borgia-Familie. Hierbei wurde der Zuschauer aktiv in das Theatergeschehen eingebunden, indem er mit den Schauspielern gleichzeitig die Szenen- und Ortswechsel vollzog. Kulisse für die Veranstaltung war das ehemalige Gebäude der Löwenbrauerei.
Uns beeindruckte besonders Klara Höfels in dem Monolog »Lucrezia Borgia«, die gekonnt das überkommene Bild der Lucrezia Borgia als unmoralische Intrigantin zur emanzipierten Frau und politischen Kommentatorin des 20. Jahrhunderts umformte.

Den Ausklang bildete ein Renaissancefest im Hof der Hospitalkirche, das durch Tanz, Gesang, Theater und historische Kostümierung das Lebensgefühl der Renaissance einfangen wollte.
Bei unserer Abreise konnten wir auf drei abwechslungsreiche Tage zurückblicken, obwohl wir längst nicht alle Angebote des Rahmenprogramms besuchen konnten.

Teilnehmerliste der Studierenden an der Universität Stuttgart am Borgia-Kongreß
29.–31. Mai 1992

Binder, Jeannette. Branislava, Ivic. Durst, Uwe. Färber, Bernadette. Förch, Julia. Ganter, Ulrike. Gebhard, Anke. Geyer, Dietmar. Haberkorn, Silvia. Hähner-Rombach, Sylvelyn. Heinzelmann, Andrea. Hildenbrandt, Marion. Huber, Bettina. Kappesser, Ulrike. Keiter, Tanja. Landensperger, Cornelia. Lindenberg, Cornelia. Meier, Nicole. Meishammer, Alfons. Oehm, Dorothea. Ranscht, Andrea. Rizzotti, Christina. Seefeld, Martina. Schönitz, Katja. Slothy, Gregor. Stegmann, Beate. Steiger, Martina. Stümpfig, Birgit. Weippert, Ulrike. Wilhelm, Sandra. Wolz, Monika.

Über dem Marktplatz. Pestsäule, Skulptur von Gerda Bier

Empfänge

Eröffnungsfeier
Empfang im Hällisch-Fränkischen Museum
Empfang im Goethe-Institut
Empfang im Rathaus
Empfang in der Haller Akademie der Künste
Renaissance-Fest

Empfang im Rathaus (Bild oben)

Die Ehrengäste Susanne Schüller-Piroli und Miquel Batllori

Oberbürgermeister Karl Friedrich Binder und Marion Hermann-Röttgen

B-Borgia-Brezeln

Anläßlich des Kongresses gab es sechs festliche Empfänge für die Gäste des Kongresses.
Die Eröffnungsfeier am Donnerstag den 28. Mai fand in dem ungewöhnlich schönen Rokokosaal der Hospitalkirche statt.
Im Anschluß an die ersten beiden Vorträge gestaltete das Hällisch Fränkische Museum einen Empfang zur Eröffnung der Ausstellung »Die Borgia – Bildnisgraphik – Medaillen – Dokumente«.
Am Freitag den 29. Mai lud das Goethe-Institut anläßlich der Eröffnung der Foto-Ausstellung »Das Appartamento Borgia im Vatikan« mittags zu einem Umtrunk mit Imbiß ein.
Der große offizielle Empfang der Stadt für die Gäste des Kongresses fand ebenfalls am Nachmittag des zweiten Tages in dem festlichen Rahmen des Rathaussaals von Schwäbisch Hall statt. Oberbürgermeister Binder begrüßte das Publikum und bedankte sich bei Marion Hermann-Röttgen für die Planung und Organisation der Veranstaltung mit einem Geschenk der Stadt. Im Anschluß an ein bravouröses Gitarrenkonzert des Duo Favori, konnten sich die Gäste an einem lukullischen Büffet erfreuen. Vor dem Rathaus, auf dem in Deutschland wohl einmaligen Rathausplatz wurden bei strahlendem Sonnenschein angesichts der prächtigen Kirchtreppe von Sankt Michael Fachgespräche über die Vorträge des Vormittags geführt.
Am Abend desselben Tages lud schließlich noch die Haller Akademie zur Eröffnung ihrer Ausstellung »Die Borgia aus der Sicht zeitgenössischer Künstler« zu einem Empfang auf der Terrasse vor

der Akademie, die direkt gegenüber des alten Brauereiturmes steht, der in diesen Tagen durch die Aufführung des Theaterstücks von Victor Hugo zum Borgia-Turm geworden war.
Von der Terrasse aus, zwischen den künstlerischen Arbeiten von Renate Deck und Wolfgang Bier, genossen die Gäste den Blick auf die mittelalterliche Stadt. Eigens für diesen Anlaß gebacken, gab es Brezeln in der Form eines großen B.
Die letzte Gelegenheit, sich bei einem geselligen Anlaß auszutauschen, bot das große Renaissancefest am dritten Kongreßtag, am Samstag den 30. Mai. Die Zeit während des Kongresses war dicht gedrängt, ein Vortrag folgte auf den anderen, jeden Abend waren bis Mitternacht Angebote an Theater, Kabarett oder Film zum Thema Borgia.
Dennoch war die Planung so, daß jeder Gelegenheit hatte, alle Veranstaltungen zu besuchen und daß durch die Empfänge der einzelnen Institutionen reichlich Gelegenheit war, kollegialen Austausch zu pflegen und anregende Gespräche zu führen.

Eröffnung in der Hospitalkirche

Vorträge

P. Miquel Batllori S.J.,
Rom/Valencia
Die Renaissance-Politik Alexanders VI.: Rom – Italien – Spanien – Europa

Marion Hermann-Röttgen,
Stuttgart
Das Cesare-Borgia-Bild in Niccolò Machiavellis »Principe«

Gabriele Hoffmann, Stuttgart
Der Machtmensch Cesare Borgia bei Friedrich Nietzsche

Susanne Schüller-Piroli, Rom
Lucrezia Borgia in der dämonistischen Papstlegende

Herwarth Röttgen, Stuttgart
Savonarola und Alexander VI. Borgia

Sabine Poeschel, Stuttgart
Bildnisse und Pseudo-Bildnisse im Appartamento Borgia

Luigi Tacconelli, Pescara
Faust und Borgia: Die Borgia-Figur in der Faustsage

Marion Hermann-Röttgen,
Stuttgart
Vanozza im 17. Jahrhundert: Die Geliebte Alexanders VI. als barocke Mätresse

Helga Schüppert, Stuttgart
Lucrezia Borgia – ein Frauenideal der Renaissance?

Michael Kienzle
und Dirk Mende, Stuttgart
Theater um die Borgia. Anatomie eines literarischen Skandals. Am Beispiel von Oskar Panizzas »Liebeskonzil«

Hans Ulrich Seeber, Stuttgart
Algernon Charles Swinburnes Borgia-Drama »The Duke of Gandia« und das Frauenbild im 19. Jahrhundert

Der Hauptgesichtspunkt bei der Planung der Vorträge war, möglichst viele Wissenschaften und ihren jeweiligen Aspekt zu berücksichtigen. Es gelang, kirchenpolitische, politologische, philosophische, historische, kunsthistorische, germanistische, literaturwissenschaftliche, mediävistische und anglistische Aspekte wissenschaftlich einzubringen.
Da es um den Dialog von Geschichte und Legende ging, sollten sowohl die Zeit der Borgia als auch möglichst alle späteren Jahrhunderte repräsentiert werden.
Der Wunsch, die beiden wichtigsten lebenden Borgia-Forscher für Vorträge in Hall gewinnen zu können, erfüllte sich. Der spanische Jesuit Padre Miquel Batllori, Kirchenhistoriker und Theologe in Rom, und die österreichische Historikerin Susanne Schüller-Piroli (†), ebenfalls aus Rom, sagten beide trotz ihres hohen Alters zu. Wissenschaftlich wurden sie nicht nur auf Grund ihrer eindrücklichen Persönlichkeiten Mittelpunkt der Tagung, sondern auch wegen ihrer konträren Positionen, die den Dialog dieses Kongresses symbolisierten, der die Familie Borgia im Zwielicht von Geschichte und Legende betrachtet.*
Als dritter ausländischer Gast konnte der Germanist Luigi Tacconelli, Germanist aus Pescara, begrüßt werden. Ein weiterer italienischer Referent war im letzten Moment verhindert, der Vortrag wurde mit demselben Thema durch einen Kurzbeitrag von Marion Hermann-Röttgen ersetzt.
Die anderen Referenten waren, außer dem Kunsthistoriker Herwarth Röttgen, der einen historisch-kunsthistorischen Vortrag hielt, die Dozenten, die auch die vorbereitenden Seminare betreut hatten: die Kunsthistorikerinnen Gabriele Hoffmann und Sabine Poeschel, die Literaturwissenschaftlerin Marion Hermann-Röttgen, die Mediävistin Helga Schüppert, die Germanisten Michael Kienzle und Dirk Mende und der Anglist Hans Ulrich Seeber.

* Zu unserem großen Bedauern starb Susanne Schüller-Piroli im Juni 1995, so daß sie die Fertigstellung dieses Buches, der sie mit Spannung entgegensah, nicht mehr erleben konnte.

Die Renaissance-Politik Alexanders VI.: Rom – Italien – Spanien – Europa

von P. Miquel Batllori S. J.

Einführung

Die Politik Alexanders VI. ist gewöhnlich nahezu ganz von einer einzigen oder wenigstens als entscheidend ausgegebenen Seite her dargestellt worden.
Für einige allzu apologetische Historiker sei ihr Schwerpunkt das römische Pontifikat gewesen. Auf dieser Linie bewegte sich nach dem Zweiten Weltkrieg großenteils die Reihe sorgfältiger Untersuchungen von Giovanni Soranzo (1950, 1960), obschon diese üblicherweise mit der komplizierten Italienpolitik der Zeit verflochten wurden.
Diese Italienpolitik hingegen war von Gabriele Pepe (1941) und anderen italienischen Historikern in den Mittelpunkt gestellt worden. Aber die Italienpolitik der Borgia-Zeit sah sich eng verknüpft mit der Politik Spaniens. Und diese wiederum wurde in den letzten Jahrzehnten durch die verdienstvollen Forschungen meines alten Lehrers Antonio de la Torre in den Registern des Archivs des aragonesischen Königshofes in Barcelona und jene von Luis Suárez Fernández im Generalarchiv von Simancas wieder freigelegt und gründlich erforscht.
Dabei trat nun ein Ferdinand II. von Aragón, später »der Katholische« genannt, zutage, der bestrebt war, sich immer enger mit seinem Vetter Ferdinand I. von Neapel, dem unehelichen Sohn Alfons' des Großmütigen, zu verbünden (daher die zweite Ehe des neapolitanischen Königs mit der Schwester des Aragoniers, Johanna von Aragón); aber andererseits ein Ferdinand II., der niemals den Vorsatz aufgegeben hatte, sich des ganzen Königreiches zu bemächtigen, wozu er sich in höchstem Maße berechtigt fühlte, war er doch der legitime Nachkomme des ersten Königs Trastámara von Aragon und nicht unehelich und durch doppelten Ehebruch gezeugt. Das alles habe ich in der Schrift »Ferdinando il Cattolico e il reame di Napoli« (Ferdinand der Katholische und das Königreich Neapel) 1972/77 zusammenfassend dargestellt.
Das Problem der Italienpolitik war im übrigen einer der Kernpunkte bei der Wahl Rodrigo Borgias gewesen, der – wie Giovanni Battista Picotti jüngst wieder herausgestellt hat – von Kardinal Ascanio Sforza gerade zu dem Zeitpunkt unterstützt wurde, als dessen Bruder Ludovico »il Moro« sich zum Herzog von Mailand ausrufen ließ, was das um die Achse Mailand – Florenz – Neapel auf der Halbinsel herrschende Gleichgewicht zerbrochen hatte.
In dieser schwierigen Lage war Alexander, entgegen den unbegründeten Unterstellungen, er sei von Anfang an der spanischen Politik verpflichtet gewesen, ja gezwungen, den beiden Königen aus dem Hause Aragón, Ferdinand I. von Neapel und Ferdinand II. von Katalonien-Aragon, gegenüberzutreten. Die Wiederherstellung der Freundschaft des zweiten Borgia-Papstes mit König Ferdinand und mit dem Sohn und Nachfolger Ferdinands I., Alfons II., wählte ich zum Thema meines Eingangsvortrages in der Königlichen Akademie für Geschichte in Madrid: »Alejandro VI y la Casa

Papst Calixtus III.

Real de Aragón, 1492–1498« (Alexander VI. und das Königshaus Aragon, 1492 –1498).
Für diese Wiederaufnahme der diplomatischen Beziehungen, gekoppelt mit einer Familienpolitik – die Hochzeiten zweier Söhne des Kardinals Rodrigo Borgia, Giovanni und Goffredo, Herzöge von Gandia bzw. Fürsten von Squillaci, mit einer Cousine des Königs von Aragon, Maria Enriquez, bzw. mit einer Tochter Alfons' II., Sancia von Aragón –, bediente sich Alexander nach echter Renaissancemanier der Verflechtung der päpstlichen mit den persönlichen und politischen Interessen. Die volle Entwirrung dieses Knäuels war nur möglich dank der neun Bände mit Borgia-Dokumenten: sie, so scheint es, stellen den Berg von Papieren dar, die der Papst von seinem Arbeitszimmer in den Borgia-Gemächern (deren malerische Ausstattung durch Pinturicchio noch nicht abgeschlossen war) durch den langen Gang zur felsbewehrten Engelsburg mit sich trug, als Karl VIII. von Frankreich am letzten Tag des Jahres 1494 in Rom einzog. Diese Dokumente, die zwar schon von zahlreichen Historikern eingesehen, aber wegen der Schwierigkeiten der Sprache, in der sie vorwiegend abgefaßt sind, nämlich dem Katalanischen von Valencia, zweifellos noch nicht völlig ausgewertet worden sind, werden jetzt in der Abteilung »Archivum Arcis« (Archiv der Engelsburg) aufbewahrt.
Dieser archivarische Bestand im Vatikanischen Geheimarchiv hatte es mir bereits ermöglicht, in meiner Arbeit »La correspondència d'Alexandre VI amb els seus familiars i amb els Reis Catòlics« (Der Briefwechsel Alexanders VI. mit Mitgliedern seiner Familie und mit den katholischen Königen) 1952/56 die spanienfreundliche Politik des Papstes mit ihrem »Nepotismus« wieder nahezubringen:
Dieser üblen Gewohnheit vieler Päpste, die aber für die zwei Päpste der Familie Borgia, Calixtus III. und Alex-

Papst Alexander VI.

ander VI., besonders kennzeichnend war, widmete ich kurz darauf einen Lexikon-Artikel. Lediglich über den Nepotismus des Papstes Calixtus (Alfons de Borja) waren wir seit 1927 dank der Forschungen von Monsignor Josep Rius i Serra gut informiert.
Da der Nepotismus Papst Alexanders so sehr mit der römischen Politik insgesamt, sowohl mit der spanienfreundlichen von 1493 bis 1498 als auch mit der franzosenfreundlichen ab 1498, verknüpft war, habe ich viele Jahre mit meinem Freund, dem Gelehrten Lluís Cerveró i Gomis aus Valencia, bei der Erforschung der Borgia-Dokumente Spaniens zusammengearbeitet: Zu den Dokumenten, die er in den verschiedenen sehr reichen Lokalarchiven von Valencia aufgespürt hatte, nahm ich jene hinzu, die von mir im vatikanischen »Archivum Arcis« wie auch im Archiv des Königshofes von Aragon in Barcelona, in der Königlichen Akademie für Geschichte und in der Nationalbibliothek in Madrid entdeckt worden waren. Dieser Band »Diplomatari dels Borja« liegt – dank der wissenschaftlichen Hilfe der Universität von Valencia und der finanziellen Unterstützung durch die Autonome Landesregierung in Valencia – zum Teil in ersten Druckfahnen vor.
Die Archivbestände in Rom und Valencia beleuchten auch die Spanien- und Familienpolitik Papst Alexanders während der folgenden, also franzosenfreundlichen Zeit zu Gunsten Cesares und der Schaffung des Herzogtums Romagna und ergänzen die bereits bekannten Quellen des Vatikans und der staatlichen Archive der Emilia und der Romagna und des ursprünglich vatikanischen, aber nun im Staatsarchiv von Venedig aufbewahrten Bestandes »Podocataro«, der bis jetzt noch nicht gründlich erforscht und ausgewertet worden ist.
Die Forschungen in all diesen Urkundendepots haben es mir ermöglicht, einige Arbeiten religiösen, kirchlichen, genealogischen, ökonomischen und politischen Charakters zu verfassen, die 1979 in dem Band »A través de la història i la cultura« (Durch Geschichte und Kultur) zusammengestellt wurden; in zwei Referaten dagegen konnte die Problematik bezüglich der sogenannten »alexandrinischen Bullen« über Amerika durch die neuentdeckten Dokumente in einem neuen, mehr politischen als theokratischen Licht dargestellt werden: »The Papal Division of the World and its Consequences« (Die päpstliche Aufteilung der Welt und ihre Konsequenzen) (Los Angeles 1974/76) und »Catalunya i Amèrica« (Katalonien und Amerika) (Barcelona 1982/84); diese Referate wurden dann in zwei spanische Sammlungen aufgenommen: »Del descubrimiento a la independencia« (Von der Entdeckung zur Unabhängigkeit) (Caracas 1979) bzw. »Humanismo y Renacimiento. Estudios hispano-europeos« (Humanismus und Renaissance. Spanisch-europäische Studien) (Barcelona 1987).
Hätte ich diesem Borgia-Kongreß in Stuttgart lediglich eine einfache Information und nicht ein richtiges Referat vorlegen sollen, so hätte ich nur das Ergebnis meiner neuen persönlichen Forschungen zu diesem Thema vorgestellt. Aber in einem Referat wollte ich doch lieber einen Überblick über die ganze vielgestaltige Renaissancepolitik Alexanders VI. zeichnen, da und dort bereichert durch meine Studien und meine persönlichen Überlegungen, was die hier versammelten gelehrten Borgia-Forscher leicht verstehen und billigen werden, ein Überblick, eingebettet in eine Gesamtschau eines in seinen verschiedenen Facetten so wechselvollen und in seinen verschiedenen Perioden so problematischen Pontifikats.
Ich werde jedoch die Punkte, die in meine persönliche Forschungen besonders Eingang gefunden haben, kurz im einzelnen erwähnen.

Die Politik Alexanders VI. Borgia

Rodrigo de Borja, um das Jahr 1431 in Játiva, im Königtum Valencia, geboren, wurde 1453 von seinem Onkel Calixtus III. nach Italien geholt. Er studierte in Bologna, wo er – bereits als apostolischer Notar – am 13. August 1456 in Kirchenrecht promovierte. Nachdem ihn Calixtus III. am 20. Februar 1456 zum Kardinaldiakon von San Nicolo in carcere gemacht hatte, wurde er am 31. Dezember zum Gesandten bzw. Gouverneur der Mark Ancona ernannt, eine Aufgabe, bei deren Bewältigung er ein Jahr lang seine Führungsqualitäten unter Beweis stellen konnte; am 26. November 1457 kehrte er nach Rom zurück. Am 11. Dezember 1457 wurde er zum Kommissar der päpstlichen Truppen in Italien bestellt und am 1. Mai des darauffolgenden Jahres zum Vizekanzler der Römischen Kirche. Dieses hohe Amt hatte er bis zu seiner Erhebung auf den päpstlichen Stuhl am 11. August 1492 inne und sammelte in dieser Stellung reiche Erfahrungen im Umgang mit Politik und päpstlicher Kurie, obwohl ihm nicht alle Päpste dasselbe Vertrauen entgegenbrachten. Calixtus III. übertrug ihm 1457 die Verwaltung des Bistums Gerona; Rodrigo verließ es am 30. Juni 1458, als er in derselben Form das Bistum Valencia erhielt, das er bis 1492 innehatte.
Sehr oft wird die Bedeutung und der Einfluß des Amtes des Vice-Cancellarius übertrieben, um die politisch-kirchliche Bedeutung Rodrigo Borgias in der Zeit zwischen 1457 und 1492 zu unterstreichen. Der Vice-Cancellarius konnte lediglich über den Großteil der staatlichen Angelegenheiten Bescheid wissen; sein Einfluß auf sie hing von dem Vertrauen ab, das er bei den einzelnen Päpsten genoß. Leider erlauben uns die neuen Quellen des Archivum arcis nicht, die Kenntnis zu revidieren, die wir von dem wechselvollen Vertrauen und Mißtrauen der verschiedenen Päpste dieser Zeit gegenüber Kardinal Borgia hatten.
Trotz seines entscheidenden Eingreifens bei den Wahlen Pius' II. (1458) und Pauls II. (1464) schenkte ihm keiner der beiden Beweise besonderer Wertschätzung. Der Erste verurteilte scharf den ausschweifenden Lebenswandel von Kardinal de Borja. Trotzdem unterstützte dieser den vom Piccolomini-Papst veranlaßten Kreuzzug gegen die Türken mit einer Flotte und war zugegen, als der Papst in Ancona starb.
Mit Sixtus IV. änderte sich die Lage. Noch im selben Jahr, am 22. Dezember 1471, erfolgt Borja's Ernennung zu einem der vier Sondergesandten, die beauftragt sind, Hilfe in Form von Waffen und Geldmitteln für den Kreuzzug gegen die Türken aufzutreiben. Rodrigo hielt sich einige Zeit in Rom auf. Vom 8. Januar bis 15. März 1472 war er Kämmerer des Kardinalskollegiums. Im März und April desselben Jahres wurden mehrere Bullen, die seine Gesandtschaft betrafen, versandt. Die Bulle vom 1. Dezember 1471, durch die Sixtus IV. im Gegensatz zur Haltung Pauls II. die Ehe Ferdinands von Aragón, König von Sizilien, mit Isabella von Kastilien billigte, steht zweifellos mit der Mission des Gesandten Borja in Zusammenhang. Wir wissen allerdings weder, ob er auf die Abfassung der Bulle Einfluß genommen, noch ob er sie persönlich nach Spanien gebracht hat. Er verließ am 15. Mai 1472 Rom, schiffte sich in Ostia in die Flotte Ferdinands I. von Neapel ein – Ferdinand I. hatte großes Interesse an dem Kreuzzug erkennen lassen – und traf am 18. Juni in Valencia ein. In Pedralbes (in der Nähe von Barcelona) traf er sich mit Juan I. von Aragón und kehrte dann nach Valencia zurück, wo er mit Don Ferdinand und Pedro González de Mendoza, dem Bischof von Siguenza, verhandelte. Der Gesandte aus Rom und der Erbe des Hauses Aragón bemühten sich, Mendoza und seine Partei für die Sache Isabellas

zu gewinnen. In Kastilien traf Borja mit Heinrich IV. und seiner Schwester zusammen; er griff nicht entscheidend in die Erbstreitigkeiten in Kastilien ein, höchstens ebnete er den Weg für eine Lösung. Angesichts der inneren Lage in den beiden Königreichen – wozu auch kam, daß die Vertreibung der Mauren noch nicht abgeschlossen war – konnte Kardinal de Borja kaum auf nennenswerte militärische Hilfe gegen die Türken hoffen; er erhielt jedoch vom Klerus einen ansehnlichen finanziellen Beitrag. Am 12. September 1473 fuhr er von Valencia ab und traf am 24. Oktober in Rom ein.
Sowohl in Spanien wie außerhalb wurde auch der – lediglich mögliche, aber nicht bewiesene – Einfluß Borgias auf die »sanatio in radice« der Ehe zwischen Ferdinand von Aragón und Isabella von Kastilien übertrieben. Wäre er so entscheidend gewesen, wie angenommen wurde, könnte man kaum die schwerwiegenden Vorbehalte Isabellas, sowohl was das Privatleben Borgias, als auch was seine ersten Schritte in Politik und Kirche betraf, verstehen, wie sie uns jetzt die großenteils noch unedierten Berichte von Nuntius Desprats vor Augen führen.
Sixtus IV. hatte gleich nach seiner Wahl Borja als Dank für dessen Unterstützung beim Konklave die reiche Abtei Subiaco zur Schutzwaltung zugeteilt; am 30. August 1471 hatte er ihn von der Diakonie von San Nicolo entbunden und ihm das suburbikarische Bistum Albano übertragen (bei dieser Gelegenheit erhielt Borja wahrscheinlich die Priesterweihe). Während der Pest des Jahres 1476 begleitete Rodrigo den Della Rovere-Papst nach Viterbo und Foligno; und als die Diözese Porto unbesetzt war, erhielt er am 24. Juli 1476 auch dieses Bistum, das er zusammen mit dem Dekanatsamt im Kardinalskollegium innehatte. Am 8. Juli 1482 betraute ihn der Papst mit dem Bischofssitz von Cartagena. 1492 verfügte Rodrigo de Borja außer über die Bistümer Valencia, Porto und Cartagena noch unrechtmäßig über jene von Mallorca (in seinem Besitz) und Eger oder Erlau in Ungarn (in Schutzwaltung); diese hatte er, neben vielen anderen kirchlichen Benefizien 1489 bzw. 1491 von Innozenz VIII. erhalten. Es gab nur wenige Kardinäle, die damals reicher waren als Rodrigo de Borja.
Wie es scheint, war Alexander VI. nicht der geeignete Mann, um eine Reform der Kirche »in capite et in membris« zu fördern, wie die ganze Christenheit sie damals ersehnte. Da seine Reformpläne erst nach der Ermordung des Herzogs von Gandia im Jahr 1497 anzusetzen sind, kann uns die neue Dokumentation des genannten Archivum arcis, die mit dem Ende des Jahres 1494 schließt, diesbezüglich keine neuen Anhaltspunkte bieten.
Während in Italien ein auf dem Bündnis zwischen Mailand, Florenz und Neapel beruhendes Gleichgewicht herrschte, unterhielt Kardinal Rodrigo gute Beziehungen zu Ferdinand I. von Neapel; 1477 nahm er als Gesandter Sixtus' IV. an der Krönung Königin Johannas von Neapel, der Tochter Juan II. von Aragón, teil. Als Innozenz VIII. 1492 starb, war das italische Bündnis zerbrochen, weil Ludovico Sforza, mit dem Beinamen »il Moro«, das Herzogtum Mailand für seinen Neffen Gian Galeazzo usurpiert hatte; Gian Galeazzo war mit Isabella von Aragón, einer Tochter Herzogs Alfons von Kalabrien und Enkelin Ferdinands, verheiratet. Die beiden mächtigsten Kardinäle, Ascanio Sforzia (Bruder Ludovicos) und Giuliano della Rovere (Verwandter Innozenz' VIII.) waren gegensätzlich eingestellt: der eine begünstigte Ludovico »il Moro«, der andere Ferdinand. Keiner dieser beiden Kardinäle konnte die für die Erlangung der Tiara erforderliche Stimmenmehrheit erhalten; Ascanio begünstigte und unterstützte die Kandidatur von Rodrigo de Borja, der seine politischen

Fähigkeiten eindeutig unter Beweis gestellt hatte; das war denn auch ein entscheidendes Erfordernis, als sich Karl VIII. von Frankreich als Erbe der Anjou anschickte, das Königreich Neapel zu erobern. Daß bei der Papstwahl die vorausgegangene Verteilung großzügiger Benefizien und Gehälter durch den Vizekanzler eine Rolle spielte, erscheint gesichert; daß es Simonie auch noch in anderer Form gegeben hat, ist leicht möglich, läßt sich jedoch – außer durch Gerüchte – nicht belegen. Feststeht dagegen, daß die Wahl Alexanders VI. einstimmig erfolgte und auch die Stimmen jener wenigen Kardinäle miteinschloß, die den simonistischen Versprechungen von Ascanio und Rodrigo kein Gehör schenkten und den übermäßigen Reichtum Borja's und sein anstößiges Leben mißbilligten.

Es ist darauf hinzuweisen, daß im Jahre 1492, als noch keine wirkliche politische Einheit der Kronen von Aragón und Kastilien bestand und als man in Italien die Untertanen des Königs von Aragón Katalanen und die des Königs von Kastilien Spanier zu nennen pflegte, die Wahl Alexanders VI. in Rom sowohl von seiten der Römer als auch von seiten der in Rom lebenden katalanischen Aragonesen und Kastilier als ein Triumph Spaniens angesehen wurde. Das zeigt uns ganz klar ein Dokument der Madrider Königlichen Akademie für Geschichte, das ich 1968 in einer Mitteilung über »Alessandro VI e Alfonso II di Napoli« (Alexander VI. und Alfons II. von Neapel) im vollen Wortlaut bekannt gemacht habe.

Das Wirken Alexanders als Papst entfaltete sich in dreifacher Richtung: in Beziehung zu seinem päpstlichen Amt; in Beziehung zur italienischen (und zuweilen direkt, zuweilen indirekt auch zur spanischen) Politik der damaligen Zeit; und in Beziehung zu den seine Familie betreffenden Interessen. Eine Geschichte seines Pontifikats, die von einem dieser Gesichtspunkte absieht, ist immer Stückwerk und falsch. Gleich nach seiner Wahl erklärte Alexander VI., sich um Ruhe in Italien und um die Einigkeit der Christen angesichts des Vorrückens der Türken bemühen zu wollen; damit folgte er dem Beispiel Calixtus' III. In der ersten Zeit seines Pontifikats – bis 1498 – trachtete er, dieser Linie zu folgen, auch wenn sie tatsächlich auf das Gleichgewicht in Italien und in Europa beschränkt blieb.

Nach dem Bruch Mailands mit Florenz und Neapel mußte Alexander zwischen Ludocivo »il Moro« und Ferdinand I. wählen. Dieser verfeindete sich mit dem Papst, als Virginio Orsini, der Vasall des Papstes, jedoch Söldnerführer des Königs war, mit Unterstützung von Piero de Medici und Kardinal Giuliano della Rovere für Franceschetto Cibo, den Sohn Innozenz' VIII., die innerhalb des päpstlichen Staates gelegenen Kastelle Cerveteri und Anguillara kaufte. Vielleicht drohte Alexander damals eine Freundschaft mit Karl VIII. von Frankreich an, um Ferdinand einzuschüchtern: dessen Angebot, seine Enkelin Sancha (die natürliche Tochter des Alfons von Aragón, Herzogs von Kalabrien) mit Jofré de Borja (dem Sohn des Papstes) zu verheiraten, blieb jedenfalls unbeantwortet. Alexander griff zu wirtschaftlichen Repressalien gegen Piero de Medici, und Della Rovere zog sich in sein Kastell in Ostia zurück.

Seit damals (Januar 1493) brachte der Papst in Verhandlungen mit Venedig und Mailand den Bund von San Marco zustande, der am 25. April öffentlich bekanntgegeben wurde (hernach traten dem Bund weitere italienische Fürsten bei, so daß er den inzwischen zerbrochenen italischen Bund ersetzte). Die Freundschaft mit Mailand wurde gefestigt durch die Ehe Lucrezias mit Francesco Sforza, dem Freiherrn von Pesaro (und als solcher Lehensuntertan des Papstes); Francesco Sforza war ein Neffe zweiten Grades von

Ludovico »il Moro«; als Graf von Cotignola verfügte er jedoch über das Lehenserbrecht der Familie Sforza vor deren Verwandtschaft mit den Visconti von Mailand. Diese politischen und familiären Verbindungen sollten Mailand von seiner Freundschaft mit Karl VIII. abbringen, der Anspruch darauf erhob, mit dem Königreich Neapel belehnt zu werden.
Was diese Fragen anbelangt, haben uns die bereits zitierten Arbeiten von Giovanni Soranzo sehr vorangebracht, hauptsächlich auf der Grundlage der Briefe der Gesandten der verschiedenen Staaten Italiens in Rom. Hier möchte ich nur hinzufügen, daß die Historiker im allgemeinen den genealogischen Rang, den Francesco Sforza, Graf von Cotignola, vor allen anderen Sforzas – sowohl vor jenen des nachfolgeberechtigten Zweiges von Gian Galeazzo als auch vor jenem eingeschmuggelten Zweig des Ludovico »il Moro« – repräsentierte, nicht hinreichend berücksichtigt haben. Die Freundschaft Alexanders mit Francesco, Graf von Cotignola, konnte daher in den Wechselfällen, die plötzlich über das Herzogtum Mailand hereinbrechen mochten, eine bedeutende politische Karte sein. Vom ersten Augenblick an war Lucrezia ein Opfer der Italienpolitik Alexanders.
Alexander gab dem Anspruch Karls VIII. nicht nach, als im August 1493 der Sonderbotschafter Frankreichs, Perron de Baschi, im Namen seines Königs formell die Belehnung mit Neapel verlangte. Damals hatte Alexander bereits Freundschaftsbande zu den beiden Königen des Hauses Aragón geknüpft, während Ferdinand II. (V. von Kastilien) seinem Vetter und Schwager Ferdinand I. von Neapel beistand.
Ferdinand schlug die Ehe des zweiten Herzogs von Gandia, Juan de Borja (Sohn des Papstes), mit Maria Enríquez, der Base des Königs von Aragón, vor, die zuerst mit Pedro-Luis de Borja vermählt war. Der Vermählung Giovanni Borgias mit María Enríquez und Goffredos mit Sancia von Aragón werde ich außer den neuen, von mir 1958 veröffentlichten Dokumenten zwei schon sehr weit gediehene Einzelbände über die »Epistolari català dels Borja« (Der katalanische Briefwechsel der Borgia) widmen, die in Barcelona gedruckt werden sollen.

Ferdinand der Katholische, König von Spanien

Im April begannen die Formalitäten für die Gewährung der berühmten alexandrinischen Bullen, die die Rechte und Pflichten der Könige Spaniens und Portugals über die neuentdeckten Länder Amerikas betrafen. Was die sogenannten »alexandrinischen Bullen« über Amerika betrifft, so beweist die neue, von mir entdeckte und zum Teil in den in der Einleitung zu diesem Referat schon genannten Studien bereits veröffentlichte Dokumentation ganz klar, daß angesichts der übertriebenen Theokratismen der Römischen Kurie in der Hochrenaissance den anderen Bullen zugunsten der portugiesischen Expansion im Atlantik ein rein zusatz- oder ergänzungsrechtlicher kastilischer Gesichtspunkt entgegenstand. Es schien mir nicht angebracht, hier all das zu wiederholen, was ich schon mehrmals anderswo veröffentlicht habe. Es soll genügen hervorzuheben, daß die von Papst Alexander im Jahr 1493 entworfene erste Aufteilung der westatlantischen Inseln und Landgebiete ein Jahr später im Vertrag von Tordesillas zwischen Isabella und Ferdinand auf der einen und den Gesandten Johanns II. von Portugal auf der anderen Seite um 370 Meilen von den Kapverdischen Inseln aus verändert wurde, wobei man nicht nur von einer vorherigen billigenden Zustimmung des Papstes absah, sondern dem in Tordesillas anwesenden Nuntius Desprats kein Wort davon sagte; nach dessen noch unedierten Berichten, die sich im Archivum arcis befinden, gelang es ihm jedoch, sich über die Verhandlungen zu informieren, die damals die Könige von Kastilien und Aragón mit den Gesandten Frankreichs und Neapels führten. Die vorhergehenden alexandrinischen Bullen sollten in der Folge von den Königen Spaniens, sei es in bezug auf die Indianer, sei es als Grundlage für ein Monopol vor den anderen europäischen Königen, häufig angeführt werden. An jenem zusatz- oder ergänzungsrechtlichen Charakter aber werden die offiziellen Chronisten Westindiens, von Fernández de Oviedo im Jahr 1535 bis Antonio de Herrera im Jahr 1600 festhalten.

Noch vor der Gesandtschaft des Perron de Baschi in Rom hatte Alexander gute Beziehungen zu Ferdinand I. von Neapel hergestellt: die Ehe von Jofré mit Sancha wurde rechtmäßig vollzogen, Virginio Orsini wurde mit den Lehen Cerveteri und Anguillara bedacht, und Giuliano della Rovere versöhnte sich mit dem Papst. Doch dieser konnte die Freundschaft mit Ferdinand und Giuliano nicht in der Art weiterführen, daß er dadurch die Freundschaft von Ludovico und Ascanio Sforza verlor; das galt vor allem angesichts der Drohung Karls VIII. Deshalb berücksichtigte er bei der Ernennung der Kardinäle am 20. September 1493 alle Mächte außer Neapel: Er stellte Ferdinand II. und Isabella dadurch zufrieden, daß er ihrem Botschafter Bernardino López de Carvajal den Kardinalshut verlieh; Karl VIII. dadurch, daß er zwei Franzosen, Jean de la Grolaie und Raymond Peraud, ein Zeichen seiner Gunst gewährte; England und Polen durch die Kardinalerhebung von John Morton und Federico Casimir; Venedig mit Domenico Grimano, dem Patriarchen von Aquileia; Hercules I. von Ferrara durch die Kardinalserhebung von Ippolito d'Este; Ascanio, indem er dessen-Schützling Bernardino Lunati den Purpur verlieh. Diese letzte Ernennung mißfiel sowohl Ferdinand von Neapel wie Ferdinand und Isabella sehr, die aus verschiedenen Gründen auch das Kardinalat von Cesare Borja, Alessandro Farnese und Giuliano Cesarini mißbilligten. Als Alexander vor dem drohenden Einfall Karls VIII. in Italien Ferdinand mit Ludovico »il Moro« zu versöhnen versuchte, war das bereits nicht mehr möglich. Im April des Jahres 1494 flüchtete Giuliano della Rovere von Ostia nach Frankreich und drohte von dort mit einem Schisma, ungeachtet dessen, daß sich Alexander, nachdem Ferdinand I. im Januar gestorben war, mit Alfons II. verbündet hatte; am 7. Mai fand in Neapel die feierliche Hochzeit von Jofré de Borja mit Sancha de Aragón statt, und am 8. Mai krönte der Kardinal von Monreale, Juan de Borja, als Sondergesandter des

Papstes Alfons zum König von Neapel. Daß der Papst so deutlich Stellung bezog, reichte jedoch nicht aus, Karl VIII. zur Aufgabe seines Vorhabens gegen Neapel zu bewegen, um so mehr, als der Franzose auf die Neutralität Kaiser Maximilians von Österreich, der Könige Spaniens und der Republik Venedig sowie auf eine starke Partei in Florenz setzen konnte, die sich mit dem König gegen Piero de Medici verbündete. Weniger stark und verläßlich war seine Anhängerschaft in Rom und in Neapel. Obwohl Alexander diplomatische Geheimverhandlungen mit den Türken eingeleitet hatte, riet er Karl eindringlich, seine Pläne bezüglich Neapels aufzugeben und sein Heer gegen die osmanische Macht zu richten. Schließlich blieb ihm nichts übrig, als den französischen Truppen freien Durchzug durch den päpstlichen Staat zu gewähren. Am 31. Dezember 1494 zog Karl in Rom ein, wo ihm seine Anhänger zujubelten; der Papst flüchtete in die Engelsburg.

Im Januar 1495 sah sich Alexander genötigt, dem König, in dessen Händen Civitavecchia blieb, einige Zugeständnisse zu machen; aber die Belehnung mit dem Königreich Neapel gewährte er ihm nicht. Der Papst verließ Rom und organisierte am 31. März mit dem Kaiserreich, mit Spanien, Venedig und Mailand die Heilige Allianz gegen Karl VIII., der Neapel besetzt hatte. Diese Allianz und der Widerstand, dem Karl in dem Königreich begegnete, zwangen den Franzosen zum Verlassen Italiens; der Rückzug war möglich, nachdem der König von Frankreich am 7. Juli 1495 bei Fornovo einen Sieg gegen seine Feinde errungen hatte.

Alexander war sich bewußt, daß er die Gruppe seiner bedingungslosen Mitarbeiter stärken sollte, und ernannte am 19. Februar 1496 seinen Neffen Juan de Borja-Llançol, Juan Llopis und Bartolomé Martí aus Valencia und den Katalanen Juan de Castro-Pinós zu Kardinälen. Während er Venedig und Kaiser Maximilian zum Kampf gegen Frankreich und Florenz aufforderte, mußte er in seinem eigenen Staat der Feudalpartei der Orsini entgegentreten. Der Herzog von Gandia Juan de Borja wurde zum Heerführer der Kirche ernannt, als er von den Königen Spaniens schon nicht mehr allzu viel zu erwarten hatte. Anfangs war ihm das Schicksal günstig, doch dann wurde er am 25. Januar 1497 in Soriano geschlagen; trotzdem erhielt er das Herzogtum Benevent und die Lehen Terracina und Pontecorvo. Als der junge Herzog in der Nacht vom 14. auf den 15. Juni auf mysteriöse Weise ermordet und in den Tiber geworfen wurde, plante der von Schmerz, von grübelndem Nachdenken und von

116

ELOGIORVM LIBER QVARTVS.

Carolus IIX. Galliæ Rex.

ORIS hoc gestu & armorum cultu Carolum Gallię Regem, eius nominis octauum, Alexander Pontifex in mole Hadriani pingi iussit, quum Rex ipse Pictori se exprimendum accuratè præbuisset. Is Ludouico vndecimo patri succedens, deficientes ab se Britones armis subegit, capto in acie Ludouico Aureliano, atque in carcerem coniecto, quem certa iura Regij sanguinis ipsi successorem destinabant. Ab hac victoria Rex iuuenis, quanquam nec ingenio stabili, nec satis firmis pusilli corporis viribus polleret, pacati tamen atq; opulenti Regni subnixus facultatibus, bellicosorumq; Procerũ vocibus incitatus, aduersus Aragonios Reges terra mariq; bellũ suscepit, euocante eum atq; adiuuante Ludouico Sfortia, qui Aragonio nomini erat infensissimus. Ea namq; tempestate fatali malo Italię nati, exitialibus inter se consiliis dissidebãt Alfonsus Rex Neapolitanus & Ludouicus Sfortia Mediolani Princeps, qui tũ potentia atq; autoritate nominis supra cæteros eminere credebãtur. Ille apprimè ferox, bellicosus & insolẽs: hic verò ingenio subtili, astuto, maximeq; ambitioso, odia contraxerãt, quę minimè expiari possent, nisi diiudicante belli fortuna alteruter præceps daretur. Itaq; Carolus vehemẽti impetu Italiam intrans,

Karl VIII. Valois, König von Frankreich

den Schmähreden Savonarolas gegen die Ausschweifungen des römischen Papsttums gequälte Papst eine Reform der Kirche. Sie würde, wenn sie einmal durchgeführt wäre, ihn vor der Geschichte reinwaschen und vielleicht schweren Schaden für die Kirche verhindern können. Doch es gelang ihm nicht, die Reformbulle zu veröffentlichen.

Der Dominikaner Girolamo Savonarola aus Ferrara, Prior des Klosters San Marco in Florenz, wurde von der den Medici feindlichen Partei unterstützt. In seinen Predigten nannte er Karl VIII. einen neuen Kyros, der Florenz, Rom und ganz Italien von der Korruption und Tyrannei der Römischen Kurie befreien werde. Alexander erteilte ihm Predigtverbot und unterstellte den Konvent San Marco der Dominikanerkongregation der Lombardei (das war am 8. September 1495). Savonarola gehorchte. Doch am 27. Februar des folgenden Jahres kehrte er auf die Kanzel zurück, in der Überzeugung, daß er nicht verpflichtet war, einem Gebot zu gehorchen, von dem er glaubte, daß es eindeutig im Gegensatz zum Willen Gottes stand. Als Alexander VI. am 7. November 1496 die Klöster des Ordens in einer neuen Kongregation neu organisierte, unterwarfen sich Savonarola und die Seinen nicht den päpstlichen Anordnungen; am 13. Mai 1497 wurde der Kirchenbann über ihn verhängt. Der Prior von San Marco hielt den Kirchenbann für ungültig, weil er sich auf falsche Begründungen stützte, und setzte seine Predigten gegen die Römische Kurie fort. Da verlangte Alexander von der Signoria von Florenz die Einkerkerung Savonarolas unter Interdiktsandrohung. Am 17. März 1498 verbot die Signoria dem Dominikaner zu predigen. Fra Girolamo setzte die Idee in Umlauf, die christlichen Staaten sollten ein Konzil einberufen, um Alexander VI. wegen Simonie und Ketzerei seines Amtes zu entheben. Nach seiner Verhaftung wurde Savonarola von päpstlichen Kommissaren als schuldig verurteilt.

Es ist mir leider nicht gelungen, neue Dokumente über den bedauerlichen Savonarola-Prozeß zu finden. Mein Kollege und Freund Prof. Dr. Romeo De Maio, zur Zeit Ordinarius für Geschichte der Renaissance an der Universität Neapel, hat sie gefunden und in seinem Buch »Savonarola e la curia romana« (Savonarola und die Römische Kurie) (1969) klug ausgewertet; daraus geht die Gestalt Alexanders VI. zwar nicht zur Gänze rehabilitiert, doch wesentlich nuancierter hervor als in der hagiographischen Savonarola-Bibliographie. In dem genannten Band »Epistolari català dels Borja« wird lediglich die Freundschaft deutlich werden, die den Papst mit Kardinal Remolins verband, dem Vorsitzenden der päpstlichen Kommission, die Savonarola in Florenz verurteilte. Remolins und Castre-Pinós waren die zwei einzigen streng katalanischen Borgia-Kardinäle. Die übrigen, sehr zahlreichen spanischen Kardinäle stammten alle aus dem Königreich Valencia, mit Ausnahme des schon erwähnten Kastiliers Bernardino López de Carvajal.

Am 23. Mai wurde von der zivilen florentinischen Gewalt die Hinrichtung Savonarolas vollzogen.

Während dieser Jahre setzte der Papst seine Annäherungspolitik gegenüber Spanien und Neapel fort. Spanische Truppen eroberten am 9. März 1497 die noch in der Gewalt der Franzosen gebliebene Festung von Ostia, und am 8. Juli krönte Kardinal Cesare Borja als päpstlicher Gesandter den neuen König von Neapel, Friedrich III. Unter dem Vorwand des Nichtvollzugs der Ehe annullierte Alexander VI. die Ehe Lucrezias mit Francesco Sforza (20. Dezember 1497), um sie mit dem Herzog von Bisceglie, Alfons von Aragón, dem natürlichen Sohn Alfons' II. von Neapel, zu verheiraten. Aber in politischen Angelegenheiten setzte Alexander nicht

Kaiser Maximilian I., Holzschnitt von Hans Burgkmair

gern nur auf eine einzige Karte. Als am 17. August 1498 Cesare auf den Kardinalspurpur verzichtete, und sein Vater seine Weihen für ungültig erklärte, weil der Sohn sie nur aus ehrerbietiger Furcht empfangen habe, akzeptierte Alexander aber nicht dessen Ehe mit Charlotte von Aragón, der Tochter Friedrichs III. von Neapel, denn er war dabei, eine franzosenfreundliche Politik einzuleiten. Das Bündnis mit Ludwig XII. von Frankreich würde ihm zugleich dazu dienen, seinen Sohn Cesare mächtiger zu machen und die Lehnsherren der Romagna in einem einheitlicheren modernen Staat zu unterwerfen, wobei deren politische Abhängigkeit nicht geringer sein sollte als jene der alten Herren; in der Folge sollte dieser Staat dann an die Familie Cesares gebunden sein. Dieser heiratete Charlotte d'Albret, die Schwester von Juan d'Albret, König von Navarra, und der Papst erklärte die Ehe Ludwigs XII. mit Johanna von Valois für ungültig, damit dieser sich mit Anna von Bretagne verheiraten konnte, die jenes Herzogtum der Krone Frankreichs hinzufügte.

Gegenüber dem Bündnis Frankreichs und Venedigs gegen Mailand wahrte Alexander Neutralität (1499), begünstigte und unterstützte aber entschieden die kriegerischen Unternehmungen von Cesare Borja, bis er ihn zum Herzog der Romagna ernannte. Dieser ließ seinen Schwager, den Gemahl Lucrezias, den Herzog von Bisceglie, am 18. August 1500 ermorden; damit lockerten sich die Freundschaftsbande Alexanders zu Friedrich III. von Neapel. Die dritte Ehe der Lucrezia Borja mit Alfonso d'Este, dem Erben des Herzogtums Ferrara, bedeutete eine Erhebung für die Familie des Papstes und begünstigte zugleich die Bestrebungen Cesares. Am 25. Juni 1501 nahm Alexander VI. den Vertrag von Granada vom Jahr zuvor an, durch den Ferdinand der Katholische und Ludwig XII. sich das Königreich Neapel teilten, und Cesare Borja stellte sich in den Dienst des französischen Königs. Wahrscheinlich hielt Alexander das für eine Lösung, um die Vorherrschaft Spaniens bzw. Frankreichs in Italien zu verhindern. Die neuen Borja-Kardinäle, die von Alexander VI. 1500 und 1503 – letzteres ist sein Todesjahr; er starb am 18. August – ernannt worden waren, trugen viel mehr zur Stärkung der Macht des Papstes in Rom als zur Unterstützung der Politik Ferdinands bei: Das Treiben vieler jener Kardinäle im Pontifikat Julius' II. bewies, daß ihre Treue zum katholischen König eher relativ und bedingt war. Als Alexander VI. an den Folgen eines Schlaganfalls starb, war die Herrschaft Spaniens im ganzen Königreich Neapel bereits gesichert.

In politischer Hinsicht bemühte sich Alexander VI., in bezug auf Spanien seine Unabhängigkeit zu bewahren und die französische Vorherrschaft in Italien zu verhindern. Ferdinand und Isabella mißfiel es, daß viele aus Spanien vertriebene Juden in Rom aufgenommen wurden; mit den alexandrinischen Bullen und mit der Gewährung des Ehrentitels »katholische Könige« bewies Alexander dem Königspaar jedoch seine Gunst. Er stützte sich auf Ludwig XII., um Cesare mächtiger zu machen; damit bremste er freilich auch die ehrgeizigen Bestrebungen der Könige Spaniens in Italien. Opfer dieser Schaukelpolitik war das Königreich Neapel.

Unter religiösem Gesichtspunkt dürfen die Anschuldigungen angeblicher Häresie und geheimen Einverständnisses mit den Juden nicht ernst genommen werden. Sein launischer Wankelmut gegenüber den Türken ging nicht über eine diplomatische Spielerei hinaus. In der Kurie organisierte er neu das Amt der »scriptores apostolici« und übertrug das Sakristanamt endgültig den Augustinern. Die Feier des Heiligen Jahres 1500 trug dazu bei, dem römischen Papsttum Ansehen zu verleihen und deutlich zu machen, daß das Privatleben des Rodrigo de Borja als Kardinal und als Papst durchaus mit einer aufrichtigen, wenn auch etwas elementaren Frömmigkeit vereinbar war. Er erneuerte die Bulle *In coena Domini* gegen die Ketzer, er förderte die kirchlichen Reformen in Europa und die Verkündigung des Glaubens in Amerika und im Fernen Osten. Er bestätigte den vom hl. Francesco de Paola gegründeten Bettelorden der Minimen (auch Minimiten oder Paulaner genannt).

Auf kulturellem Gebiet weitete er sein Mäzenatentum zugleich auf die Kanonisten und auf die Humanisten aus: Lascaris, Aldo Manuzio, Brandolini, Podocataro, Pomponio Leto, um nur einige Namen zu nennen. Unter seinem Pontifikat stattete Pinturicchio die Borja-Gemächer mit Gemälden aus, und Michelangelo schuf die vatikanische Pietà. Alexander wirkte an der Wiedererrichtung der Universität von Rom (la Sapienza) mit und hinterließ bedeutende Werke in der Engelsburg und in der Basilika Santa Maria Maggiore.

Biographie

Professor Miquel Batllori,
geb. 1.10.09. 1928 Jesuit. Magister Artium Juris, Magister Philosophiae, Magister Theologiae, Dr. phil. Historiae, von 1941 bis 1947 Professor für Geschichte, Literatur und Philosophie in Mallorca und seit 1952 Ordentlicher Professor der Gregorianischen Universität Rom. Mitglied des »Institut d'Estudis Catalans« (Barcelona), der »Real Academia della Historia« (Madrid) und des »Internationalen Komitee der Geschichte«. 1988 erhielt er den Nationalpreis der spanischen Geschichte, Premio Nacional de Historia de España, und 1990 den Ehrenpreis catalonischer Literatur, Premi d'Honor de les Llettres Catalanes.
Batllori lebt in Rom und Valencia. Im Moment werden seine gesammelten Werke in Valencia gedruckt. Band IV ist 1994 erschienen.

Das Cesare-Borgia-Bild in Niccolò Machiavellis »Principe«

von Marion Hermann-Röttgen

Anstelle des ausgefallenen Vortrags von Giacomo Marramao brachte Marion Hermann-Röttgen ein Resümee des Kapitels über Machiavelli aus ihrem Buch »Die Familie Borgia – Geschichte einer Legende«, das wir hier mit freundlicher Genehmigung des Verlag J. B. Metzler Stuttgart abdrucken.

Es ist die Frage, ob Cesare Borgia der Ruhm, den er sich bei seinen Zeitgenossen erworben hat, erhalten geblieben wäre, wenn nicht Niccolò Machiavelli seinen »Principe« geschrieben hätte. Cesare Borgia wird in dieser Schrift ausführlich behandelt und als vorbildliches Beispiel eines guten Fürsten genannt: »Ich trage nie Bedenken, den Cesare Borgia und seine Taten anzuführen« (1513; 1990, 71). Die Kenntnis der politischen Aktionen Borgias beruht auf persönlichen Erfahrungen. Machiavelli begleitete Cesare von 1502 bis 1503. Aus dieser Zeit sind die Gesandtschaftsberichte Machiavellis nach Florenz vom 5.10.1502 bis 3.11.1503 erhalten. Außerdem findet man unter den »Scritti minori«, »Kleinere politische Schriften«, den Aufsatz über die Ereignisse in Senigaglia, die Machiavelli miterlebt hat (1502; 1925, II, 149 ff.). Das Kapitel VII im »Fürsten«: »Von neuen Fürstentümern, die durch fremde Hilfe und durch Glück erworben werden«, ist dem Aufstieg der Familie Borgia und den politischen Methoden des »Herzog von Valentinois« gewidmet und begründet Erfolg und Untergang Cesares (40 ff.). »Fasse ich nun alle Handlungen des Herzogs zusammen, so kann ich ihn nicht schelten; vielmehr erscheint er mir als Vorbild für alle, die durch Glück und mit fremder Macht (der Macht Alexanders VI.) zur Herrschaft gelangen. Bei seinem hohen Sinn und seinem großen Ziele konnte er nicht anders handeln ... Nur eines kann man ihm vorwerfen, daß er in die Papstwahl Julius' II. einwilligte, was sehr verkehrt war ... Der Herzog beging also bei dieser Wahl einen Fehler und bereitete sich dadurch selbst den Untergang« (40). Trotz der Ausführlichkeit, mit der Machiavelli an dieser und an anderen Stellen seines »Principe« über Cesare Borgia berichtet, wäre es verfehlt anzunehmen, Machiavelli habe biographische Interessen bei der Verfassung seines Traktats verfolgt. Er schreibt in der Verbannung und beendet den »Principe« 1513, also zehn Jahre nach seiner Gesandtschaft bei dem Herzog. Seine Absichten gelten der Politik der 1513 regierenden Fürsten, die Widmung an Lorenzo von Medici macht die aktuellen Interessen deutlich. Tragisch ist für Machiavelli, daß seine Schrift, mit der er hoffte, Italien vor weiteren Verwüstungen wie durch den Sacco di Roma zu bewahren, erst 1532 unter Clemens VII. gedruckt wurde. Ohne an dieser Stelle eine politologische Interpretation des Principe versuchen zu wollen, muß, um einem Mißverständnis der Figur des Cesare Borgia vorzubeugen, vorausgesetzt werden, daß es sich bei diesem Traktat um den Versuch handelt, Politik als Technik darzustellen, d.h. um die Theorie einer Führung von Staaten, für die alle erwähnten historischen Personen nur Beispiele und nicht selbst Gegenstand einer kritischen Abhandlung sind. Die einzelne Person selbst ist nicht Gegenstand einer eigenen Charakteristik.

Anders als Guicciardini war Machiavelli nicht selbst Gonfaloniere, sondern Sekretär bei dem Feldmarschall Soderini. Das Interesse Guicciardinis, sich mit seinen Schriften wieder unmittelbaren politischen Einfluß zu verschaffen, verfolgt Machiavelli nicht. Es geht ihm allenfalls darum, sein Ansehen bei den Medici wiederherzustellen. »Machiavelli zog den Ruhm vor und wurde Schriftsteller, Guicciardini zog den Erfolg vor und blieb Politiker«, schreibt Guiseppe Toffanin (Storia letteraria d'Italia 443). Machiavellis Ansatz ist idealistisch, und entsprechend schreibt er anders als der Praktiker Guicciardini. Der Stil, die kompositorische Form spielen bei ihm eine ungleich größere Rolle. Machiavelli gilt als bedeutender Schriftsteller des 16. Jahrhunderts. Der »Principe« ist von dem Machiavelli-Forscher René König in seinem Buch »Zur Krisenanalyse einer Zeitwende« (1941) als »Rhapsodie« und als »Roman« bezeichnet worden (263, 338), Cesare Borgia von Marianne Weickert in ihrer morphologischen Untersuchung »Die literarische Form von Machiavellis Principe« (1937) als literarischer Held.

Der Herzog von Valentinois wird von Machiavelli überhöht zu einem Bild mit einer eigenen ästhetischen Dimension. Der biographische Bezug ist unwichtig, und deshalb ist auch kein Widerspruch darin zu sehen, daß der gleiche Machiavelli nach dem Scheitern Cesares, nach dessen Wandel von einem großen Feldherren zu einem verfolgten Räuberhauptmann, kein Interesse mehr an Borgia hat. Es ist nicht der Mensch, mit dem er sich auseinandersetzt, sondern ein Ideal. Am 31.1.1515 schreibt Machiavelli an Vettori: »Der Herzog von Valentinois« sei ein Mann, »dessen Taten ich überall nachahmen würde, wenn ich ein Fürst wäre« (1925, I. S. XXI). Cesare ist Bild im Sinne von Vorbild. Machiavelli schreibt selbst: »Ich habe sagen hören, daß die Geschichte die Lehrmeisterin unserer Handlungen und besonders der Fürsten sei.« Für Machiavelli ist die Unveränderlichkeit des menschlichen Charakters eine Grundbedingung jeder Sozietät: »Die Welt war immer wie jetzt, von Menschen bewohnt, die stets dieselben Leidenschaften hatten. Immer gab und gibt es Diener und Herren; solche, die ungern dienen, und solche, die gerne dienen; solche, die sich empören und wieder bezwungen werden«, schreibt Machiavelli in dem Traktat über Cesare Borgia »Del modo di trattare i populi della Val di Chiana ribellati«, »Wie man das empörte Chianatal behandeln sollte« (1503; 1925, V). Machiavelli nimmt seine Vorbilder aus der Antike, und die Beispiele, die er aus seiner Gegenwart nimmt, müssen den Tugendvorstellungen, die Machiavelli aus der Lektüre der römischen und griechischen Historiker gewinnt, entsprechen. Aus den Briefen Machiavellis ist bekannt, daß er sich zur Zeit der Abfassung des Principe mit der Lektüre von Thukydides, Polybios und Titus Livius befaßt. Er arbeitet an seinen »Discorsi sopra la prima deca di Tito Livius«, »Abhandlung über die erste Dekade des Titus Livius«, die allerdings erst 1522 endgültig fertig wird.

Machiavelli vertritt die Auffassung, daß man aus der Geschichte zu lernen vermag. Cesare Borgia, der als Beispiel einer idealen Fürstenpersönlichkeit im Principe fungiert, entspricht aufgrund seiner Handlungsweisen den antiken Vorbildern und kann dadurch selbst Vorbild für einen Fürsten werden. Machiavelli charakterisiert seine Figuren nicht durch Eigenschaften, sondern ausschließlich durch Darstellung ihrer Handlungsweisen. Er vermeidet Werturteile und konzentriert sich darauf, die Folgen von Verhaltensweisen theoretisch oder an historischen Beispielen zu demon-

strieren. Allenfalls berichtet Machiavelli, was andere über einen Politiker sagen. Denn es ist entscheidend, »was du scheinst«. »Bei den Handlungen aller Menschen, besonders bei Fürsten ... blickt man immer nur auf das Ergebnis« (88/9). Nur die politischen Konsequenzen interessieren Machiavelli, nicht die Motive für das jeweilige Handeln. »Nichts ist nötiger als der Schein der Tugend«. Deshalb zählt Machiavelli, wenn er überhaupt Motive für Handeln nennt, eine Reihe von Gründen auf, die ausschlaggebend gewesen sein könnten und überläßt die letzte Entscheidung dem Leser. Die Person wird zum Repräsentanten einer Handlung, die Beweggründe sind damit unwesentlich. Cesare Borgia bewirkt, was er bewirken will und nach Machiavellis Meinung bewirken soll. Er hat seine »Fortuna«, »Glück«, mit »Virtù«, »Tugend«, genutzt: Macht über ein großes Gebiet Italiens gewonnen und in diesem Gebiet für »Ordnung« (44) gesorgt, sich beliebt beim Volk gemacht, so daß dieses anfing, »sich bei ihm wohlzufühlen« (44), »Freundschaften« mit den Mächtigen (45) angebahnt, »die Mehrheit des Kardinalskollegiums für sich« (46) gewonnen und gefährliche Gegner so entmachtet, daß »sie keinen Anhang gegen ihn zu schaffen vermochten« (47). »Cesare Borgia erlangte seinen Stand durch das Glück des Vaters und verlor ihn mit diesem, obwohl er nichts unterließ und alles tat, was ein kluger und tüchtiger Mann tun muß, um in dem Staate, den er durch Waffen und das Glück eines anderen gewonnen hatte, Wurzeln zu schlagen. Betrachtet man nun alle Fortschritte des Herzogs, so wird man sehen, wieviel er getan hat, um den Grund seiner künftigen Größe zu legen. Ich halte es nicht für überflüssig, dies zu betonen, denn ich wüßte nicht, einem neuen Fürsten bessere Regeln zu geben, als dem Beispiel seiner Handlungen zu folgen; und wenn seine Maßregeln ihm noch nichts nützten, so lag die Schuld nicht an ihm, sondern an einem ganz außerordentlichen Mißgeschick« (41). Dieses Mißgeschick ist der Tod Alexanders, der nach Meinung Machiavellis einige Monate zu früh kam, bevor Cesare endgültig »solchen Ruf und solche Macht erworben, daß er sich allein hätte halten können und nicht mehr vom Glück und Macht des anderen abhängig gewesen wäre, sondern ganz alleine von seiner Macht und Tüchtigkeit« (46). Cesare Borgia ist für Machiavelli die Personifikation der staatsmännischen Virtus. Fortuna ist Cesare nicht bis zum Ende seines Lebens hold, er verliert am Ende den Kampf gegen sie, wenn auch das, was er erreicht hat, für Italien bedeutend genug ist, um weiterhin seinen Ruhm und die Erinnerung an seine Größe zu rechtfertigen, da die ganze Macht der Kirche unter

Großer Kopf, Skulptur von Wolfgang Bier in Schwäbisch Hall

Julius II. und seinen Nachfolgern auf den territorialen Gewinnen Cesare Borgias aufbaut. Durch Machiavelli gewinnt die Figur Cesares, die bereits im Volksmund zu einer übermächtigen Gestalt gewachsen war, eine ideale Form. Er wird der Inbegriff des machiavellistischen Fürsten. Doch der Principe trägt auch für Cesare Borgia nicht nur die Möglichkeit zur Heroisierung in sich, ebensowenig wie die Rezeption von Machiavellis Principe einheitlich zustimmend gewesen ist. Die Assoziation von Skrupellosigkeit und legitimierter Grausamkeit verbindet sich bis heute mit dem Wort »machiavellistisch«. Cesare Borgia als der Inbegriff der Grausamkeit ist auch zum Symbol dieser Seite von Machiavellis Denken geworden. Grausamkeit ist kein absolut negativ belegter Begriff bei Machiavelli. Sie ist zuweilen nötig, um Schlimmeres zu verhindern, und muß unter bestimmten Umständen ohne Zögern von dem Fürsten angewandt werden: »Cesare Borgia galt für grausam; trotzdem hat diese Grausamkeit Ordnung in der Romagna gebracht, sie geeinigt und in Frieden und Treue erhalten« (82). Machiavelli rechtfertigt sein Denken mit einem Zitat: »Vergil läßt seine Dido zur Entschuldigung der Härte ihrer neuen Regierung folgendes sagen: ›Res dura et regni novitas me talia cogunt moliri et late fines custode tueri‹. ›Solches läßt mich die Not und das Neue der Herrschaft gebieten und die Grenzen des Reiches mit starker Besatzung beschirmen‹« (82f.; Aeneis I, 562f.). »Ich glaube, es hängt von dem rechten Gebrauch der Grausamkeit ab. Ein rechter Gebrauch« wird von Machiavelli akzeptiert, wenn er sich »soviel wie möglich zum Nutzen der Untertanen verwandelt« (53). Denn es ist in Machiavellis Augen durchaus wichtig, nicht nur »sich der Großen zu versichern«, sondern auch »das Volk zum Freunde« zu haben (115). Beides zusammen findet Machiavelli bei Cesare vor. Die Idealisierung des politischen Agierens Cesare Borgias im Sinne einer staatsmännischen »Virtus«, wie sie Machiavelli aus Polybios' Schriften übernimmt, liegt vor allem an der Zielsetzung, »Italien von den Barbaren zu befreien« (121), der Cesare Borgia mit seinen politischen Absichten entsprach. Machiavelli meint Cesare Borgia, wenn er schreibt: »Wenn seither auch dieser und jener aufgetreten ist, der von Gott gesandt schien, um Italien zu erlösen, so hat man doch gesehen, wie das Schicksal ihn auf der Höhe seiner Laufbahn verworfen hat, so daß Italien immer noch wie tot daliegt« (121). Machiavelli schließt seinen Principe mit den Worten Petrarcas:

»Wenn Tapferkeit den Rasenden
Entgegentritt, so wird der Kampf nicht lang:
Noch ist die Kraft des Altertums
Im italienischen Herzen nicht erstorben« (125).

Weil Machiavelli Cesare Borgia als Vorbild idealisiert mit dem Ziel, einen Fürsten zur Befreiung Italiens zu befähigen, greift er die Taten aus dem Leben des historischen Cesare Borgia heraus, die Italien einer einheitlicheren Ordnung näher gebracht und damit die Widerstandsfähigkeit gegen die »Barbaren« gefestigt haben. Machiavelli interpretiert die Handlungen im Hinblick auf ihren politischen Erfolg und löst sie sowohl aus einer privaten moralischen Verpflichtung als auch aus einer ethischen Ordnung. Cesare Borgia wird damit zu der legendären Figur des potentiellen Befreiers Italiens gestaltet. Nur Fortuna konnte ihn besiegen, seine Fähigkeiten und sein Handeln sind ohne Makel, seine Tatkraft in richtiger Weise auf das Ziel der Macht gerichtet. Wer sich ihm in den Weg stellt, schadet sich selbst. Seine Grausamkeit darf nicht moralisch gewertet werden, weil sein Handeln einem höheren Ziele gilt, dem Opfer gebracht werden müssen. Das Beispiel Cesare Borgia, dem die italienischen Fürsten nacheifern sollen, trägt die Züge eines römischen Helden, der furchtlos die Taten vollbringt, die ihm als Aufgaben gestellt sind.

Gerade weil Machiavellis Borgia-Bild eine Loslösung von der historischen Figur bedeutet, ist die einmal durch Machiavelli geformte Gestalt Cesare Borgia diesem Bild bis heute in wesentlichen Zügen treu geblieben. Wer über Cesare Borgia schreibt, schreibt immer auch über Machiavellis Borgia. Guicciardinis Cesare-Portrait ist hauptsächlich Machiavelli entlehnt. Im Rahmen der Machiavelli-Kritik hat einmal die Gestalt des großen Feldherren und einmal die des grausamen Fürsten überwogen. Immer aber haftet den Figuren etwas von den Zügen beider an. Nur der Erfolg entscheidet, ob sie am Ende auf die Seite der Guten oder der Schlechten gehören. Machiavellis Bild kennt Variationen, die noch zu zeigen sein werden, aber im Prinzip bleibt es die Quelle aller weiteren Auseinandersetzungen mit Cesare Borgia, seien sie nun historischer oder künstlerischer Art.

Bibliographische Anmerkung:

Machiavelli, N.:	Der Fürst, hrsg. von H. Günther, Frankfurt/M. 1990
Machiavelli, N.:	Gesammelte Schriften, hrsg. von H. Floerke, Bd. I, II und V, München 1925

Biographie

Dr. phil. Marion Hermann-Röttgen, geboren 21.12.1944 in Wittenberg/Elbe. Aufgewachsen in Hamburg, seit 1966 wohnhaft in Stuttgart.
Staatsexamen für Sprecherziehung an der Staatlichen Hochschule für Musik in Stuttgart, Magister Artium für vergleichende Literaturwissenschaft und Philosophie an der Universität Stuttgart, ebendort Promotion über die Geschichte der Legende Borgia.
Lehraufträge für Sprach- und Literaturwissenschaft an verschiedenen Hochschulen und Universitäten. Außerdem Staatsprüfung für Logopädie und seit 1974 Inhaberin einer Praxis für Sprach- Sprech- und Stimmstörungen in Stuttgart-Leonberg.
Diverse Publikationen über die Borgia.

Der Machtmensch Cesare Borgia bei Friedrich Nietzsche

von Gabriele Hoffmann

Cesare Borgia, der Sohn Papst Alexanders VI., wird als einziger der Borgia-Familie bei Friedrich Nietzsche namentlich erwähnt und zwar an sechs Stellen in den Werken, die nach dem »Zarathustra« entstanden sind. An den Anfang sei ein Zitat aus dem Aphorismus 179 in »Jenseits von Gut und Böse« gestellt: »Man mißversteht das Raubtier und den Raubmenschen (zum Beispiele Cesare Borgia) gründlich, man mißversteht die ›Natur‹, solange man noch nach einer ›Krankhaftigkeit‹ im Grunde dieser gesündesten aller tropischen Untiere und Gewächse sucht, oder gar nach einer ihnen eingebornen ›Hölle‹ – : wie es bisher fast alle Moralisten getan haben. Es scheint, daß es bei den Moralisten einen Haß gegen den Urwald und gegen die Tropen gibt? Und daß der ›tropische Mensch‹ um jeden Preis diskreditiert werden muß, sei es als Krankheit und Entartung des Menschen, sei es als eigne Hölle und Selbst-Marterung? Warum doch? Zugunsten der ›gemäßigten Zonen‹? Zugunsten der gemäßigten Menschen? Der ›Moralischen‹? Der Mittelmäßigen? – Dies zum Kapitel ›Moral als Furchtsamkeit‹.« (1)

Welche Bedeutung hatte Geschichte und hatten einzelne historische Figuren für Nietzsche, den Verfasser der zweiten »Unzeitgemäßen Betrachtung« (1874) mit dem Untertitel »Vom Nutzen und Nachteil der Historie für das Leben«? Die Schrift beginnt mit einem Ausspruch Goethes: »Übrigens ist mir alles verhaßt, was mich bloß belehrt, ohne meine Tätigkeit zu vermehren oder unmittelbar zu beleben.« (2) Dem schließt sich Nietzsche an, wenn er die »Historie zum Zwecke des Lebens« verteidigt. Ein allgemeines Ziel der Geschichte, einen allgemeinen Zweck, wie ihn die großen Systematiker unter den Philosophen, zuletzt Hegel, angenommen haben, erkennt er nicht an. Das Maß der Geschichte ist für Nietzsche der Mensch, dem es im Gegensatz zum Tier schwer fällt zu vergessen und der doch zum Leben das Vergessen – das Vermögen, zeitweise »unhistorisch zu empfinden« – ebenso braucht wie das Erinnern. (3) »Daß der Tätige mitten unter den schwächlichen und hoffnungslosen Müßiggängern, mitten unter den scheinbar tätigen, in Wahrheit nur aufgeregten und zappelnden Genossen nicht verzage und Ekel empfinde, blickt er hinter sich und unterbricht den Lauf zu seinem Ziele, um einmal aufzuatmen. Sein Ziel aber ist irgendein Glück, vielleicht nicht sein eignes, oft das eines Volkes oder das der Menschheit insgesamt; er flieht vor der Resignation zurück und gebraucht die Geschichte als Mittel gegen die Resignation.« (4) In diesen Worten zeigt sich die Stoßrichtung der Historienschrift gegen die eigene Zeit, gegen Nihilismus und blutleere Wissenschaft mit ihren Symptomen der »historischen Krankheit«, worunter Nietzsche ein Leben und Tat hemmendes »Übermaß der Historie« (5) versteht. Lebensdienliche Geschichtsbetrachtung dagegen findet er in der Beschäftigung mit den großen Epochen und herausragenden Einzelnen, welche die Menschheit hervorgebracht hat. Dem Tätigen sagt sein Gesetz: »das, was einmal vermochte den Begriff ›Mensch‹ weiter auszuspannen und schöner zu erfüllen, das muß auch ewig vorhanden sein, um dies ewig zu vermögen. Daß die großen Momente im Kampfe der einzelnen eine Kette bilden, daß in ihnen ein Höhenzug der Menschheit durch Jahrtausende hin sich verbinde, daß für mich das Höchste eines solchen längstvergangenen Momentes noch lebendig, hell und groß sei – das ist der Grundgedanke im Glauben an die Humanität, der sich in der Forderung einer monumentalischen Historie ausspricht.« (6) Damit das Erinnern für den einzelnen seine lebensdienliche Funktion erfüllen kann, bedarf es einer »plastischen Kraft«, die das Individuelle der Vergangenheit in eine allgemeine Form zwingt, es zurechtbiegt und begradigt. »Solange die Seele der Geschichtsschreibung in den großen Antrieben liegt, die ein Mächtiger aus ihr entnimmt, solange die Vergangenheit als nachahmungswürdig, als nachahmbar und zum zweiten Male möglich beschrieben werden muß, ist sie jedenfalls in der Gefahr, etwas verschoben, ins Schöne umgedeutet und damit der freien Erdichtung angenähert zu werden ...« (7) Nietzsche erkennt also durchaus die Gefahren einer »monumentalen Historie« in den »Händen und Köpfen der begabten Egoisten und der schwärmerischen Bösewichter« (8). Was ihm aber als ein viel stärkerer Einwand gegen diese Art Geschichtsbetrachtung erscheint, ist, daß sich die »Ohnmächtigen und Untätigen« ihrer bemächtigen, die »unkünstlerischen und schwachkünstlerischen Naturen« (9) und daß sich »... ihr Haß gegen die Mächtigen und Großen« (10) der eigenen Zeit kehrt unter dem Deckmantel der Bewunderung für das vergangene Große. Denn, so Nietzsche, »sie wollen nicht, daß das Große entstehe: ihr Mittel ist zu sagen, ›seht, das Große ist schon da!‹« (11) Sie leben und handeln »als ob ihr Wahlspruch wäre: laßt die Toten die Lebendigen begraben.« (12)

Nietzsche selbst betreibt einen »monumentalischen« Umgang mit der Geschichte, wenn er auf historische Figuren wie Thukydides, Cesare Borgia, Goethe oder Napoleon zu sprechen kommt. Er ruft sie beim Namen und evoziert ein selbstkomponiertes Bild ihres Lebens und ihrer Taten. Die Erinnerung an Cesare Borgia dient der Typisierung des gesunden »Raubtieres und Raubmenschen«, dessen interpretierende und Werte zumessende Kraft von keiner Moral angekränkelt ist. Mit der Figur des Cesare Borgia formt Nietzsche das Gegenbild zum verweichlichten, spätgeborenen Kulturmenschen, der mit dem Typus des zeitgenössischen Nihilisten sein pathologisches Endstadium erreicht hat.

Im folgenden soll dem in der Metaphorik von Gesundheit und Krankheit verborgenen Verhältnis von Macht und Moral nachgegangen werden. Das Wort Macht spielt im Gesamtwerk Nietzsches, und nicht erst im Kontext seiner Lehre vom »Willen zur Macht«, eine entscheidende Rolle. Nietzsche ist, wie es Volker Gerhardt (13) ausdrückt, ein »Phänomenologe der Macht«. Auch Walter Kaufmann (14) beschreibt Nietzsches Philosophie der »reifen Jahre« – es ist die Zeit, in der er den Namen Cesare Borgia häufig erwähnt – als »philosophy of power«. Mehrfach ist in der Literatur auf den agonalen Charakter von Nietzsches Machtbegriff und dessen Entlehnung aus der Antike hingewiesen worden. Ähnlich wie Nietzsche hat auch Jacob Burckhardt die griechische Kultur als eine ihrem Wesen nach agonale verstanden. In Thukydides' »Peloponnesischem Krieg« sieht Nietzsche den Beginn eines sophistischen Machtverständnisses, das die Macht absolut setzt. Und das bedeutet für die Moral, daß sie ihre Bedingungen und Grenzen von der Macht zugewiesen bekommt. Platon, der von allen abendländischen Philosophen für Nietzsche die größte Herausforderung war, vertritt eine gegenteilige Meinung. Im »Gorgias« läßt er Sokrates von der »Ohnmacht der bloßen Macht« sprechen. Er erkennt sie in dem, was der Sophist Polos als »Freiheit« verherrlicht, nämlich: »im Staate, was einem gutdünkt auszurichten, zu töten, zu vertreiben und alles zu tun nach eigenem Wohlgefallen.« (15) Sokrates dagegen will die Ausübung der Macht der Moral unterwerfen. Als Polos fragt: »Du also wolltest Unrecht leiden lieber als Unrecht tun?« (16) antwortet ihm Sokrates: »Ich wollte wohl keines von beiden, müßte ich aber eines von beiden, Unrecht tun oder Unrecht leiden, so würde ich vorziehen, lieber Unrecht zu leiden als Unrecht zu tun.« (17) Die Sophisten vertreten im Gegensatz zu Sokrates und Platon ein Naturrecht des Stärkeren. Für Nietzsche sind sie Realisten, die ihre Theorien an den tatsächlichen Machtverhältnissen bilden. Das von Sokrates und Platon sanktionierte Verhältnis von Macht und Moral, in dem die Macht einem Moralgesetz unterworfen ist, das sich an der Idee der Gerechtigkeit ausrichtet, hat sich im abendländisch-christlichen Denken in Philosophie und Rechtslehre durchgesetzt. Nietzsche sieht in der mit Sokrates beginnenden »Domestikation« der Macht eine Entscheidung gegen die Natur und das Leben. Die sokratische oder »theoretische Kultur« ist der »tragischen Weltbetrachtung« der frühen griechischen Kultur entgegengesetzt. In der griechischen Tragödie sieht Nietzsche die beiden Urtriebe des Menschen, das Dionysische und das Apollinische, noch versöhnt. Mit Sokrates beginnt die »décadence«, eine einseitig apollinische, auf Geist und Moral gerichtete Kultur. Sie endet nach dem »Tod Gottes« mit dem »letzten Menschen« Zarathustra, dem Menschen des tiefsten Nihilismus, der bereit ist, sich selber zu zerstören. In einem Aphorismus aus dem Nachlaß der achtziger Jahre heißt es unter der Überschrift »Warum die Philosophen Verleumder sind«: »Die tückische und blinde Feindseligkeit der Philosophen gegen die *Sinne* -Wie viel *Pöbel* und *Biedermann* ist in all diesem Haß! ... Das ist eine *jammervolle* Geschichte: der Mensch sucht nach einem Prinzip, von wo aus er den Menschen verachten kann, – er erfindet eine Welt, um diese Welt verleumden und beschmutzen zu können: tatsächlich greift er jedesmal nach dem Nichts und konstruiert das Nichts zum ›Gott‹, zur ›Wahrheit‹ und jedenfalls zum Richter und Verurteiler *dieses* Seins ...« (18)

Der eingangs zitierte Aphorismus aus Jenseits von Gut und Böse, der den Machtmenschen Cesare Borgia erwähnt, schließt mit dem Wort von der »Moral als Furchtsamkeit«. (19)

Alle Moralen und moralischen Wertschätzungen haben in den Augen Nietzsches das Gute im Menschen, nämlich seine Lebens-Instinkte, geschwächt oder lahmgelegt. Moral ist entstanden aus der Furcht der Schwachen vor den Starken, der »Mißratenen« vor den »Wohlgeratenen«. Aus den »barbarischen« Werten »gut und schlecht« wurde im Gefolge der christlich-moralischen Umwertung der Werte »gut und böse« (20). Das, was in vormoralischen »aristokratischen« (oder »barbarischen«) Gesellschaften nach dem Recht des Stärkeren gut genannt worden war, wird jetzt böse genannt. »Jede Erhöhung des Typus ›Mensch‹ war bisher das Werk einer aristokratischen Gesellschaft«, (21) heißt es in Jenseits von Gut und Böse. Gemeint ist eine Gesellschaft, deren Moral auf dem Glauben an eine »Wertverschiedenheit von Mensch und Mensch« (22) und auf einer natürlichen »Rangordnung« gründete. »Das Pathos der Vornehmheit und Distanz (...) das dauernde und dominierende Gesamt- und Grundgefühl einer höheren herrschenden Art im Verhältnis zu einer niederen Art, zu einem ›Unten‹ – *das* ist der Ursprung des Gegensatzes ›gut‹ und ›schlecht‹.« (23) Ein instinktives »Verlangen nach immer neuer Distanz-Erweiterung innerhalb der Seele selbst« (24) zeichnete den aristokratischen Menschen

Friedrich Nietzsche, Büste von Max Klinger

aus, der durch »Selbstüberwindung« die »Erhöhung des Typus Mensch« anstrebte. »Die vornehme Kaste war im Anfang immer die Barbaren-Kaste: ihr Übergewicht lag nicht vorerst in der physischen Kraft, sondern in der seelischen – es waren die *ganzeren* Menschen (was auf jeder Stufe auch so viel mit bedeutet als ›die ganzeren Bestien‹ –)« (25)

Nietzsches Bild von der »blonden Bestie« wird immer dann ins Feld geführt, wenn man ihn der Vernichtungs- und Ausrottungsphantasien bezichtigen will. Und in der Tat, es gibt nicht wenige Textstellen in seinen Werken, über die man nach dem Holocaust Nazi-Deutschlands nicht mehr hinweglesen kann, ohne die Frage einer möglichen Mitverantwortung des Philosophen zu stellen.

Dem Altphilologen Nietzsche waren Genealogie und Sinnverschiebungen des Wortes »Barbar« von Thukydides bis Cicero wohlbekannt. Wenn also in seinen Texten »Barbar« und »Bestie« nebeneinander vorkommen, so soll auf die körperliche und seelische Stärke der »Raubmenschen« (26) verwiesen werden. Im Horizont einer Moral, die ihre Maßstäbe aus dem Leben und der Tat bezog, wird die »blonde Bestie« zum Synonym für den durch keine lebensfeindliche Moral geschwächten Macht- und »Herrenmenschen«. Und wenn Nietzsche von der »Kühnheit der vornehmen Rassen« (27) spricht, so ist dies weder rassenideologisch noch geographisch zu verstehen. Das »Raubtier«, kosmopolitisch verstanden, ist Synonym für die höchste Entfaltung eines aktiven »Willens zur Macht«. Das Wort von der »blonden Bestie« wurde dann später in einer ausbeuterischeren Nietzsche-Lektüre zur Begründung einer faschistischen Privilegierung der arischen Rasse. Nietzsche ist daran sicher unschuldig; er hatte einen ontologischen und keinen biologischen Rassebegriff, und dieser besaß im Horizont des Wille-zur-Macht-Gedankens seine klare Funktion. Nietzsche kannte natürlich das Buch des Erfolgsautors Gobineau: »Essai sur l'inégalité des races humaines,« in dem dieser emphatisch die Ungleichheit der menschlichen Rassen verkündet. (28) Nietzsche selbst sah dagegen die Rassenmischung als förderlich für die Kulturentwicklung an. Eine Rangfolge der Menschen auf Grund ihrer Haar- und Augenfarbe war für ihn eine Absurdität, unverträglich mit dem Dualismus von »Herren- und Sklavenmoral«, der, unabhängig von den politischen und gesellschaftlichen Zuständen, von Natur aus die zwischenmenschlichen Beziehungen bestimmt und, wie oben angedeutet, auch im einzelnen Menschen am Werke ist. Es ging für Nietzsche um ein anthropologisches und nicht um ein rassisches Problem. Was ihn mit Gobineau dennoch, weit mehr aber mit Jacob Burckhardt verbindet, ist das Verdikt gegen die eigene Zeit, in der die für ihn »größte Lüge«, nämlich die von der Gleichheit der Menschen, zum Programm demokratischer und vor allem sozialistischer Parteien erhoben wurde. Die ironische Komponente in der Metapher von der »blonden Bestie« aus dem »metaphorischen Bestiarium« des Zarathustra und der Dionysos-Dithyramben wurde von den faschistischen Ideologen bewußt oder unbewußt übersehen.

Die Zähmung des »Raubtiers« Mensch, die zum Verlust aller Raubtiertugenden führte, ist für Nietzsche das Werk des moralisierenden Christentums. In der Genealogie der Moral liest man: Der »Sklavenaufstand in der Moral beginnt damit, daß das *Ressentiment* selbst schöpferisch wird und Werte gebiert: das Ressentiment solcher Wesen, denen die eigentliche Reaktion, die der Tat, versagt ist, die sich nur durch eine imaginäre Rache schadlos halten. Während alle vornehme Moral aus einem triumphierenden Ja-sagen zu sich selber herauswächst, sagt die Sklaven-Moral von vornherein Nein zu einem ›Außerhalb‹, zu einem ›Anders‹, zu einem ›Nicht-selbst‹: und *dies* Nein ist ihre schöpferische Tat. Diese Umkehrung des werte-setzenden Blicks – diese *notwendige* Richtung nach außen statt zurück auf sich selber – gehört eben zum Ressentiment: die Sklaven-Moral bedarf, um zu entstehn, immer zuerst einer Gegen- und Außenwelt, sie bedarf, physiologisch gesprochen, äußerer Reize, um überhaupt zu agieren – ihre Aktion ist von Grund aus Reaktion«. (29) Es ist die jüdisch-christliche Moral, der Nietzsche die Umwertung der »vornehmen« Werte in Ressentiment-Werte anlastet. In der christlichen Mitleidsmoral wird dem Leidenden die Jenseitshoffnung zum Stimulanz des Lebens. Dazu aus dem Antichrist: »Man nennt das Christentum die Religion des *Mitleidens* (...) Man verliert Kraft, wenn man mitleidet. Durch das Mitleiden vermehrt und vervielfältigt sich die Einbuße an Kraft noch, die an sich schon das Leiden dem Leben bringt. Das Leiden selbst wird durch das Mitleiden ansteckend (..)« (30) Aber noch gravierender ist für Nietzsche: »Das Mitleiden kreuzt im ganzen großen das Gesetz der Entwicklung, welches das Gesetz der *Selektion* ist.« (31) Das christliche Gebot sieht er in unversöhnlichem Gegensatz zum Gedanken der »Züchtung«. Auch dieses ein metaphorischer Ausdruck Nietzsches, nämlich als Gegenbegriff zu »Zähmung«. Das christliche Mitleiden wird durch den religiösen Begründungszusammenhang Teil der Praxis des Nihilismus. In der »Genalogie der Moral« tritt der Nihilismus als direktes Erbe des Christentums auf.

Alle Hoffnung und alles philosophische Bemühen Nietzsches zielen auf die Überwindung des Menschen: »Der Mensch ist ein Seil, geknüpft zwischen Tier und Übermensch – ein Seil über einem Abgrund. (...) Was groß ist am Menschen, das ist, daß er eine Brücke und kein Zweck ist: was geliebt werden kann am Menschen, das ist, daß er ein *Übergang* und ein *Untergang* ist.« (32) Worte Zarathustras. Der »letzte Mensch«, der Mensch des tiefsten Nihilismus, ist für Nietzsche als Vorbedingung für die Heraufkunft des »Übermenschen« gerechtfertigt.

Im »Zarathustra« wird zum ersten Mal die Macht als »Wille zur Macht« formuliert: »Eine Tafel der Güter hängt über jedem Volke. Siehe, es ist seiner Überwindungen Tafel; siehe, es ist die Stimme seines Willens zur Macht.« (33) Den »Willen zur Macht« sieht Nietzsche, durch die Geschichte belehrt, nicht als alleiniges Vorrecht der Starken, »Vornehmen«, Herrschenden. Er sieht unendlich viele »Willen zur Macht« am Werke, starke und schwache, aktive und reaktive. »Wille zur Macht«, das bedeutet auch nicht, worauf Gilles Deleuze hinweist, daß »der Wille die Macht wollte oder zu herrschen wünschte«. (34) Ein solcher herrschsüchtiger Wille wäre ein von den etablierten Werten abhängiger. Das eigentliche Kriterium für Nietzsches »Willen zur Macht« ist dagegen sein Schaffen-wollen. Er ist das formende Prinzip aller unserer Wertschätzungen und Auslegungen. Ein starker »Wille zur Macht«, wie ihn Cesare Borgia besitzt, – Nietzsche zeichnet kein differenziertes Bild dieses Renaissancemenschen, sondern übernimmt bewußt das Bild der Legende vom Gewaltmenschen – (35) schafft Werte durch die Umwertung der herrschenden Werte. Menschen wie der Papstsohn Cesare sind allererst Handelnde. Durch ihre Taten gelingt ihnen das Außerkraftsetzen der überlieferten Werteordnung. Die Kraft, die dabei am Werke ist, erfahren wir »nach Analogie einer Willensäußerung« (36), als ein Befehlen und Gehorchen. Machtmenschen, wie Cesare Borgia, sind Befehlende, nicht nur in der Ausübung politischer Macht, sondern durch ihr ganzes Leben.

Nietzsches Dualismus in der Rede vom »Herrenmenschen« und »Sklavenmenschen«, von »Herrenmoral« und »Sklavenmoral«, ist kein dialektischer. Der Gedanke des Übermenschen beruht, worauf Gilles Deleuze (37) hinweist, auf der Konzeption der »Differenz der Kräfte«, welche mit Dialektik – für Nietzsche das Erbe des sokratischen Sündenfalls – nicht kompatibel ist. Eine Kraft tritt mit einer anderen Kraft in Beziehung, nicht um sie zu vernichten, sondern um sie zu bejahen und zu »genießen«. Sie verdankt ihre Aktivität der Existenz einer anderen Kraft und der Bejahung ihrer Differenz. Doch es gibt auch Sätze bei Nietzsche, die eine andere Interpretation nahelegen, wie folgender aus »Jenseits von Gut und Böse« (Aphorismus 259): »Leben selbst ist *wesentlich* Aneignung, Verletzung, Überwältigung des Fremden und Schwächeren, Unterdrückung, Härte, Aufzwängung eigner Formen, Einverleibung und mindestens, mildestens, Ausbeutung (...)« (38) Ausbeutung und Einverleibung werden hier nicht, wie in unserer Kultur üblich, als einer verderbten oder primitiven Gesellschaft zugehörige Verhaltensweisen angesehen, sondern als Essenz des Lebendigen, als organische Grundfunktion. Nietzsche selbst verhindert durch die reiche Metaphorik, mit der er das Phänomen des »Wille-zur-Macht«-Geschehens umgibt, ganz bewußt eine einsinnige begriffliche Klärung. Im Nachlaß von 1875 findet man den Satz: »*Diese Welt ist der Wille zur Macht – und nichts außerdem!* Und auch ihr selber seid dieser Wille zur Macht – und nichts außerdem!« (39) Immer wieder wehrt sich Nietzsche dagegen, Macht und Kraft als etwas Substantielles zu verstehen, wie es die Grammatik unserer Sprache nahelegt. »Vor allem will etwas Lebendiges seine Kraft *auslassen*: die ›Erhaltung‹ ist nur eine der Konsequenzen davon.« (40) Ein Satz, der sich, wie man von anderen Äußerungen Nietzsches her weiß, gegen Charles Darwin richtet. Dieses Kraft-Auslassen vollzieht sich in jedem Augenblick und allein durch das »Vermögen, affiziert zu werden«. (41) Es ereignet sich in Interpretationen und Feststellungen, in Wort und Tat. »Der Wille zur Macht *interpretiert* (...) er grenzt ab, bestimmt Grade, Machtverschiedenheiten. Bloße Machtverschiedenheiten könnten sich noch nicht als solche empfinden: es muß ein wachsenwollendes Etwas da sein, das jedes andre wachsen-wollende Etwas auf seinen Wert hin interpretiert. *Darin* gleich – – In Wahrheit ist Interpretation ein Mittel selbst, um Herr zu werden. (Der organische Prozeß setzt fortwährend *Interpretieren* voraus).« (42) Interpretation läßt die interpretierende Kraft sich als bedingende und bedingte erfahren, worauf Werner Stegmaier (43) hingewiesen hat.

Nietzsche rechnet die Borgia zu den »großen Virtuosen des Lebens«. (44) Diese italienischen Renaissancefürsten setzten sich in provozierender Weise über die christliche Werteordnung hinweg. »Die Deutschen haben Europa um die letzte große Kultur-Ernte gebracht, die es für Europa heimzubringen gab – um die der *Renaissance*«, heißt es im »Antichrist«. (45) Ähnlich wie der Schweizer Kulturphilosoph Jacob Burckhardt sieht Nietzsche in der Renaissance *die* große Epoche der abendländischen Kultur. Er sieht in ihr eine durch deutsche Schuld, nämlich durch die Reformation Luthers, zerstörte »Möglichkeit« der Umwertung der christlichen Werte und der Rückkehr zu den »vornehmen Werten« der vorsokratischen Antike. »Ich sehe eine *Möglichkeit* vor mir von einem vollkommen überirdischen Zauber und Farbenreiz – es scheint mir, daß sie in allen Schaudern raffinierter Schönheit erglänzt, daß eine Kunst in ihr am Werke ist, so göttlich, so teufelsmäßig-göttlich, daß man Jahrtausende umsonst nach einer zweiten solchen Möglichkeit durchsucht; ich sehe ein Schauspiel, so sinnreich, so wunderbar paradox zugleich, daß alle Gottheiten des Olymps einen Anlaß zu einem unsterblichen Gelächter gehabt hätten – *Cesare Borgia als Papst* ... Versteht man mich? ... Wohlan, *das* wäre der Sieg gewesen, nach dem *ich* heute allein verlange – : damit war das Christentum *abgeschafft*! – « (46) Eine solche Wende der Geschichte, das wäre »die Überwindung des Christentums an seinem *Sitz*« (47) gewesen, hätte nicht Luther durch seine Angriffe auf die Papstkirche dieselbe wiederhergestellt. Die Renaissance war für Nietzsche »ein Ereignis ohne Sinn, ein großes *Umsonst*!« (48) Luther, der mit der siegreichen Reformation die Gegenreformation in Italien ausgelöst hatte, ist für Nietzsche das Paradigma für die paralysierende Kraft des nordischen Ressentiments gegenüber einer »südländischen« Aristokratie.

»Das Wesentliche an einer guten und gesunden Aristokratie ist aber, daß sie sich *nicht* als Funktion (sei es des Königtums, sei es des Gemeinwesens), sondern als dessen *Sinn* und höchste Rechtfertigung fühlt – daß sie deshalb mit gutem Gewissen das Opfer einer Unzahl Menschen hinnimmt, welche *um ihretwillen* zu unvollständigen Menschen, zu Sklaven, zu Werkzeugen herabgedrückt und vermindert werden müssen.« (49) Ein Satz, den man heute nicht mehr ohne Schaudern liest. Cesare Borgia, wie er uns in der Legende überliefert ist, entsprach diesem Bild, das in Machiavellis »Principe« vorgeformt ist. Machiavelli sah Cesare als den »principe nuovo«, begabt mit einer außergewöhnlichen »virtù«, was keineswegs als brutale Macht zu verstehen ist, sondern als eine aus organisierender Verstandeskraft und Willenskraft zusammengesetzte Fähigkeit, das politisch Notwendige zur richtigen Zeit zu tun. Cesare galt dem Autor des »Principe« als vorbildlich, weil er alles tat, was er als Politiker tun mußte. Wenn er dennoch scheiterte, so wegen der »estraordinaria et estrema malignità di fortuna« (50). Machiavellismus gilt bis heute als reine Machtpolitik, die sich um ein Sittengesetz, welcher Konvenienz auch immer, nicht schert. Eine Interpretation, die Machiavelli nicht gerecht wird; denn er hat keineswegs grundsätzlich ein Denken und Handeln jenseits von Gut und Böse propagiert. Machiavelli gibt aus eigener politischer Erfahrung und Verantwortung dem Fürsten den Rat, außerordentliche Mittel, wo es die politische Vernunft erfordert, anzuwenden. Das heißt: »(...) nicht vom Guten lassen, wo dies möglich ist, aber auch das Böse tun, wenn es sein muß«. (51) Cesare Borgia hielt

Cesare Borgia, Holzschnitt von T. Stimmer nach einem Gemälde der Sammlung Giovio

seine Tat der heimtückischen und grausamen Ermordung der Tyrannen der Romagna von diesem Grundsatz her für gerechtfertigt.
Im Kontext von Nietzsches Philosophie des »Übermenschen« und vor dem Erfahrungshintergrund seiner eigenen Zeit läßt sich der oben zitierte Satz von der »gesunden Aristokratie« als »Sinn und höchste Rechtfertigung« (52) so interpretieren: Die Vielen als »Unterbau und Gerüst« (53) ermöglichen einen höheren Typus Mensch, der sich darin von der Masse unterscheidet, daß er aus der Überfülle seiner Lebensinstinkte lebt und »plastische« im Sinne von gesetzgebender Kraft besitzt. Diese Kraft, die durchaus mit Machiavellis Begriff der »virtù« vergleichbar ist, setzt »Selbstbeherrschung«, »Selbstgesetzgebung« und »Selbstverantwortlichkeit« voraus. Drei Begriffe der Selbstbezüglichkeit, die man bei Nietzsche im Zusammenhang seines »Wille-zur-Macht«-Gedankens findet. »Wir aber *wollen die werden, die wir sind* – die Neuen, die Einmaligen, die Unvergleichbaren, die Sich-selber-Gesetzgebenden, die Sich-selber-Schaffenden!« (54) heißt es in »Die fröhliche Wissenschaft«, in Abgrenzung zu denen, die »moralisch zu Gericht sitzen« (55). »Selbstgesetzgebung«, das bedeutet für Nietzsche auch, den Kampf zwischen den aktiven und reaktiven Kräften im eigenen Innern aufzunehmen. Es ist der Kampf zwischen dem Leib als der »Großen Vernunft« und dem Geist, als der »kleinen Vernunft«. Bei den Moralisten und christlichen »Verächtern des Leibes« hat die »kleine Vernunft« die Herrschaft über das Leben übernommen. Ressentiment und schlechtes Gewissen sind die Folgen solcher Leib- und Lebensfeindlichkeit. Wer unter dieser Perspektive den Gang der Weltgeschichte betrachtet, muß erkennen, daß die »Schwachen« immer wieder den Sieg über die »Starken« und »Vornehmen« davon getragen haben, einmal, weil sie in der Überzahl sind und zum anderen, weil ihr »Wille zur Macht« eine besondere Effizienz besitzt: er wirkt wie ein Krankheitskeim. Die Sklavenseelen, denen ihr reaktiver »Wille zur Macht« zu realer Macht und zu Ansehen verholfen hat, hören aber deshalb nicht auf, Sklave zu sein. Gilles Deleuze (56) interpretiert Nietzsches Aufruf, den Menschen zu überwinden, dahin, daß das naturgesetzmäßige »Reaktivwerden aller Kräfte« die Unmöglichkeit einer Umkehr – Umwertung der lebensverneinenden in lebensbejahende Werte – zur Folge hat. Der nihilistische Wille zur

Macht hat aufgehört, ein schaffender zu sein. Er ist der Wille, der die Macht will und nichts außerdem.

Im letzten Teil des Zarathustra tritt der »häßlichste Mensch« auf, der Mörder Gottes, der sich an die Stelle Gottes setzt – eine Metapher für das Ende aller »Hinterwelten«. Nietzsche wurde nicht müde, die destruktiven Konsequenzen unserer europäischen theoretischen Kultur auszumalen. Aus der Zähmung der Bestie ging ein verzärtelter moderner Mensch hervor, der Urheber aller sozialen Notstände und aller Formen einer mediokren Kultur, die mit der Gesamtheit der reaktiven Kräfte die weitere »Verkleinerung des Menschen« betreibt. Nietzsche war dabei kein Lobredner des modernen Caesarismus. Über das deutsche Kaisertum und die Politik im allgemeinen hört man aus seinem Munde nur Verächtliches. »Nein, wir lieben die Menschheit nicht; andererseits sind wir aber auch lange nicht ›deutsch‹ genug, wie heute das Wort ›deutsch‹ gang und gäbe ist, um dem Nationalismus und dem Rassenhaß das Wort zu reden, um an der nationalen Herzenskrätze und Blutvergiftung Freude haben zu können, derenthalben sich jetzt in Europa Volk gegen Volk wie mit Quarantänen abgrenzt, absperrt«, heißt es in »Die fröhliche Wissenschaft«. (57)

Der »häßlichste Mensch« Zarathustras wird an Negativität und Destruktivität dem Leben gegenüber noch übertroffen vom Typus des »letzten Menschen«, der allem tätigen Leben entsagt. »›Wir haben das Glück erfunden‹ – sagen die letzten Menschen und blinzeln. (..) Krankwerden und Mißtrauen-haben gilt ihnen sündhaft: man geht achtsam einher. Ein Tor, der noch über Steine oder Menschen stolpert! (...) Man arbeitet noch, denn Arbeit ist eine Unterhaltung. Aber man sorgt, daß die Unterhaltung nicht angreife. Man wird nicht mehr arm und reich: beides ist zu beschwerlich. Wer will noch regieren? Wer noch gehorchen? Beides ist zu beschwerlich. Kein Hirt und *eine* Herde! Jeder will das Gleiche, jeder ist gleich: wer anders fühlt, geht freiwillig ins Irrenhaus. (...) Man hat sein Lüstchen für den Tag und sein Lüstchen für die Nacht: aber man ehrt die Gesundheit.« (58) Eine andere Gesundheit freilich als die eines Cesare Borgia, selbst Inbegriff des tätigen und gesunden »Willens zur Macht«. Der »letzte Mensch« ist im »Zarathustra« die Voraussetzung für die Überwindung des Menschen und die Heraufkunft des »Übermenschen«. Dem absoluten Nein des »letzten Menschen« steht das absolute Ja des Übermenschen unversöhnlich entgegen.

Die Idee des »Übermenschen« ist für Nietzsche ein Postulat der »großen Vernunft des Leibes«. Zarathustra in der Vorrede: »Der Übermensch ist der Sinn der Erde. Euer Wille sage: der Übermensch *sei* der Sinn der Erde.« (59) »Niemals noch gab es einen Übermenschen. Nackt sah ich beide, den größten und den kleinsten Menschen: – Allzuähnlich sind sie noch einander. Wahrlich, auch den Größten fand ich – allzumenschlich! – « (60) Der »Übermensch« war das Versprechen Zarathustras: die Erlösung von allen »Hinterwelten«, die Rückkehr zur Erde. Aber die Menschen verstanden ihn nicht und »suchten ihr Heil hinter den Sternen«. Das Ja des Übermenschen ist für Nietzsche ein unbedingtes, ein rauschhaftes Ja, ein dionysisches Lachen und Tanzen. In einem Nachlaß-Text der achtziger Jahre gibt er sich Rechenschaft über seine *»Experimental-Philosophie«* unter der Überschrift: »Mein neuer Weg zum ›Ja‹« (61) Er spricht vom Ja als von den »bisher *verneinten* Seiten des Daseins« (62), von Krankheit und Leiden in seinem persönlichen Leben, die ihm jetzt nicht nur als notwendig, sondern auch als »wünschenswert« erscheinen: »meine Formel dafür ist *amor fati.*« (63)

Angebl. Bildnis C. Borgias, von A. Melone, Bergamo

Mit Cesare Borgia hat Nietzsche das Bild eines »leibhaftigen Willens zur Macht« (64) entworfen. Es ist ein Exempel »monumentalischer« Geschichtesbetrachtungen zum Zwecke des Lebens, unbekümmert um die historische Wahrheit, wie um die Legende. Der Machtmensch Cesare Borgia hat seinen Sinn und seine lebensdienliche Funktion im philosophischen Entwurf des »Übermenschen«.

Die französischen Philosophen M. Blanchot, J. Derrida und G. Deleuze betonen in ihrer Auseinandersetzung mit Nietzsche die Diskontinuität seiner Texte, die sich schon in der Wahl der für philosophische Abhandlungen ungewöhnlichen Formen des Aphorismus, des Dithyrambus und des Gedichtes zeige. (65) Blanchot spricht in bezug auf die Unabgeschlossenheit der Sprache Nietzsches von einer »parole de fragment«. In Deutschland hat u.a. Peter Heller (67) auf die Multiperspektivität der Texte Nietzsches hingewiesen, ohne auf die französische Differenzphilosophie einzugehen.
Nietzsche selbst spricht von seinen »Wahrheiten« und »Stilen«. Wie liest man Nietzsche richtig? Indem man ihn immer wieder liest. Allein dadurch, daß das Subjekt nicht dasselbe bleibt, erfüllt sich die Notwendigkeit multiperspektivischer Lektüre. Weder *ein* Subjekt noch *ein* Text. Was für jeden Text gilt, für das »richtige« Verständnis von Nietzsches Texten ist es eine Bedingung sine qua non. Wie alles Tätigsein ist das Lesen ein gleichzeitig bedingendes und bedingtes Tun. Nietzsches Texte lassen sich auf viele Weisen »richtig« verstehen und, wie die Vergangenheit gezeigt hat, auch auf verhängnisvolle Weisen mißverstehen. Der Autor hat es gewußt und bejaht. Die a- und antidoktrinäre Lektüre, so Peter Heller (67), verlangt offensichtlich nach etwas, was sie »tyrannisiert«, nach einer Art »Führerprinzip«. Jaques Derrida polemisiert in »De la grammatologie« (68) gegen »die Einheit des Buches«. Ein Text ist für Derrida der Ort, die Differenz zu denken und quasi mehrere Sprachen simultan zu sprechen. »Kein Zweifel, daß Nietzsche zum aktiven Vergessen des Seins gemahnt hat. (69) Sein »Übermensch« ist für Derrida Differenz in zweifacher Bedeutung: als Unterscheidung vom Menschen und als das Versprechen eines Möglichen, das gegenwärtig noch nicht möglich ist. Nietzsches mehrfache Anrufung des Namens Cesare

Borgia kann man als ein solches »Versprechen« interpretieren: »das, was einmal vermochte den Begriff ›Mensch‹ weiter auszuspannen und schöner zu erfüllen, das muß auch ewig vorhanden sein, um dies ewig zu vermögen.« (70)

Anmerkungen

Friedrich Nietzsche, Werke in drei Bänden, hrsg. von Karl Schlechta, München 1963. Aus dieser Ausgabe wird im folgenden zitiert.

1 F. Nietzsche, Jenseits von Gut und Böse, Werke II, S. 653
2 F. Nietzsche, Unzeitgemäße Betrachtungen II, Werke I, S. 209
3 F. Nietzsche, Unzeitgemäße II, Werke I, S. 212
4 F. Nietzsche, Unzeitgemäße II, Werke I, S. 220
5 F. Nietzsche, Unzeitgemäße II, Werke I, S. 219
6 F. Nietzsche, Unzeitgemäße II, Werke I, S. 220
7 F. Nietzsche, Unzeitgemäße II, Werke I, S. 223
8 ibidem
9 ibidem
10 F. Nietzsche, Unzeitgemäße II, Werke I, S. 225
11 F. Nietzsche, Unzeitgemäße II, Werke I, S. 224
12 F. Nietzsche, Unzeitgemäße II, Werke I, S. 225
13 Volker Gerhardt, Macht und Metaphysik. Nietzsches Machtbegriff im Wandel der Interpretation. In: Pathos und Distanz. Studien zur Philosophie Friedrich Nietzsches, Stuttgart 1988, S. 90
14 Walter Kaufmann, Nietzsche. Philosopher, Psychologist, Antichrist. Princeton/New Jersey 1974. Siehe v.a. Kap. III: »Nietzsche's Philosophy of Power«
15 Platon, Gorgias, 469c. Zitiert nach: Platon, Sämtliche Werke, in der Übersetzung von Friedrich Schleiermacher mit der Stephanus-Numerierung. Hrsg. von Walter Otto, Ernesto Grassi und Gert Plamböck, Hamburg 1957
16 Platon, Gorgias, 469b
17 Platon, Gorgias, 469c
18 F. Nietzsche, Nachlaß der Achtzigerjahre, Werke III, S. 739
19 F. Nietzsche, Jenseits, Werke II, S. 653
20 F. Nietzsche, Jenseits, Werke II, S. 730
21 F. Nietzsche, Jenseits, Werke II, S. 727
22 ibidem
23 F. Nietzsche, Zur Genealogie der Moral, Werke II, S. 773
24 F. Nietzsche, Jenseits, Werke II, S. 727
25 ibidem
26 Siehe dazu Detlef Brennecke, »Die blonde Bestie«. Vom Mißverständnis eines Schlagworts. In: Nietzsche-Studien. Internationales Jahrbuch für die Nietzsche-Forschung, hrsg. von Ernst Behler, Mazzino Montinari, Wolfgang Müller-Lauter, Heinz Wenzel. Berlin / New York, Bd. 5 (1976), S. 113–145
27 F. Nietzsche, Genealogie, Werke II, S. 786
28 Ausführlich zum Problem einer »politischen Rassenontologie« bei Nietzsche nimmt Bernhard H.F. Taureck Stellung in seinem Buch »Nietzsche und der Faschismus. Eine Studie über Nietzsches politische Philosophie und ihre Folgen«, Hamburg 1989. Zur Wirkung Gobineaus auf Nietzsche und zur Überschneidung der Rassenlehren Nietzsches und der Nationalsozialisten siehe ebenda S. 30ff.
29 F. Nietzsche, Genealogie, Werke II, S. 782
30 F. Nietzsche, Der Antichrist, Werke II, S. 1168
31 ibidem
32 F. Nietzsche, Zarathustra, Werke II, S. 281
33 F. Nietzsche, Zarathustra, Werke II, S. 322
34 Siehe dazu Gilles Deleuze, Nietzsche und die Philosophie. Aus dem Französischen von Bernd Schwibs, Frankfurt a. Main 1985, v.a. Zweites Kap. »Aktiv und reaktiv«. (Originalausgabe: Nietzsche et la philosophie, Paris 1962)
35 Siehe dazu Marion Hermann-Röttgen, Die Familie Borgia. Geschichte einer Legende, Stuttgart/Weimar 1992, v.a. das Kap. »Cesare – Von Burchardus zu Burckhardt, S. 174–220
36 Volker Gerhardt, 1988 (Anm. 13), S. 90
37 Zum Begriff »Rangfolge siehe Gilles Deleuze, 1985 (Anm. 34), S. 66–69
38 F. Nietzsche, Jenseits, Werke II, S. 729
39 F. Nietzsche, Nachlaß, Werke III, S. 917

40 F. Nietzsche, Nachlaß, Werke III, S. 504
41 Gilles Deleuze, 1985 (Anm. 34), S. 69
42 F. Nietzsche, Nachlaß, Werke III, S. 489
43 Werner Stegmaier, Nietzsches Neubestimmung der Wahrheit. In: Nietzsche-Studien (Anm. 26), Bd. 4 (1985) S. 69ff. Stegmaier betont die wechselseitige Beziehung von Leib und Welt im Akt des Interpretierens. Die »einverleibende« Vernunft erfaßt »ihre Bedingtheit durch etwas, dessen Moment sie ist, ohne mit ihm identisch zu sein«. (S. 79)
44 F. Nietzsche, Nachlaß, Werke III, S. 664
45 F. Nietzsche, Antichrist, Werke II, S. 1233
46 ibidem
47 F. Nietzsche, Antichrist, Werke II, S. 1234
48 ibidem
49 F. Nietzsche, Jenseits, Werke II, S. 728
50 Niccolò Machiavelli, Opere, vol. 1, Il principe, Discorsi sopra la prima deca di Tito Livio. A cura di Sergio Bertelli, Milano 1968, cap. VII, p. 22
51 Niccolò Machiavelli, 1968, cap. XVIII. Zit. nach Machiavelli, Der Fürst, aus dem Italienischen von Friedrich von Oppeln-Bronikowski, Frankfurt a. Main 1990, S. 88
52 F. Nietzsche, Jenseits, Werke II, S. 728
53 ibidem
54 F. Nietzsche, Die fröhliche Wissenschaft, Werke II, S. 197
55 F. Nietzsche, Die fröhliche Wissenschaft, Werke II, S. 196
56 »Nietzsche, ein Lesebuch von Gilles Deleuze«, aus dem Französischen von Ronald Voullié, Berlin 1979, S. 27f. (Originaltitel: Gilles Deleuze, Nietzsche, Paris 1965)
57 F. Nietzsche, Die fröhliche Wissenschaft, Werke II, S. 253. Zur Frage der Rezeption Nietzsches durch den Faschismus unterschiedlicher Ausprägung in Europa und zur Frage der Mehrdeutigkeit vieler »protofaschistisch« anmutender Textstellen bei Nietzsche siehe Bernhard H.F. Taureck, 1989 (Anm. 28)
58 F. Nietzsche, Zarathustra, Werke II, S. 284
59 F. Nietzsche, Zarathustra, Werke II, S. 280
60 F. Nietzsche, Zarathustra, Werke II, S. 351
61 F. Nietzsche, Nachlaß, Werke III, S. 834
62 ibidem
63 ibidem
64 F. Nietzsche, Jenseits, Werke II, S. 729
65 Siehe dazu Ernst Behler, Derrida – Nietzsche, Nietzsche – Derrida, München/Paderborn, 1988
66 Peter Heller, Multiperspektivisches Interpretieren. Bemerkungen zum Thema »Nietzsche lesen«. In: Nietzsche-Studien (Anm. 26), Bd. 13 (1984), S. 624–642
67 P. Heller sieht in den multiperspektivischen Texten Nietzsches zwar Impulse für ein synthetisierendes Verstehen, warnt aber gleichzeitig vor einer entschärfenden und harmonisierenden Nietzsche-Lektüre.
68 Jacques Derrida, De la grammatologie, Paris 1967. Siehe v.a. »La fin du livre et le commencement de l'ecriture«, S. 15–41
69 Jacques Derrida, Fines Hominis. In: Randgänge der Philosophie, Frankfurt-Berlin 1976, S. 123. Zit. nach E. Behler, 1988 (Anm. 65), S. 63
70 ibidem

Biographie

Gabriele Hoffmann M.A., geboren 1934 in Münster/Westfalen. Studium der Anglistik, Geographie, Kunstgeschichte und Philosophie. Kunst- und Wissenschaftsjournalistin. Lehraufträge zur Ästhetik an der Universität Stuttgart im Fachbereich Kunstgeschichte. Katalogbeiträge und Aufsätze in Fachzeitschriften.

Lucrezia Borgia in der dämonistischen Papstlegende

von Susanne Schüller-Piroli

Als erste und einzige Papstlegende der Neuzeit verfolgte die Borgialegende doch genau dasselbe Ziel wie die Papstlegenden des Mittelalters: Es sollte bewiesen werden, daß der regierende Papst in Wahrheit ein Antipapst, ein Usurpator der höchsten Würde der Christenheit sei, da er seine Stellung dank eines Teufelspaktes erschlichen und als Gegenleistung seine Seele der ewigen Verdammnis verschrieben habe.
Sehr neu war hingegen die Schilderung der Vorbedingungen unter denen Papst Alexander VI. diesen seinen Teufelspakt geschlossen und aufrechterhalten haben sollte. Wenig später tauchten dieselben Beschuldigungen zwar in unzähligen Hexenprozessen auf, aber in der Borgiaepoche brannten noch keine Scheiterhaufen. Noch konnte der Borgiapapst belustigt lachen, als man ihm im Jahre 1502 die erste gedruckte Version seiner Legende vorlas. Doch jene neuen Theorien welche die Frau, die Hexe, durch ihre Sexualverbrechen, einerseits mit scheußlichen Dämonen, andererseits mit nächsten Anverwandten begangen, zur notwendigen Vermittlerin eines Teufelspaktes machten, lagen schon gebrauchsfertig vor.
Bereits 1489 war eines der folgenschwersten Horrorbücher aller Zeiten, der Malleus Maleficarum, der Hexenhammer, von zwei domenikanischen Inquisitoren veröffentlicht worden. Er erklärte, daß einzig Frauen, im scheußlichsten Geschlechtsverkehr mit Dämonen in direkten Kontakt mit der Hölle treten und einmal zu Hexen geworden, ihre magische Gewalt im Inzest an ihre nächsten männlichen Verwandten weiterleiten konnten. Weder der Kardinal Rodrigo Borgia, dem man seine Vorliebe für das weibliche Geschlecht verzieh, weil die römische Kurie in ihm ihren tüchtigsten Kanzleileiter gefunden hatte, noch seine 1480 geborene Tochter Lucrezia, Klosterschülerin, die eifrig italienisch und spanisch, französisch und sogar Latein und Griechisch studierte, hatten mit der Entstehung jenes Buches irgendetwas zu tun. Seine Autoren, Jakob Sprenger und Heinrich Institoris schrieben es in der Verzweiflung über die Verfolgungen im deutschen Reich, denen sie ihr Hexenwahn aussetzte. Sie durften die Klöster ihres Ordens, der sie ausgestoßen hatte, nicht einmal mehr betreten und konnten nicht ahnen, daß ihr Hexenhammer bald zum Lehrbuch sämtlicher Inquisitions- und Hexengerichte aufsteigen, sogar die sonst unüberwindlichen Schranken der Glaubensspaltung überwinden und bis zum Ende des 14. Jahrhunderts 29 Auflagen erreichen würde. Ein unerhörter Bestsellererfolg in einer Epoche, in welcher die Lesekunst noch so wenig verbreitet war.
Es ist eben der Erfolg des brutalsten Antifeminismus des Hexenhammers, welcher der Borgialegende mit ihren Beschuldigungen der Blutschande gegen einen Papst und seine Kinder, die für die Zeitgenossen nur als Bestätigung eines Teufelspaktes aufgefaßt werden konnte, dem Fortleben der Borgialegende in der Literaturgeschichte ihre besondere Bedeutung gibt. Die Hexengerichte mögen seit Jahrhunderten geschlossen, die Folterkammern an denen man unglücklichen Frauen irrsinnige Geständnisse abpreßte, zu historischen

Sehenswürdigkeiten geworden sein: Latent, im Unterbewußtsein moderner Menschen, lebt in aller Heimlichkeit die Sympathie für den Hexenglauben weiter.
Unzweifelhaft lieferte Lucrezia die ungewöhnliche Persönlichkeit – wie ungewöhnlich war schon allein die Abstammung –, ihre und ihrer Familie abenteuerlichen Schicksale, die großen Umwälzungen ihrer Zeit den größten Anreiz, gerade sie zu einem ersten Zielpunkt der Haßpsychose des Hexenhammers auszuwählen, welche die anbrechende Neuzeit angesichts der Bemühungen von Frauen, die sklavische Abhängigkeit ihrer Stellung in der antiken und mittelalterlichen Welt abzuschütteln, ergriff. Lucrezia Borgia war wohl die überzeugteste, mutigste und trotz allem Antagonismus, auf den sie stieß, erfolgreichste Vertreterin der Renaissance, des Rechtes der Frau, selbst ihr Schicksal zu bestimmen.
Allein Lucrezias so unerhört selbständiges Auftreten mußte schon deshalb Skandal machen, weil es sich auf einer Bühne abspielte, die ansonsten vor ihr und nach ihr, Frauen verschlossen war: derjenigen der römischen Kurie. Sie verkehrte jahrelang mit größter Unbefangenheit mit den höchsten Würdenträgern der geistlichen Hierarchie, ging in den geheiligten Räumen der Papstresidenz ein und aus, wie es ihr beliebte. Wann hatte man je eine junge Frau allabendlich auf den Stufen des Papstthrones sitzen, wann je einen Schwarm von Frauen die Chorherrnstühle der Kanoniker des Petersdomes während feierlicher Zeremonien einnehmen sehen! Wann vor allem war je ein weibliches Wesen zur Statthalterin eines abwesenden Papstes ernannt worden, wie Lucrezia im Jahre 1501, kaum ein Jahr vor der Veröffentlichung der ersten Version ihrer Legende.
So gewaltige Verletzungen jedes Herkommens und jedlicher Tradition konnten niemanden so stören, wie den päpstlichen Zeremonienmeister, Johannes Burkhard, der selbst schon als eine traditionelle Institution des Papsthofes angesehen werden konnte, da er bereits den beiden Vorgängern Alexander VI. gedient hatte und noch zwei seiner Nachfolger dienen sollte. Er war ein eifriger Leser des »Liber Pontificalis«, der Papstchronik des Mittelalters, in der er immer neue Anregungen für die Zelebrierung von Kirchenfeiern fand, die er möglichst traditionsgetreu zu organisieren wünschte. In jener Chronik fand er aber auch die Papstlegenden, deren Erzählung die mittelalterlichen Autoren oft viel mehr Raum gaben, als den historischen Daten ihrer Papstleben.
Allerdings pflegten die mittelalterlichen Chronisten nicht zu glauben, daß ihre Päpste im Geschlechtsverkehr mit Frauen, mit Hexen, für die Unterzeichnung ihres Teufelspaktes gewonnen worden wären. In ihren Beschreibungen wurden die Verhandlungen, welche eine Papstseele als Preis für die Papstwahl und eine bestimmte Frist für die Dauer der Papstregierung, der Hölle verschrieben, in Gesprächen mit Dämonen männlichen Geschlechts geführt, ähnlich denjenigen des Dr. Faust mit Mephistopheles.
Bevor sich in der Borgialegende Burkhards neu-dämonistische Version durchsetzte, glaubte man vielfach, daß auch Alexander VI. seine Papstwahl solchen mephistophelischen Gesprächen verdanke. Er hatte sich mit zwei Dämonen vor dem Hauptaltar der Basilika von S. Maria Maggiore getroffen und von ihnen außer dem Wahlversprechen die Zusicherung einer 10jährigen Papstregierung erhalten.
Gewiß hatten auch diese nur mit Männern befaßten Papstlegenden oft grausam-blutige Folgen, da man glaubte, daß der Sitz der von Dämonen verliehenen Macht in den Sinnesorganen liege, welche die Abgesandten der Hölle gesehen, gehört, gesprochen, den

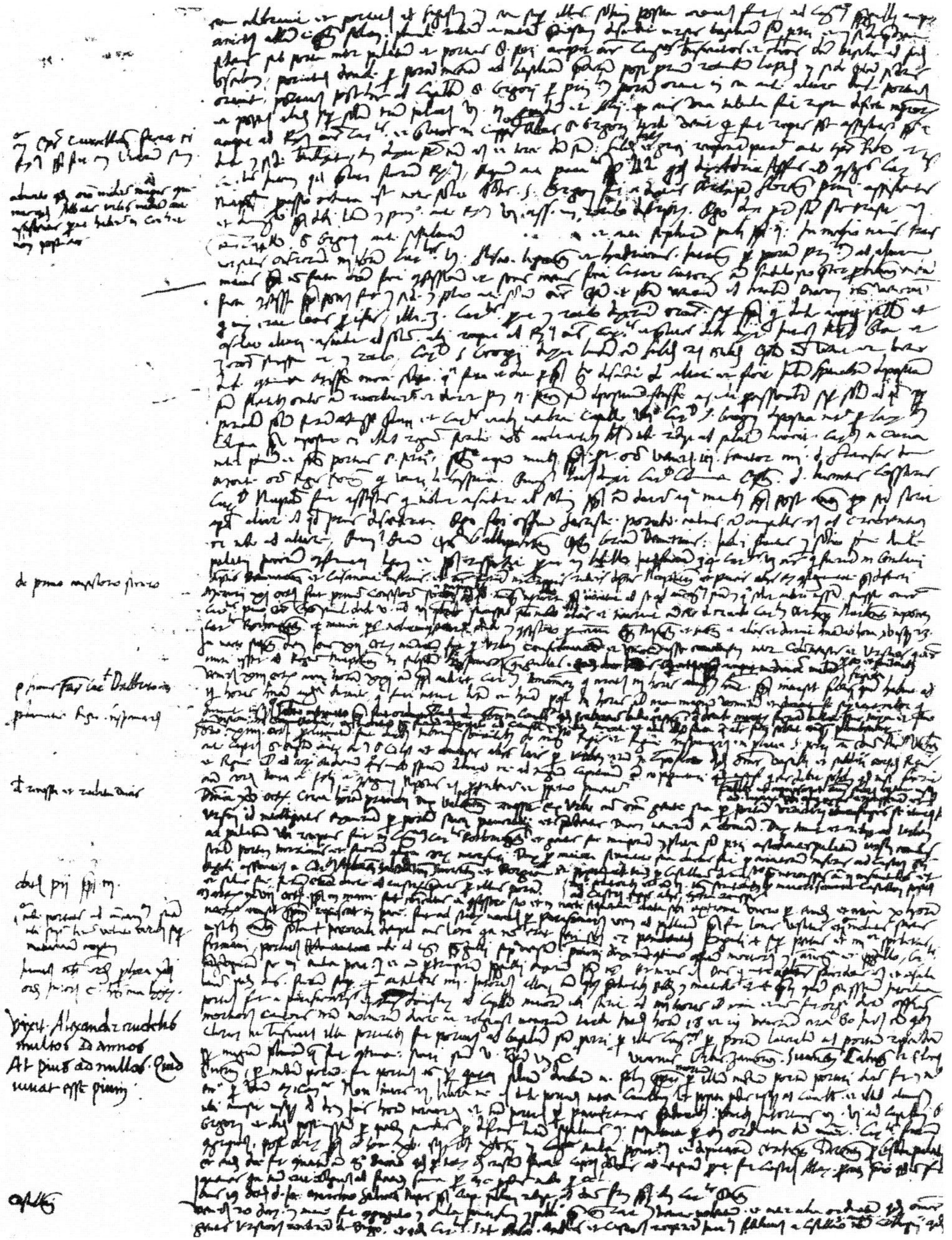

Original-Handschrift von Johannes Burchardus, Manuskript des Archivio Segreto, Vatikan

Schwefelgeruch der Hölle verspürt hatten. Und ihre Gegner bemühten sich daher, den eines Teufelspaktes beschuldigten unglücklichen Päpsten, Ohren und Nase abzuschneiden, Augen und Zunge auszureißen, um sie dieser ihrer Macht zu entkleiden. Auch diejenigen der Gliedmaße, welche mit Dämonen in Berührung gekommen waren, spielten eine große Rolle. Einem seit neun Monaten verstorbenen und im Zustand ekelerregendster Verwesung aus seinem Grabe gerissenen Papst, Formosus, wurden in einer grauenhaften Leichensynode die drei Segensfinger der rechten Hand abgeschnitten, um seine Weiheakte nachträglich ungültig zu machen. Von einem den Römern besonders verhaßten Papst, Sylvester II., dem Vertrauten Kaiser Otto III. wurde behauptet, er habe sich selbst auf seinem Totenbett alle jene Sinnesorgane und Gliedmaßen abschneiden lassen, die mit bösen Geistern in Berührung gekommen waren, um trotz allem in der Sterbestunde, seine Seele zu retten. Wer war in Wahrheit für diese Verstümmelungen verantwortlich? Dem Papstbuchkenner Burkhard war auch die einzige mittelalterliche Papstlegende, in der die Verruchtheit einer Frau die entscheidende Rolle spielte, nicht entgangen. Es war die Legende der sogenannten »Römischen Pornokratie« in welcher die schöne Marozia im 10. Jahrhundert bereits die Rolle der schönen Lucrezia vorwegnahm.

Allerdings war sie nur die Großmutter des unglücklichen Papstes Johann XII. gewesen. Doch genügte die Blutschande, deren sich diese Ahnfrau mit mehreren Päpsten ihres Geschlechts – den Grafen von Tusculum schuldig gemacht haben sollte, um noch ihren völlig legitim von einem legitimen Sohn abstammenden Enkel an einen Teufelspakt zu binden. Er mußte bereits alle künftigen Verbrechen der Borgialegende begehen, von den Blasphemien zu den Sakrilegien, von den Orgien mit Weibern, welche die Papstresidenz in ein »Bordell« verwandelten, zur Befriedigung sodomistischer Gelüste.

Nun herrschte zwar an und für sich Einigkeit zwischen dem Autor der Papstlegende des 10. und denjenigen des 11. Jahrhunderts, was die Notwendigkeit betraf, Mitglieder einer Teufelssekte ihre Sexualverbrechen nicht nur mit Menschen sondern auch mit Tieren begehen zu lassen. Doch die Autoren des Hexenhammers forderten Verkehr mit scheußlichen Riesenfröschen, Werwölfen, schwarzen Ziegenböcken, schmutzigen Schweinen und anderm ekelhaften Getier von den Frauen, die da wünschten auf Hexensabbaten oder anderen Dämonenfesten in Hexen verwandelt zu werden. Luitprand, der Autor der Papstlegende Johann XII. hingegen ließ einen Antipapst so edle Tiere wie Pferde lieben und für sein Lieblingspferd die heilige Messe in einem Pferdestall zelebrieren.

Burkhard schloß sich nun in seiner Hauptszene der Borgialegende, der »Nacht der 50 Kurtisanen im Vatikan« dem Malleus Maleficarum an. Die 50 Kurtisanen mußten während dieser Orgie nach einem Bankett und unzüchtigen Tänzen, bevor sie sich mit anwesenden Dienern und Gästen geschlechtlich verbanden, nackt auf allen Vieren im verdunkelten – nur von auf den Boden gestellten Tischkerzen erleuchteten Raum – herumkriechen, um ausgestreute Kastanien aufzulesen. Sie mimten so eine Schweineherde, die in einem Kastanienwäldchen weidet, und konnten und sollten in den Zuschauern: Lucrezia, Cesare Borgia und Alexander VI., sodomistische Gelüste erwecken. Dasselbe sollte auch einige Tage später geschehen, als die drei Borgia von einem Balkon aus zusahen, wie in einem Hofe des Vatikans wilde Hengste auf zwei Stuten losgelassen wurden und die armen Tiere so heftig ansprangen, daß sie schweren Schaden erlitten. Hier diente nun sichtlich das »Liber Pontificalis« als Vorbild. Burkhard hatte die Beschreibung der »Nacht der 50 Kurtisanen« in sein »Diarium«, sein eigenes Tagebuch, eingefügt, dessen Hauptzweck darin bestand, seinen Nachfolgern die traditionelle Gestaltung der päpstlichen Zeremonien und Riten weiter zu vermitteln. Er wählte das Datum des 31. Oktober 1501 für die Beschreibung der dämonistischen Orgie im Palast der Päpste, weil so Lucrezia, die zu Anfang 1502 Rom für immer verließ noch anwesend sein und so in einem großen Abschlußfest ihre Verwandten für immer, auch in ihrer Abwesenheit an ihren Teufelspakt binden konnte. Das Datum des Vorabends des Allerheiligenfestes war zwar nicht in Italien, aber um so mehr im deutschen Reich beliebt für Hexensabbate, Hexentänze auf dem Blocksberg usw.

Es war jedoch nicht möglich, daß dieses Datum der Eintragung stimmte, da in einem im Tagebuch vorangestellten Pamphlet, dem sogenannten »Savellibrief« Ereignisse genannt wurden, die sich völlig überraschend erst im August 1502 abspielten. So müssen beide Dokumente der Borgialegende frühestens im September dieses Jahres entstanden sein.

Der Savellibrief, war angeblich aus dem damaligen spanischen Heerlager vor Tarent von einem Freund an den römischen Baron Silvio Savelli gerichtet, welcher sich am deutschen Königshofe aufhielt. Er forderte die Reichsstände und den künftigen Kaiser Maximilian auf, endlich gegen die Mißstände an der römischen Kurie einzuschreiten. Und hier nun zeigte sich noch weit stärker als in der Beschreibung der vatikanischen Orgie die Abhängigkeit vom Hexenhammer. Sprenger und Insitoris waren wohl als Flüchtlinge in Rom nur durch Burkhards Vermittlung bis zu Papst Innocenz VIII. vorgedrungen und hatten von diesem ansonsten in religiösen Fragen denkbar toleranten Papst die Ausstellung jener Hexenbulle erlangt, die sie dann als Einführung in den Hexenhammer verwendeten, da sie allen geistlichen Behörden gewisser deutscher Städte befahl, die Hexenjagd der beiden Inquisitoren zu unterstützen.

Unter den dazumal sehr wenigen deutschen Prälaten an der römischen Kurie war Burkhard der einzige gewesen, der solche Vermittlerdienste leisten konnte.

Der Savellibrief verriet denn die Kenntnis von Details der letzten Heiratsverhandlungen Lucrezias, die im Vatikan aber nicht im Heerlager von Tarent bekannt sein konnten. Daß Burkhard der wahre Autor war, ist um so wahrscheinlicher, als er sonst ja keine von anderen verfaßten Dokumente in sein Diarium aufzunehmen pflegte. Der Savellibrief wurde, im Gegensatz zum Dokument der dämonistischen Orgie, das Jahrhunderte lang eine im vatikanischen Geheimarchiv schwer zugängliche Handschrift blieb, sogleich gedruckt verbreitet. Er machte Lucrezia für die Vernichtung der herrschenden Klasse des Kirchenstaates verantwortlich. Ihrer unersättlichen Geldgier wegen seien alle Anhänger des Kaisers und des Römischen Reiches aus diesem Staate verbannt, die altehrwürdigsten Städte ihren wahren Besitzern geraubt, der Adel, die besten Bürger Roms vertrieben worden. Dieses entsprach eben den Lehren des Hexenhammers, denen zufolge große Männer und mächtige Reiche immer von bösen Hexenweibern, die Jezabel oder Kleopatra heißen, als männerbetörende Sirenen oder Schönheiten wie Helena berühmt sein konnten, vernichtet worden seien.

Die Zeitgenossen spannen dann eifrig die Fäden eines so anziehenden Gewebes weiter. Ein jüngster Papstsohn von unbekannter Mutter wurde zum Sohne Lucrezias und Alexanders erklärt. Alle Bluttaten der letzten Jahre in der Papstfamilie, wurden der wüten-

Scheiterhaufen-Monument von Gerda Bier in Schwäbisch Hall

den Eifersucht des Vaters und des Bruders auf Lucrezia zugeschrieben. Die Orgien im Vatikan wurden zu allnächtlichen Ereignissen, zu denen die Teilnehmerinnen auf Fabeltieren durch die Lüfte angeflogen kamen. Doch wurden, soweit es sich nicht eben um Sexualverbrechen handelte, Giftmorde und Bluttaten ausschließlich Alexander VI. und Cesare Borgia zugeschrieben. Ersteren bezeichnete der Savellibrief als den tiefsten Lasterschlund, den Antichrist, dessen Kommen so oft geweissagt worden sei.

Am unverständlichsten für Menschen, die nicht mehr in einer Welt der scheinbar unbegrenzten Möglichkeiten wie der Renaissance leben, ist, wie Legende und Bewunderung Lucrezias für die Zeitgenossen vereinbar sein konnten. Die Berichte von Rom-reisenden und Berichterstattern über Lucrezias Schönheit und Eleganz wurden an den europäischen Höfen noch eifriger gelesen als die Berichte über die Borgialegende. Lucrezias Einschätzung für den zeitgenössischen Heiratsmarkt war während ihrer römischen Jahre trotz ihrer immer auffallenderen Emanzipation dauernd gestiegen.

Das erste italienische Fürstengeschlecht, an das sich Alexander VI. nach seiner Papstwahl wandte, um ihr einen passenden Gatten zu suchen, die Sforza fanden Lucrezia nur eines bescheidenen Bastardsohnes, wiederum Bastards ihres Geschlechtes würdig: Giovanni Sforza, armseliger Herr von Pesaro. Nach der Scheidung dieser Ehe meldeten sich in den letzten Jahren des 15. Jahrhunderts die ansehnlichsten Freier aus den besten Familien des Kirchenstaates. Und als sie schließlich einen Königssohn, Alfonso von Aragon, der als der schönste Jüngling Italiens galt, gewählt hatte, lichtete Cesares grausame Ermordung dieses Schwagers die Reihen ihrer immer großartigeren Ehekandidaten keineswegs. Schließlich rief sie durch die Wahl Alfonso d'Estes, des Erben eines reichsunmittelbaren Herzogtums, jene Empörung Maximilians und des treuen Reichsbürgers Burkhard hervor, die wohl großenteils für die Entstehung der dämonistischen Borgialegende verantwortlich gemacht werden muß. Der künftige Kaiser und der päpstliche Zeremonienmeister sahen durch diese Mesaillance den gesamten Reichsfürstenstand erniedrigt und jede Hoffnung, für einen künftigen Italienzug ein günstiges Einfallstor in Ferrara zu finden, vernichtet.

Die Rolle, die Lucrezia dann in Ferrara als Mäzenin von Dichtern und Literaten übernahm, ist noch von Lord Byron so sehr gewürdigt worden, daß er ein Haar Lucrezias als kostbaren Talisman ständig mit sich trug, seit es ihm gelungen war, es aus ihrer Stirnlocke zu entwenden. Diese blonde Stirnlocke wird noch heute in der ambrosianischen Bibliothek in Mailand im Nachlaß Pietro Bembos, des berühmten Dichterphilosophen und schließlich Kardinals aufbewahrt. Byron, der große Romantiker sah das Ideal eines wahrhaft romantischen Liebesverhältnisses in der Beziehung Bembos zu Lucrezia.

Tatsächlich hatte sich Lucrezia jene Locke selbst abgeschnitten, um sie als Liebespfand an Bembo zu senden, da ihre durch fortwährende Schwangerschaften bezeugten guten ehelichen Beziehungen zu ihrem Gatten sie nicht hinderten, romantische Gefühle für große Künstler zu hegen.

Es war erst die französische Romantik, die die heute noch so überaus populäre Version der Giftmischerin und Mörderin Lucrezia schuf. Zuerst zeigte Alexandre Dumas in seinem erfolgreichen Borgiaroman, wie populär das Thema der Borgialegenden noch behandelt werden konnte. Dies obzwar er sich im wesentlichen an die zeitgenössischen Vorlagen hielt: Lucrezia verführte ihre Verwandten, die ihrerseits von dem großen Romancier durch viele neue Details, wie in Brathähnchen verborgene Wahlversprechen Rodrigo Borgias, mit Giftstacheln versehene Ringe und Schlüsselbärte, die durch einen Händedruck töten usw., interessant gemacht wurden.

Victor Hugo übernahm dann das Thema für seine Tragödie »Lucrèce Borgia« für welche er Lucrezia in die große ewig populäre Giftmischerin verwandelt, die in einem großen Bankett in Ferrara, sämtliche Teilnehmer, inklusiv den eigenen Sohn, durch Gift tötete. Vielleicht war für diese Zuschreibung sämtlicher Borgiaverbrechen an Lucrezia und die Verlegung der Handlung nach Ferrara, nicht so sehr Frauenhaß als die Furcht verantwortlich, durch diese Papstlegende in die Zeitpolemiken um Rom und das Papsttum hineingezogen zu werden. Dies widerstrebte allen Romantikern, und wahrscheinlich auch Donizetti, der den Schauplatz von Lucrezias nunmehr sogar besungenen Vergiftungen in der außerhalb des Kirchenstaates gelegene Stadt Venedig geschehen läßt, die bei Hugo nur im ersten Akt Schauplatz der ersten Begegnung zwischen Lucrezia und ihrem Sohn ist. Ferrara war nach dem Aussterben der Este diesem Staate einverleibt worden. So hatte sich Lucrezias letzte Heirat, in deren Ehevertrag Ferrara sich viel enger als bisher an seine Stellung als Kirchenlehen erinnert, die früher gegenüber derjenigen als Reichslehen zurückgestellt geblieben war, als sehr gutes Geschäft für die römische Kurie erwiesen. Dies war dem scharfsichtigen Burkhard entgangen. Noch heute ist der Glaube an diese Rolle Lucrezias als Giftmischerin so sehr verbreitet, daß man sich durch die bloße Erwähnung des historischen Sachverhaltes dem Verdacht aussetzt, aus was immer für Gründen, einen historischen Tatbestand leugnen zu wollen und unzulässige Schönfärberei zu betreiben.

Biographie

Prof. Dr. Susanne Schüller-Piroli. geboren 1907, gestorben 1995, studierte Geschichts- und Kunstwissenschaften in Wien. Promotion 1931 ebendort. 1931–1938 Mitglied des österreichischen Bundespressedienstes, für den sie bis zu ihrer Verheiratung mit Prof. Giorgio Piroli in Wien, später in Rom arbeitete.

1950 veröffentlichte sie das grundlegende Werk »2000 Jahre St. Peter«

1963 die erste Ausgabe der »Borgia«, der bis 1991 fünf erweiterte und veränderte Auflagen in deutscher und spanischer Sprache folgten. Zahlreiche Aufsätze im In- und Ausland über die Familie Borgia.

Savonarola und Alexander VI. Borgia

von Herwarth Röttgen

Savonarola und Alexander VI. Borgia können den Historikern seit dem sechzehnten Jahrhundert bis heute als wahre Protagonisten ihrer Zeit erscheinen, wahr insofern als sie jene Zeit um 1500 wenigstens in einem Teil ihrer Wirklichkeit erkennen lassen. Ich zögere nicht, den beiden als dritten Protagonisten Karl VIII. von Frankreich zuzuordnen. Der Protagonist vertritt maßgebend eine ganze Zeit, eine Parteiung, eine Überzeugung. Papst Alexander VI. (Abb. 1) vertritt das verwaltete Heil, die Kirche als spirituelle und säkulare Macht der Renaissance im Umbruch zwischen Mittelalter und Neuzeit; Savonarola (Abb. 2), der Dominikaner-Prior von S. Marco in Florenz, die fundamentale Ausrichtung auf das göttliche Gebot für Kirche und Volk, die geistige Askese, apostolische Armut, Bedürfnislosigkeit. Seine Kritik richtet sich auf den verweltlichten zeitgenössischen Geist. Er ist Repräsentant des Glaubens an ein bevorstehendes Gericht, zu dem der Mensch sich vorbereiten müsse. Karl VIII. von Frankreich (Abb. 3) vertritt den Eroberungsanspruch eines europäischen Herrschers, der am Beginn der Neuzeit an der entstehenden politischen Raison der europäischen Machtbalance scheitert.

Alle drei repräsentieren die unselige Verquickung von Politik und Religion, an der sie auch scheiterten. Sie treten in einer Zeit auf, die durch die endzeitliche Angst vor dem Weltgericht bestimmt ist. Frömmigkeitsbesinnung, moralische Kritik an der Kirche und ihrer Priester, am zeitgenössischen Geist des Luxus und des mondänen Lebens, die Ankündigung des Gottesreiches und der Aufruf zur Besserung in der apostolischen Bedürfnislosigkeit vermischen sich mit einer Hinwendung zur gottgeführten Republik, in der der Prophet den Weg bestimmt. Dieses Thema hat gerade heute wieder seine Aktualität. Damals war es Ausdruck einer moralisch-politischen Emanzipation des Bürgers von der Vorherrschaft des Klerus, Ausdruck eines laizistischen Interesses an der religiösen Erneuerung, dessen Sprachrohr der gewaltige Volksprediger wurde. Die spirituelle und politische Führung des Menschen drohte der von Rom geführten Kirche zu entgleiten.

1492 besteigt Rodrigo Borgia den päpstlichen Thron als Alexander VI. Sabine Poeschel hat zuletzt auf den Sinn der Namensgebung Alexander ausführlich hingewiesen. Er liegt in der Weiterführung der Kreuzzugsidee seines Borgia-Onkels, Calixt III., ähnlich der Vernichtung des Perserreiches durch Alexander den Großen. In einem Brief vom September 1492 an Erzherzog Sigismund von Tirol bekräftigt Alexander seinen Willen zum Kampf gegen Türken und Unglauben. Große Erwartungen der Botschafter richten sich auf den neuen Papst, der seine Politik auf die Befreiung des Heiligen Landes richten würde. Im Schein der Kunst erkennt man das Programm in den Fresken Pinturicchios in den Borgia-Gemächern des Vatikan. Während Alexander in verbalen Bekundungen und in der Pracht der Malerei seinen Blick auf das Heilige Land richtet, prophezeit Savonarola in der Adventspredigt des gleichen Jahres 1492, vor fünfhundert Jahren, einen furchtbaren Orkan und das Kommen eines neu-

1 Pinturicchio, Alexander VI., Rom, Vatikan, Appartamento Borgia (Ausschnitt)

2 Fra Bartolommeo, Savonarola, Florenz, Museo di San Marco

en Kyros von jenseits der Alpen, der wie der antike Kyros Babylon zerstören würde, worunter der Prediger die Verderbnis der Gegenwart und die verweltlichte Kirche versteht.

Wenige Jahre später, im Jahr der Hinrichtung des Propheten, bringt Dürer seine »Apokalypse« in Holzschnitten heraus, die die Angst der Zeit veranschaulicht. Savonarola schreibt in jenen Wochen vor seinem Tode, daß er allein den Schlüssel zum Siegel habe. Ob Dürer in der Darstellung der Eröffnung des sechsten Siegels (Abb. 4) an Alexander VI. gedacht haben mag? Im »Engelskampf (Abb. 5) dann erinnert das mager dreieckige Gesicht des Papstes stark an Alexanders Vorgänger Innozenz VIII.

In den gegensätzlichen Vorstellungen von Alexander dem Großen, der Persien besiegt und Kyros, der Babylon vernichtet, werden die voneinander weit entfernten Denkweisen des Papstes und des Predigers deutlich. Alexander VI. gibt sich den Namen des großen Herrschers über Mittelmeer und Orient als Einiger der Christenheit, und Savonarola sieht demgegenüber das Gericht über das sündige Babylon, Rom, nahen. Sollte Alexander VI. jemals ernsthaft den Kreuzzugsgedanken gefaßt haben, so konnte er ihn nicht in die Tat umsetzen, denn seit 1494 tritt nach dem Tode Ferrantes von Neapel der französische König Karl VIII. als Kronprätendent für Neapel auf. Und auch er begründet seinen Zug durch Italien und die Eroberung Neapels, vor der der Papst Ende 1494 in die schwerste Bedrängnis geriet, mit der Befreiung des Heiligen Landes und der Besiegung der Türken von dort aus. Zudem erklärt Karl VIII., er wolle zur Reform der Kirche beitragen. Savonarola sieht in ihm den prophezeiten Kyros, der von jenseits der Alpen kommt, um das verruchte Babylon zu vernichten, zunächst aber auch den Sturz der verhaßten Medici-Herrschaft bewirkt. Die unselige Verbindung von Politik und Religion auf allen Seiten führt zur Verblendung Savonarolas hinsichtlich der Rolle Karls VIII. Die gleiche Verblendung und der Stolz der Florentiner auf ihre republikanische Vergangenheit führt noch im 19. Jahrhundert zu Bildern, wie dem berühmten Einzug Karls VIII. in Florenz von Giuseppe Bezzuoli 1829, (Abb. 6) in dem Karl VIII. wie die römischen Kaiser beim Einzug in eine Stadt – beim adventus Augusti – den Speer trägt, der aber auch an die Heilige Lanze erinnert, die Karl V. als ein miles christianus, ein christlicher Ritter in Tizians berühmtem Bild hält (Abb. 7), das 1546 vor dem Kampf und Sieg gegen die Protestanten gemalt wurde. Rechts steht in Bezzuolis Bild ein Dominikaner, der zum Himmel weist, also auf das Strafgericht, das der prophezeite Kyros über die Welt bringt, während weiter links von ihm Machiavelli mit fragender Skepsis über die Schulter zurück auf Karl VIII. weist.

Auf der Seite des Papstes wird die Erfahrung der Wehrlosigkeit des Kirchenstaates gemacht, in der das wankelmütige politische Spiel zwischen Mailand mit den Sforza und Neapel mit den Aragonesen die Lage nur verschlimmert. Alexander VI. sieht sich zu vorwiegend politischem Handeln gezwungen. Er ist der Herrscher des Kirchenstaates. Seine Antworten waren in diesen Wirren politisch und nicht religiös oder theologisch.

Dagegen wird Savonarolas Forderung auf eine Reform der Kirche und der Kurie so lange mit Gleichmut hingenommen, als sie sich nicht politisch äußert. Die Ver-

3 Tobias Stimmer, Karl VIII. (Holzschnitt)

bindung von religiöser Kritik und politischem Handeln war aber bei Savonarola von Anfang an gegeben. Er richtete sich moralisch-politisch auf die Reform der Gesellschaft. Die verblendete Hinwendung aller seiner Hoffnungen auf Karls VIII. Eingreifen enthielt genau den politischen Zündstoff, der Savonarola zum gefährlichen Feind Alexanders VI. macht. Hinzu kommt, daß in dieser Zeit des erwarteten Weltgerichts und des Hanges der Menschen, in ungewöhnlichen Ereignissen die Vorzeichen des Weltendes zu sehen, Savonarolas prophetische Äußerungen bereite Ohren finden.

4 Albrecht Dürer, Apokalypse, Eröffnung des sechsten Siegels, 1498

5 Albrecht Dürer, Apokalypse, Der Engelkampf, 1498

Am 21. Juli 1495 fordert Alexander VI. Savonarola in einem Breve auf, nach Rom zu kommen und sich zu seinen beanspruchten prophetischen Gaben zu erklären. Savonarola hatte vorher Karl VIII. am 18. Juni in Poggibonsi getroffen, wo er dem König die deutlichsten Vorhaltungen wegen der unterlassenen Reform der Kirche machte und ihm das größte Unglück prophezeite, wenn er das versäumte Werk nicht wieder aufnehme. Karl VIII. ist für ihn, den Propheten, der erwählte König.

Savonarola widersteht dem Befehl des Papstes und die Jahre von 1495 bis 1498 sind von einem schwankenden Verhalten Alexanders VI. gegenüber Savonarola geprägt: zwischen der Forderung, sich in Rom zu verantworten, zwischen Pedigtverbot und Verlangen nach Zurückhaltung, zwischen scheinbarer Hochschätzung und dem Gebot, sich der Politik zu enthalten. Als Alexander VI. dann schließlich am 13. Mai 1497 die Exkommunikation Savonarolas ausspricht, war diesem Akt am 4. März 1497 die berühmte 32. Predigt über Ezechiel vorangegangen, in der Savonarola im Zusammenhang mit den Gerichtsprophezeiungen des Propheten nun Rom die Worte entgegenschleudert: »Oh verruchte Kirche höre, was der Herr zu dir spricht: Ich habe dir die schönen Gewänder gegeben, und du hast Abgötterei mit ihnen getrieben. Mit den Prachtgefäßen hast du den Stolz genährt. Die Sakramente hast du durch Simonie entweiht. Die Wollust hat aus dir eine schamlose Dirne gemacht. Du bist schlimmer als ein Vieh, du bist ein abscheuliches Ungeheuer. Früher schämtest du dich wenigstens deiner Sünden; aber jetzt tust du auch das nicht mehr. Früher nannten die Priester ihre Söhne Neffen; jetzt nicht mehr Neffen, sondern Söhne. Ein Haus der Unzucht hast du aufgeschlagen, zum Haus der Schande hast du dich allerorten gemacht. Was tut die feile Dirne? Sie sitzt auf dem Stuhle, sagt Salomo, und lockt alle heran; wer Geld hat geht hinein und kann tun, was ihm gefällt; wer aber das Gute will, wird fortgejagt. So hast du, feile Kirche, deine Schande vor der ganzen Welt enthüllt, und dein Pesthauch ist zum Himmel aufgestiegen und in der ganzen Welt hast du deine Unzucht ausgebreitet«. Auch danach ließ Alexander VI. die Angelegenheit Savonarolas nochmals untersuchen, nicht zuletzt wohl wegen seiner Reformgedanken, die ihn nach der Ermordung seines Sohnes Juan beschäftigten. Savonarola aber verschärfte den Konflikt mit Rom und dem Papst in seinen Briefentwürfen an die Herrscher Europas vom Frühjahr 1498, in denen er ein Konzil zur Ab-

6 Giuseppe Bezzuoli, Einzug Karls VIII. in Florenz, 1829, Florenz, Galleria d'Arte Moderna, Palazzo Pitti

7 Tizian, Karl V. vor der Schlacht von Mühlberg, 1548, Madrid, Prado

setzung des Papstes forderte: »ich bezeuge hiermit im Namen Gottes, daß dieser Alexander kein Papst ist und es auch nicht sein kann. Denn, abgesehen von der Todsünde der Simonie, durch die er den päpstlichen Stuhl erworben hat und in der er täglich die Segnungen der Kirche dem Meistbietenden verkauft, und ebenso abgesehen von seinen anderen offensichtlichen Übeln, erkläre ich, daß er kein Christ ist und nicht an Gott glaubt, was der Gipfel des Unglaubens ist«. Im Brief an Ferdinand und Isabella von Spanien heißt es, daß im Tempel Gottes und besonders am päpstlichen Stuhl Mißbrauch, Hochmut, Habgier und alle Art von Schandtat und Ruchlosigkeit herrschen. Das Ende ist bekannt. Der Zorn des Papstes gegen Savonarola war, so lange es sich nicht um eine Konzilsdrohung zur Absetzung handelte, eher politisch als theologisch motiviert, weil Savonarola Florenz beherrschte und diese Stadt auf der Seite Karls VIII. und der französischen Intervention in Italien hielt und damit die Heilige Liga gegen Karl VIII. schwächte.
Savonarola seinerseits empört sich immer mehr wegen des rein politischen Kalküls des Papstes, wobei er selbst auf Grund der politischen Auswirkung seines Einflusses in Florenz diese Entwicklung der Dinge befördert. Savonarola band sein eigenes Schicksal an die politische Stimmung in Florenz, die bald gegen ihn umschlug und schließlich zu seinem erwünschten Tod führte.
Dieser Tod ist letztlich das Ergebnis einer fundamentalistischen Position gegen die Zeichen einer verweltlichten Zeit, in der der jenseits gerichtete mittelalterliche Dualismus von Gott und Teufel in den diesseits immanenten von überdrüssiger Abwendung und genußfreudiger Zuwendung zum materiellen Glück umschlägt und damit auch zu einer fundamentalistischen Gesellschaftskritik. Wir erleben heute vielfältige ähnliche Erscheinungen, fünfhundert Jahre später und nicht ohne Grund.
Wenige Wochen vor Savonarola stirbt der dritte der Protagonisten, Karl VIII., an dessen Machtpolitik Savonarola sich verblendet gebunden hatte. Noch in Bezzuolis Bild sahen wir ihn als Freiheitsbringer für die Florentiner und als Inkarnation des Strafgerichtes über Rom.
Alexander VI. hatte noch fünf Jahre zu leben, ehe ihn der Teufel holte, den Gian Pietro Carafa in Alexanders VI. Sterbezimmer gesehen haben will. Als späterer Papst Paul IV. gehört Carafa dann zu den strengsten Förderern der Inquisition und damit zur Fortsetzung jenes dualistischen Denkens in Gott und Teufel, Seele und Leib, Gut und Böse, Moral und Welt.
Luca Bettini berichtet zur Zeit des V. Laterankonzils 1516 über Alexanders Teufelspakt und dies gerade in einer Schrift: »In defensionem fratris Hieronymi Savonarolae« (Florenz, Biblioteca Riccardiana, Ms. Riccardiano 2053). Das Heilige und das Teuflische schienen sich mehr und mehr in den beiden Protagonisten zu inkarnieren.
Aus Francesco Guicciardinis Kapitel über den Borgia-Papst läßt sich ableiten, daß er den unausgesprochenen Verdacht Savonarolas übernimmt und den Borgia-Papst dem Gedanken des Antichrist zuordnet, letztlich für einen Katholiken damals unaussprechbar, denn die Nähe zu Luther wäre zu eng geworden. Dieser schreibt in seiner Vorrede zu Savonarolas »Meditatio pia« 1523: »Diese römische Hydra, die der Antichrist gewesen ist, hat gewagt zu hoffen, das Ansehen eines solchen Mannes auszulöschen, auch mit Hilfe von Verleumdungen, aber, siehe, er lebt und sein Andenken wird gepriesen. Christus kanonisiert ihn für uns und vernichtet den Papst und die Papisten zugleich«.
Er wurde nicht nur für irgend jemanden kanonisiert, sondern von allen vor allem instrumentalisiert.

Savonarola und Alexander: Jede Generation hat an beider Bilder gewirkt und über sie Rede geführt.
Die republikanische Revolte von 1527/30 berief sich auf Savonarola. Die Lutherischen sahen in ihm einen Vorläufer. Er war Prophet und Märtyrer, Fürstengegner und Republikaner, Demokrat und Versöhner von Religion und Wissenschaft, bürgerlicher Führer für den produzierenden und handelnden Mittelstand. Unter dem Faschismus wird der Prophet, der Politiker, der Denker wieder reduziert, man läßt ihm in der Enciclopedia Italiana den Gläubigen.
Was Savonarola begonnen hatte setzte sich in der positiven Deutung seines Wollens fort, vor allem der demokratische Gedanke. Was er Alexander VI. vorgeworfen hatte prägte die allgemeine öffentliche Meinung über diesen Papst mit: Alexander war der lasterhafte, amoralische, korrupte und simonistische Papst, dessen Bild immer mehr die Farben der Wollust und des weltlichen Übels annahmen. Wirft man nun einen Blick auf die bildliche Rezeption beider Protagonisten im neunzehnten Jahrhundert, so ist natürlich zu erwarten, daß Savonarola als der charismatische und standhafte Prediger gegen die Brutalität der Macht auftritt.
In Federico Andreottis Bild aus dem Jahre 1867 »Savonarola vertreibt die Mörder aus seiner Zelle« (Abb. 8) – diese waren ihm 1475 von der Principessa Bentivoglio geschickt worden, deren Schwatzen während der Predigt in Bologna er als »Schwatzen des Teufels« bezeichnet hatte – sollen sich moralische Kraft und predikatorische Macht verbunden zeigen.
In einem Bild von Ignazio Affanni von 1862 wird Savonarola gezeigt, wie er sich weigert, die Aussagen zu unterschreiben, die ihm in der Tortur erpreßt worden sind (Abb. 9). Der vom Papst gesendete Inquisitor betrachtet ihn ungerührt aus der Sicherheit seiner vermeintlich gottgegebenen Macht.

8 Federico Andreotti, Savonarola vertreibt die Mörder aus seiner Zelle, 1867, Florenz, Palazzo Pitti

9 Ignazio Affanni, Savonarola verweigert die Unterschrift nach der Tortur, 1862, Parma, Galleria Nazionale

10 Hermann Kaulbach, Lucrezia Borgia tanzt vor ihrem Vater Alexander VI., 1882 (Aufbewahrungsort unbekannt)

Die Borgia führen demgegenüber in der Malerei des neunzehnten Jahrhunderts ein Schattendasein, denn gegenüber den großen Themen jenes Jahrhunderts der nationalen Einigung gegen die Fremden, der Republik oder der konstitutionellen Monarchie oder des sozialen Katholizismus, vielleicht unter Führung des Papstes, des königstreuen Neoghibellinismus oder des papsttreuen Neoguelfismus bieten sie nicht viel. Über ihnen liegt der doppelte Schatten der Politik und der Moral. 1882 malt Hermann Kaulbach, Wilhelm Kaulbachs Sohn und Schüler von Piloty in München, eine Szene, in der Lucrezia vor ihrem Vater Alexander VI. tanzt. (Abb. 10) Das Bild gehört dem beliebten historischen Genre an, in dessen Verkleidung der Bürger die Erregung von Lust und Abscheu gleichermaßen erleben konnte. Keine große historische Szene, sondern alltägliches Leben beim Papst.

Dabei verbindet sich diesem Thema der Gedanke an den Inzest, der den Borgia nachgesagt wurde. Man fühlt sich an das Wort des Herodes, Salomes Stiefvater, erinnert: »Bitte von mir, was du willst, ich will dir's geben« (Markus 6,22). Der Vater neigt sich mit entblößendem Blick Lucrezia entgegen. Cesare sitzt mit dämonischem Ausdruck am Tisch, hinter dem zwei Damen stehen, die rechte wohl Vanozza, die Mutter der berühmten Papstkinder, die linke dagegen die schöne Giulia Farnese, die gegenwärtige Geliebte des Papstes. Zur Linken Alexanders dürfte wohl Giulias Bruder, Kardinal Alessandro Farnese stehen, während zur Rechten hinter der türkischen Geisel, dem Prinzen Dschem, wohl der unermüdliche Chronist, der Zeremonienmeister Johannes Burchard mit gierigem Blick zu vermuten ist. Thema ist Salome-Lucrezia: die Macht der Kindfrau als Tochtergattin über den alternden Mann. Sie scheint den Illustrationen Walter Cranes zu entstammen.

Es könnte gut sein, daß Kaulbachs Bild in München auch Oskar Panizza vor Augen kam. In seinem Borgia-Drama »Das Liebeskonzil«, das elf Jahre später entstand und 1894 veröffentlicht wurde, zeugt der Teufel auf Anregung des himmlischen Hofes mit der ausgegrabenen Salome die Tochter Syphilis: »Salome, – schöne junge Tänzerin, – komm zu mir! – Weit hinten erhebt sich eine schlanke, jugendliche Erscheinung und kommt näher, eine freundliche, heitere Erinnerung auf ihrem Gesicht. – Sag' mir einmal, mein hübsches Kind, du warst damals auf dem Bankett bei Herodes zugegen? ... Und da tanztest du?«. Lucrezias Tanz in Kaulbachs Bild entstammt der Erinnerung an Salome. Die Tochter Syphilis tritt dann im Himmel »in ganz weißem Gewand zaghaft auf die Schwelle« und schließlich auch im Palast Alexanders VI.: »sie ist in der gleichen naiv zauberhaften Attitüde wie oben im Himmel und trägt dasselbe weiße, jugendlich züchtige

11 Gaetano Previati, Il Sacco di Capua, 1870/80, Forlì, Cassa dei Risparmi

Gewand wie damals, von dem eine von der Beleuchtung der Kerzen unabhängige Helle auszugehen scheint«.

Die Beziehungen zwischen Salome und ihrem Vater Herodes und Lucrezia im Tanz vor ihrem päpstlichen Vater erscheinen eindeutig; aber es ist Kaulbach, der hier über die tanzende Lucrezia dem Dichter Panizza die Idee der Salome und ihrer Tochter Syphilis am päpstlichen Hof eingegeben haben könnte. Man hat kaum mehr einen Zweifel, wenn man Panizzas Szenarium zum zweiten Aufzug liest: »Ein Prunksaal im päpstlichen Palast in Rom, den im Hintergrunde Arkaden mit darüber befindlicher Galerie im Rundbogenstil abschließen; der Saal ist rückwärts als an die Privatkapelle des Papstes anstoßend gedacht, mit der eine Kommunikation von der im ersten Stock befindlichen Galerie aus durch Öffnen der daselbst sichtbaren Fenster möglich ist, derart, daß die Galerie mit dem Sängerchor der Kapelle etwa in gleicher Höhe liegend gedacht ist. – Die ganze linke Seite (von der Bühne aus) nehmen der Papst mit seiner Familie, der päpstliche Hofstaat und die tafelnden Gäste ein ... Die ganze Mitte und rechte Seite, mit Ausnahme einiger zu äußerst rechts sich bildenden unterhaltenden Gruppen, bleibt für die späteren Evolutionen und Maskeraden ... Im Hintergrund unter den Arkaden ist eine Musik postiert«. Es werden sodann die zahlreichen Personen aufgeführt, darunter »des Papstes zwei Mätressen, die

frühere, Vanozza, 53jährig; die jetzige Julia Farnese 21jährig; diese mit ihrem Gemahl Orsini ...«.
Cesare Borgia, der Sohn des Papstes, ist der finstere Held in Gaetano Previatis Bild des »Sacco di Capua« (Forlì, Cassa dei Risparmi, Abb. 11). Geschildert ist die Geschichte von der Auswahl der vierzig schönsten Frauen Capuas durch Cesare Borgia nach der schrecklichen Eroberung und Plünderung im Juli 1501. Das Bild gehört in Previatis erste Periode eines üppigen Neovenezianismus, die in die siebziger und achtziger Jahre fällt. Später wurde er durch seinen symbolistischen Divisionismus berühmt. Dieses in voyeuristischer Lust mit historischen Möbeln, reichen Stoffen, nackten Leibern, schrecklicher Qual und roher Gewalt auf die Neugier des Betrachters berechnete Bild geht auf eine durchaus legendäre Geschichte zurück, die sich aber bereits Ende 1501 in einer Schmähschrift gegen Alexander VI. findet, nämlich in dem sogenannten Savelli-Brief. Die Zahl Vierzig, biblisches Symbol für Trübsal und Erprobung, Fasten, Beten und Buße, wird in dieser Legende zur Zahl der Strafe – Ninive tat vierzig Tage Buße, um der Strafe Gottes zu entgehen – und zugleich zum Genuß der Strafe durch den potenten Sieger, der sich nicht der Enthaltsamkeit des Scipio erfreute, sondern als finsterer gerüsteter Despot seine Beute auswählt.
Kehren wir zurück an den Anfang: die beiden Protagonistan Savonarola und Alexander VI. erscheinen in doppelter Weise und jeweils umgekehrt als ein düsteres und ein helles Gegenbild: gegenüber dem von der Legende und der Wirklichkeit geprägten dunklen Bild von Amoral, Mord, Gift und Teufelspakt das helle Bild der Moral, Bedürfnislosigkeit und Standfestigkeit. Gegenüber aber auch dem heiteren, weltlichen, festlichen Bild eines Renaissancehofes wie bei Kaulbach das düstere, antiweltliche, asketische, mittelalterliche Bild des Fundamentalisten Savonarola. Die Aufklärung muß es schwer gehabt haben mit den beiden Helligkeiten.
Gegenüber der Seite katholischer Intransingenz eines Savonarola, wie sich der italienische Historiker Romeo de Maio ausdrückt, die nicht kanonisch und theologisch dogmatisch dachte, wie jene Pauls IV., sondern rigoros moralisch und mit der Tendenz, das Zeitlich-Weltliche mystisch im Heiligen vergehen zu lassen, steht der Hof Alexanders und dessen Denken, in dem sich Diplomatie, persönlicher Stolz und im Umgang ein offenbares Charisma mit dem päpstlichen geistlichen Gehorsamsanspruch und dem weltlichen Selbstverständnis eines absoluten Herrschers verbanden.
Beide Protagonisten scheitern noch heute an ihren Grenzen.

Biographie

Herwarth Röttgen, geboren 1931 in Weimar, Studium der Kunstgeschichte, Archäologie und Vor- und Frühgeschichte in München und Marburg. 1958 Promotion über Farbengebung bei Konrad Witz. Nach Museumsausbildung, Forschungsstipendien in Italien und Mitarbeiterschaft an der Bibliotheca Hertziana (Max-Planck-Institut) in Rom, Professor an der Universität Göttingen (1974–77) und seit 1977 Ordinarius an der Universität Stuttgart. Zahlreiche Buch- und Zeitschriftenveröffentlichungen über deutsche und italienische Kunst.

Bildnisse und Pseudo-Bildnisse im Appartamento Borgia

Von Sabine Poeschel

Das 1492–94 von Bernardino Pinturicchio und seiner Werkstatt ausgemalte Appartamento Borgia gehört zu den wenig bekannten Sektionen der Vatikanischen Museen. Vor einem Jahrhundert, als die Räume der Öffentlichkeit zugänglich gemacht wurden, war das Appartamento ein Publikumsmagnet, wo die Besucher, darunter Kunsthistoriker wie Ernst Steinmann, noch den Ruch des Verbrechens witterten.[1] Zwar ist das Ambiente heute recht nüchtern gestaltet, doch meint man wie damals in den farbenprächtigen Fresken die Figuren der skandalträchtigen Familie zu erkennen. Der Papst soll mit seinen Söhnen, darunter natürlich Cesare, dargestellt sein (Auferstehung Christi)*, ferner seine Tochter Lucrezia (Disputation Katharinas) und schließlich Giulia Farnese, die junge Geliebte Alexanders VI. und Freundin Lucrezias (Abb.1). So erklären es die Museumsführer und die Besucher sind zufrieden, denn nichts anderes hatten sie erwartet, doch ist das meiste an diesen Erklärungen leider nicht wahr. Die Identifizierungen von Bildnissen im Appartamento Borgia sind nicht nur z.T. völlig unbegründet, sondern gänzlich unmöglich, denn sie würden im höchsten Maße gegen das Gebot der Angemessenheit – das decorum – verstoßen. Die nicht auf Rom beschränkte Gewohnheit, Bildnisse historischer Persönlichkeiten in narrativen Fresken und Heiligenbildern zu suchen, rechnet oft gar nicht mit der damit verbundenen Problematik. Dieser Beitrag wird in der Hinsicht destruktiv sein.

1 Bernardino Pinturicchio, Madonna mit Kind, 1493 Vatikan, Appartamento Borgia, Sala dei Santi

Unzweifelhaft ist Alexander VI. in der Szene der Auferstehung porträtiert (Detail der Auferstehung). Das Bildnis des Papstes ist eine der überzeugendsten Leistungen Pinturicchios.

Charakteristisch sind die großflächigen Wangen, die volle Unterlippe und die gebogene Nase. Darüber hinaus zeigt Pinturicchio in dem scharfen Abknicken des Nasenflügels und dem letzten Haarbüschel auf der Stirn so individuelle Züge und genauste Beobachtung, daß Corrado Ricci sogar vermutet, der Papst habe dem Künstler auf dem Gerüst Modell gesessen![2] Borgia repräsentiert die ganze Majestät seines Amtes in der Nachfolge des Auferstandenen, dem er sich in einer Vision nahe fühlt. Er bleibt vom Geschehen getrennt, ist deutlich am vorderen Bildrand abgesetzt. Dies ist eine einzigartige Gegenüberstellung von Bildnis und Auferstandenem, aber im Rahmen des Decorum möglich. Der römische Pontifex kann in seiner Funktion als Stellvertreter dem triumphierenden Christus gegenübertreten. Diese Darstellung verstößt nicht gegen das decorum.

Ähnlich aufgebaut ist das Fresko der Assunta, in dem ein Zeitgenosse, wahrscheinlich Francesco Borgia, porträtiert ist (Assunta). Maria erfährt die Gnade der Aufnahme in den Himmel und wird als Himmelskönigin zur Fürbitterin der Menschheit. Zeuge des Wunders ist der Apostel Thomas, der den vom Himmel herabgeworfenen Gürtel der Jungfrau als Beweis präsentiert. Spiritueller Zeuge ist Francesco. Die Hinwendung zur Assunta ist traditionell, war beispielsweise bei Perugino in der Sixtinischen Kapelle vorgegeben und in derselben Konstellation wie bei Pinturicchio in Mino da Fiesolas Tabernakel von S.Maria Maggiore, wo Thomas und der Auftraggeber, Kardinal Guillaume d'Estouteville, dem Borgia als Kardinal übrigens nahestand, Zeugen des Wunders sind.[3] Die Hierarchie bleibt in beiden Fällen gewahrt – der Apostel erscheint links, also zur Rechten Mariens, und der Zeitgenosse ordnet sich unter. Auch das ist angemessen. Pinturicchios Bildnisse oder die seiner Werkstatt sind in narrativen Szenen deutlich hervorgehoben, oft sogar so dominant, daß die Einheit der Erzählung beeinträchtigt wird. Die Möglichkeit des versteckten Porträts, d.h. die Darstellung eines Zeitgenossen als eine historische oder biblische Figur, ist im Werk Pinturicchios hingegen nicht nachweisbar. Dennoch hört und liest man immer wieder, er habe die Kinder Borgias als Kryptoporträts verewigt. Diese Identifizierungen stammen aus der Zeit der Öffnung der Räume 1897 und wurden insbesondere von Ernst Steinmann und Charles Boyer D'Agen vertreten.[4] Seitdem ist das Gerede um die »Bildnisse« nicht mehr kontrollierbar. Die faszinierende Geschichte der Familie hatte ein Interesse für ihre Porträts längst geweckt. Schon vor der Öffnung des Appartamento beklagt Charles Yriarte die Manie, in allen Galerien Europas Bildnisse der Lucrezia Borgia zu suchen. Die Erwartung, in den halboffiziellen Privaträumen Alexander Borgias weitere Porträts der berühmten Familie vorzufinden, führte zu Benennungen, die nur aus diesem Wunschdenken heraus begreiflich sind. So wurde das Porträt Alexanders im Appartamento Borgia von den Kritikern durchweg gelobt, doch fast mehr interessierte die Identität der jugendlichen Grabwächter. Hinter dem Sarkophag erscheint ein Soldat, der zu dem Auferstandenen aufblickt. Das Gesicht dieser Figur ist in so starker Verkürzung gezeigt, daß es zur Wiedergabe persönlicher Züge ungeeignet ist. Es bleiben drei junge Wächter, die dem Papst am Grabe Christi gegenüberstehen. Da der Pontifex maximus drei lebende Söhne hatte, ergibt sich hier ein Spielraum für Spekulationen, nach denen der Jüngste Jofré wäre und die beiden anderen Cesare und Juan. Schon an dieser Beobachtung zeichnet sich ein Bruch in der Logik ab – von fünf Figuren sollen vier Porträts sein und ein Gesicht, das nicht zum Bildnis taugt, gehört einer Staffagefigur. Trotz heftiger Diskussion und aller Fragwürdigkeit hält sich die These; die Benennung zumindest Cesares wird bis heute auch in der wissenschaftlichen Literatur wiederholt. In den gleichförmigen Gesichtern ist aber keine Individualität festzustellen, die Pinturicchio anderen Bildnissen von Kindern und Jugendlichen durchaus verleihen konnte, wie z. B. dem Knaben in Dresden (Abb. 2).[5] Die Figuren der Grabwächter sind Werkstattarbeiten, also nicht vom Können des Meisters geprägt. Hat der Künstler vielleicht auch auf die Betonung der Individualität verzichten müssen, weil die Ähnlichkeit zum Vater, wie sie nach der Chronik des Sigismondo de'Conti zumindest bei Juan gegeben war, allzu kompromittierend gewesen wäre?[6] Wenn schon die leiblichen Söhne des Pontifex Maximus neben diesem zu einem Familienbildnis am Grabe des Herrn posieren, dann allenfalls als Ideal, wie es bei dem ewig umstrittenen Lorenzo Medici in Gozzolis Zug der Könige der Fall ist? Diese Schlußfolgerungen sind äußerst fraglich.

Ein wesentlicher Aspekt wurde bei den bisherigen Betrachtungen des Freskos nie berücksichtigt, nämlich die Wertung der Grabwächter. Diese sind negative Figuren, Knechte des Pilatus, von den Pharisäern am Grabe postiert, um mit Waffengewalt ein Entweichen zu verhindern.[7] Nach der Auferstehung lassen sie sich von den Hohepriestern bestechen und erzählen auf deren Befehl, der Leichnam Christi sei gestohlen worden. In der italienischen Malerei des 14. Jahrhunderts sind sie als orientalische Heiden wiedergegeben, im 15. Jahrhundert meist als Römer, in der nordeuropäischen Malerei werden sie verzerrt und entstellt als Ausdruck des Bösen. In allen Fällen sind sie entsetzt über das Wunder oder sie verschlafen es, wobei der Schlaf der Wächter von dem Kirchenlehrer Hrabanus Maurus als Zurückweisung der Gnade gedeutet wird.[8] Die Söhne des Papstes in dieser Weise darzustellen, wäre in höchstem Maße unschicklich gewesen und hätte nicht geduldet werden können.

Versteckte Bildnisse bedürfen einer Basis für die Identifikation mit den Dargestellten. Ein Christ, und als solche muß man die Söhne des Papstes ansehen, wählen

2 Bernardino Pinturicchio, Bildnis eines Knaben, ca. 1485, Dresden, Gemäldegalerie

selbstverständlich eine positive Figur, wenn die Imitatio so weit geht, daß die eigenen Züge verliehen werden. Maler schlüpfen in die Figur ihres Patrons Lukas, dem die Madonna erschien und sich von ihm zeichnen ließ. Auch können Mitglieder der Familie Medici als heilige drei Könige in Botticellis »Anbetung« auftreten (Abb. 3).[9] Die besondere Verehrung der Könige in Florenz und die Förderung der *Compagnia dei Magi,* die zu ihren Ehren Umzüge veranstaltete, durch die Medici, ermöglichen die Darstellung der Familienmitglieder in der Szene. Zudem sind die Bildnisse als Könige posthum, die lebenden Mitglieder der Familie treten im Gefolge auf. Diese Basis ist bei den Grab-

3 Sandro Botticelli, Anbetung der heiligen Drei Könige, um 1477, Florenz, Galleria degli Uffizi

wächtern keinesfalls gegeben, daher ist nicht anzunehmen, daß der Borgia-Papst, laut Pius II. ein Kenner der Schriften, seine Söhne als derart negative Figuren darstellen ließ.

Ein bekanntes Gegenbeispiel wäre Verrocchios Terracotta-Relief im Florentiner Bargello (Abb. 4 und 5). In der Figur des schlafenden Grabwächters soll Lorenzo il Magnifico festgehalten sein. Dem Argument, daß der Schläfer mit gelocktem Haar, gerader Nase, tiefliegenden Augen, vollen Lippen und einem spitzen Kinn nahezu konträre Züge zu einem von Verrocchio gefertigten Lorenzo-Bildnis in Washington hat, wird das alles verzeihende Kriterium der Idealisierung entgegengehalten. Weiter hilft die angebliche Geschichte des Reliefs. Es folgt weitgehend der Darstellung Luca della Robbias auf der Sakristeitür von S. Maria del Fiore (Abb. 6). Im 19. Jahrhundert wurde es in der Medici-Villa von Careggi gefunden. Man folgerte, Lorenzo habe aus Dankbarkeit für seine Errettung bei der Pazzi-Verschwörung 1478, als er sich vor den Attentätern in die Sakristei retten konnte, das Relief mit seinem Bildnis anfertigen lassen. Diese Geschichte wird durch die Stilkritik entkräftet, die die Arbeit spätestens 1475, meist noch früher ansetzt. Vor der Pazzi-Verschwörung 1478 macht ein Bildnis des Lorenzo keinen Sinn und so gibt es kein Porträt als Grabwächter in der Szene, ebenso wie auch es keines im Appartamento Borgia gibt.

Die Diskussion um Katharina als Kryptoporträt der Lucrezia Borgia soll in diesem kurzen Beitrag mit einem Verweis auf die Ähnlichkeit der Figur mit den übrigen Frauengestalten in diesem Raum ausgeschlossen werden (Disputation Katharinas). Die Verwandtschaft ist so groß, daß man von einem Idealtypus ausgehen muß, andernfalls wären selbst die

4 Andrea del Verrocchio, Auferstehung Christi, ca. 1475, Florenz, Museo Nazionale del Bargello

verführerischen Dämoninnen aus der Versuchung des Antonius Bildnisse der Lucrezia (Abb.7). In der 12jährigen Papsttochter aber ein dämonisches Weib zu sehen, wäre unangemessen.
Wichtiger erscheint die ungeheuerliche Identifikation der Madonna als Giulia Farnese, also als der Geliebten des Papstes (Abb.1). Diese geht auf das 16.Jahrhundert zurück und wurde von Vasari verbreitet:

> »Im genannten Palast [des Papstes] porträtierte er [Pinturicchio], über der Tür eines Raumes, Signora Giulia Farnese im Gesicht Unserer Lieben Frau; und in demselben Bild den Kopf des Papstes Alexander, der sie anbetet.«[10]

Giulia Farnese, die letzte Geliebte des Papstes, soll in Gestalt der Madonna von Alexander Borgia angebetet werden. Vasari irrt manchmal, wenn er Kunstwerke außerhalb seiner Heimat Florenz aus der Erinnerung beschreibt, ein Fehler, der vor der Verbreitung der Photographie häufig vorkommt. Die einzige Darstellung des Papstes befindet sich in der Szene der Auferstehung. Auf der anderen Seite der Wand ist die Madonna mit dem Kind in einem Tondo über der Tür der Sala dei Santi festgehalten, allerdings ohne einen Kopf des Papstes. Diese Zusammensetzung von Motiven unterschiedlicher Bilder erinnert an Vasaris Beschreibung der Fresken Raffaels aus der »Stanza della Segnatura«, wo er die Szenen der »Schule von Athen« mit der »Disputation über das Corpus Christi« durcheinanderbringt.
Es könnte Giulia Farnese auch allein in dem Tondo festgehalten sein. Dies würde die Frage nach der Möglichkeit der Profanisierung des Marienbildes zum Porträt aufwerfen. Als Beleg für diesen Usus wird oft Savonarola zitiert, allerdings meist lückenhaft und falsch, so daß es klingt, als hätten die Maler die

5 Detail aus Abb. 4

6 Luca della Robbia, Auferstehung Christi 1442-45 Florenz, S. Maria del Fiore

7 *Bernardino Pinturicchio und Werkstatt, Begegnung der Heiligen Antonius Abbas und Paulus Eremita, 1493, Appartamento Borgia, Sala dei Santi, Detail*

Madonna mit den Zügen stadtbekannter Huren dargestellt. Was Savonarola wirklich sagt, ist eine Definition des decorum, in der solche Ungeheuerlichkeiten gar nicht erst auftauchen:

> (über Ezechiel:)
> »Die Bilder eurer Götter sind Bilder von menschlichen Gestalten, die ihr in den Kirchen malen laßt; und die jungen Leute sagen dazu: das da ist Magdalena und das Sankt Johannes, denn ihr malt die Bilder in der Kirche nach dem Bilde dieses oder jenes Mädchens. Das aber ist übel gethan und verächtlich vor Gott. [...] Ihr bringt alle Eitelkeit in die Kirche. Glaubt ihr, daß die Jungfrau Maria in der Art gekleidet ging, wie ihr sie darstellt! Sie ging wie eine Jungfrau, einfach und verhüllt – ihr würdet gut daran thun, eure Gestalten zu entfernen, denn ihr stellt die Jungfrau hin wie eine Buhlerin.«[11]

Um 1450 bereits hatte der Erzbischof von Florenz Antoninus die Künstler getadelt, die Heiligen in so aufwendigen Gewändern zu zeigen, daß dieser Pomp von der Devotion ablenke. Blasphemische Marienbilder sind für ihn wie für Savonarola kein Thema. Tatsächlich halten die angeblichen Bildnisse als Madonnen einer näheren Prüfung nicht stand. Der späteren »Identifizierung« liegt meist ein besonderes Interesse zugrunde, ein Skandal, wie im Appartamento Borgia.

8 *Filippo Lippi, Madonna mit Kind, ca. 1465, Florenz, Galleria degli Uffizi*

Der Malermönch Filippo Lippi z.B. entführte die Nonne Lucrezia Buti (Abb. 8). Diese soll laut Vasari, der die Liebesgeschichte in aller Genüßlichkeit kolportierte, in einem Gemälde dargestellt sein, das Filippo seinem Gönner Cosimo de Medici aus Dank für den von ihm erwirkten Dispens geschenkt habe. Tolnay vermutete sogar ein Selbstbildnis als Christuskind. Abgesehen davon, daß die Darstellung einer ent- und verführten Nonne als Madonna in höchstem Maße unschicklich gewesen wäre, ist die mädchenhafte Figur für die Mutter eines 8jährigen Sohnes zu jung, zudem wirkt sie so nachhaltig auf Filippinos Schüler Botticelli, der kaum ständig seine Ziehmutter gemalt hat, so daß dieses »Bildnis« dem Bereich der Legende zuzuordnen ist. Auch die immer in diesem Zusammenhang angeführte Darstellung Jean Fouquets einer Maria mit den Zügen der Agnes Sorel im sog. Melun-Diptychon (Abb. 9) ist abwegig.[12] Der Stifter Etienne Chevalier – auf der anderen Tafel des Diptychons – soll seine Gönnerin, die verstorbene Geliebte Karls VII., anbeten. Dies wird durch eine Inschrift bestätigt, diese stammt allerdings aus dem Jahre 1775. In dieser frivolen Epoche ist die Körperlichkeit der Maria lactans anscheinend als Mätressenbildnis empfunden worden und nicht als geometrisches Konstrukt der perfekten Frau, die der Aufstellung in der Kirche von Melun würdig war.

Diese berühmten Beispiele angeblicher Bildnisse als Madonnen entpuppen sich als Produkte eines speziellen Interesses an historischen Persönlichkeiten. Das gilt in besonderem Maße auch für »Giulia Farnese«. Roberto Zapperi machte mich auf einen Brief von Rabelais aus dem Jahr 1536 aufmerksam, in dem dieser sehr vorsichtig formuliert:

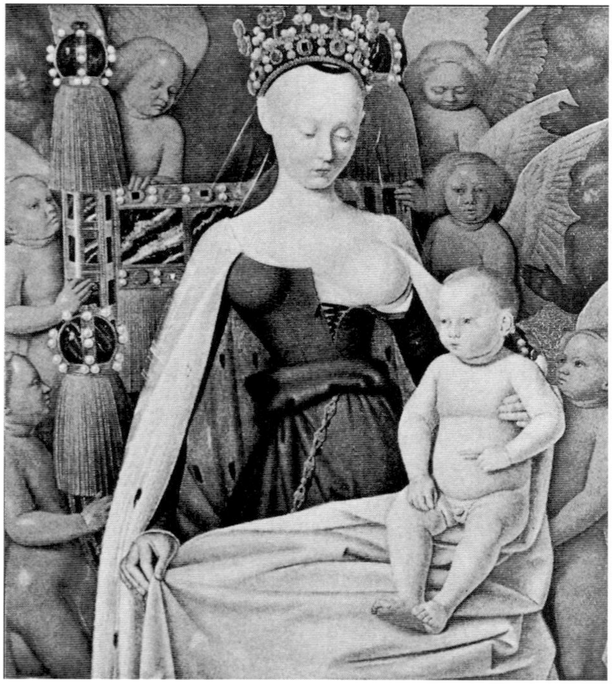

9 Jean Fouquet, Maria mit Kind, nach 1450, Antwerpen, Koninklijk Museum voor schone Kunsten

> »Der Papst hatte eine wunderschöne Schwester. Noch heute zeigt man in dem Palast, ... in dem Trakt, den Papst Alexander anlegen ließ, ein Bild Unserer Lieben Frau, von dem man sagt – on dit!, es sei nach ihrem Porträt und Ähnlichkeit gemacht worden.«[13]

Interessanterweise stammt dieser Brief aus der Zeit Pauls III., der mit Geburtsnamen Alessandro Farnese hieß und der Bruder Giulias war. Seine Karriere wurde durch Alexander VI. lanciert, der durch die Liebesbeziehung zu Giulia auch dem Bruder gewogen war und diesen zum Kardinal erhob. Diese merkwürdige

Konstellation beflügelte den römischen Klatsch, der die Geschwister mit den Spottnamen »Braut Christi« und »Röckekardinal« bedachte. 1536, als dieser Röckekardinal Papst war, wundert es kaum, daß über seine Geschichten getratscht wurde und Besuchern ein »Bildnis« der für die Laufbahn verantwortlichen Dame gezeigt wurde. Giulia war seit zwölf Jahren verstorben, keiner konnte das Gerücht überprüfen. Der Brief Rabelais' bestätigt, in welcher Weise über das Marienbild gelästert wurde und es ist zu vermuten, daß Vasaris Beschreibung ähnliche Gerüchte zugrunde lagen, die durch die nachträgliche Verwechslung mit der »Auferstehung« noch abenteuerlicher wurde. Das Fresko war also schon im 16.Jahrhundert eine Sensation und stand im Zentrum der Gerüchteküche. Im 17.Jahrhundert wurden Kämmerer bestochen, um das Bild kopieren zu lassen.[14] 1888 berichtete Barbier de Montault, den Touristen würde erzählt, Alexander Borgia knie vor einer nackten Madonna mit den Zügen seiner Geliebten und aus diesem Grunde bliebe das Appartamento geschlossen.[15] Alle Gerüchte betreffen ein Madonnenbild, das zur Standardausstattung eines päpstlichen Appartements gehörte. Noch 1988 wurde in einem populärwissenschaftlichen Buch über die Renaissance, zu dem allerdings auch Wissenschaftler wie Nikolai Rubinstein und Leonard Ettlinger beitrugen, Vasaris Beschreibung aufgegriffen.[16] Im gleichen Jahr wurde sie in einer Wiener Dissertation über das sakrale Identifikationsporträt zitiert – offensichtlich haben sich die Verfasser den Gegenstand des Anstoßes nie angesehen.[17] Gäbe es den Klatsch nicht, käme niemand auf die Idee, in dieser traditionellen Figur ein Bildnis zu vermuten.

Den meisten Forschern um die Jahrhundertwende, inklusive Ernst Steinmann, erschien die Deutung zu abenteuerlich, aber sie hält sich hartnäckig. Man klammert sich an die Bilder, um sich den berühmten Gestalten der Geschichte zu nähern. Über Jahrhunderte hinweg könnte man einen Lorenzo il Magnifico begreifen, der für die Errettung aus Todesgefahr dankt – wenn dem so wäre – und die Figur der Giulia verblaßt bei aller historischen Dokumentation, wenn man nicht weiß, wie sie aussah – wovon wir ausgehen müssen. Von vielen Persönlichkeiten, insbesondere Frauen, fehlen gesicherte Bildnisse und so will man sie in zeit-

10 Raffael, Madonna von Foligno, 1511–12, Vatikan, Pinakothek

genössischen Kunstwerken sehen. Äußerst zweifelhaft ist das Bildnis der Vatermörderin Beatrice Cenci, angeblich von Reni im Kerker gemalt, ausgeschlossen das der Dichterin Lucrezia Tornabuoni, die in einem Madonnenbild Botticellis festgehalten sein soll, bedenklich das Porträt der legendären Fornarina, der Geliebten Raffaels. Der Klatsch blüht noch heute, so wird erzählt, la Fornarina sei schuld am Tode Raffaels, er sei nämlich nicht an Malaria, sondern an sexueller Erschöpfung gestorben.

Wenn man sich bei der Betrachtung der Madonna im Appartamento Borgia erst einmal von der Bildnisthese löst, fallen andere Motive ins Gewicht. Es ist die Madonna im Strahlenkranz aus der Vision des Kaisers Augustus. Nach einer mittelalterlichen Legende fragte Augustus die Tiburtinische Sibylle, wer in der Welt einmal mächtiger sein werde als er. Die Sibylle ließ ihn daraufhin die Madonna mit dem Kind in einem güldenen Kreis um die Sonne sehen. Augustus erkannte die Macht des Kindes und betete es an. Über dem Ort der Vision auf dem Kapitol wurde die Kirche Santa Maria in Aracoeli gebaut. Pietro Cavallini malte dort im 13. Jahrhundert die Madonna im Strahlenkranz, das Apsisfresko ist in einer Tafel der Staatsgalerie zu Stuttgart überliefert.[18] Auch Raffaels Madonna von Foligno zeigt die Madonna im Strahlenkranz (Abb. 10).[19] Das Bild war für die Grablage Sigismondo de'Contis in Santa Maria in Aracoeli bestimmt. Pinturicchios Madonna bezog sich auf die Vision des Augustus von Christus als dem mächtigsten Herrscher der Welt – und das ist das Thema des gesamten Appartamento Borgia. Dies aber ist angemessen.

Anmerkungen

* Die in Klammern genannten Darstellungen sind im Abbildungsteil zur Fotoausstellung angeführt.

1 Steinmann, E., *Pinturicchio,* Bielefeld und Leipzig, 1898, 44.

2 Ricci, C., *Pinturicchio,* Perugia 1912, 21.

3 Mino da Fiesole, *Himmelfahrt Mariens,* um 1474, Rom, S.Maria Maggiore.

4 Steinmann, op. cit. 54; Boyer d'Agen, L., L'appartement Borgia au Vatican, in: *Les Arts,* IV, 1905, 46, 1–17, nennt eine Reihe von Bildnissen ohne jegliche Begründung.

5 Bernardino Pinturicchio, *Bildnis eines Knaben,* ca. 1485, Dresden, Gemäldegalerie.

6 Sigismondo de'Conti, *Le storie de'suoi tempi dal 1475 al 1510,* Rom 1883, II, 270.

7 Matthäus 27, 62–66.

8 Hrabanus Maurus, *Allegoria in sacram scipturam,* Migne PL 112, 1059.

9 Sandro Botticelli, *Anbetung der heiligen Drei Könige,* ca. 1477, Florenz, Galleria degli Uffizi.

10 Vasari-Milanesi, III, 499: »Nel detto palazzo [del papa] ritrasse, sopra la porta d'una camera, la signora Giulia Farnese nel volto d'una Nostra Donna; e nel medesimo quadro, la testa d'esso papa che l'adora.«

11 Savonarola, Girolamo, *Prediche fiorentine,* ed. Ghilieri, Rom 1971, II, 25.

12 Jean Foucquet, *Maria mit Kind,* 1451, Koninklijk Museum voor Schone Kunsten. Die andere Tafel des Diptychons befindet sich in Berlin, Gemäldegalerie.

13 Rabelais, Francois, *Oeuvres complètes,* ed. Paris 1973, 967: »Et avoit le Pape une soeur belle a merveilles. On monstre encore de présent au Palais en ce corps de maison ouquel sont les sommistes, lequel fist faire le pape Alexandre, une ymage de Nostre Dame, laquelle on dit avoit esté faicte à son portrait et semblence.«

14 Incisa della Rocchetta, G., Ricostruzione d'un Pinturicchio Borgiano, in: *Strenna dei Romanisti,* 1947, 176–184.

15 Barbier de Montault, X., Portraits de César Borgia, in: *Revue de l'art chrétien,* N.S., 1886, 208.

16 Hay, D. (Hrsg.), *Die Renaissance,* Eltville 1986 (1.Ausg. London 1981), 34.
17 Polleross, F.B., *Das sakrale Identifikationsporträt. Ein höfischer Bildtypus vom 13. bis zum 20.Jahrhundert,* Worms 1988, 151f.
18 Bologneser Meister, *Madonna im Strahlenkranz,* um 1420, Stuttgart, Staatsgalerie.
19 Raffael, *Madonna im Strahlenkranz,* 1520, Vatikan, Pinacoteca Vaticana.

Biographie Daten:

Dr. Sabine Poeschel, geboren am 2. 2. 1956 in Mönchengladbach. Von 1975 – 1984 Studium der Kunstgeschichte und Romanistik an der Universität Münster. 1984 Promotion bei Prof. Dr. Karl Noehles, Dissertation »Studien zur Ikonographie der Erdteile in der Kunst des 16. – 18. Jahrhunderts«.
1985–1987 Stipendium der Max-Planck-Gesellschaft an der Bibliotheca Hertziana, Rom, Beginn der Untersuchungen zum Appartamento Borgia im Vatikan.
1987 – 1989 Stipendium der Deutschen Forschungsgemeinschaft an der Bibliotheca Hertziana zur Fortsetzung der genannten Untersuchungen.
1990 Vertretung einer Dozentur an der Universität Stuttgart. Seit Oktober 1990 Hochschulassistentin am Institut für Kunstgeschichte der Universität Stuttgart. Habilitation 1995.

Faust und Borgia: Die Borgia-Figur in der Faustsage

Von Luigi Tacconelli

Italien und die italienische Reise haben immer eine große Bedeutung in der deutschen Literatur- und Geistesgeschichte gehabt. Und auch Rom wurde bald in seinem Glanz bald in seinem Elend von deutschen Schriftstellern und Dichtern gepriesen bzw. getadelt. Rom, als Sitz des Papstes, des Stellvertreter Christi auf Erden hat immer den Höhepunkt, das Ziel der Pilgerfahrt des gläubigen Christen dargestellt. Und die Zaubermacht, die von dem Wort Rom ausging, besteht heute immer noch. Aber im Zeitalter der Renaissance, besonders ab der zweiten Hälfte des XV. Jahrhunderts, verschärfte sich die temporale Machtbestrebung des Papsttums, das schon seit der Zeit des hohen Mittelalters begonnen hatte, sich in einen immer größeren bürokratischen Verwaltungsapparat zu verwandeln.

Das Renaissancepapsttum ist ein wirklich politischer Kirchenstaat mit fast ausschließlich weltlichen Aufgaben und Sorgen. Die Päpste sind nur weltliche Fürsten, die die verwerflichsten Mittel einer moralwidrigen Staatskunst verwenden, um das Vermögen irdischer Güter und das Ansehen ihrer gesellschaftlichen Stellung zu steigern.

Das Treiben am Hofe der Renaissancepäpste war gemein, ruchlos, verrucht bis zum Verbrechertum. Die Mißstände des damaligen Papsttums, wie z.B. Nepotismus, Genußsucht und Sittenverderbnis, wurden in deutschsprachigen Gebieten verschieden rezipiert und thematisiert. Im Volksmund hatten sich schon vor Luther einige Sprichwörter gegen Rom gebildet, die auch Eingang in die Literatur fanden.[1] In Botes *Eulenspiegel*-Buch findet man die Exemplifikation und die textuelle Aktualisierung eines davon in der 34. Historie (*Die 34. Historie sagt, wie Ulenspiegel geen Rom zoch und den Babst besach, der ihn für ein Ketzer hielt*): »Mit durchtribner Schalckheit was Ulenspiegel geweihet. Als er dann alle Schalckeit versucht het, da gedacht er an das alt Sprichwort: ›Gang geen Rom, frummer Man, kum herwider nequam‹«. Und tatsächlich wurde Eulenspiegel durch die Romfahrt nicht viel gebessert: »Und bleib Ulenspiegel vor als nach und ward von der Römischen Fart nit vil gibessert«.[2]

Gegen Ende des XV. Jahrhunderts und sogar aus einer konservativen und kirchentreuen Haltung wurden die Irrtümer und die falschen Verhaltensweisen der spätmittelalterlichen Menschheit als Narrheit getadelt und literarisiert. In der metaphorischen Textualisierung des *Narrenschiffs* (Basel 1494) thematisierte der Humanist Sebastian Brant die Gefährdung der christlich überlieferten mittelalterlichen Ordnung durch die Fehlhaltungen der Menschen. Aus seiner überaus konnotationsreichen und satirisch nuancenreichen Schreibweise kann man auch eine indirekte Kritik an den Mißständen der Kirche ersehen, die durch die Materialisierung des Priesterberufes (Kap. 73: *Von geystlich werden*), durch die Verstöße gegen Sitte und Anstand, durch die verschiedenen Verfehlungen gegen das göttliche Gebot bedroht wird. Die im Kap. 103 (*Vom endkrist*) an der Kirche angewandte Schiffsallegorie aktualisiert die unsichere Lage der Kirche, die von der hereinbrechenden Ankunft des Antichristen bedroht ist, wie es die besorgniserregenden Zeichen einer größeren Glaubensabnahme und der Verbreitung einer falschen und verkehrten Lehre voraussehen lassen:

> Ich voercht das schiff kum nym zuo landt
> Sant Peters schyfflin ist jm schwangk
> Ich sorg gar vast den vndergangk
> Die waellen schlagen all sytt dran
> Es würt vil sturm vnd plagen han (103, 62–66)

Die zeichenhaftige und konnotationsreiche Literarisierung des *Narrenschiffs*[3] erschien im Jahre 1494, also mitten in der nepotistischen Ära des Papsttums und zwei Jahre nach der Thronbesteigung des Papstes Alexander VI., und tatsächlich wurde »Sant Peters schyfflin« durch die Stürme der Simonie, der Sinnlichkeit und des politischen Verbrechertums erschüttert.
Rodrigo Borgia, der schon im Jahre 1456 die Kardinalswürde von seinem Onkel, dem Papst Calist III., erhielt, verkörpert das Urbild des Renaissancepapstes: skrupellos und zu Ausschweifungen, Gewalttat und List geneigt. Er führte ein zügelloses Leben und seine Sinnlichkeit beherrschte ihn bis in sein spätes Alter. Aus seinem Liebesverhältnis mit der verheirateten Römerin Vannozza Catanei entsprossen verschiedene Bastarde, darunter Cesare (1474) und Lucrezia (1480). Durch Simonie gelangte der Kardinal Rodrigo auf den päpstlichen Stuhl. Auch als Papst versorgte er stets seine Kinder und duldete sogar die machtpolitischen Pläne und Verbrechen seines Sohnes Cesare. Die skandalöse Chronik der Zeit sprach sogar von blutschänderischen Verhältnissen Lucrezias mit ihrem Vater und ihrem Bruder. Gleich nach dem Tod Alexanders VI. berichteten der Zeremonienmeister und Diarienschreiber Burkard, der Markgraf von Mantua, der venetianische Botschafter Giustinian, der ferrarische Gesandte Beltrando und andere, daß er mit dem Teufel einen Pakt geschlossen und das Papsttum mit seiner Seele erkauft habe; und daß im Augenblick, in dem er seinen Geist aufgab, verschiedene Teufel in seiner Kammer gesehen worden seien.[4] Und im Tagebuch von Marin Sanuto wird berichtet, daß Alexander vom Teufel geholt worden sei.[5]
Also nach seinem Tod hat sich erst die Sage von seinem Teufelsbündnis ausgebildet, wodurch Alexander VI. zum Vorläufer Fausts gestempelt wurde. Diesbezüglich und im allgemeinen über die Gestalt des Papstes ist das Urteil von Gregorovius mild und eher neutral: »Die Teufelslegende des Faust und Don Juan, die sich augenblicklich an den Tod Alexanders ansetzte – und es fehlte nicht einmal der im S.Peter ruhelos umherlaufende schwarze Hund – drückte das Urteil der Zeitgenossen über das schreckliche Wesen Borgias und sein grenzenloses Glück im Leben aus [...] Wir entdecken in ihm als Quelle seiner Verbrechen weder Ehrgeiz und Herrschsucht [...] noch Menschenhaß, noch Grausamkeit und Lust am Bösen, sondern die Sinnlichkeit und deren edelste Vergeistigung: die Liebe zu den Kindern [...] Aber wir entdecken in Alexander VI. keine Spur eines Faustischen Geistes, nichts von grübelnder Weltverachtung, nichts von titanischer Skepsis, vielmehr scheint sich in ihm eine ungeheuerliche Naivität des Glaubens mit der Fähigkeit zu jedem Verbrechen gepaart zu haben.«[6]
Die Sage, die sich gleich nach dem Tod des Papstes Alexander VI. in Italien bildete, er habe einen Pakt mit dem Teufel geschlossen, um den Thron Peters zu besteigen, verbreitete sich in ganz Europa. In Deutschland fand die Geschichte des zügellosen und teuflischen Papstes ihre höchste Verbreitung in der zweiten Hälfte des XVI. Jahrhunderts, besonders in der didaktischen und exemplarischen Textualisierung. In dem Exempelbuch des Andreas Hondorff, das eine Samm-

Antipäpstliche Medaille von Peter Flötner, Nürnberg (1485– 1546), Brustbild des Papstes, an dessen Tiara sich der Teufel klammert, auf der Rückseite befindet sich Christus als Salvator

lung von biblischen und erbaulichen Texten mit einer Spiegelfunktion aller Tugenden zur moralischen Besserung und zur Vermeidung der Sünden ist, findet man als ein negatives Beispiel auch die verheerende Lebensführung des Papstes Borgia angeführt:

> *Alexander Sextus pestis maxima.*
> Dieser Bapst Alexander der 6. als er ein Cardinal was / vnnd Tag vnd Nacht trachtet / wie er moechte Bapst werden / hat er sich auff die Teufflische schwartze Kunst begeben / dadurch er moechte wissen / ob jhm sein fuernemen gerathen wuerde oder nicht. Also ist er letzlich durch einen Schwartzkuenstler dahin bracht worden / daß er dem Teuffel bewilliget zugehorsamen / so fern er jhm sage / was er von jhm begeren wuerde / ward auch begert / wenn vnnd wo / vnnd in was gestalt er jhm erscheinen / vnnd mit jhm handeln solte. Nemlich / in gestalt eines Protonotariens. Also kam zu jhm der Teuffel auff bestimpten tag in einer Protonotariens gestalt / vnnd zeiget ihm an wer er were / vnnd erbot sich jhm zusagen / gewislich / was er wuerde fragen / Da fragt er den Teuffel / ob er wuerde Bapst sein? Antwort er / Ja / Fraget weiter wie lange er wuerde Bapst sein? Da gab der Teuffel ein solche antwort / Daß Alexander verstunde achtzehen jar / vnnd wars aber nur eilf Jar vnnd acht Monat Bapst. Als nun der vorige Bapst starb / ward Alexander Bapst / also vons Bapstumbs wegen genannt. Nach den eilf Jaren war er kranck / schickt seiner Diener einen / dem er am aller besten trawet / hinauff in sein Gemach / daß er jhm ein Buechlein holen solt / das auf dem Tische lag (war voller schwartzer Kuenste / wolt es brauchen zuerfahren / ob er gesundt moechte oder nicht.) Da der Diener hinauff kam / die Thuer auffthat / fand er den Teuffel in des Bapsts Stuel sitzen / in Bepstlicher bekleidung vnnd Pomp / also daß er sehr erschrak / zeigets dem Bapst an / Vnd auff des Bapsts anhalten must er wider hienauff / vnnd erfahren / ob er jhn noch also sitzend fuende. Also fand er jhn noch / wirt von jhm gefraget / was er da schaffen wolle? Gibt der Diener antwort / Er solt dem Bapst dis Buechlein holen / Darauff spricht der Teuffel / Was sagstu von Bapst? Ego Papa sum, Jch bin Bapst. Als dieses der Diener dem Krancken Bapst saget / Ist er sehr erschrocken / vnnd hat die sach anfahen zu mercken / wo sie hinauß wolte / hat sich derhalben in die jnner Kammer heißen tragen / Gleich darnach kompt der Teuffel in gestalt eines Postens / an die hinterthuer der Kammer / Klopfft vngestuemlich an / vnnd ward eingelassen / koempt zum Bapst fuer das Bette / vnd zeiget jhm an / die Jar sind aus / er sey jetzt sein / muesse mit jhm daruon. Da hat sich ein

> Zanck zwischen ihn erhaben / aus welchem die vmbstender wol kundten verstehen / daß sie von der zahl der Jaren gekempfft haben / Der Teuffel aber hat jhm erst die zahl recht außgelegt / vnnd daruon gangen. Baldt darnach hat auch der Bapst / der Vicarius Christi / vnnd Seule der Christenheit / den Geist auffgeben / mit dem Teuffel zur Hellen gefaren.
> Es hat dieser Bapst Alexander einen Son gehabt / vnnd eine Tochter / die hat geheissen Lucretia / die hat er der Vatter beschlaffen / vnnd hat sie der Bruder auch beschlaffen. Es hat auch der Vatter mit derselbigen seiner Tochter nacket getantzet / Von dieser Baepstlichen Keuscheit sind zwene Verß gemacht worden / also lautende:
> *Conditur hoc tumulo Lucretia nomine, sed re*
> *Thais, Pontificis filia, Sponsa, nurus.*
> Das ist:
> Lucretia hier begraben leit /
> Thais die Huer vbertreffent weit
> Weil sie den Vatter noch Bruder gescheut.[7]

Diese Geschichte, ob wahr oder nicht, war damals öffentlich bekannt und wurde auch von Wolfgang Bütner für sein Exempelbuch aus Hondorffs *Promptvarivm* übernommen:

> Alexander ist ein Roemischer Bapst / vnd zuuor ein Cardinal Herr / er hatte kein Weib / aber eine schoene Tochter Lucretia / vnd einen Son / von einem Maulbeerbaum geschüttlet / die beschlieff er zum ersten / vnd erlaubte darnach diese blutschande dem Sone. Wenn der Schelm wolte froelich sein / muste die Tochter mit jm nackend herumb springen vnd tantzen. Also vertreib dieser Gotteslesterer seine heiligkeit. An das Bapstthumb steige er also: Als er sich dem Teufel eigen gemachet / erscheine er jm wie ein Vorsprach / vnd sprach: Wie lange sol ich auff des Bapsts Stuel sitzen? Der Teufel antwortet: Du solt mit mir achtzehen jar darauf sitzen. Wie er nun 6. jar vnd 4. Monat gesessen / vnd versahe sich noch 11. jar vnd 8. Monat / damit die zaal der 18. jar sich erfuelleten / setzet sich der Sathan auff des Bapsts Stuel in seiner Kammer / 5. jar vnd 10. Monat / der Bapst saß auch so lange / vnd hatte nun 11. jar vnd 8. Monat gesessen / ward kranck vnd fühlet sein ende / Seinen Diener sendet er nach seiner zauber grammatica / in seine Zauberstube / da saß der Teufel auff des Bapsts Sessel / vnd versagt dem Diener die Grammatica zu bringen / vnd sprach: Was wil Alexander im Buche sehen? sage jm das er bereit werde / mit mir zu fahren / die zeit ist vorhin vnd verflossen. Alexander sprach: Jch habe doch nicht mehr dann 11. jar vnd 8. Monat das Bapstthumb verwaltet / es vermag aber vnser buendnis 18. jar. Da muste der Sathan lachen / vnd sprach: Wenn du recht rechnest wie ich rechne / so findestu gewislich 18. jar / dann 6. jar vnd 4. Monat hastu das Bapstthumb allein getragen / so hab ichs dir 11. jar vnd 8. Monat helffen tragen / da hastu 18. jar / darumb bistu mein mit haut vnd Haer. Jst diese Historia war / so sey sie war / ich kan sie mit niemand vertheidigen / ich habe sie offt gehoeret / aber gelesen kein mal / denn wie sie in Hohndorffij Promptuario verleibt vnd verschrieben ist.[8]

Durch die exemplarische Textrealisation von Hondorff und Bütner fand die Geschichte der verrufenen päpstlichen Familie ihren offiziellen Eintritt in die Faustsage. In der »Vorrede An den Leser« der Wolfenbütteler Handschrift der Faust-Historia (vor 1587) findet man fast wörtlich dieselbe negative Exemplifikation einer »gottlosen« Lebensführung:

Alexander .vj. Pestis Maxima / Damit Er zum Pabst moecht werden / Ergab Er sich dem Teuffel / der jme allezeit jnn Eines *Protonotarij* gestalt erscheinen solt. Wie jne dann der Pabst *Alexander* Fraget Ob er Pabst wurde / Da Antwurt jme der Teuffel ja / Da fraget Er jne weitter / wie lang er wurde Pabst sein / Antwurt der Teuffel / Aylff vnd Acht etc. Es ward aber nur Ailff jar vnnd Acht Monat. – Nach Aylff jaren ward er kranckh / schickht seinen vertrawtn Dienner einen hinauff jnn sein Gemach / Der solt jme ein Biechlin holen / welchs Voller Schwartzer kunst ward / zusehen ob Er gesundt werden mocht oder nit / Da der Dienner hinauf kam / Die Thur auf thett / fandt Er den Teuffel jnn des Pabsts Stuel sitzen / jnn Pabstlicher zier vnnd Pomp / Also das Er sehr erschrack / zeigt solchs dem Pabst an / Da muest Der knecht wider hinauf zusehen Ob er noch Da sey / Da fand er jn noch / Da fraget Der Teuffel den knecht was er da schaffen wolt Der Dienner sagt Er soll dem Pabst Ein Buechlin auf dem Tisch ligenndt Hollen / Darauff spricht der Teuffel / was sagstu vom Pabst. *Ego sum Papa.* Als diss der Dienner dem Papst ansaget / ist Er sehr erschrockhen / hat die Sach anfahen zu merckhen / wa hinauß es woelle / jnn dem kompt der Teuffel jn eines Postpottens gestalt / klopfft an der Thur an / er wirt eingelassen / kompt zum Papst fur das betth zeigt jm an / die jar seind auß / Er sey jetzt sein / Er mueß mit jm daruon. Alsbaldt hat auch der Pabst / der *Vicarius Christj* vnnd Seule der Christenheit den Geyst aufgeben / mit dem Teufel jnns *Nobis* hauß gefahren / .[9]

Aus der didaktisch-exemplarischen Erzählorientierung der drei Texte kann man ein semiotisches Ordnungsmuster im Mikro- rnd Makrostrukturbereich wiederherstellen, das das ideologische Zeichensystem der zeitgenössischen theologischen und dämonologischen Literatur des Luthertums wiedergibt. Wenn man die drei Texte als einen einzigen Makrotext von Papst Alexander betrachtet, so ist die ganze intertextuelle Struktur von der Wiederholung einiger Seme gekennzeichnet. Die dominanten Isotopien /heilig/ und /teuflisch/, die von den Lexemen »Bapst«, »Cardinal», »Vicarius Christi«, »Seule der Christenheit«, »Teuffel«, »Schwartzkunst«, »Nobis hauß« erzeugt werden, durchziehen den ganzen-Makrotext von Borgia. Die Oppositionen »Pabst«, »Cardinal«, »Vicarius Christi«, »Seule der Christenheit« versus »Teuffel«, »teufflische schwartze kunst«, »Nobis hauß« erzeugen die Semopposition Heiligkeit versus Gotteslästerung. Die Identifikation des Teufels mit dem Papst (»Ego sum Papa«), die (Abb. 2) Gleichsetzung Papst gleich Teufel und die Opposition heilig versus satanisch bestimmen ein Modell, das gemäß dem vorgegebenen protestantischen kulturellen Normensystem den Papst zum Antichristen stempelt. Der Papst Alexander VI., der sich der Schwarzkunst bedient und einen Pakt mit dem Teufel abgeschlossen hat, ist nicht nur die Versinnbildlichung der Verweltlichung, der Säkularisierung des Papsttums, sondern hauptsächlich das schlechte Beispiel eines Teufelsbündlers, der die rechte Strafe für seine Gottlosigkeit bekommt: die Hölle. Die in den exemplarischen Texten von Hondorff und Bütner enthaltene Opposition Sinnlichkeit versus Keuschheit wird in der verkürzten Schreibweise des anonymen Autors der Faust-Historia nicht aktualisiert: Papst Alexander VI. ist der Teufelsbündler schlechthin. So findet die Borgia-Figur ihren Eingang in die Faustsage als Teufelsbündler. Aber der literarische Teufelsbündler, der zum Emblem einer ganzen Epoche, des Luther-Jahrhunderts, geworden ist, ist Faust.

Wenn von Faust die Rede ist, so denkt man meist, es

handle sich dabei um eine Legende; jedoch hat ein Mann namens Faust tatsächlich gelebt. Der historische Faust lebte etwa von 1480 bis 1540. Er war kein ausgebildeter Akademiker, sondern ein autodidaktischer Astrologe, Wahrsager und Heilkundiger, der eines unnatürlichen Todes starb: vielleicht in Folge eines mißlungenen alchimistischen Experiments, das ihn verstümmelte und seinen grausamen Tod herbeiführte.[10] Die Zeugnisse der Zeitgenossen, die meistens protestantische und katholische Theologen und Humanisten waren, überliefern ein negatives Urteil über ihn; sie sehen ihn als Nekromanten an, der mit dem Teufel Umgang pflegte. Die negativen Urteile der Zeitgenossen über den historischen Faust spiegeln sich auch in den ersten Textualisierungen der Faustsage wider, in denen das Bild des Teufelsbündlers vorherrscht: die Wolfenbüttler handschriftlich verfaßte Historia und die bei J. Spies im Jahre 1587 gedruckte Historia.[11]

Im Faustbuch wird das negative Bild eines sündhaften Lebens thematisiert, wird das Modell eines großen Sünders entworfen, der zugrunde gehen muß, weil er sich über die göttlichen Gebote erhoben hat. Die Verdammnis Fausts geschieht aus streng lutherisch-theologischen Gründen: Fausts katholische Reuefertigkeit und Bußfähigkeit nützen nichts, um ihn zu retten: Der »weitbeschreyte« Zauberer, Schwarzkünstler und Teufelsbündler muß verdammt werden. In der Schilderung des Teufelsbündlers hat der unbekannte Autor vielfältiges Textmaterial verarbeitet. Verschiedenartige literarische Texte von Sebastian Brant, Luther, Melanchton, Hogel, Gast, Schedel, Hondorff, Weier, Lercheimer, Bütner etc. werden dynamisiert und aktiviert in der intertextuellen Struktur des Makrotextes von Faust, gemäß den Erwartungen des zeitgenössischen Publikums: »[...] vnd allenthalben ein grosse nachfrage nach gedachtes Fausti Historia bey den Gastungen vnnd Gesellschaften geschicht«[12].

Im Faustbuch von 1587 sind die literarischen und ideologischen Voraussetzungen geschaffen worden, die im Laufe der Jahrhunderte den sogenannten Faust-Mythos bildeten und Faust zu einer typisch deutschen literarischen Symbolfigur machten[13]. Eine Symbolfigur aber, die manchmal – und besonders im Anschluß an Goethes *Faust* – politisch und nationalistisch sehr strapaziert wurde, wie die einseitige Goethesche *Faust*-Rezeption während des Dritten Reiches beweist: »Erfolgsberauschtes nationales Pathos und die Euphorie schneller wirtschaftlicher Expansion übertragen sich auf die Interpretation des Goetheschen *Faust,* dessen Titelfigur keineswegs mehr wie noch um die Jahrhundertmitte als Irrender und Scheiternder und der endgültigen ›Tragödie‹ Zueilender gesehen, sondern zur makellosen Idealfigur stilisiert wird. ›Faustisch‹ gerinnt in diesem Zusammenhang von Politik und Kunst, Geld und Geist zu einem Wertbegriff superlativischer Bonität [...]«[14]. Aber hier, wo die Rede hauptsächlich über Borgia geht, kann ich verzichten, mich auf Goethes *Faust* und auf die darauf folgende politisch sehr negativ hyperkonnotierte Auffassung des Eigenschaftswortes »faustisch« und des Faust-Mythos zu beziehen. In dieser Analyse, in der das Faust-Thema den Bezugspunkt zum Borgia-Thema darstellt, kann die Deutung der Ursprungsform des literarischen Faust-Mythos genügen. Aus der Textualisierung des Faust-Themas der achtziger Jahre des XVI. Jahrhunderts, also aus der Wolfenbütteler Handschrift, aus der Spiesschen Editio princeps und den zahlreichen zeitgenössischen Neuauflagen der Historia, kann man ohne ideologische Nebenabsichten eine literarische Symbolfigur gewinnen, die der kulturellen Zeichenhaftigkeit der Zeit entspricht. Aus dem konventionellen protestantischen Normensystem, das sich auf die drei augustinischen Kardinalbegierden der mittelalterlichen theologischen Schrifttradition, *superbia, concupiscentia* und *curiositas* stützt, gewinnt man ein kulturelles Modell, aus dem die Faust-Figur die wichtigsten und relevantesten Eigenschaften bezieht. In der Tat handelt es sich im Faustbuch hauptsächlich um die exemplifikatorische Darstellung des antiken und mittelalterlichen *curiositas*-Motivs[15]: die Verurteilung der Wißbegierde. Faust ist ein Gelehrter, der aus Wissensdurst die Grenzen seines Könnens erweitern will, indem er mit Hilfe des Teufels die Grenzen überschreitet, die dem menschlichen Vermögen von den religiösen Schranken gesetzt werden. Somit wird der theologisch verdammte Faust zur Symbolfigur für den neuzeitlichen Erkenntnisfortschritt, obwohl der Opfertod Fausts im Faustbuch, wie Roloff richtig erkennt, keine totale Fortschrittsverneinung bedeuten will: »Hier war ein Wertsystem entwickelt worden, an dem die Welt genesen sollte. Das wurde durch die curiositas in Frage gestellt. Es ist sicherlich nicht angemessen, in der deutlichen Moralkritik des Faustbuchs eine Verhinderungsstrategie allen sozialen und technischen Fortschritts sehen zu wollen (...) Die curiositas galt als Gefahr der Zerstörung der gottgegebenen christlichen Welt, wenn sie nicht im christlichen Wertesystem, im humanen Ethos integriert wäre«.[16]

Der Papst Alexander VI., der in der Wolfenbüttler handschriftlichen Faust-Historia, in der Aufzählung der Schwarzkünstler und Teufelsbündler erwähnt wird, findet keinen Platz mehr in der Spiesschen gedruckten Faust-Historia von 1587. Trotzdem werden im Faustbuch von 1587 auch die Mißstände des damaligen Papsttums thematisiert. Im Kapitel 26 (*D. Fausti dritte Fahrt in etliche Koenigreich vnnd Fuerstenthum / auch fuernembste Laender vnd Staette*) kam Faust nach Rom, wo er dem Papst im Vatikan einen Besuch erstattete. Obwohl nicht ausdrücklich genannt, könnte der Papst wohl Alexander VI. oder wenigstens einer der nepotistischen Ära sein, wie aus der konnotationsreichen und satirisch nuancenreichen Schreibweise der Textstelle klar hervorgeht. Die Semrekurrenz, die die dominante Isotopie eines unchristlichen Lebens bestimmt, besteht paradigmatisch aus folgenden Lexemen »vbermut«, »stoltz«, »Hochmut«, »Vermessenheit«, »fressen«, »sauffen«, »Hurerey«, »Ehebruch«, »Gottloses Wesen«, »Schwein zu Rom«,[17] welche syntagmatisch einen kulturellen Diskurs rekonstruieren, der, gemäß der Zeichenhaftigkeit der damaligen lutherischen dominanten Ideologie, modellhaft verschärfend der äußerst negativen Valenz der protestantischen Kritik an der papistischen römischen Kirche entspricht.

In Georg Rudolph Widmanns Neufassung der Faust-Historia von 1599 und in der 1674 erschienenen Widmann-Bearbeitung durch Nikolaus Pfitzer, die eine pastoral sehr tendenziöse, weitschweifige und zähflüssige Aufblähung der Faust-Fabel sind, wird der Papst Alexander VI. in dem »Erinnerung-« bzw. »Anmerckungs-« Apparat erwähnt. Widmann und Pfitzer fügen aus lehrhafter Absicht den Erzählkapiteln jeweils »Erinnerungen« bzw. »Anmerckungen« hinzu, die durch eine große Fülle von *Exempla* zur Bekräftigung des Erzählten dienen sollten. In der »Erinnerung« zum 10.Kap. 1.Theil (»Von denen die sich dem Teuffel ergeben«) wird Alexander VI. von Widmann unter den schlimmsten Teufelsbündnern aufgezählt:

> So ist am tag / von dem Bapst Alexander dem sechsten / denn man hat pestem maximam genandt / einem Hispanier auß Valentia buertig / dessen tauff vnd zunam zuuor war Rhodericus Borgia / ein Portu-

> ensischer Bischoff / der hatte bey jhm als er zu Bononia anfenglich auff der hohenschul gestudieret / zween Vettern / so Crystal vnd Teuffel beschwerer waren / das er also sein kunst bey jhnen wol ergriffen hat / dieser war auch ein Saduceer / wie D.Faustus / vnd ein getaufter Jud / oder ein verlaugneter Christ / vnd als er Cardinal ward / tracht er tag vnd nacht / wie er hoeher steigen moechte / Derohalben er auß seiner *Nigromantia* in seinem Saal oder Pallast ein Circkel anstellet / vnd beschwur den Teuffel / (wie *Modena* sein geheimbster Rath von jm meldung thut) der Teuffel begert gleicher gestalt bundtnis mit jm / Dargegen wolle er jme die zeit seines lebens dienen / vnd wolle jn zu einem Bapst machen lassen.[18]

Fast wörtlich lautet die knappe Geschichte Alexanders VI. in der Pfitzer'schen »Anmerckung« zum 10. Kap. (»Von der schrecklichen Obligation und Handschrifft, so D.Faustus dem Teuffel, in eines Münchs habit verkleidet, hat übergeben«):

> So ist am Tage vom Papst Alexander dem Sechsten, einem Hispanier, aus Valentia bürtig, dessen Nam zuvor war Rodericus Borgia; dieser hatte sich bey ihm, als er zu Bononia anfänglich auf der hohen Schul studiret, zween Vettern, so heimliche Crystall-Seher und Teuffels-Beschwörer waren, von welchen er soviel erlernet, daß er vermittels eines Spiritus familiaris, zu grosser Geschicklichkeit, nochmals gar zu dem Cardinalat kame: da er denn Tag und Nacht dahin trachtete, wie er möchte höher steigen. Derohalben er einsten aus seiner Nigromantia in seinem Pallast auf dem Saal einen Circkel angestellet, und den Teuffel beschworen: (wie Modena sein geheimster Rath von ihm meldtet) da denn der Teuffel erschienen, und Bündniß mit ihm gemacht, daß er sich mit Leib und Seele verschreiben solle, dagegen wolle er ihm die Zeit seines Lebens dienen, und zu der dreyfachen Cron verhelffen, welches auch geschehen.[19]

Aber größeren Raum widmet Widmann der ganzen wunderbaren päpstlichen Familie Borgia in der »Erinnerung« zum 18. Kap. des 3. Teils (»Von dem grewlichen Todte der Schwartzkünstler«), in der die verschiedenen Aspekte der legendären oder wirklich geschehenen Taten der Borgia in 4 Seiten zusammengefaßt sind: Simonie und Teufelspakt des Papstes; die blutschänderischen Verhältnisse Lucrezias mit ihren Brüdern und ihrem Vater; die Mordtaten Cesares und die Ausschweifungen des Papstes (18. Cap., 3. Theil, S. 174–178). Aber trotz dieser ausführlichen Würdigung in Widmanns Neufassung der Faust-Historia von 1599 besitzt die Borgia-Geschichte nur exemplarische und daher textuell zweitrangige Bedeutung. Aus der textuell untergeordneten Rolle wird die Legende Alexanders VI. in die Faust-Fabel erst gegen Ende des 18. Jahrhunderts aufgenommen. Im Jahre 1791 veröffentlicht Friedrich Maximilian Klinger den satirischen Roman *Fausts Leben, Thaten und Höllenfahrt.* Der in fünf Bücher gegliederte Roman behandelt die Problematik des Individuums in der Gesellschaft, das heißt die Thematik des Wissensprozesses eines außerordentlichen Menschen, der mit Hilfe eines teuflischen Partners und über die ihm gesetzten Grenzen die Geheimnisse der moralischen Weltordnung erfahren will. Faust, der der Erfindung der Buchdruckerei sein ganzes Vermögen und das Glück seiner Familie opferte, will die Gründe der Ungerechtigkeit auf der Welt erforschen:

> [...] da er seine Familie nicht mehr zu erhalten wußte, ward ihm zur Last, und er fing für immer an zu

> glauben, daß die Gerechtigkeit nicht den Vorsitz bei der Austeilung des Glücks der Menschen habe. Er nagte an dem Gedanken: wie und woher es käme, daß der fähige Kopf und der edle Mann überall unterdrückt, vernachlässigt sei, im Elende schmachte, während der Schelm und der Dummkopf reich, glücklich und angesehen wären [...] Er wollte nun den Grund des moralischen Übels, das Verhältnis des Menschen mit dem Ewigen erforschen. Wollte wissen, ob er es sei, der das Menschengeschlecht leite, und wenn? – woher die ihn plagenden Widersprüche entstünden? Er wollte die Finsternis erleuchten, die ihm die Bestimmung des Menschen zu umhüllen schien. Ja er faßte selbst den verwegenen Gedanken, den erforschen zu wollen, dessen Sein uns so unbegreiflich, und dessen Würken uns so klar ist.[20]

Aus sexuellen Gelüsten, aus titanischem Wissensdrang und aus finanzieller Not beschwört Faust den Teufel. Satan beauftragt den Teufel Leviathan, Faust durch Wollust und Genuß, durch die Kenntnisnahme des Übels auf Erden, zu verführen, um seine Seele zu fangen:

> [...] Segne durch das üpppige Feuer der Wollust, die edlen Gefühle seiner Jugend, aus reinem Herzen. Öffne ihm die Schätze der Natur, treibe ihn hastig ins Leben, daß er sich schnell überlade. Er sehe Böses aus Gutem entspringen, das Laster gekrönt, Gerechtigkeit und Unschuld mit Füßen getreten, wie es der Menschen Art ist. Führe ihn durch die wilden, scheußlichen Szenen des menschlichen Lebens, er verkenne den Zweck, verliere unter den Greueln den Faden der Leitung und Langmut des Ewigen.[21]

Klingers Roman will eine beißende Satire und scharfe Kritik des absolutistischen Feudalsystems sein. Faust übernimmt in diesem Roman die Rolle des Gesellschaftskritikers, der aus verschiedenen menschlichen Situationen die ethisch-moralischen und gesellschaftspolitischen Fragen zu verstehen und zu analysieren versucht. Der Pakt mit dem Teufel wird zu einer Art Wette zwischen Faust und Leviathan. Der Teufel will Faust von der Torheit und dem moralischen Elend der Menschen überzeugen.

> Ich will dich auf die Bühne der Welt führen, und dir die Menschen nackend zeigen. Laß uns reisen, zu Wasser, zu Lande, zu Fuße, zu Pferde, auf dem schnellen Winde, und das Menschengeschlecht mustern.[22]

Faust, der dagegen dem Teufel den moralischen Wert des Menschen beweisen will (»Taste nur noch den moralischen Wert des Menschen an, wodurch er sich den Unsterblichen nähert, und der Unsterblichkeit würdig macht!«; I,8, S. 49), geht die Wette ein:

> Topp! Ziehen wir durch die Welt; ich muß mich durch den Genuß und Veränderung betäuben; längst hab ich mir einen weitern Kreis zum Bemerken gewünscht, als mein eignes tolles Herz. Laß uns herumziehen, und ich will dich Teufel zwingen, an die Tugend der Menschen zu glauben. Nur der Glaube an den moralischen Wert des Menschen war es, der mir die peinliche Finsternis zu Zeiten erleuchtete.[23]

Bei der Weltfahrt Fausts mit Leviathan gewinnt man einen gesellschaftskritischen Überblick. Die gesellschaftskritische und satirische Weltbetrachtung wird in zwei Teilen aufgezeigt: Im ersten Teil wird ein Querschnitt durch die Bevölkerung des feudalabsolutistischen Staates im frühneuzeitlichen Deutschland angeboten; im zweiten Teil werden die Despoten anderer europäischer Länder vorgestellt. Klingers Gesellschaftskritik prangert erbarmungslos den Machtmißbrauch und die tyrannische brutale Unterdrückung an. Faust sieht seine positive Meinung über den »moralischen Wert des Menschen« widerlegt und verliert die Wette.

Die schon stark gesellschaftskritisch konnotierte Schreibweise Klingers gewinnt eine noch schärfere satirische Valenz durch die zusätzliche antiklerikale Kritik des IV.Buches, in dem Klinger mit beißender Satire den Moral- und Sittenverfall am päpstlichen Hof Alexanders VI. anprangert. In aller Perversität und Naturwidrigkeit werden Triebhaftigkeit, Ausschweifungen, Inzest, Sodomie, Mordtaten bloßgestellt und scharf kritisiert, die sich am Hofe des Vertreters Christi ereignen.

Als satanische Fahrt ist die Reise Fausts eine satirische Parodie der mittelalterlichen christlichen Pilgerfahrt, die nach Rom führt. H.Kaiser bemerkt, »den Weg der Reise markiert ein wahrhaft barockes Spalier von sündigen Menschen, von anonym-subalternen Durchschnittsverbrechern bis zu den überlebensgroßen Unmenschen, den Inkarnationen des Absolut-Bösen. Und Faust, der Ehebrecher und Teufelsbeschwörer, der pharisäische Richter und selbstherrlich-verblendete Rächer, der rebellische Gotteslästerer: er vereinigt in sich all ihre Schwächen und Frevel«.[24] Der gottlose Faust kommt auf seiner parodistisch verkehrten Pilgerfahrt in die Verdammnis nach Rom, um seine Laster spiegelhaft zu sehen, wie Kaiser richtig bemerkt: »In Alexander, dem größten Scheusal in der langen Galerie von Verbrechern, wird Faust zum letztenmal und in grotesker Übersteigerung ein Spiegel seiner selbst vorgehalten: der unmäßige Machthunger des Papstes entspricht seinem vermessenen Wissensdrang; die Skrupellosigkeit, mit der jener machtpolitische Ziele zu verwirklichen trachtet, die perverse Neigung Alexanders, Fausts unersättliche sexuelle Gier; die Teufelsanbetung schließlich der Teufelsbeschwörung des Faust. So wird der Held in der Gestalt des Papstes mit seinen eigenen Sünden deutlicher als jemals zuvor konfrontiert«[25].

Aus einer genaueren Textanalyse der neun Kapitel des IV.Buches (IV, 10–18), geht ein semiotisches Ordnungsmuster hervor, das das ideologische Zeichensystem des stark antiklerikalischen konnotierten Diskurses Klingers wiederherstellt und die Gleichsetzung höchster Stand gleich tiefster Moral- und Sittenverfall thematisiert. Die thymische Semopposition /euphorisch/ vs /dysphorisch/, die im 10. Kap. von Lexemen »Herrlichkeit Roms«, »Genüsse und Freuden Roms«, »lüsternes Gemälde«, »Vatikan«, »Tempel der irdischen Venus« erzeugt wird, verstärkt die für die Klingersche Schreibweise wichtigere Semopposition /Kultur/ vs /Natur/. Sie wird von den Lexemen »Religion«, »strenge Religion«, »wahrer katholischer Christ«, »Seine Heiligkeit«, »Papst«, »Teufel«, »Kuppelei«, »zügellose Üppigkeit« usw. erzeugt und entspricht der am Anfang des ersten Buches von Klinger thematisierten Opposition /Kultur/ vs /Natur/, die überwiegend von den Lexemen »Buchdruck«, »Magie« und »Natur« gekennzeichnet wird: »Ergrimmt warf er sich in die dunklen Gefilde der Magie, und hoffte nun der Natur gewaltsam abzuzwingen, was sie uns so eigensinnig verbirgt. Sein erster Gewinn war die merkwürdige Erfindung der Buchdruckerei, der zweite war schaudervoller. Er entdeckte durch Forschen und Zufall die furchtbare Formel, den Teufel aus der Hölle zu rufen, und ihn dem Willen des Menschen untertänig zu machen«[26].

Die dominanten Isotopien, die die Kapitel 10 bis 18 des IV.Buches durchziehen, sind überwiegend die der Sinnlichkeit, der Geldgier und der Gottlosigkeit. Die Aufstellung des Paradigmas der Isotopie »Sinnlich-

keit« wird durch die semantische Verträglichkeit von folgenden kontestuellen relevanten Lexemen und Sememen aufgebaut: »Kuppler«, »Kupplerinnen«, »Kuppelei«, »zügellose Üppigkeit«, »Venus«, »sinnliche Wollust«, »Zügellosigkeit«, »Ergötzung«, »Geheimnisse der Wollust«, »blutschänderisches Verhältnis«, »Züge seiner tierischen Natur«, »Ausschweifungen«, »Szenen der Üppigkeit«, »ausschweifendste Laune«, »Bacchanal«, »Hurerei«, »Sodomie«.
Die Isotopie der Geldgier, die paradigmatisch weniger ausgeprägt ist, und von den Sememen »neue Sünden zu taxieren«, »Goldgulden«, »Sünden durch Gold abzukaufen« erzeugt wird, wird syntagmatisch prägnanter aus der ironisch und satirisch hyperkonnotierten Schreibweise des 15.Kapitels bestimmt, in dem der Ablaßhandel sehr scharf parodiert und kritisiert wird.
Die Isotopie »Gottlosigkeit«, die paradigmatisch und syntagmatisch die Summe der überwiegenden Semrekurrenz: Triebhaftigkeit, Mordtaten, Inzest, Sodomie ist, wird besonders von der Teufelsanbetung des Papstes gekennzeichnet: »Er fiel nieder, betete den Teufel an, und küßte seine Füße« (IV., 18, S. 193).
Die dominanten Isotopien der Sinnlichkeit, der Geldgier und der Gottlosigkeit in ihrer Opposition zu »Heiligkeit« kennzeichnen den stark engagierten und antiklerikal konnotierten Diskurs Klingers, der in der Figur des Papstes Alexander VI. die schlimmsten Laster der Menschheit darstellt. Papst Alexander wird zu Fausts Aktanten in dem erzählerischen und parodisch verkehrten Heilfahrtprozeß, in dem Papst Alexander, Stellvertreter Christi auf Erden, zum Diener Satans, und Faust, gottloser Teufelspartner, zum teuflischen und gottlosen Demaskierer des verteufelten Papsttums geworden ist.

Faust-Gedenkstein in Schwäbisch Hall

Anmerkungen

1 Vgl. dazu J. Agricola: 750 deutsche Sprichwörter. Hagenau 1534, hrsg. v. M. Hain. Hildesheim 1970.

2 Ein kurtzweiliges Lesen von Dil Ulenspiegel. Nach dem Druck von 1515, hrsg. v. W. Lindow. Stuttgart 1978, S. 101–103.

3 Über die verschiedenen Aspekte der Brantforschung verweise ich auf B. Könneker: Wesen und Wandlung der Narrenidee im Zeitalter des Humanismus. Brant – Murner – Erasmus. Wiesbaden 1966; U. Gaier: Studien zu Sebastian Brants Narrenschiff. Tübingen 1966; K. Manger: Das ›Narrenschiff‹. Entstehung, Wirkung und Deutung. Darmstadt 1983.

4 Vgl. J. Burchardi: Diarium, a c. di A. Gennarelli. Firenze 1854, II, S. 351–353; A. Giustinian: a c. di P. Villari. Firenze 1876, II S. 120–121, passim; Brief des Markgrafen Gonzaga an seine Gemahlin Isabella v. 22. September 1503: In Archivio storico di Mantova, Archivio Gonzaga, Lettere originali dei Gonzaga. Busta 2115; F. Gregorovius: Lucrezia Borgia. Stuttgart 1875, München 1991 (= dtv 2280), S. 238–240; sehr wertvoll für den Anhang der ganzen ursprünglichen Dokumentation ist die von Romano besorgte italienische Ausgabe: F. Gregorovius: Lucrezia Borgia, Secondo documenti e carteggi del tempo. A. cura di A. Romano. Roma, Salerno Editrice, 1978, S. 274–275.

5 Vgl. M. Sanuto: I diari, a c. di Stefani, Barozzi, Berchet, Allegri. Venezia 1879, Bd. V, Sp. 65–75.

6 F. Gregorovius: Lucrezia Borgia. München 1991, S. 240–241.

7 PROMPTVARIUM EXEMPLORUM. Das ist: Historien vnd Exempelbuoch / nach ordnung vnd Disposition der heiligen Zehen gebott Gottes / auß heiliger Schrifft / vnnd andern bewerten vnd glauwirdigen / Geistlichen vnnd Weltlichen / alten vnd newen Scribenten / mit allem fleiß zuosammen getragen. Zum Spiegel aller Christlichen vnd loblichen tugendten / in sonderheit seliger Gottsfurcht Burgerlicher erbarkeit / redliches wandels / auffrichtiges lebens / vnnd abschewung aller Suend / Laster vnd vbels / Jedermenniglichen / hohes vnnd nidriges / Geistlichs vnd Weltliches standes / zu diesen letzten vnd geferlichen zeiten fuer die augen gestellt / zuuor im Truck außgangen. Jetz aber auffs newe vbersehen / vnd mit sehr vielen nutzbarn Historien vnd Exempeln gebessert vnd vormehrt / Durch den Ehrwirdigen in heiliger Schrifft hochgelehrten Herren / Andream Hondorff / Pfarrherrn zu Droissig. Getruckt zu Franckfurt am Mayn / im Jar / M.D.LXXII., Blatt 75 r. Die Geschichte des Papstes Alexander von Hondorff wurde von Wendroth nur teilweise veröffentlicht: H.Wendroth: Hondorff als eine Quelle des Faustbuches. In: Euphorion 11 (1904), S. 701–705, von Petsch und von Füssel gänzlich wiedergegeben: Das Volksbuch vom Doctor Faust. (Nach der ersten Ausgabe, 1587). Zweite Auflage hrsg. v. R. Petsch. Halle 1911, S. 218–219; Historia von D. Johann Fausten, Text des Druckes von 1587. Kritische Ausgabe. Hrsg. v. St. Füssel u. H.J. Kreutzer, Stuttgart 1988, S. 278–279.

8 EPITOME Historiarum Christlicher Ausgelesener Historien vnd Geschichten / Aus altenn vnd bewerten Scribenten. Vnd die sich auch zu vnsern zeiten zugetragen. Ordentlicher vnd kurtzer Auszug. In Fuenff Buecher Nach ordnung vnd der Lere in den zehen Geboten Gottes / Vnd der sieben Bitten in vnserm heiligen Vater vnser / Gerichtet. Darinnen abzunemenn / wie die Kinder Gottes in dem Gesetz des Herrn recht vnd wol gewandlet / Gott gedienet vnd angeruffen / Vnd darumb von Gott mit Gnaden vnd Ehren / zeitliche Belohnung empfangen. Die Weltkinder aber / so dawider gestrebet / Gott verachtet vnd gelestert / von jm auch grewlich gestrafft vnd getilget sind. Zu gutem vnd reichem Trost / den betruebten vnd Elenden Christen / die in der Welt veracht vnd verhasset. Den Sichern aber vnd rohem Weltpoebel / zum schrecken vnd abschewe. Zusammen getragen durch M.Wolffgangum Buetner. Psalm 86. HERR / Thue ein Zeichen an mir / Das mirs wolgehe. 1576., Blatt 60 r.

9 Historia vnd Geschicht Doctor Johannis Faustj des Zauberers / DarJnn gantz Aigentlich vnd wahrhafftig beschriben wirt. sein gantzes Leben vnnd Endt / wie er sich dem Teufel auff ein benante Zeit verobligiert. was sich darinder mit Jme verloffen / vnd wie er auch endtlich darvff seinen verdienten Lohn empfanngen: Es seind auch seltzame Offen-

barungen darJnnen begriffen sich Zu Hochnottwendiger Christlicher warnung vnd Abmanen seer nützlich vnd dienstlich ist / das sich vor der gleichen allerschedlichsten befleckhungen wol Zu huetten / Die Leùth Zùùorderst dess verZweifelten Ableibens sich genntzlichen Zùenthalten vrsach haben sollen. Syrach. j. Die Forcht des Herren wehret der sündt / dann wer ohn Forcht fehret der gefehlt Gott nicht vnnd seine Freyheit wirdt Jn stùrzen. Resistite Diabolo et fugiet à vobis., Bl. 2 r.

10 Vgl. dazu G. Mahal: Ansichten zu Faust. Stuttgart/Berlin/Köln/Mainz 1973; Ders.: Fausts Geburtstag. Eine Hypothese. Knittlingen 1979; Ders.: Faust. Der Mann aus Knittlingen. Dokumente, Erläuterungen, Informationen. Knittlingen 1980; Ders.: Faust. Die Spuren eines geheimnisvollen Lebens. Bern/München 1980.

11 Die undatierte Handschrift der Historia (wie An. 9) befindet sich in der Herzog August Bibliothek Wolfenbüttel und wurde von dem Bibliothekar G. Milchsack im Jahre 1892 entdeckt und herausgegeben: Historia D. Johannis Fausti des Zauberers nach der Wolfenbüttler handschrift nebst dem nachweis eines teils ihrer quellen, hrsg. v. G. Milchsack. Wolfenbüttel 1892. In derselben Bibliothek befindet sich auch ein Exemplar der *Editio princeps* (Sig.: 56.3 Ethica): HISTORIA Von D. Johann Fausten / dem weitbeschreyten Zauberer vnnd Schwartzkuenstler / Wie er sich gegen dem Teuffel auff eine benandte zeit verschrieben Was er hierzwischen fuer seltzame Abentheuwer gesehen / selbs angerichtet vnd getrieben / biß er endtlich seinen wol verdienten Lohn empfangen. Mehrertheils auß seinen eygenen hinderlassenen Schrifften / allen hochtragenden / fuerwitzigen vnd Gottlosen Menschen zum schrecklichen Beyspiel / abscheuwlichen Exempel / vnd treuwhertziger Warnung zusammen gezogen vnd in den Druck verfertiget. IACOBI III. Seyt Gott vnderthaenig / widerstehet dem Teuffel / so fleuhet er von euch. CVM GRATIA ET PRIVILEGIO. Gedruckt zu Franckfurt am Mayn / durch Johann Spies. M. D. VXXXVII.

12 Historia von D. Johann Fausten. Text des Druckes v. 1587. Kritische Ausgabe. Hrsg. v. St. Füssel u. H.J. Kreutzer. Stuttgart 1988, S. 5.

13 Vgl. dazu G.Mahal: Faust-Warnung vor Faszination. In: W. Wunderlich (Hrsg.): Literarische Symbolfiguren. Bern, Stuttgart 1989 (Facetten deutscher Literatur, Bd. 1), S. 141–159.

14 Vgl. dazu G. Mahal: Der tausendjährige Faust. Rezeption als Anmaßung. In: G. Grimm (Hrsg.): Literatur und Leser. Stuttgart 1975, S. 181–195, Zit. auf S. 182.

15 Vgl. dazu H. Rüdiger: *Curiositas* und Magie. Apuleius und Lucius als literarische Archetypen der Faust-Gestalt. In: Wort und Text. Festschrift für F. Schalk. Frankfurt a.M. 1963, S. 57–82; J. D. Müller: *Curiositas* und *erfarung* der Welt im frühen deutschen Prosaroman. In: Literatur und Laienbildung im Spätmittelalter und in der Reformationszeit, hrsg. v. L. Grenzmann u. K. Stackmann. Stuttgart 1984, S. 252–271; H.-G. Roloff: Artes et Doctrina. Struktur und Intention des Faustbuchs von 1587. In: K. Matzel u. H.-G. Roloff (Hrsg.): Festschrift für Herbert Kolb zu seinem 65. Geburtstag. Bern/Frankfurt a.M./New York/Paris 1989, S. 528–557.

16 Roloff (Anm. 15), S. 557.

17 Historia von D. Johann Fausten (Anm. 12), S. 62.

18 G.R. Widman: D. Johannes Faustus. Faksimiledruck der ersten Ausgabe. Hamburg 1599. Mit einem Nachw. v. G. Wunder. Schwäbisch Hall 1978, S. 65.

19 G.R. Widmann: Fausts Leben (in der Bearbeitung von J.N. Pfitzer). Hrsg. von A.v. Keller, Tübingen 1880. Nachdr. Hildesheim 1976, S. 123–124.

20 Fr. M. Klinger: Fausts Leben, Taten und Höllenfahrt (zweite verbesserte und vermehrte Ausgabe, 1794). Anmerkungen v. E. Schöler, Nachwort v. U. Heldt, Stuttgart 1986, S. 11. Für die allgemeine kritische Bewertung des Werkes verweise ich hier auf: Ch.Hering: Friedrich Maximilian Klinger. Der Weltmann als Dichter. Berlin 1966; Fr.Osterwalder: Die Überwindung des Sturm und Drang im Werk Friedrich Maximilian Klingers. Berlin 1979; H. Kaiser: Zur Struktur von Klingers ›Faust‹. In: Jahrbuch des Freien Deutschen Hochstifts 1970. S. 59–97; G.Mahal: Mephistos Metamorphosen. Göppingen 1982. S. 297–331; M.Hermann-Röttgen »Ein Reisereroman von F.M.Klinger«, in: Die Familie Borgia: Geschichte einer Legende. Stuttgart/Weimar 1992. S. 90–114

21 Fr. M. Klinger, op.cit., I, 7, S. 32.

22 Ebenda, 1, 8, S. 50.

23 Ebenda, S. 50.
24 H.Kaiser: op.cit., S. 96–97.
25 Ebenda, S. 85–86.
26 Fr. M. Klinger: op.cit., I, 1, S. 9.

Biographie

Tacconelli Luigi, Doktor, geb. 1944, Professore associato für deutsche Sprache und Literatur an der Universität Pescara (Fakultät für Fremdsprachen und Literaturen)
1967–1974 Lektor und Lehrbeauftragter für Italienisch an der Universität Salzburg und Linz.
1974–1983 Oberassistent für deutsche Sprache u. Literatur an der Universität Lecce.
1974–1983 Lehrbeauftragter Professor für »Germanische Philologie« an der Universität L'Aquila.
1980–1987 Professore associato für deutsche Sprache und Literatur an der Universität L'Aquila.
ab 1987 Professore associato für deutsche Sprache und Literatur an der Universität Pescara.
Allgemeines Lehrgebiet: Literatur
Besonderes Forschungsgebiet: Deutsche Literatur des 15. und 16. Jhs.
Veröffentlichungen: Ulenspiegel. Problemi e aspetti di un »Volksbuch«, L'Aquila 1981; »Ein kurzweiliges lesen«. Narrativa e testualità d'uso nella produzione tedesca in prosa a stampa dei secoli XV e XVI, Chieti 1988.
Übersetzungen: Till Eulenspiegel (1510/15/19), Roma 1979; Il Libro dei Lali (Lalebuch 1597), L'Aquila 1984.

Vanozza im 17. Jahrhundert: Die Geliebte Alexanders VI. als barocke Mätresse

Von Marion Hermann-Röttgen

Es hat sich gezeigt, daß schon im 16. Jahrhundert die zeitgenössischen Berichte verändernd auf die tatsächlichen Ereignisse während des Pontifikats Borgia einwirken und ein verzerrtes Bild der Wirklichkeit liefern.[1]
Im 17. Jahrhundert erschien ein Buch, das nachhaltig die Meinung über die Familie prägte. 1655 wurde eine Geschichte des Borgia-Pontifikats unter dem Titel »Vita del Duca Valentino« von Tomaso Tomasi veröffentlicht. Der fiktive Verleger heißt Lucio Vero – was so viel bedeutet wie »leuchtend – wahr« – der nicht existierende Erscheinungsort ist »Monte Chiaro« – »Berg der Klarheit«. Wie die Pseudonyme verraten, beabsichtigte der Verfasser, die »einleuchtende Wahrheit« über die Borgia für alle sichtbar ans Licht zu holen. Dieses Buch, das zwar nicht »erhellend«, sondern eher »verdüsternd« auf die Geschichte der Borgia wirkt, wirft allerdings wirklich ein neues »Licht« auf die Familie.
Schon nach einem Jahr entschloß sich die Kirche, das Buch auf den Index zu setzen. Sein Erfolg wurde dadurch jedoch nur vergrößert. Im Ausland fand es schnell Verbreitung, und zu Beginn der 70er Jahre erschienen zwei Neuauflagen bei Elzevier in Amsterdam: zunächst 1670 eine mit Ergänzungen versehene Ausgabe von Gregorio Leti mit den gleichen fiktiven Angaben von Verleger und Verlagsort wie die Erstausgabe, und 1671 ein Raubdruck der Ausgabe von 1655 nur mit dem Text Tomasis ohne Gregorio Letis Kommentar. Die Ausgabe von Leti begann einen Siegeszug durch Europa. Der Herausgeber schrieb in seinem Vorwort, daß schon die Erstausgabe Tomasis »soviel Erfolg gehabt habe, daß die erhabensten Geister Europas und die größten Politiker des Universums es nicht nur bewunderten und in ihren Bibliotheken besitzen wollten, sondern es ständig in den Händen hielten«.
Die Wirkung des Buches reichte über Jahrhunderte. Victor Hugo[2], Ferdinand Gregorovius[3], Oskar Panizza[4] und andere Schriftsteller[5] beriefen sich ausdrücklich auf Tomaso Tomasis Biographie. Die Ausgabe Letis enthält eingreifende Veränderungen in Tomasis Arbeit und hat im Laufe dar Zeit erhebliche Verwirrungen ausgelöst.[6]
Tomaso Tomasi wurde schon wenige Jahrzehnte nach dem Tod des Autoren für ein Pseudonym gehalten und die Meinung setzte sich durch, das Buch sei eigentlich von Leti, der häufig unter anderen ähnlichen Namen veröffentlichte. So kommt es, daß wir 1852 eine Ausgabe des Literaturwissenschaftlers Fabi mit dem Verfassernamen Gregorio Leti haben. Tomasi wird vergessen. Erst Fassò klärte 1927 die Geschichte des Buches. Er stellt fest, daß es Tomasi gegeben hat, daß Leti dessen Buch höchst eigenmächtig veränderte, und daß Fabi verhängnisvoll irrte, indem er die Ausgaben von 1670 und 1671 verwechselte. So geschah es, daß bis 1927 ein Buch unter Letis Namen Verbreitung fand, in dem kein Wort Letis zu finden ist, während unter dem Namen Tomasi ein Buch kursierte, das zu wesentlichen Teilen eben nicht von Tomasi sondern von Leti stammte. Ich will die Odyssee des Buches nicht weiter verfolgen. Seit 1852 ist es in Italien nicht wieder aufgelegt worden, und in keiner römischen Bibliothek findet es

sich vollständig. Den 2.Teil, der die verhängnisvollen Ereignisse des Borgia-Pontifikats erzählt, habe ich nur in der Bibliotheca Angelica gefunden und zwar mit dem Vermerk »proibito« – »verboten«.[7]

Die Biographie Cesare Borgias, genannt Valentino,[8] ist ein literarisches Werk, das sich gattungsgeschichtlich schwer unter die Romane des 17. Jahrhunderts einreihen läßt, obwohl es einen für seine Zeit typischen Geschmack und eine modische Gesinnung verrät. Trotz der von Tomasi erklärten Intention, Historisches berichten zu wollen, trägt es romanhafte Züge, das Moment der Unterhaltung ist dem der Information vorrangig. Leti verstärkt durch seine Ergänzungen den literarischen Aspekt. Er schreibt in seinem Vorwort, er sei stets »beflissen gewesen, daß der Leser sich vergnüge, so wie er sich selbst auch beim Schreiben vergnügt« habe.[9] Tomasi erklärt in seiner Einleitung, daß er dem Leser das Bild eines Fürsten vorführen wolle, der seine Macht mißbraucht habe und ein Beispiel dafür sei, wie man nicht mit Herrschaft umgehen dürfe. Insofern schließt Tomasis Buch an die Fürstenspiegel an, wie wir sie aus dem 17. Jahrhundert kennen. Aber schon Tomasi legte Wert auf die privaten Elemente der Geschichte und verfolgte über das politische hinaus das persönliche Schicksal Cesare Borgias. Dem männlichen Helden wird die weibliche Gegenspielerin an die Seite gestellt. Letis Ergänzungen entstammen ausschließlich dem intimen Bereich, der sich mit der weiblichen Figur verknüpfen läßt, so daß seine Ausgabe, mehr noch als das ursprüngliche Buch, an den Intrigenroman des 17. Jahrhunderts erinnert.

Die weibliche Rolle übernimmt nicht, wie man vermuten könnte, Lucrezia, Alexanders Tochter, sondern die Geliebte und Mutter seiner Kinder Vanozza Catanei. Wie auch in anderen literarischen Arbeiten des 17. Jahrhunderts spielen bei den Charakterisierungen antike Vorbilder eine entscheidende Rolle. Während in historischen Arbeiten der Zeit häufig der Einfluß Suetons zu bemerken ist, läßt sich – wie auch in diesem Fall – bei literarischen Texten eher eine Nähe zu Tacitus nachweisen. Bis in den Wortlaut hinein zeigt die Beschreibung Vanozzas Ähnlichkeiten mit den mächtigen Frauengestalten aus der Geschichtsschreibung des Tacitus, zum Beispiel mit Julia Augusta: »Herrschsüchtige Mutter, gefällige Gattin, an List dem Gemahl, an Verstellung dem Sohn Tiberius gewachsen«, heißt es bei Tacitus und fast wörtlich bei Leti über Vanozza.[10]

Die Bedeutung der weiblichen Rolle innerhalb der Handlung entsprach dem Bedürfnis des Autoren, der unter dem Vorwand Religiöses und Ethisches zu berichten, dem Leser Unterhaltung mit bizarren Geschichten bieten wollte. Durch die Konfrontation des staatspolitisch bestimmten männlichen Handelns mit dem intrigierenden Machtbedürfnis der weiblichen Charaktere erreichte er sein Ziel. Das 17. Jahrhundert hatte eine problematische Sicht der Frau entwickelt, an der der Kampf der Kirche gegen ketzerische Bestrebungen mitbeteiligt war. Der Anlaß der Inquisition war der zunehmende Machtverlust der Kirche, den man glaubte mit gesetzlichen Maßnahmen unterbinden zu können.[11] Die zahllosen Hexenprozesse – allein in Deutschland waren es im 17. Jahrhundert über 100 000 – zeigen, daß der Vorwurf der Ketzerei sich häufig mit dem der Hexerei vermischte. Auf der Suche nach Schuldigen für Widrigkeiten aller Art bot es sich an, die Möglichkeit der Inquisition auszunutzen und störende Außenseiter als Verbrecher anzuklagen. Überwiegend waren es Frauen, die der Inquisition anheim fielen. Der Hexenhammer, nach dessen Muster die meisten Hexen- und Ketzerprozesse geführt wurden, hatte es deutlich formuliert: »Schuld« an nahezu allen Übeln war die Zauberei der Hexen, meist von Frauen, denn,

so liest man, der Teufel bevorzugt schöne Frauen mit langen Haaren, um sein Unwesen zu treiben.[12]
In dieser Atmosphäre erwachte auch wieder das Interesse an den Tagebüchern von Alexander Borgias Zeremonienmeister, dem Straßburger Johannes Burchardus. 1655, im gleichen Jahr wie Tomasis Buch, geschah eine von Papst Alexander VII. veranlaßte Abschrift der Tagebücher durch Onofrio Panvinio, von der gerade die Passagen, die auch Susanne Schüller-Piroli in Zusammenhang mit dem Hexenglauben des Straßburgers sieht, besonderes Interesse auslösten.[13] In Letis Ergänzungen zum sogenannten Kastanienball erkennt man wörtliche Übernahmen von Burchardus. In diesen Jahren erneuerte sich die Auseinandersetzung mit dem problematischen Papst Alexander Borgia. Aus katholischer Sicht mußte nach einem Weg gesucht werden, den Papst zu entschuldigen, um ihn der Würde seines Amtes entsprechend in die Geschichte eingliedern zu können. 1613 schrieb Enrico Spondano, Guicciardini habe einen Fehler gemacht, Papst Alexander die Hauptschuld an der Misere Italiens zu geben, anstatt – »wie es besser gewesen wäre« – dem Sohne Cesare Borgia.[14] Diesen Gedanken verwirklichte Tomasi. Seine Biographie heißt nicht nach dem eigentlichen Protagonisten Alexander, sondern der Papstsohn Cesare Borgia wird unter seinem Spitznamen »Valentino« der Titelheld des Romans, so daß der Name Borgia nicht im Titel erscheinen mußte. Durch den Urenkel Alexanders, den Jesuitengeneral Francesco Borgia, hatte der Name an Prestige und Würde gewonnen, vor allem im 17. Jahrhundert, als Francesco 100 Jahre nach seinem Tod 1671 von Papst Alexander VII. heiliggesprochen wurde. Tomasi ging soweit, zu erwägen, daß Alexander VI. erst nachträglich den Namen Borgia angenommen habe und im Grunde zur Familie Lenzuolo gehöre. Diese Version

Vanozza Catanei, Geliebte Rodrigo Borgias, später Papst Alexanders VI.

wurde besonders im 18. Jahrhundert, in dem die Bedeutung der Jesuiten und damit das Prestige Francesco Borgias in Europa erheblich war, verbreitet übernommen.[15]
Papst Alexander VI. und der Name Borgia sollten also entschuldigt werden, indem die wichtigste Figur »Valentino« wurde.
Schuld im eigentlichen Sinne ist bei Tomasi aber auch nicht Valentino, sondern eine Frau, die sich seiner als Mittäter bedient. Die Frau selbst konnte nicht als politisch Handelnde auftreten, sondern ihren Einfluß nur indirekt durch Intrigen und Zauberei auf den Mann

ausüben. Zum ersten Mal wird Vanozza, die Geliebte Alexanders, die eigentliche Hauptfigur des Borgia-Pontifikats.[16] Vanozza Catanei, heißt es, verführt den unschuldigen Papst mit teuflischer List zum ungesetzlichen Beischlaf, der wie alle Unzucht nur zu »Produkten von Monstren«, von Bestien wie Cesare, führen kann. Alexander entspricht bei Tomasi dem gefallenen Engel, der auch in seiner Sündhaftigkeit dem Herrn dient, was sich unter anderem daran zeige, daß er und sein Sohn Valentino, wenn auch mit falschen Mitteln, zur Vergrößerung der kirchlichen Macht beitragen. Gott müsse zulassen, was der apostolischen Kirche nützt.

Dem Papst Alexander konnte nunmehr nur noch der Vorwurf gemacht werden, Eva nicht widerstanden zu haben, nicht erkannt zu haben, daß sie mit der Schlange im Bunde ihn zum Bösen verführte. Vanozza wird als Sünderin und Verführerin dargestellt, die mit der Macht, die sie über ihre Kinder auf den Papst ausüben kann, schuldig ist an allem, was Italien widerfährt und an allem, was dem Papst vorzuwerfen ist. Leti gestaltet diesen Gedanken phantastisch aus. Bedenkt man, wie verhältnismäßig wenig über Vanozza tatsächlich aus Dokumenten und Urkunden bekannt ist, erkennt man, daß ihre Gestalt in dem Tomasi-Leti-Buch nichts, aber auch gar nichts mit der historischen Person Vanozza zu tun hat. Es gibt vielleicht kein zweites Beispiel der Borgia-Rezeption, das so offen legt, wie ein Jahrhundert sich seine eigene Geschichte frei aus rudimentärem Material entwirft und die eigene Wirklichkeit auf die Vergangenheit überträgt.

Vanozza Catanei wurde 1442 geboren und lernte mit etwa 30 Jahren Alexander kennen, der damals als junger Kardinal noch den Namen Rodrigo trug. Über viele Jahre verband beide eine eheähnliche Beziehung, aus der vier Kinder entstanden sind.[17] Vanozza war zweimal in Scheinehen mit päpstlichen Beamten verheiratet. Nachdem sie 1484 wieder Witwe geworden und Rodrigo Borgia sich anderen Frauen zugewandt hatte, heiratete sie den mantuanischen Humanisten C.Canale. Zu Borgia stand sie weiterhin in freundschaftlicher Beziehung und wurde von ihm als Mutter seiner Kinder großzügig versorgt. Sie besaß mehrere Häuser und führte ein wohlhabendes Leben. Ihre zahlreichen Stiftungen für Klöster und Spitäler sind uns durch Dokumente bekannt und belegen ihr christliches Engagement. Zu ihrem Besitz gehörten mehrere Gasthäuser, wodurch die Legende entstand, Rodrigo habe sie als Wirtin kennengelernt; ein Bericht erzählt sogar, sie habe dem Kardinal die Wäsche gewaschen. Wahrscheinlicher ist die These Susanne Schüller-Pirolis, die Material gefunden hat, dem zu entnehmen ist, daß Vanozza vermutlich aus einer Familia der lombardischen Marmorari stammt. Diese Künstler-Handwerkergemeinschaft war mit ihren Marmorarbeiten in ganz Italien an Bauvorhaben beteiligt, so daß Rodrigo Borgia Vanozza durch seine Palastbauten in Rom und Pienza kennengelernt haben könnte.

Viel weiß man nicht über Vanozza, vor allem nicht aus der Zeit als Alexander Borgia als Papst im Vatikan lebte, den Vanozza selten, wenn überhaupt, betrat. Mit Sicherheit aber hatte sie keine Position, die ihr über den Papst politische Macht verlieh, nicht im Entferntesten könnte man ihren Einfluß dem einer Mätresse im Barock vergleichen.

Gerade das aber machte Tomasi. Schon auf den ersten Seiten stellt er sie als die Frau vor, die durch ihren Einfluß auf Alexander die eigentlich Verantwortliche für alles weitere Geschehen ist. Tückisch, so heißt es, verbirgt Vanozza, die Harpye, ihr eigentliches Wesen, so daß Alexander sie nicht als Sirene erkennt, die ihn verführen will.[18] Mit der Mythologie der Antike beschreibt

Tomasi bildhaft, was er dem Leser sagen möchte. Die Sirene Vanozza ist der Inbegriff der Frau, die im 17. Jahrhundert bekämpft wird. Sie stellt den Bezug zur christlichen Schöpfungsgeschichte her, in der die Frau als das Verhängnis angesehen wird, Ursache des Bösen in der Welt ist. Eva-Vanozzas Verführungswerk belastet alles weitere Geschehen in doppelter Weise: Vanozza hat den späteren Papst durch Zauberei zur Unzucht verführt und durch den sündhaften Akt des ungesetzlichen Beischlafs eine Bestie, den Sohn Cesare, gezeugt, der dann als handelnde politische Person im weiteren Verlauf des Pontifikats Ursache alles Bösen ist. Der Sündenfall Rodrigos ist der Ausgangspunkt aller Ereignisse, die sich sämtlich auf die Verführung der Vanozza, die Urschuld der Frau, zurückführen lassen.

Cesare Borgia wird mit Achill verglichen und zunächst als »göttlicher Sohn« bezeichnet. Er hat grandiose Begabungen, die durch die »tyrannische« Erziehung der Mutter zum Bösen gewendet werden, so daß Cesares schlechter Charakter als ihr Werk gelten muß.[19]

Als Tomasi sein Buch begann, wählte er eine der bekanntesten Skandalgeschichten der unmittelbaren Vergangenheit, um sein Publikum mit einem spannenden Stoff zu unterhalten. Zudem erhoffte er sich einen beträchtlichen Erfolg mit seinem Roman, vor allem bei der Kirche. Seine Geschichte des Borgia-Pontifikats entschuldigte den Papst zwar, blieb aber dennoch bei einer vernichtenden Bewertung des Pontifikats. So hoffte Tomasi, sowohl dem Papst als auch den Borgia-Gegnern einen Gefallen zu erweisen. Er mußte die Erfahrung machen, daß seine Gratwanderung sich nicht bewähren konnte. Die Kirche bevorzugte über Alexander VI. zu schweigen, an die große Glocke wollte niemand Einzelheiten hängen, schon gar nicht, wenn sie so anschaulich erzählt waren. Tomasi be-

mühte sich 9 Jahre vergeblich, bei den Medici finanzielle Unterstützung für den Druck seines Buches zu bekommen. Aber die Granduchessa Vittoria della Rovere, der er sein Buch widmete, Gattin von Fernando II. Medici, zögerte aus Sorge, sich dadurch mit der Kirche in Rom zu überwerfen. Enttäuscht publizierte Tomasi daraufhin sein Buch schwarz ohne Genehmigung und ohne finanzielle Hilfe mit den genannten Pseudonymen. Drei Jahre nach dem Erscheinen starb Tomasi, erlebte also nur noch das Verbot und nicht mehr den großen Erfolg, den es haben sollte.[20]

Gregorio Leti, der das Buch 15 Jahre später neu herausgab, hatte eine vollkommen andere Position als Tomasi. 1630 in Milano geboren, sollte er zunächst auf

Drängen eines bischöflichen Onkels Priester werden. Leti gab sein Studium jedoch nach wenigen Jahren auf, bereiste das In- und Ausland und arbeitete als Lehrer und Schriftsteller. 1660 lernte er in Genf durch seine spätere Frau den Calvinismus kennen und konvertierte. Von da an sind seine Bücher von Haß gegen die katholische Kirche und gegen das Papsttum geprägt. Er sah in Tomasis Roman eine Papstbiographie, die ihn vor allem wegen der Bedeutung Vanozzas interessierte. Erotische Themen beschäftigten Leti auch in seinen anderen Büchern, so hat er drei Arbeiten über das Hurenwesen in Rom geschrieben, und in seinen historischen Romanen die Beziehungen zwischen Mann und Frau in den Mittelpunkt gestellt.[21]
Als erklärter Papsthasser kam ihm das Thema der Familie Borgia gelegen, da er anders als Tomasi, der Papst Alexander VII. nicht verärgern wollte, gerade die Konfrontation mit der Kirche suchte. Seine Ergänzungen, die er nicht kennzeichnete, und die man nur durch unmittelbaren Textvergleich herausfinden kann, zeigen, daß sein Interesse primär Vanozza und nur in zweiter Linie dem Papst galt. Leti führt Vanozza jedesmal dann ein, wenn es Schlechtes und Verhängnisvolles über Alexander oder Cesare zu berichten gibt. Ihrer Macht über den Papst schreibt er eine unproportionale Bedeutung zu, die bei weitem den Ansatz Tomasis überschreitet.
Gregorio Leti hatte bei seinen vielen Reisen durch Europa Gelegenheit gehabt, das Mätressenwesen, das im 17. Jahrhundert an Bedeutung gewonnen hatte, von all seinen Schattenseiten kennenzulernen. 1666 schrieb Leti einen Roman über »Das Leben der Olimpia Maidalchini«, die am Hof von Papst Innozenz X. erheblichen Einfluß auf dessen politische und kirchliche Entscheidungen hatte. Die Schmähschrift auf den Papst hat den gleichen Charakter wie die veränderte Ausgabe von Tomasis Borgia-Roman. Es handelt sich um ein Zeitporträt, das in Zusammenhang mit Letis Vanozza-Gestalt gesehen werden muß, selbst wenn Kritiker recht bekommen, die Galeazzo Gualdi und nicht Leti für den Verfasser halten. Vanozzas Einfluß auf Alexander wird genauso beschrieben wie der Einfluß Olimpias auf Innozenz. Tatsächlich schrieb ein venezianischer Gesandter 1645, Olimpia gewänne täglich mehr Macht über den Papst.[22] Auch der Historiker Pastor war der Auffassung, Olimpia habe die eigentliche Macht im Kirchenstaat gehabt, und durch ihre Person falle ein großer Schatten auf das Pontifikat.[23] Gregorio Leti hat die Jahre Olimpias in Rom unmittelbar miterlebt. Aus calvinistischer Sicht mußte er sich später darüber besonders empören, zumal unter Alexander VII. die Situation im Vatikan nicht wesentlich verändert war. Wieder hatte eine Frau Einfluß auf den Papst und beschäftigte die Klatschmäuler ihrer Zeit: Christine von Schweden gehörte zu den Persönlichkeiten, von denen im 17. Jahrhundert am meisten geredet wurde. Sie war die erste Herrscherin, die versuchte, die Hexenprozesse abzuschaffen. Die Absichten Christine von Schwedens und die Olimpia Maidalchinis waren zwar grundverschieden, ihre Charaktere kaum vergleichbar, aber gemeinsam ist ihnen der ungewöhnliche Einfluß auf den Papst. Ein Gesandtschaftsbrief aus dem Jahre 1664 berichtet, Christine habe sich vollkommen zur Herrin über den Papst gemacht. Leti war der exaltierte Katholizismus Christines zutiefst zuwider. 1674 erschien auch über diese Frau ein Skandalroman in Paris, allerdings nicht von Leti, sondern von Chanut, der viele Ähnlichkeiten mit Letis Ergänzungen aufweist. Das Mätressenwesen entrüstete eben nicht nur Leti, der allerdings in besonderer Weise auf allen Stationen seines Lebens mit den politischen Konsequenzen konfrontiert wurde. Die 70er Jahre verbrachte er als Hof-

Schützenscheibe mit Amoretten, Schwäbisch Hall, 17. Jhd.

schriftsteller in Frankreich bei Ludwig XIV. und erlebte dort den Aufstieg der Marquise von Maintenon und ihren wachsenden Einfluß auf den Sonnenkönig, dessen offizielle Geliebte sie ab 1674 war. Als Leti 1680 an den Hof Karls II. nach England ging, traf er vergleichbare Verhältnisse an. Karl hatte neben der Herzogin von Monmouth noch zahlreiche andere Mätressen.

Während Tomasi als Reformkatholik die Verhältnisse am Hof Alexanders VI. durch die Schuldzuweisung an dessen Geliebte Vanozza zu entschuldigen suchte, nahm Gregorio Leti das dürftige Handlungsgerüst der ihm bekannten Ereignisse und formte es der eigenen Erfahrung entsprechend um zu einer Geschichte, die dem ganzen Charakter nach eher dem Barock, der eigenen Zeit Letis gleicht, als der Zeit Alexander Borgias. Vanozza stellt nicht nur das Motiv, sondern sie ist die Initiatorin aller entscheidenden Handlungen. Ihre widernatürliche Liebe zu ihrem Sohn Cesare ist der Grund dafür, daß sie diesen bewegt, den eigenen Bruder aus dem Wege zu räumen. Nach der Ermordung feiert sie kaltblütig und verhehlt nicht, daß sie keinen Anlaß hat, Trauer zu tragen.[24] Auch die Kardinalsabdankung Cesares geschieht nach Leti auf ausdrücklichen Wunsch der Mutter.[25] Der berüchtigte Kastanienball findet selbstverständlich in ihrer Anwesenheit und unter ihrer Regie statt, ja alle Perversionen, die begangen werden, hat sie selbst dem Papst und seinem Sohn beigebracht.[26] Vor allen wichtigen Ereignissen, die sich als verhängnisvoll erweisen, ist sie anwesend und trägt dazu bei. Durch die Einschübe Letis wird Vanozza zu der fürstlichen Mätresse, die als graue Eminenz das Geschehen der Kirchenpolitik bestimmt. Sie gleicht der Mätresse des 17. Jahrhunderts, die ihre Machtposition durch die gemeinsamen Kinder, die sie mit dem Papst hat, zum eigenen Vorteil nutzt. Die Tagebücher des Burchardus bestärkten Leti in seiner frauenfeindlichen Interpretation und gehen unmittelbar in seine Arbeit an der Borgia-Biographie mit ein. Während aber Burchardus, wie auch die Historiker des 16. Jahrhunderts, bevorzugt der jugendlichen Lucrezia die Schuld an den verhängnisvollen Entwicklungen im Vatikan gab, suchten Leti und Tomasi ihrer Zeit entsprechend die Ursache des Übels gerade nicht bei der Tochter, sondern bei der reifen Frau, der Matrone, die als Mutter von Alexanders Kindern ihre Macht auf ihn ausübt. In der Leti-Ausgabe des Tomasi-Romans verbinden sich der Hexenglaube des Straßburger Zeremonienmeisters mit dem Bild der barocken Gesellschaft. Im 17. Jahrhundert, dem Jahrhundert der Inquisition und der Mätressen, verwandelt sich Burchardus' Vorstellung von einem Hexensabatt im Vatikan in ein barockes Fest der Mätresse Vanozza am absolutistischen Hof des päpstlichen Herrschers Alexander VI. Borgia. Tomasi zitiert Egidio da Viterbo, der schrieb, im Vatikan herrschten Gold, Gewalt und Venus.[27] Letis Vorwurf heißt nur noch: »Venus imperabat!«

Anmerkungen

1 Der florentinische Historiker Francesco Guicciardini – der die wichtigste historische Quelle des 16. Jahrhunderts für die Borgia-Forschung ist – schreibt 1534 seine zwanzigbändige »Storia d'Italia« für Paul III. Farnese unter den moralischen Prämissen des sich in Vorbereitung befindlichen tridentinischen Konzils und kommt so konsequent durch die Stimmung der Vorreformation zu einer radikalen Verurteilung des Borgia Pontifikats. (Vgl. dazu M.Hermann-Röttgen: Die Familie Borgia – Geschichte einer Legende, Stuttgart 1992, S. 1–52. Ab jetzt zitiert als: Hermann-Röttgen, Die Familie Borgia.)

2 Victor Hugo nennt Tomasi (1833) als eine seiner Quellen und fordert seine Leser auf, sich der Wahrheit zu vergewissern: »Lisez Tomasi ...« (Œvres complètes, Bd. 8–9., Théâtre, hrsg. von A.Ubersfeld, Paris 1985, S. 972).

3 Ferdinand Gregorovius nennt Tomasi (1874) unter zahlreichen anderen Quellen in der Einleitung zu seiner »Lucrezia Borgia«, München 1923.

4 Oskar Panizza beruft sich 1893 in seinem Aufsatz »Die unbefleckte Empfängnis der Päpste« und 1895 in seiner Verteidigungsrede im Rahmen des Prozesses wegen der Gotteslästerung in seinem Drama über Alexander VI. »Das Liebeskonzil« auf die Schrift Gregorio Letis alias Tomaso Tomasis (Schiller-Theater: O. Panizza: Das Liebeskonzil, Programmheft Berlin 31. 12. 1988).

5 Im Weiteren findet sich Tomasi als Quelle vor allem in den Schriften, die zwischen historischem Roman und wissenschaftlichem Bericht anzusiedeln sind, wie zum Beispiel M. Belloncí, J. Brambach, I.Cloulas und ähnliche Arbeiten (siehe Bibliographie).

6 Vgl. dazu Hermann-Röttgen Familie Borgia, S. 68–89.

7 In der Biblioteca Apostolica Vaticana befindet sich – zumindest offiziell – auch nur der erste, relativ unverfängliche Teil des Werks.

8 Cesare Borgia wird Valentino genannt wie sein Vater Alexander VI. und sein Großonkel Calixt III. auf Grund der familiären Herkunft aus Valencia und ihres Bistums eben dort. 1499 wird Cesare durch seine Heirat mit Charlotte d'Albret Herzog von Valence und ist nun doppelt berechtigt, den Namen Valentino zu tragen.

9 Vgl. auch die Einleitung zu G. Letis Roman »Olimpia Maidalchini«, Amsterdam 1666 (S. 2 und 329), der auch sonst mit der »Vita del Duca Valentino« zu vergleichen ist.

10 Tacitus 1834, V, 1

11 Vgl. dazu auch W.-E. Peuckert über das ›Apokalyptische Saeculum‹ in: Die große Wende, Darmstadt 1966, I. S. 121 ff.

12 J. Sprenger und H. Institoris: Der Hexenhammer (Malleus Maleficarum, Straßburg 1487), Berlin 1906, passim.

13 Vgl. zu der Beziehung zwischen Burchardus und den gleichfalls aus Straßburg stammenden Großinquisitoren Sprenger und Institoris S. Schüller-Piroli: Borgia – Die Zerstörung einer Legende. Die Geschichte einer Dynastie, Freiburg i. Br. 1963, S. 51 ff. und Hermann-Röttgen: Familie Borgia, S. 53 ff.

14 Nach Luciani 1949, S. 43.

15 Vgl. F.M. Voltaire: Crimes du Pape Alessandre VI. et son fils, in: Essai sur les moeurs et l'esprit des nations, in: Œuvres XVII. hrsg. von M. Beuchot, Paris 1929, CX, S. 83 ff.

16 In der Literatur übernimmt die Frau erst im 18. Jahrhundert eine wirklich eigenständige Rolle als Heldin.

17 Aus der Beziehung zu Vanozza Catanei sind vier Kinder geboren worden, die Alexander bereits als Kardinal Rodrigo Borgia alle als legitim anerkannte: 1475 Cesare, der zunächst Kardinal war, nach dem Tod seines Bruders Juan dessen militärische Aufgaben bei den päpstlichen Truppen übernahm, in Folge des väterlichen Todes alle Macht verlor, als Gefangener nach Spanien gebracht wurde und dort 1507 nach seiner Flucht aus dem Kerker im Kampf um die Befreiung Vianas von Rebellen ermordet wurde, 1476 Juan, später der zweite Herzog von Gandia, der 1497 ermordet aus dem Tiber gefischt wurde, 1480 Lucrezia, die nach zwei vorausgegangenen Ehen mit Giovanni Sforza und Alfonso von Aragon den Herzog von Ferrara Alfonso d'Este heiratete und 1519 im Kindbett starb, 1482 Gioffre, der mit Sancia von Aragon verheiratet wurde und alle anderen überlebte.

18 Vgl. T. Tomasi: La Vita del Duca Valentino, Monte Chiaro 1655, S. 7 ff. Ab jetzt zitiert als: Tomasi 1655.

19 Tomasi 1655, I, S. 10.

20 Vgl. zur Geschichte des Textes von Tomasi L. Fassò: Avventurierei della Penna del Seicento, Firenze 1927.

21 Siehe dazu Bibliographie G. Leti.

22 L. Pastor: Geschichte der Päpste im Zeitalter der Renaissance,

Freiburg im Breisgau 1924, Bd. XIV, 1, S. 29. Ab jetzt zitiert als Pastor XIV.
23 Pastor XIV S. 277.
24 Tomasi/Leti II, 1670, S. 279 f.
25 Tomasi/Leti II, 1670, S. 283.
26 Tomasi/Leti II, 1670, S. 185.
27 Egidio da Viterbo in:Tomasi, 1655, I, 137.

Bibliographie

Bellonci, M.: Lucrezia Borgia, Milano 1939

Brambach, J.: Die Borgia, Faszination einer machtbesessenen Renaissance-Familie, München 1988

Burchardus, J.: Diarium, hrsg. von E.Celani, Rer. it. script. 32, Città di Castello 1907

Cloulas, I.: Die Borgias, Biographie einer Familiendynastie, Zürich 1987

Fassò, L.: Avventurieri della Penna del Seicento, Firenze 1927

Gregorovius, F.: Lucrezia Borgia, München 1923

Guicciardini, F.: Storia d'Italia, hrsg. von C. Panigada, Bari 1929

Hermann-Röttgen, M.: Die Borgia. Geschichte und Geschichten, in: Die Renaissancefamilie Borgia – Geschichte und Legende, Kataloge d. Häll.-Fränk. Museums Schwäb.Hall Bd. 6, hrsg. v. E.Schraut, Sigmaringen 1992, 15 ff.

–: Die Rezeption der Borgia in der Literatur, in: s.o. 147 ff

–: Die Familie Borgia – Geschichte einer Legende, Stuttgart 1992

–: Zwischen Politik und Hexensabbat. Die Borgia – Renaissancefamilie im Zwielicht, in: Kultur. Kritische Blätter für Kenner und Neugierige, 3. Jahrgang Juni/Juli Stuttgart 1992, 8 ff.

–: Vanozza al segle XVIII: l'amant d'Alexandre VI com a favorita barroca Mätresse, in Rivista Storica »Afers«, Valencia 1994

–: La familia Borja – Historia di una leyenda, Edicions Alfons el Magnànim, Valencia 1994

–: I Misteri dei Borgia, in Storia e Dossier, Anno IX N. 88, Giunti, Florenz, November 1994

Leti, G.: La Vita del Duca Valentino, hrsg. von M. Fabi; Milano 1852

–: Olimpia Maidalchini, Amsterdam 1666

–: Il Puttanismo moderno, Roma 1665

–: Il Conclave delle Puttane, Roma 1668

–: Il Puttanismo di Roma 1668

–: (Hrsg.) Vita del Duca Valentino, s. T. Tomasi

Panizza, O.: Das Liebeskonzil. Eine Himmelstragödie, Darmstadt/Neuwied 1982

–: (Schiller-Theater): Das Liebeskonzil, Programmheft Berlin 31. 12. 1988).

Pastor, L.: Geschichte der Päpste im Zeitalter der Renaissance, Bd. III und Bd. XIV Freiburg i. Br. 1924

Peuckert, W.-E.: Die große Wende, Darmstadt 1966

Schüller-Piroli, S.: Borgia – Die Zerstörung einer Legende. Die Geschichte einer Dynastie, Freiburg i. Br. 1963

Spondano, E.: Annalium ab anno MCXCVII ad finem, Paris ab 1613 bis 1658

Sprenger, J., Institoris H.: Der Hexenhammer (Malleus Maleficarum, Straßburg 1487), Berlin 1906

Tacitus, G.C.: Annales I–XVI, hrsg. von H. Gutmann, Stuttgart 1834

Tomasi, T.: La Vita del Duca Valentino, Monte Chiaro 1655

–: La Vita del Duca Valentino, hrsg. von G. Leti, Monte Chiaro 1670

–: La Vita del Duca Valentino, Amsterdam 1671

–: La Vita del Duca Valentino, hrsg. Fabi, Milano 1853

Voltaire, F. M.: Crimes du Pape Alessandre VI. et son fils, in: Essai sur les moeurs et l'esprit des nations, in: Œuvres XVII, hrsg. von M. Beuchot, Paris 1929

Biographie

Dr. phil. Marion Hermann-Röttgen, geboren 21. 12. 1944 in Wittenberg/Elbe. Aufgewachsen in Hamburg, seit 1966 wohnhaft in Stuttgart.

Staatsexamen für Sprecherziehung an der Staatlichen Hochschule für Musik in Stuttgart, Magister Artium für vergleichende Literaturwissenschaft und Philosophie an der Universität Stuttgart, ebendort Promotion über die Geschichte der Legende Borgia.

Lehraufträge für Sprach- und Literaturwissenschaft an verschiedenen Hochschulen und Universitäten. Außerdem Staatsprüfung für Logopädie und seit 1974 Inhaberin einer Praxis für Sprach- Sprech- und Stimmstörungen in Stuttgart/ Leonberg.

Diverse Publikationen über die Borgia.

Lucrezia Borgia – ein Frauenideal der Renaissance?

Von Helga Schüppert

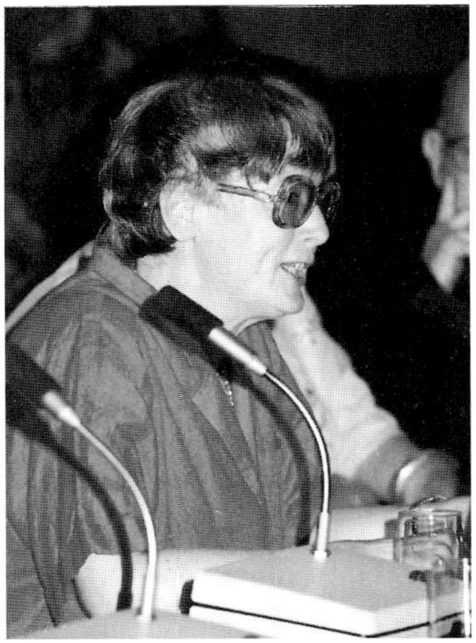

Sie bringen an diesen Ort und in diesen Tag schon ein Bild, Ihr Bild von Lucrezia Borgia mit: das Bild einer leicht verschiebbaren Figur auf dem Schachbrett der Geschichte, das Bild einer verführerischen und verführbaren Schönheit, das Bild einer Frau mit faszinierender Ausstrahlung – oder aber teuflischen Kräften. Für all diese Facetten lassen sich Belege und Begründungen in der Tradition von 500 Jahren Geschichtsschreibung und Dichtung, Musiktheater und Film finden, und so fragen Sie: Gibt es eine Annäherung an die historische Lucrezia?[1]

Ja, es gibt eine Annäherung, nämlich die Gewißheit über persönliche Daten der Papsttochter, die aus offiziellen Quellen – Urkunden, Briefen, Chroniken – sicher zu erschließen sind. Aus dem tabellarischen Lebenslauf gebe ich einige Stationen:[2]

1480	Geburt in Subiaco Vater: Kardinal Rodrigo Borgia, päpstlicher Vizekanzler. Mutter: Vanozza Cattanei, römische Witwe
1488	Erziehung im Haus der Base Rodrigo Borgias, Adriana di Mila Orsini
1491	Erste Heiratspläne Rodrigos mit Spanien
1492	Rodrigo wird Papst Alexander VI. Auflösung der spanischen Verlobung Lucrezias
1493–97	Ehe Lucrezias mit Giovanni Sforza. Die Ehe wird wegen angeblicher Impotenz des Ehemannes aufgelöst
1498	Ermordung von Perotto Caldès im Vatikan. Geburt von Giovanni Borgia, »Infans Romanus«, Herkunft ungeklärt. Lucrezia heiratet Alfons von Aragon, Herzog von Bisceglie
1499	Flucht Alfons von Aragons aus Rom. Ernennung Lucrezias zur Gouverneurin von Spoleto
1500	Ermordung Alfons von Aragons im Vatikan
1501	Lucrezia wird mit Alfonso d'Este vermählt
1502	Hochzeitszug nach Ferrara. Lucrezia begegnet dort Pietro Bembo
1503	Tod Alexanders VI.
1505	Lucrezia wird Herzogin von Ferrara
1508	Geburt des ferraresischen Erbfolgers Ercole d'Este
1509	Französisch-päpstliche Liga. Alfonso d'Este wird Gonfaloniere der Kirche
1510	Alfonso wird exkommuniziert. Lucrezia regiert Ferrara
1519	Letzte Schwangerschaft Lucrezias. Sie stirbt an den Folgen des Kindbettfiebers.

Hinter diesem Datengerüst birgt und verbirgt sich eine Frau, deren Bild schon von Gelehrten wie von Dichtern ihrer eigenen Zeit und auch späterer Epochen mit vielen »Legenden« übermalt wurde, so daß sie hier als Dulderin, dort als Teufelin aus dem Dunkel der Vergangenheit tritt. Uns interessiert deshalb der Versuch, Lucrezia aus ihrer Zeit zu verstehen und zu fragen: Gibt es ein wirklichkeitsgetreues Bild von Aussehen und Charakter der Papsttochter? Und: Inwieweit repräsentiert sie das Frauenideal der Renaissance?

Humanismus und Renaissance, die bedeutenden Bewegungen des ausgehenden Mittelalters und der frühen Neuzeit, brachten mit der Wiederbelebung der Antike und dem hohen Lebensstil der Oberschicht in den italienischen Städten ein verändertes Bild der Frau. Es setzte misogynen kirchlichen Traditionen das Ideal der Verbindung von *Schönheit, Bildung* und *Tugenden* entgegen.[3] Nicht wenige Autoren sahen sogar – in neuer Auslegung des alten Genesistextes von der Erschaffung der Welt – die Frau als »Krone der Schöpfung«, weil sie in der aufsteigenden Stufenfolge den letzten und obersten Platz einnimmt.[4]

Betrachten Sie mit mir nun Lucrezia im Vergleich mit den Idealbildern ihrer Zeit, speziell im Kontext *literarischer* Frauenideale um 1500! Mit Rückgriff auf die in der Renaissance besonders betonte »dignitas«, d.i. »Würde«, und die positive Wertung der Frau in ihrer äußeren Erscheinung wie in ihren inneren Eigenschaften fragen wir:

1. Wie schön war Lucrezia? Und
2. Welche Tugenden konnten ihr zugesprochen werden?

I. Wie schön war Lucrezia?

Sie sind, meine Damen und Herren, schon der Schönheit eines Bildes verfallen, wenn Sie sich von zwei faszinierenden dunklen Augen eines stilisierten Plakats zur Ausstellung »Die Borgia aus der Sicht zeitgenössischer Künstler« (Schwäbisch Hall 1992) faszinieren lassen. Das Bild ist eine moderne Umsetzung eines weiblichen Brustbildes, das 1506–08 am Hof von Ferrara, somit am Hof der Lucrezia, von einem nicht näher bekannten Künstler Bartolomeo Veneto gemalt wurde,

Portrait, fälschlich als Lucrezia Borgia bezeichnet, von Bartolomeo Veneto, Frankfurt, Städelsches Kunstinstitut

und das sich heute im Städel / Frankfurt am Main befindet (Abbildung im Anhang). Der Städel-Katalog von 1971 setzt hinter »Lucrezia Borgia« allerdings ein Fragezeichen.[5] Mögen meine kunsthistorischen Borgiakolleginnen oder -kollegen sich der Identifikation oder deren Zurückweisung annehmen – mir genügt für meinen Ansatz das Bild als Visualisierung der Schönheitideale, die sich auch im Frauenbild der *Dichter und Literaten* jener Zeit finden.[6] Betrachten Sie das Bild und vergleichen Sie damit folgende Beschreibung von Agnelo Firenzuola, einem viel gelesenen und in der Moderne noch oft beachteten florentiner Theoretiker. In seinem Dialog »Delle bellezze delle donne«, der zuerst 1548 in Florenz gedruckt wurde, verlangt er von seinem Muster an Schönheit folgendes Aussehen:[7]

Das Weiße im Auge soll leise bläulich sein, die Iris nicht gerade schwarz. Das Auge selbst soll groß sein und hervortreten. Die Lider müssen weiß sein, mit kaum sichtbaren roten Äderchen, die Wimpern weder zu dicht, noch zu lang, noch zu dunkel. Das mittelgroße Ohr muß in den geschwungenen Teilen lebhafter gefärbt sein als in den flacheren. Die Schläfen sind weiß und flach und nicht zu schmal am schönsten. Die Nase muß nach oben sehr sanft und gleichmäßig abnehmen, der untere Teil muß sanfter gefärbt sein als die Ohren, darf aber nicht weiß sein. Den Mund verlangt der Autor eher klein, weder spitz noch platt, die Lippen gut aufeinanderpassend. Besonders schön sind das Grübchen in der Oberlippe und ein leichtes Anschwellen der Unterlippe. Die Zähne sollten so sein: nicht zu klein, gleichmäßig, schön getrennt, elfenbeinfarbig. Das Zahnfleisch ist nicht zu dunkel. Das Kinn ist weder gestülpt noch spitz, sondern rund. Der Hals muß bei jeder Wendung schöne Falten bilden... Die Hand verlangt er weiß, groß und voll, seidig anzufühlen, das Innere mit wenigen, nicht gekreuzten Linien versehen, den Raum zwischen Daumen und Zeigefinger lebhaft gefärbt und ohne Runzeln, die Finger lang, zart und gegen das Ende hin dünner, mit hellen, wenig gebogenen und nicht zu langen Nägeln.

Lucrezia Borgia von Michael Klenk

Der Dialog über die Schönheit der Dame bezieht seine Argumente aus antiken und mittelalterlichen Autoritäten, wie Aristoteles, Platon, Cicero, Dante, und zitiert den humanistischen Neuplatoniker Ficino. In der Zuordnung der Geschlechter gibt er das aristotelische Axiom der Vorrangigkeit des Mannes auf und sieht Mann und Frau in der Liebe gleichrangig. Dabei tradiert er die alte Vorstellung von der Konvertibilität von Schönheit und Tugend nach dem Satz »ens et bonum convertuntur; ens et pulchrum convertuntur«.

Für die Verbreitung des gleichen Schönheitsideals möge auch der große Gelehrte und spätere Papst Enea Silvio Piccolomini, einer der europäischen Wegbereiter des humanistischen Menschenbildes, sprechen. Ich zitiere eine Passage aus einem lateinischen Musterliebesbrief, den er 1443 für den 16jährigen Herzog Sigismund von Tirol schrieb. Hier wird folgender Lobpreis der Umworbenen empfohlen:

Laudant Helenen poete, at ego illam non existimo tibi fuisse similem, nec Polixenam tibi comparaverim aut eam, quam dilexit Hercules, Deianiram. tu omnes vincis et puleritudine et moribus, quasi altera Philomena a calce usque ad verticem. nulla est in te menda. crines tui splendorem auri superant, frons alta et spaciosa est, supercilia in arcum tensa debitis spaciis distinguntur, oculi taui tanquam duo emicant sidera, indes sagittas emittis et vulneras juvenes; hinc quos vis occidis et quos vis vivificas. nasus suis conveniens partibus faciem mirifice honestat. genas candore niveo repersas modestus rubor intersecat. quid labia corallina et cristallinos referam dentes et omnes oris tui partes, unde melliflua manant verba; hinc risus ille progreditur, qui me sepe ad intima penetrat. o virum felicem, qui labia illa mordebit, qui tales osculabitur genas, qui mentum tuum et candidiorem Seythica nive gulam tuam poterit tangere. nolo pectoris tui et illorum pomorum, qui ibi latent, mentionem efficere, ne referens nimis ardeam. tute scis, quam intra et extra formosa es, ego mirari magis quam digne commendare te possum.[8A]

*

Helena loben die Dichter, aber ich glaube kaum, daß sie dir ähnlich gewesen sein kann, und auch Polyxene würde ich nicht mit dir vergleichen oder jene, die Herakles geliebt hat, Deianeira. Du übertriffst sie alle an Schönheit und Umgangsformen, sozusagen eine neue Philomene von der Ferse bis zum Scheitel. An dir ist kein einziger körperlicher Fehler. Deine Haare schimmern heller als Gold, deine Stirn ist hoch und weit, deine Augenbrauen, im Bogen geschwungen, sind gerade im rechten Zwischenraum voneinander, aus deinen beiden Augen glänzen Sterne hervor, von wo aus du Pfeile entsendest und junge Männer verwundest; von dieser Stelle aus tötest du, die du ansiehst, und erweckst sie zugleich zum Leben. Deine Nase ziert auf wunderbare Weise genau an der richtigen Stelle dein Gesicht. Zarte Röte mischt sich auf deinen Wangen mit schimmerndem Weiß. Was kann ich berichten über deine korallenfarbigen Lippen, deine kristallweißen Zähne und alle Teile deines Mundes, von wo honigsüß die Worte fließen, von wo jenes Lächeln hervorgeht, das mich oft bis ins Innerste durchdringt. O glücklicher Mann, den jene Lippen beißen werden, den diese Wangen liebkosen, der dein Kinn und deinen Hals, heller leuchtend als der Schnee Skythiens, berühren darf. Deine Brust und jene Äpfelchen, die dort verborgen sind, will ich nicht einmal erwähnen noch will ich mich erhitzen, indem ich über sie nachdenke. Du weißt sicher, wie schön von innen und außen du bist, so kann ich dir nur empfehlen, darüber mehr als gewöhnlich zu staunen.[8B]

Solche Texte, die sich in der gelehrten Literatur der Zeit in vielen Versionen finden lassen, stellen unser gemaltes Bild in den Kontext idealer Frauenbilder der Gelehrten und der Dichter. Lesen oder hören Sie in diesem Kontext auch eine oft zitierte Strophenreihe aus Ariost, dem berühmten Dichter im Umkreis des Hofes von Ferrara aus der Zeit Lucrezias. Nachdem er bereits zu Lucrezias Hochzeit im Jahre 1502 ein Epithalamium gedichtet hatte, gibt er im 13.Gesang seines »Orlando Furioso« eine Vision der Frauen des Hauses Este und stellt dabei Lucrezia über alle zuvor gepriesene Frauen:

Che ti dirò de la seconda nuora,
succeditrice prossima di questa?
Lucrezia Borgia, di cui d'ora in ora
la beltà, la virtù, la fama onesta
e la fortuna crescerà, non meno
che giovin pianta in morbido terreno.

*

Qual lo stagno all'argento, il rame all'oro,
il campestre papavere alla rosa,
pallido salce al sempre verde alloro,
dipinto vetro a gemma preziosa;
tal a costei, ch'ancor non nata onoro,
sarà ciascuna insino a qui famosa
di singular beltà, di gran prudenzia,
e d'ogni altra lodevole eccellenzia.

*

E sopra tutti gli altri incliti pregi
che le saranno e a viva e a morta dati,
si loderà che di costumi regi
Ercole e gli altri figli avrà dotati,
e dato gran principio ai ricchi fregi
di che poi s'orneranno in toga e armati;
perché l'odor non se ne va si in fretta,
ch'in nuova vaso, o buono o rio, sì metta.[9]

Hier werden für Lucrezia »la beltà, la virtù, la fama onesta – e la fortuna crescerà« reklamiert, wobei nach petrarkistischer Manier geläufige Bilder als Metaphern für ihre Schönheit gewählt werden: Silber und Gold – statt Zinn und Kupfer – verbürgen ihren Wert, Lorbeer gilt als Ruhmeszeichen (»fama onesta«), und die Rose ist Inbegriff der Schönheit in der literarischen Tradition der abendländischen Lyrik.[10] Die Reihe der Bilder gibt die Impression des naturhaft Gewachsenen – Lucrezia wächst »wie die junge Pflanze« –, nicht des kämpferisch Erworbenen. Man möchte dies mit dem weniger aktiven, eher passiv hinnehmenden Charakter der Papsttochter in Verbindung bringen, wie er sich aus ihren biographischen Stationen ablesen läßt. In den Söhnen allerdings, so wird von Ariost lobend angefügt, nährt sie ein königliches Streben. Die Rolle der Mutter als Inspiratorin der Söhne zu großen Taten in Staatslenkung und Kriegsführung ist eine eigene Akzentuierung in diesem Bild.

Nun zur Antwort auf unsere Frage, nach der Revue dieser Preisreden: Wie schön war Lucrezia wirklich?

Ich wage die Behauptung: Lucrezia stilisierte sich nach dem zeitgenössischen Schönheitsideal, und: Sie selbst wurde nach dem Idealbild der Schönsten stilisiert und gefeiert. Für den zweiten Teil meiner Behauptung, die Stilisierung durch die Umgebung, biete ich Ihnen gern noch einen anschaulichen Beleg (– für den ersten Teil mögen Sie die Partien über die aufwendige Toilette aus Anlaß von festlichen Auftritten bei Gregorovius nachlesen):[11]

Für ihre dritte Hochzeit ritt Lucrezia im Jahr 1502 mit großem Gefolge von Rom nach Ferrara.[12] Sie wurde auf diesem Zug in vielen Städten Oberitaliens feierlich empfangen und besonders geehrt, wie Augenzeugen in Briefen berichten. Auf der Piazza von Foligno empfing sie ein Triumphwagen, auf dem in mythologischer Manier Gott Paris stand, um der Schönsten den goldenen Apfel zu überreichen. Es ist dies ein allegorischer Aufzug ganz im Geschmack des antikeliebenden Zeitalters, wobei die mythologische Geschichte von der Vergabe des Schönheitspreises mit Paris und den drei rivalisierenden Göttinnen hier in Szene gesetzt erschien. Der Paris auf dem Wagen von Foligno trug zunächst Verse vor mit dem Inhalt, er habe einst durch sein Urteil den Apfel der Venus zugesprochen, die Juno und Pallas an Schönheit übertroffen habe; heute

aber widerrufe er dieses Urteil und schenke den Apfel jener Frau, die alle drei Göttinnen besiege durch Schönheit, Weisheit, Reichtum und Macht.
In der Tat hatte Lucrezia mit ihrem Zug nach Ferrara auch beachtlich an Reichtum und Macht gewonnen, war sie doch aus Machtgründen von ihrem päpstlichen Vater mit Alfonso d'Este, einem der mächtigsten Fürsten Italiens, verheiratet worden, und nach dem Tod ihres Schwiegervaters Ercole fiel ihr selbst bald schon die Herzoginnenwürde zu.[13] So treffen also die Zuweisungen von Schönheit, Macht und Reichtum in diesem Moment die reale Person der festlich geschmückten Braut gleichermaßen.

II. Welche Tugenden hatte Lucrezia?

Die Attribute Schönheit, Macht und Reichtum bestimmen den gesellschaftlichen Rang einer Fürstin; ihre »dignita«, ihre Würde im Urteil humanistisch gebildeter Zeitgenossen, ergibt sich aber aus rühmenswerten Tugenden, die von einer herausragenden Dame gehobenen Standes erwartet werden.
In der Literatur der Renaissance gibt es eine wahre Flut von Abhandlungen, die man – mit dem Titel eines noch immer grundlegenden Buches von Ruth Kelso (1956) bezeichnen kann als »Doctrine for the Lady of the Renaissance«.[14] Diese Lehren sind Bücher, die nicht nur allgemeine Verhaltensregeln für das gesellschaftliche Leben, sondern vor allem ganze Tugendsysteme enthalten. Dabei kleiden viele der Traktate, die in aristokratischen wie in patrizischen Kreisen gleichermaßen beliebt waren und in Italien ebenso wie in ganz Europa Verbreitung fanden, ihre Tugendforderungen gern in antikes Gewand – ähnlich den allegorischen Figuren auf dem Wagen von Foligno. Jeweils Figuren der Antike, aus Mythos oder Geschichte, aber auch Figuren der christlichen Tradition stehen als Exempla der Tugend. Berühmt sind heute noch Boccaccios Schrift »De claris mulieribus« und Christine de Pizans »Le Tresor de la Cité des Dames«, die solche Musterfiguren vorstellen. Lassen Sie mich statt dieser in Forschung und aktueller feministischer Diskussion vielbeachteten Werke ein kürzeres Beispiel von Frauenpreisexempla wählen. Es entstammt einer sehr verbreiteten, auf italienische Quellen zurückführbaren Tradition und findet sich in der »Margarita poetica«, einem rhetorischen Lehr- und Sammelwerk des Eichstätter Humanisten und Domherrn Albrecht von Eyb. Die »Margarita poetica« erschien in Nürnberg wie in Italien Ende des 15. Jahrhunderts im Frühdruck. Sie bietet eine umfangreiche Sammlung von rhetorischen Musterstücken für viele Gelegenheiten, wie Städtelob und Frauenpreis, die der Autor zum Teil von seinen Studien in Italien mitgebracht hatte.[15]
In seinem Katalog von Frauenexempla, den ich Ihnen vorlege und zu dem es Parallelen in italienischen Bibliotheken, auch in der Vaticana in Rom, gibt, präsentiert von Eyb die wichtigsten weiblichen Eigenschaften und nennt zu ihnen jeweils die Exempelfiguren, die sie nachahmenswert verkörpert haben (siehe Tabelle im Anhang!)[16] Die Reihe beginnt mit der »weiblichen Haupttugend« Pudicitia, Keuschheit, und hat nach Fides (Glaube), Prudentia (Klugheit), Fortitudo (Tapferkeit), Constantia (Beständigkeit), Liberalitas (Freigebigkeit), Pietas (Frömmigkeit) einen zweiten Schwerpunkt im Bereich Bildung: »Litteris et studiis et eloquentia« mit 11 prominenten Frauengestalten. Fragen wir, wie sich das Bild der Lucrezia diesen Kategorien zuordnen läßt.
Was die Tugend und Keuschheit betrifft, so sprechen zeitgenössische Stimmen der Papsttochter nicht gerade Musterhaftigkeit zu. Hören Sie hierzu den vielzitierten päpstlichen Zeremonienmeister Johannes

Allegorischer Triumphzug aus: F. Petrarca, Triumphi de Misser Francesco Petrarca con li Sonetti: correcti novamente, Venedig 1500.

Burchardus, der als intimer Kenner des Privatlebens am Hof Alexanders VI. gilt, über eine Abendunterhaltung im Vatican bei einem Fest am 31. Oktober 1501, dem sogenannten »Kastanienball«:

> Am Abend speisten mit dem Herzog von Valentinois (Cesare Borgia) in seiner Kammer im Apostolischen Palast 50 ehrenwerte Huren, das heißt Kurtisanen, die dann nach dem Essen mit den Bediensteten und allen, die dabei waren, tanzten, und zwar erst in ihren Kleidern, hinterher aber nackt. Nach dem Essen wurde in Gegenwart des Papstes, des Herzogs und seiner Schwester Lucrezia, die dabei zuschauten, die Kerzenhalter vom gemeinsamen Tisch herunter mit den brennenden Kerzen auf den Boden gestellt und vor die Kerzenhalter auf die Erde Kastanien gestreut, die die Huren, nackt und auf Händen und Füßen zwischen den Leuchtern herumkriechend, aufsammelten. Dann wurden zuletzt als Geschenke Überwürfe aus Seide, Schuhe, Barette und andere Dinge für diejenigen ausgesetzt, die am häufigsten mit diesen Huren (geschlechtlich) verkehrten; diese wurden dann tatsächlich in dem Saal öffentlich zur Entscheidung der Anwesenden geschlechtlich gebraucht und hinterher wurden den Siegern die Geschenke überreicht.[17]

Wahrer Bericht oder verleumderische »Legende«? Das läßt sich nicht mehr entscheiden, zumal der Berichterstatter Burchardus bei dieser Orgie nicht als Augenzeuge zugegen war, wie der Borgia-Spezialist Professor Batllori eruieren konnte und beim Borgia-Kongreß vortrug. Tatsache aber bleibt, daß Lucrezia nicht eben im Ruf der Keuschheit stand, wenn solche Geschichten mit ihrem Namen verbunden wurden. Diese Szene des »Kastanienballs« spielt kurz vor Lucrezias Zug nach Ferrara, und so klingt es in unseren Ohren ein wenig nach Ironie der Geschichte, wenn Alexander VI. – wie Gregorovius mit Quellen belegt und berichtet – »vor den Gesandten Ferraras die Keuschheit und Sittsamkeit seiner Tochter pries« und damit den Hinweis verband, daß »ihr Schwiegervater sie nur mit rechtschaffenen Hofdamen und Kavalieren umgeben möge«.[18] Und wie zur Veranschaulichung ihrer Tugend bot bald darauf die Stadt Foligno der Einreitenden auf ihrem Hochzeitszug einen entsprechenden allegorischen Empfang:[19]

Nahe am Stadtor kam ihr vor dem Pariswagen zuerst eine Trophäe entgegen, auf welcher die römische Lucrezia mit einem Dolch in der Hand stand: In der Zeit die beliebteste Exempelfigur der Keuschheit, weil sie sich nach ihrer Schändung selbst den Dolch in die Brust gestoßen hatte. In ihren Versen gibt die Lucrezia auf dem Wagen kund, daß sie jener Lucrezia weiche, die sie an Keuschheit, Bescheidenheit, Klugheit und Beständigkeit übertroffen habe.

Was ist dieser Aufzug mehr als ein »spectaculum«, ein Schauspiel, in dem leere Tugendbegriffe zur Schau gestellt werden – ähnlich wie sie in den Lobgedichten von Hofdichtern Verwendung finden können: Rhetorische Formen, denen der Inhalt fehlt![20]

Lassen Sie uns noch eine zweite bedeutende Komponente im Frauenbild betrachten: »Litterae et studii et eloquentia« unter der Kategorie »Frauenbildung«. Für die Realisierung dieser Tugenden finden sich gute Beispiele an den italienischen Höfen, aber auch in der Bürgerschicht, und ich rufe nur einige Namen berühmter Frauen, die Gedichte, Briefe, Reden schrieben, in Erinnerung: Isotta Nogarola, Laura Cereta, Cassandra Fedele, Alessandra Scala, Olympia Morata – alle aus dem frühen 16.Jahrhundert.[21] Welche Rolle spielt zwischen ihnen die Papsttochter? Ich zitiere einen Panegyricus des Hofpoeten Bembo, eines engen Freundes der Lucrezia in Ferrara, der ihr Gedichte und die Asolani, sein Buch über die Liebe, widmete. Bembo schreibt in seinem Lobgedicht für Lucrezia, das ganz im gelehrten Stil der Zeit mit mythologischen Bezügen spielt, die ohne Kommentar nicht mehr leicht zu erschließen sind und die man in allen modernen Ausgaben von Bembos Werken vergeblich sucht, Verse zum Preis Lucrezias. Ich unterschlage seinen topischen Schönheitspreis und lege das Gewicht auf die Deutung der Passage, welche Lucrezias Bildung in den »artes« anspricht:[22]

«Sive refers lingua modulatum carmen Hetrusca,
Crederis Hetrusco nata puella solo.
Seu calamo condis numeros et carmina sumpto,
Illa novem possunt scripta decere Deas.
Naulia seu citharamve manu percurrere eburna,
Et varia Ogygios arte ciere modos:
Seu revocare Padi vicinas cantibus undas.
Mulcentem dulci flumine capta sono:
Seu te nexilibus iuvat indulgere choreis,
Et facili ad numerum subsilvisse pede
Quam timeo, ne quis spectans haec forte Deorum,
Te praedam media raptor ab arce petat,
Sublimemque, ferat levibus super aethera pennis,
Detque novi caelo syderis esse Deam».

»Sprichst du ein rhythmisches Gedicht in toskanischer Sprache,
so glaubt man, du seiest als Mädchen von Etrurien geboren.
Ergreifst du das Schreibrohr und verfaßt Verse und Lieder,
so stünden diese Stücke den neun Musen gut an.
Bewegst du Harfe oder Zither mit elfenbeinweißer Hand
und spielst mit verschiedener Kunst alte thebanische Weisen,
rufst du durch Lieder die Wellen des benachbarten Po zurück
und besänftigst mit süßem Klang den Fluß.
Gibst du dich den vielfach gewundenen Reigentänzen hin
und schwingst mit leichtem Fuß ruhig im Takt,
dann fürchte ich, daß einer der Götter das sehen könnte
und dich mitten aus dem Fest entführt,
auf leichten Fittichen über den Äther hinaus trägt
und dich zur Göttin eines neugeschaffenen Sterns am Himmel erhebt.«

Verse und Lieder, Carmina zum Vortrag, konnte demnach auch Lucrezia verfassen. Hier, in Lyrik und Lied, steht sie sogar würdig neben den Musen. Wir kennen solche Stücke aus ihrer Feder jedoch nicht, sondern haben nur Briefe, die ihr sicher zuzuweisen sind, überliefert.[23] Verse gehörten wohl ebenso zur Hofkultur wie das Spiel der Harfe und Zither, wie Gesang und Tanz. Es ist dies das Idealbild einer Dame, die die Gesellschaftskultur ihrer Zeit perfekt beherrscht, nicht aber die Gelehrtenstube für stille Studien aufsucht oder gar Marktplatz oder Katheder für öffentliche Redeauftritte wählt wie einige ihrer Zeitgenossinnen. Diesem Bild entspricht auch das, was Gregorovius über Lucrezias kleine Privatbibliothek in Ferrara überliefert: Italienische und gelegentlich auch spanische Bücher meist allgemeinen religiösen Inhalts, wie Evangelientexte, Heiligenlegenden oder auch Briefe der Caterina von Siena, stehen nur neben einem Dantekommentar und einem Band Petrarca. Lateinische Autoren und jedes gelehrte Werk sucht man, im Gegensatz zu mancher Frauenbibliothek der Zeit, bei Lucrezia vergeblich.[24] Da auch Gregorovius mit seinen umfangreichen Quellenstudien in Italien diesem Bild keine neuen Züge hinzufügen konnte, können wir in Bembos überschwänglichem Lob einen Kern von Wirklichkeit aufspüren, auch wenn wir seine angebetete »Göttin« von dem »neugeschaffenen Stern«, den er ihr zuweist, auf den Boden zurückholen.

Versuchen wir ein Resumée unserer Überlegungen: Der große englische Historiker Haskins bemerkte einmal, die Aufgabe des Historikers sei es nicht, Preise für Modernität zu vergeben.[25] Wenn Lucrezia ohne emanzipatorisch-feministische Forderungen beurteilt wird, so hat sie in vielen Bereichen die Rollen, die ihr zugewiesen wurden, gut gespielt. Die Autoren, die auf ihrer Seite standen, konnten sie in Kategorien des Frauenlobs ihrer Zeit fassen – mögen auch ihre Feinde zu anderen Kategorien gegriffen und sie als »Teufelin« etikettiert haben.[26]

Zum Abschluß möge das Bild von Lucrezias Schwägerin Caterina Sforza, der »tigressa«, weil aktiv-kämpferischen »virago«, die als Hochschwangere noch die Engelsburg »mannhaft« verteidigte und manche grausame Hinrichtung zum Spectaculum machte, daran erinnern, daß im Zeitalter der Renaissance für führende Frauen auch noch ganz andere Rollen denkbar – und auch realisierbar waren.

Anhang

I. Bericht über den Empfang Lucrezias in Foligno:

Pozzi und Saraceni an den Herzog Ercole.
Foligno, 13. Januar 1502
(nach Gregorovius, S. 354 f.)

Per tuti li lochi per li quali Soa Signoria è passata è stata ben veduta e amorevolmente ricolta et cum grande Reverentia: et apresentata etiam da le done cun tale dimonstratione che tuto pareva essere facto a Sua Signoria, et per sua contemplatione: tanto universalmente e ben voluta in questi paesi, ne li quali per essere stata gia in la Legatione de Spoleti è multo ben cognosciuto. Qui gli è stato facto maiore recoglientie, et maiori signi de leticia, che in altri lochi fori di Roma: perche ultra che li Signori di questo loco cussi chiamati per essere presidenti a la Republica cun li Capuzi et mantelli de rossato la incontrasseno insino a la porta, essendo tuti a piedi: et cussi la accompagnassano insino alo alloggiamento suxo la piazza; fu incontrata vicina a la porta da uno tropheo sopra il quale era una persona representante *Lucretia Romana* cun uno pugnale in mano: la quale dixe alcuni versi di questa importantia, come essendo Lei in questo loco: sopragiogendo Soa Signoria, da la quale die pudicitia di modestia, di prudentia et di Constantia era superata, gli dava loco e cedeva: poi apresso la Piazza gli era uno Carro triunfale inanti al quale era uno cupidine, e sopral carro era Paris col pomo aureo in mano, il quale dixe alcune rime di questo effecto: come gia haveva dato per sententia il pomo a Venere, la quale solamente excedeva de belleze Junone et Pallade: ma hora rivocava dicta Sententia, et donava il pomo a Sua Signoria come a quella che superava tute tre quelle dee attento che in Lei era belleza: sapientia, e richeza, overo potentia maiore, che in tute tre quelle dee…

II. Albrecht von Eyb, Margarita poetica

Ad laudem et commendationem clarissimarum feminarum. Oratio exquisita. (Exempla des Frauenpreises nach Incun. 6819, Rom 1475, Exemplar der Württembergischen Landesbibliothek, fol. 287^{v}ff., mit Beibehaltung der orthographischen Besonderheiten; x markiert Verbesserungen)

Pudicitia

Maria
Romani (Arten der Keuschheit)
Minerva
Cassandra
Hyppo
Brictona
Saturnia
Penelope
Dido
Lucretia

Fides (i.e. maritis fidem seruare)

Emilia
Thuria
Sulpicia
Euande
Julia
Hipsicratea regina

Prudentia

Cyri filia
Dionisii mater
Calphurnea
Tanaquil
Sibyllae omnes

Familias, res publicas restaurant
(div.)

Fortitudo

Arpalicis
Semiramis
Cloelia
Portia

Constantia

Sempronia

Liberalitas

Fannia^{x}
Busa

Pietas

Antigona[x]
Claudia

Litteris et studiis et eloquentia floruerunt

Isis
Nichostrata
Carmentis

Minerua
Ceres
Cornelia
Sapho
Aspasia
Centona
Amesia
Gaia Africana

Frühe Drucke: Nürnberg 1472, Rom 1475 u.a.

Anmerkungen

1 Der Vortragstext von Hall (92) und Rom, La Sapienza, Dipartimento di Letterature Comparate (93) wird ergänzt durch die wissenschaftlichen Anmerkungen, die zum Teil auf Studien beim Professorenaustausch in Rom zurückgehen. Für Einladungen zu Vorträgen, Studien und Gesprächen in Rom 1989 und 1993 danke ich Professor Francesco Delbono, der Italienischen Botschaft und dem DAAD. Grundlegend zur Rezeption der Borgia-Geschichte wie auch zur Quellenkritik jetzt: M.Hermann-Röttgen, Die Familie Borgia. Geschichte einer Legende. Stuttgart und Weimar 1992.

2 Vollständigere Zeittafel der Borgia bei I.Cloulas, Die Borgias. Biographie einer Familiendynastie. Aus dem Französischen von E.Heinemann, 2. Aufl. Zürich 1988, S. 412–418. Da auf vielen offiziellen Quellen aus italienischen Archiven beruhend, ist noch immer grundlegend: F. Gregorovius, Lucrezia Borgia. Nach Urkunden und Korrespondenzen ihrer eigenen Zeit, 4. Aufl. Berlin und Stuttgart 1906 (mit Quellenanhang und -nachweis). Entsprechend der positivistischen Perspektive in der Geschichtsschreibung des 19. Jahrhunderts berücksichtigt Gregorovius literarische Quellen nur beiläufig und prüft sie nicht auf ihre topischen Implikationen.

3 R. Kelso, Doctrine for the Lady of the Renaissance, Urbana 1956; K. Fietze, Spiegel der Vernunft. Theorien zum Menschsein der Frau in der Anthropologie des 15. Jahrhunderts, Paderborn, München, Wien, Zürich 1991 (mit reichlicher Bibliographie). Von den älteren Arbeiten sind für meine Fragestellungen noch erwähnenswert: W. Mulertt, Literarische Frauen-Idealbilder vor und in der italienischen Renaissance, Hamburg 1941 (Hamburger Studien zu Volkstum und Kultur der Romanen 35); K.Heisig, Das Frauenideal der italienischen Renaissance, in: Die neueren Sprachen, Neue Folge 1, 1952, S. 22–33 und 53–70. – Eine beachtenswerte Textauswahl bieten jetzt S.Heißler und P.Blastenbrei, Frauen der italienischen Renaissance. Heilige – Kriegerinnen – Opfer, Pfaffenweiler 1990 (Frauen in Geschichte und Gesellschaft 13). – Von den zahlreichen italienischen Darstellungen verweise ich besonders auf R. De Maio, Donna e Rinascimento, Milano 1987 (sehr ausführliche Bibliographie!). Ein besonders eindrucksvolles Beispiel des literarischen Frauenideals aus dem Umkreis Lucrezias bietet der Humanist Trissino in seinen Ritratti. Er vereint die Postulate Schönheit, Bildung, Tugenden, die ich meiner Studie zugrunde gelegt habe. Textedition, deutsche Übersetzung und Analyse: W.Hirdt, Gian Giorgio Trissinos Porträt der Isabella d'Este. Ein Beitrag zur Lukian-Rezeption in Italien. Heidelberg 1981 (Studien zum Fortwirken der Antike 12).

4 E.Gössmann (Hg.), Eva – Gottes Meisterwerk, München 1985 (Archiv für philosophie- und theologiegeschichtliche Forschung 2).

5 Städelsches Kunstinstitut. Verzeichnis der Gemälde, Frankfurt am Main 1971. Hinweis zu Inv. Nr. 1077, S. 12: »Weibliches Brustbild (Lucrezia Borgia?)«. Vgl. auch G.Swarzenski, Bartolomeo Veneto und Lucrezia Borgia, in: Städel-Jahrbuch Bd. 2, 1922, S. 63–72.

6 Vgl. die besonders auch auf Petrarca eingehende Skizze von P.Brockmeier, Vom verliebten Haß über den erquickenden Verdruß zum schmerzlichen Genuß. Weibliche Schönheit in Texten von Dante bis de Sade. In: Th. Stemmler (Hg.), Schöne Frauen – schöne Männer. Literarische Schönheitsbeschreibungen, Tübingen 1988, S. 199–246.

7 Agnolo Firenzuola, Delle bellezze delle donne, in: Opere, ed. D. Maestri, Turin 1977, S. 713–789, worin jeder einzelne

Körperteil ausführlich nach Schönheitskriterien beschrieben wird. Zusammenfassung dieser Schönheitsbeschreibung bei Kelso, Doctrine, S. 146 ff. – Zum literarischen Umfeld dieses Dialogs ebenfalls Kelso, passim, sowie J.Murray, Agnolo Firenzuola on Female Sexuality and Woman's Equality. In: Sixteenth Century Journal XXII, Nr. 2, 1991 S. 199–213.

8a Der Briefwechsel des Eneas Silvius Piccolomini, hg. R. Wolkan, I.Abteilung, I.Band: Privatbriefe, Wien 1909 (Fontes rerum Austriacarum, Diplomata et acta LXI), Nr. 104, S. 245–247: »Eneas Silvius an Herzog Sigismund; Graz, 13. Dezember (1443). Willfahrt seinem Wunsche und übersendet ihm den erbetenen Liebesbrief.«

8b Zitiert nach S. Heißler/P. Blastenbrei, Frauen der italienischen Renaissance. Heilige – Kriegerinnen – Opfer, Pfaffenweiler 1990 (Frauen in Geschichte und Gegenwart 13), S. 107.

9 Ludovico Ariosto, Orlando furioso, a cura di C.Segre, IV. edizione Milano 1987, p. 285. Ariosts Epithalamium mit dem Incipit »Surgite, iam signum venientis tibi nuptae« in: Ludovico Ariosto, Opere minori, a cura di C.Segre, Milano/Napoli o.J., Lir. lat. LIII, p. 78–88.

10 Zu einigen dieser tradierten Bilder vgl. P.Dronke, Medieval Latin and the Rise of European Love-Lyric, 2 Bde., 2. Aufl. Oxford 1968. Zu einigen hier angeführten Vergleichen s. auch Vergil, Ecl. V, 16–18: »Lenta salix quantum pallenti cedit olivae, Puniceis humilis quantum saliunca rosetis, Iudicio nostro tantum tibi cedit Amyntas«.

11 F.Gregorovius, Lucrezia, passim.

12 Zur folgenden Schilderung: Gregorovius, Lucrezia, S. 192 und Abdruck des Originals der ferrarischen Gesandten (Schreiben vom 13. Januar 1502) ebenda S. 354–356 (nr. 39). Auszüge aus dem Original gebe ich im Anhang meiner Studie.

13 Vgl. Gregorovius, Lucrezia, S. 142 ff. sowie die Dokumente im Anhang seines Buches.

14 R. Kelso, Doctrine, oben zitiert Anm. 3. Kelso verzeichnet fast 900 Abhandlungen vorwiegend des 16. Jahrhunderts.

15 Albrecht von Eybs »Margarita poetica« liegt bisher nur in Frühdrucken vor. Ich benutze die beiden Inkunabeln der Württembergischen Landesbibliothek Stuttgart Incun. 6818 fol. (Nürnberg 1472) und Incun. 6819 fol. (Rom 1475) von den insgesamt acht Exemplaren dieser Bibliothek. Im römischen Druck von 1475 folgt der Frauenpreisrede ab fol. 290^{V} eine Hochzeitsrede für das Haus Este, nach welcher die Tugenden der Braut – castitas, continentia, modestia, sobritas – sogar die antiken Muster, unter ihnen Lucrezia, übertreffen. – Zu Albrecht von Eyb immer noch wichtig: M. Herrmann, Albrecht von Eyb und die Frühzeit des deutschen Humanismus, Berlin 1893.

16 Ich plane eine Veröffentlichung solcher Exempelkataloge nach Handschriften und frühen Drucken, wozu ich bereits Materialien in deutschen Bibliotheken und in der Vaticana gesammelt habe.

17 Text des Burchardus zitiert nach S. Heißler und P .Blastenbrei, Frauen, Nr. 43, S. 121. Originaltext in: Johannis Burchardi liber notarum ab anno MCCCCLXXXIII usque ad annum MDVI, a cura di Enrico Celani, Città di Castello o.J. (Rerum Italicarum Scriptores, Nuova Edizione, Tomo 32, Parte 1, Volume 2), p. 303 ff. Den Quellenwert dieser Schilderung beurteilt M.Hermann-Röttgen, Die Familie Borgia, S. 53 ff. sehr kritisch, da sie Parallelen zu verbreiteten Schilderungen von Hexenorgien nachweisen kann.

18 Gregorovius, Lucrezia, S.186 mit Quellenverweis.

19 Gregorovius, Lucrezia, S.192 f. Originaltext in dem bereits genannten Bericht der ferrarischen Gesandten an Herzog Ercole vom 13. Januar 1502, bei Gregorius nr.39. Vgl. meinen Auszug hieraus im Anhang, dazu den Triumphus Castitatis aus einem Petrarca-Druck von 1500, eine Illustration, welche einen entsprechenden allegorischen Festwagen zeigt (vgl. Anhang). Beachtenswert sind auch die panegyrischen Texte und Theaterszenen im Anhang von M. Bellonci, Lucrezia Borgia, nicht Engel, nur Weib. Übersetzt von R. Hoffmann, Berlin 1941.

20 Wie sehr solche mythologischen Darbietungen in der Festkultur wie auch in Literatur und Kunst der Renaissance beliebt und verbreitet waren, belegen viele Quellen und Studien. Ich verweise auf einige Titel: A. Buck, Die Rezeption der Antike in den romanischen Literaturen der Renaissance, Berlin 1976 (Grundlagen der Romanistik 8); J. Seznec, Das Fortleben der antiken Götter. Die mythologische Tradition im Humanismus und in der Kunst der

Renaissance. Aus dem Französischen von H. Jatho, München 1990 (zuvor unter dem Titel La surviance des dieux antiques erschienen in London 1940, Studies of the Warburg Institute XI). Reiche Materialien mit Abbildungen neuerdings bei B. Holme, Princely Feasts and Festivals, London 1988; R. Strong, Splendour at Court. Renaissance Spectacle and Illusion, London 1973, speziell für Italien: A. M. Cummings, The politicized Muse. Music for Medici Festivals, 1512–1537, Princeton 1992. Zur Aktualisierung der Mythologie bei Lucrezias Hochzeitsfeier in Rom und bei weiteren Festen vgl. bes. den Abschnitt »Mythos und dramatisches Festspiel an den oberitalienischen Höfen des Quattrocento«, in: B. Guthmüller, Studien zur antiken Mythologie in der italienischen Renaissance, Weinheim 1986, S. 65–78 (Acta Humaniora). Zu Lucrezias Hochzeit in Ferrara auch O. von Gerstfeldt, Hochzeitsfeste der Renaissance in Italien, Esslingen 1906, S. 28–36. Ein vergleichbarer Aufzug mit allegorischen Tugendfiguren, die Verse zum Lob der Braut Lucrezia d'Este zur Hochzeit mit dem Sohn des Stadtherrn von Bologna vortrugen, ist beschrieben bei G. Zannoni, Una rappresentazione allegorica a Bologna nel 1487, in: Atti della R. Acc. dei Lincei, Rendiconti, serie IV, 7 (1891), S. 414–427.

21 E. Garin, L' Uomo del Rinascimento, Rom 1988, S. 318 ff.

22 Petri Bembi Carmina, in: P. Bembo, Opera, Tomus III, Basilea 1555, pp. 143–144 (Ad Lucretiam Borgiam). Zu vergleichen wäre mit Bembos Lob die Erwähnung von »Gesellschaftskünsten« der Isabella d'Este: einschmeichelnde Sprache, Gesang zur Laute, gebildete Rede mit Denksprüchen, Freude an der Dichtkunst, welche sie die Reihe der berühmtesten antiken Lyrikerinnen fortsetzen läßt. Text bei Hirdt, Trissino, S. 24 ff., deutsche Übersetzung S. 34 ff.

23 Zu untersuchen und auf ihren Realitätsgehalt zu überprüfen bliebe der Topos »Bildung« in Bembos und Strozzis Lobgedichten für Lucrezia insgesamt.

24 Verzeichnis der Bücher im Besitz von Lucrezia in Ferrara 1502/03 mit nur 17 Titeln aus dem Staatsarchiv in Modena im Anhang von Gregorovius, Lucrezia, S. 370 f. Auch wenn diese Liste nicht vollständig ist und nur die aus Rom mitgebrachten Privatbücher verzeichnet, weist sie doch wohl nicht zufällig das Fehlen gelehrter Titel und lateinischer Literatur aus. Vgl. ferner G. Bertoni, La biblioteca Estense e la coltura Ferrarese ai tempi del duca Ercole I (1471–1501), Torino 1903.

25 Hinweis bei Garin, L' Uomo, S. 39 f.

26 Für die tradierte Vorstellung des Frauen-Idealbildes in der Renaissance ist es signifikant, wie Trissino, der Isabella d'Este im März 1519 seine Ritratti übergab, in diesem Werk ihr Bild zeichnet: Im Gefolge von Petrarca und Lukian preist er ihre Schönheit im Detail und die Tugenden der Prudenzia, Fortezza, Temperanzia, Continenzia, Giustizia, Liberalita, Magnanimita, dabei besonders ihr Mäzenatentum, und er läßt sie auch mit einem geöffneten Buch in der Hand in Erscheinung treten. Isabellas Regentschaft für den gefangenen Gatten und ihre kriegerische Befreiungsaktion hingegen finden keine Erwähnung. Vgl. Mulertt, Literarische Frauen-Idealbilder, S. 45–90, hier bes. S. 54 ff., Analyse mit Text bei W. Hirdt, Trissino, passim.

Biographie

Helga Schüppert, Dr. habil.
Privatdozentin Institut für Literaturwissenschaft der Universität Stuttgart.
Nach Studium der Germanistik, Geschichte und Geographie an den Universitäten Würzburg und Göttingen Assistentin und Ass.-Prof. an der Freien Universität Berlin; Habil.-Stip. der DFG in München, seit 1977 wiss. Mitarbeiterin in Stuttgart, 1982 Lehrstuhlvertretung Bayreuth.
Gasteinladungen nach Rom/La Sapienza 1989 und 1992, Kooperation mit dem Institut für Realienkunde der Wiener Akademie seit 1980.
Forschungsschwerpunkte: Germanistik – Mittellatein – Geschichte in den Bereichen Toposforschung, Alltags- und Frauenforschung, Hochmittelalter bis frühe Neuzeit.

Theater um die Borgia
Anatomie eines literarischen Skandals
Am Beispiel von Oskar Panizzas »Liebeskonzil«

Von Michael Kienzle und Dirk Mende

1. Die Himmelstragödie

In Panizzas »Himmelstragödie in fünf Aufzügen« aus dem Jahr 1895 sind alle wichtigen Gestalten der christlichen Religion und Mythologie als Karikaturen versammelt: vom debilen Gottvater bis zum pfiffigen Teufel. Gottvater will die Menschen ihrer sexuellen Ausschweifungen wegen abstrafen; besonders aus dem belagerten Neapel wird ihm darüber Unerhörtes berichtet. Solche »Koschonerien« (S. 23) werden illustriert am schändlichen Beispiel der Papstfamilie Borgia. Sie ist im Drama mit dem Papst selbst, seinen 9 Kindern, 2 Mätressen und zahlreichen weiteren Verwandten, Vertrauten, Dienern und Huren vertreten und vornehmlich mit Meuchelmord, Völlerei und Liebeskämpfen beschäftigt. Während das fromme Volk der Ostermesse lauscht, vergnügt sie sich auf dem berüchtigten Kastanienball, der durch den Zeremonienmeister Burcardus überliefert ist. Auf seinen Bericht verläßt sich Panizza. Mit diesem äußersten Frevel zum heiligsten kirchlichen Anlaß durch den Stellvertreter Gottes auf Erden, durch Rodrigo Borgia, Alexander VI., ist unser thematischer Bezug zum Thema der Borgia im engeren Sinn eigentlich schon erschöpft.

Gottvater, Sohn und Mutter Maria gehen in ihrer Straf- und Rachsucht sogar die große Koalition mit dem Teufel ein. Er soll sich eine Strafe für die Menschheit ausdenken, die sie hart trifft, aber »erlösungs-bedürftig« und »erlösungs-fähig« (S.43) beläßt.

Der Teufel ist »weltverlassen, verachtet«, »ohne Respekt und Reputation« aber auch schlau – genau wie der Autor Panizza, wie zu zeigen sein wird.

Er setzt auf sein eigenes Gift und macht Salome zur »Ahnin eines grandiosen Geschlechtes« (S. 57), – der Syphilitiker nämlich – und zeugt mit ihr eine Tochter. Dieses Teufelsweib beginnt ihr infektiöses Tun, wie sollte es anders sein, bei der Familie Borgia, beim Papst persönlich, um sich dann den Gesandten, Bischöfen, Klöstern und dem »übrigen Menschenpack« zuzuwenden.

2. »Confiscirbar schreiben!«

Ein skandalierter Autor ist ein diskutierter Autor. Der Skandal sichert ihm, woran ihm mangelt und was er sich wünscht: öffentliche Resonanz. Früh hatte Panizza seine Bedeutung erkannt, nicht aber seine Mitwelt. »Es wurde mir zur festen Gewißheit«, so schrieb er als Zwanzigjähriger, »daß ich zu einem großen Mann geschaffen sei« (nach Bauer, S. 90). Mit 40 Jahren war dem selbsternannten und verkannten Genie der große literarische Durchbruch noch immer nicht gelungen, doch es hatte schon erfahren, daß nichts so sehr der Verbreitung von Literatur dienen kann, wie der behördliche Versuch, sie zu beschlagnahmen und zu verbieten. Mit dem Vermerk »konfisziert gewesen« wurde 1891 für die beschlagnahmte und wieder freigegebene Anthologie »Modernes Leben. Ein Sammelbuch der Münchner Moderne«, geworben, die dank des staatsanwaltschaftlichen Interesses an sogenannten Unsittlichkeiten eine schnelle zweite Auflage erfuhr. Zwei Beiträge von Panizza hatten mit zur Beschlagnahme geführt.

Die frühe Münchner Moderne um Bahr, Conrad, Bierbaum, Liliencron und Panizza, die sich zuerst in der »Gesellschaft für modernes Leben« organisierte, war keine in sich geschlossene, programmatisch und ästhetisch einheitliche, solidarisch handelnde und politisch festgelegte Gruppierung. Der lockere und brüchige Zusammenhalt der Gruppe wurde immer wieder gerade von denjenigen gefestigt, die an der Zerschlagung der Moderne höchstes Interesse hatten: den skandalierenden Behörden mit ihren Schikanen, Strafandrohungen und Verboten. Verdächtigt wurden die Herren Modernen des »Sozialdemokratenthums im Frack«.

»Confiscirbar« schreiben wurde Panizza zur obersten Maxime. »Was ist mit Ihnen?« fragte er eine Schriftstellerin. »Schreiben Sie nicht wieder bald 'was Confiscirbares'? ... laßen Sie sich ruhig einsperren, wenn der Staatsanwalt meint, die Früchte seien vergiftet gewesen. So mach ich es auch« (nach Bauer, S.19). »Confiscirbar« schreiben, hieß für Panizza kritisch schreiben. Gesellschaftlich mächtige Tabus an- und aufgreifen, ihre Grenzen ausreizen und sie immer wieder überschreiten. Solche Tabus waren: Sexualität, Gotteslästerung und Religionsbeschimpfung sowie Majestätsbeleidigung. Die Gegner also waren: der Staat und die Kirche. Als Tabus mußten sie im Strafgesetzbuch für das Deutsche Reich verrechtlicht sein. Der Skandal braucht die Polizei, die als Hüterin des Gesetzes ein- und zugreift. Oder, in der brillanten Bissigkeit von Karl Kraus: »Der Skandal fängt an, wenn die Polizei ihm ein Ende macht.«

Das Werk, das mit Tabus bricht und auffallen soll, braucht einen Autor, der auffällt. Panizza stilisiert sich als mephistophelischer Wüstling, gibt öffentlich vor, sein verkrüppeltes rechtes Bein »Geschlechtskrankheiten« zu verdanken, aus denen er dann später eine Syphilisinfektion macht, in Wahrheit war er als Kind vom Hochrad gepurzelt. Um ins Zentrum des öffentlichen Interesses zu rücken, gibt Panizza sich exzentrisch, kultiviert die Rolle des Außenseiters, des Einzelgängers, des Sonderlings. Was ihn nicht hindert, sich an sämtlichen kulturellen Aktivitäten der Münchner Moderne maßgeblich zu beteiligen.

Nicht verwunderlich, daß er rasch ins Fadenkreuz behördlicher Interessen gerät. 1890 meldet die Münchner Polizei der Bayrischen Armee: Bei Oskar Panizza handele es sich fraglos um einen der Gefährlichsten der Modernen (nach Bauer, S. 137). Und die Armee entläßt Panizza, Landwehr-Assistenzarzt im Offiziersrang, unehrenhaft aus dem Militär, weil er sich weigerte, seine Mitgliedschaft in der »Gesellschaft für modernes Leben« aufzukündigen. Amtliche Skandalierer sind besessen von Ansteckungsphobien vor freier Meinungsäußerung: Panizza wird zur Abschreckung ausgestoßen, und die Offiziere sollen wissen, daß Ausscheren bestraft wird. Panizzas Skandalstrategie kennt ein Ziel und zwei Wege, es prozessual zu erreichen. Das Ziel, wie bekannt: die öffentliche Resonanz. Der eine Weg: Verurteilung. Der andere: Freispruch. In beiden Fällen verläßt er das Forum, das ihm Gelegenheit bietet, öffentlich für sich und seine Sache zu kämpfen, als Held. In einem Fall ist der Held der Sieger, im anderen das Opfer, der Märtyrer.

Die Formel, nach der Panizza »Das Liebeskonzil« entwirft, ist von durchschlagender Explosionskraft: Tabupotenzierung plus Tabuvermischung. Die Satire schießt himmelwärts: ihre Zielscheibe sind Gott und Maria und Jesus und der Heilige Geist und die englischen Heerscharen und der Papst und die anderen kirchlichen Würdenträger und Majestäten und allerlei Autoritäten. Ihre Wirkung wird gesteigert durch die offene Vermischung des Sexual-, Religions- und Majestätstabus: Die Religion wird brünstig, die Sexualität inbrünstig, und der die Macht Gottes auf Erden tugendhaft verkörpern soll, der Papst, regiert mit dem Gemächt. Tabupotenzierung und Tabuvermischung werden in einem historischen Rahmen vollzogen, der ein erhöhtes öffentliches Interesse garantiert: die Renaissance mit den Borgias, die um die Jahrhundertwende fast schon zum Modethema verkommen waren (vgl. hierzu die Aufsätze von Rehm). Und schließlich entscheidet sich Panizza für die brisanteste literarische Gattung: das Theater als der öffentlichsten und unmittelbarsten Kunstform, der deshalb seit je das größte Augenmerk aller Zensoren galt.

3. Verhütungsmaßnahmen

Wer aber wie Panizza gegen Tabus anschreibt, läuft nicht nur in Gefahr, daß sein Werk konfisziert, sondern seinem Autor der Prozeß gemacht wird, mit dem Ziel, ihn materiell zu schädigen, ins Gefängnis zu werfen und körperlich und seelisch zu disziplinieren. Panizza versucht, das Risiko einer Gefängnisstrafe mit kalkulierten Präventionsmaßnahmen zu unterlaufen, was seiner Argumentation vor Gericht, die er als ein »historisch-literarisches Kolleg« versteht, zu entnehmen ist:

1.Panizza sichert sich quellengeschichtlich ab und beruft sich bei seiner Darstellung des zügellosen päpstlichen Hofes auf das Diarium von Burcardus, dem päpstlichen Zeremonienmeister. Das Laster muß also nicht fingiert werden. Für Panizza war es historisch verbürgt. Entstehung und Einschätzung der Lustseuche als Strafgericht Gottes über die sündhafte Menschheit belegt er mit Quellenmaterial aus der Reformation, beruft sich auf Ulrich von Hutten, dessen Andenken er »Das Liebeskonzil« ausdrücklich widmet.

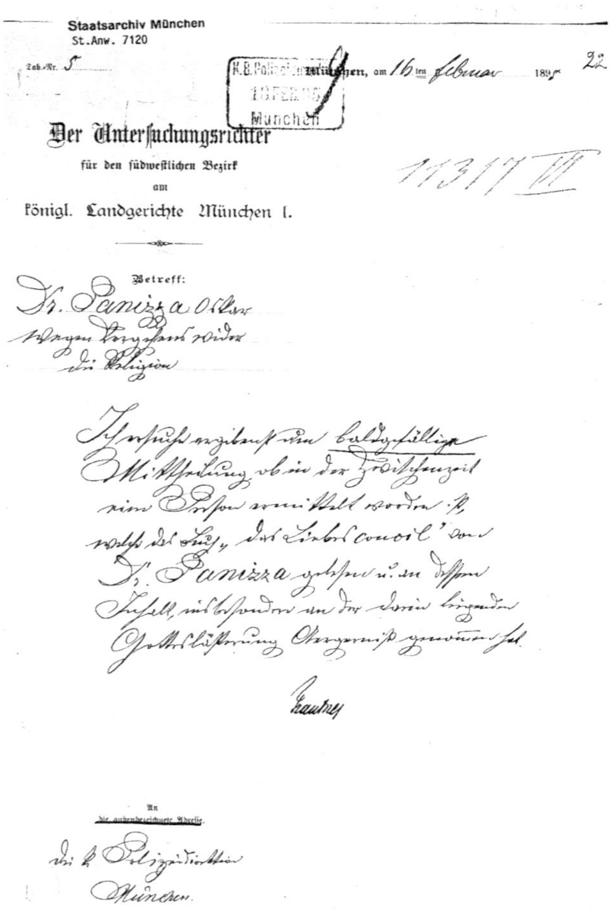
Staatsarchiv München
St.Anw. 7120

München, am 16ten Februar 1895

Der Untersuchungsrichter
für den südwestlichen Bezirk
am
königl. Landgerichte München I.

Betreff:
Dr. Panizza Oskar

Dr. Panizza

Gerichtsurteil

Hutten wie auch Luther, als deren Testamentsvollstrecker sich Panizza versteht, werden als radikale Kritiker Roms zu Apologeten eines deutsch-nationalen

Selbstbewußtseins herangezogen. Deutsch und päpstlich stünden heute unvereinbarer gegenüber als jemals in früherer Zeit (vgl. Panizza, Thesen, S. 197).
2. Panizza sichert sich überdies literargeschichtlich ab: stellt sich in die Tradition der Religionssatire, die ihn als Satiriker »gezwungen habe« (!) gewisse Übertreibungen und sogar Verspottungen zu begehen«, so im Verhör (nach Boeser, S. 49); er beschwört Rabelais, Reuchlin und Hogarth und beruft sich u.a. auf die Schriften des schwäbischen Geistlichen und Volksdichters Sebastian Sailer aus dem 18. Jahrhundert, dessen derb humoristisches Drama »Der Fall Luzifer«, angesiedelt im komisch gezeichneten Himmel, »Goethe so höchlich entzückte«, wie Panizza berechnend anmerkt (S.84). Der quellengeschichtlich beglaubigte Stoff, darauf hebt Panizza ab, erzwinge geradezu die Darstellungsform: »im Liebeskonzil ist die künstlerische Behandlung durchaus im Stoff begründet, und die krasse Darstellung liegt im Problem selbst beschlossen« (S. 80).
3. Schließlich sichert Panizza sich noch presserechtlich ab und läßt »Das Liebeskonzil« im Ausland, in Zürich, erscheinen.

4. Panizzas Kopftheater

Als Zwischenspiel ein kleiner Schwenk in Panizzas Kopfbühne. Erkennbar werden rechtslastige Männerphantasien, die er in Szene setzt: die Frau, das Weib als Infektionsherd, der Mann als ihr Opfer. Salome, die femme fatale, die Männermordende, Allesverschlingende. Das Weib, reduziert auf die bloße Genitalität, muß, als Projektionsfigur des Mannes, für alle Übel der Welt herhalten. Massive Ansteckungsphobien von Panizza werden darin manifest: 1878 hatte er sich auf einer Italienreise mit Syphilis infiziert, sexuelle Beziehungen unterhielt er vorwiegend zu Prostituierten, stand somit immer am Scheideweg zwischen Lust und Lues – und die einschlägigen Statistiken des Deutschen Reiches über Geschlechtskrankheiten belegen, daß syphilitische Infektionen deutlich zunahmen (vgl. Bebel, S. 239 ff.).
Daß es ausgerechnet der Teufel ist, der die Syphilis erfindet und erzeugt, mag erstaunen, denn er ist, wie anders, die Identifikationsfigur des Autors Panizza, Außenseiter wie er, gefürchteter Einzelgänger, gemieden und doch gebraucht, ohne seinen Einfallsreichtum wäre der Himmel beim Teufel. In der Figur des Teufels vermag Panizza nicht nur seine Phantasien nach Unersetzlichkeit wenigstens fiktional und ästhetisch auszuleben, sondern gleichzeitig auch seine ausschweifenden Kopulationstraumbilder. Als Teufel hat er die Verfügbarkeit über alle Frauen, selbst die gestorbenen kann er wiedererwecken – Helena, Phryne, Héloise, Agrippina – und sich aus den Halden toter Weiberleiber die Schönste aussuchen, deren Gehorsam und Unterwerfung total zu sein hat.
Neben Salome, die Hure, setzt Panizza einen zweiten Frauentyp, der selbst dem Teufel Grenzen setzt: Maria. In ihr inkarnieren sich Vorurteile über den Typus der realgeschichtlich sich emanzipierenden Frau: Maria hat im Himmel die Hosen an, läßt Männer wie Gott und Christus nur blöde ausschauen, ist alleinstehend, vermag als Alleinerziehende ihren Sohn nur weibisch-weichlich heranzubilden und ist sexuell unbefriedigt. Auf die Mutter Gottes, dies nebenbei, wirft sich der Schatten der eigenen Mutter, die Panizzas Leben dominierte: von »fast männlicher Intelligenz« (Panizza), energisch und willensstark, allein die Familie versorgend, unterwarf sie ihn einem gnadenlosen pietistischen Drill. Beide Frauenbilder gründen auf Angst und

überlagern sich auch wieder. Maria, die Heilige, wird sexualisiert, Salome, die Hure, wird angebetet.
Die Frau hat im Himmel das Regiment übernommen, Gott ist tot, wenn er auch dahinsiecht, und Christus schwach. So hält sich Panizza an seinen Stellvertreter, Papst Alexander VI., in dem er die Ursache für einen degenerierten Himmel versinnlichen möchte. Er verkörpert, was Panizza am Katholizismus verhaßt war. »Ich griff das Göttliche an, das in den Händen Alexander VI. eine Fratze geworden war.« (S. 83 f.) Panizza hielt Alexander VI. für »durchaus keine monströse Erscheinung in damaliger Zeit. Er war nur der Typus in seltener Vollendung« (Panizza, Deutsche Thesen, S. 159). Doch: Was ihn abstößt, zieht ihn auch wieder an. Die schrankenlose, tabufreie Macht, die alles darf, Gott vertreten und zertreten, gleichzeitig mit der Ostermesse die Auferstehung des Priap zu zelebrieren, Keuschheit predigen und Geilheit leben, das Abtöten aller Leidenschaften zu fordern und zu töten, wann's beliebt, und schließlich jahrhundertelang vorzuschreiben, was zu glauben sei – im 19. Jahrhundert dann vor allem das Dogma der unbefleckten Empfängnis (1854) und das Dogma der päpstlichen Unfehlbarkeit (1870), beide unter Pius IX. erlassen. In zwei Schriften zuvor, auch sie sogleich verboten, hatte Panizza mit dem Katholizismus abgerechnet: 1893 in »Die unbefleckte Empfängnis der Päpste« und 1894 in »Der teutsche Michel und der römische Papst«. Max Halbe, mit Panizza befreundet, hat es scharfsichtig auf den Punkt gebracht: Panizza habe in Alexander VI. den leibhaftigen Antichrist entdeckt. »Und vielleicht lag gerade hier – wer ermißt die Abgründe der Seele? – das eigentliche tertium comparationis zwischen Alexander VI. und Panizza, so paradox der Vergleich klingen mag, nämlich daß in ihnen beiden ein Stück Antichrist im biblischen Sinne Fleisch geworden war; und der springende Punkt, an dem sich der Zeugungsfunke der Dichtung entzündete, war eben der, daß den beiden Naturen, dem blutig-grandiosen Borgia aus der Renaissancezeit und dem barock-überhitzten Dichter des fin de siècle, eine Art von Wesensverwandtschaft eignete, die den Späteren unwiderstehlich zu dem Früheren hinzog, wenn auch nur, um ein Zerrbild aus ihm zu machen und ein abschreckendes Beispiel für die Nachwelt aufzustellen« (nach Boeser, S. 128). Aber: Nicht die katholische Kirche in der Repräsentanz der unsterblichen Borgia saß auf der Anklagebank, sondern Panizza, ihr Ankläger.

Oskar Panizza

5. Die Skandalkulissen

Literatur vermag nur dann zum Skandalon zu werden, wenn es ihr gelingt, neuralgische Punkte gesellschaftlicher Kontroversen und Kämpfe zu treffen. Vier Koordinaten sollen wenigstens anreißen, in welche historisch brisanten Zusammenhänge sich Panizzas »Liebeskonzil« stellen ließe.

Die erste Koordinate: der Kampf der Meinungen um den Gotteslästerungsparagraphen des Strafgesetzbuches für das Deutsche Reich von 1871, der auch Panizza ins Gefängnis brachte: der § 166, »Vergehen, die sich auf die Religion beziehen«. Sein Wortlaut: »Wer dadurch, daß er öffentlich in beschimpfenden Äußerungen Gott lästert, ein Ärgernis gibt oder wer öffentlich eine der christlichen Kirchen oder eine andere im Staate bestehende Religionsgesellschaft des öffentlichen Rechtes oder ihrer Einrichtungen oder Gebräuche beschimpft, ingleichen wer in einer Kirche oder in einem anderen zu religiösen Versammlungen bestimmten Orte beschimpfenden Unfug verübt, wird mit Gefängnis bis zu drei Jahren bestraft« (nach Skriver, S. 15).

Dieser Paragraph wurde in den folgenden Jahrzehnten heftig diskutiert. Verteidigt und gerechtfertigt von den Dogmatikern, angegriffen von seinen Kritikern, die in zahllosen Petitionen an den Reichstag seine Abänderung, ja Abschaffung forderten. Gestritten wurde um drei Haupttheorien (vgl. Skriver, S.33ff.), die allesamt als vorder- wie hintergründige Motive für Panizzas Verurteilung veranschlagt werden können:

1. Die Friedensschutztheorie: Vergehen gegen die Religion müssen bestraft werden, weil sie mittelbar den Staat bedrohen und das Zusammenleben der Staatsbürger gefährden. Wer die Religion beschimpft, ist demnach ein mittelbarer Staatsfeind.
2. Die Religionsschutztheorie: Weil die Religion Grundlage des Staatslebens ist und als Kulturgut gilt, muß Gotteslästerung als Vergehen gegen die öffentliche Ordnung bestraft werden. Wer die Religion beschimpft, ist demnach ein Störenfried der öffentlichen Ordnung.
3. Die Gefühlsschutztheorie: Voraussetzung der Gotteslästerung ist der Tatbestand der Ärgerniserregung. Religionsdelikte müssen also bestraft werden, um das religiöse Gefühl jedes einzelnen Staatsbürgers zu schützen. Wer die Religion beschimpft, verletzt demnach das Gefühl seiner Mitmenschen. Insbesondere diese Gefühlsschutztheorie erregte bei den Kritikern Ärgernis, denn die Staatsanwaltschaft brauchte nur einen einzigen »Ärgernis-Nehmer«, um ein Verfahren in Gang zu bringen. Und wenn es keinen gab, so suchte man einen, wie im Fall Panizza, doch davon später. So begründet »löst die Gefühlsschutztheorie den ganzen Strafrechtsschutz der Religion in Subjektivismus auf« (der Strafrechtler Kahl 1906, nach Skriver, S. 34).

Die zweite Koordinate: das mächtige Anwachsen der sozialdemokratischen Bewegung. Die Reichstagswahlen von 1893 brachten der SPD 1,8 Millionen Stimmen, 360 000 mehr als bei den Wahlen zuvor. Nach der Aufhebung der Sozialistengesetze sollten neue Gesetze und Verordnungen die Funktion der Herrschaftssicherung übernehmen, allen voran die »Umsturzvorlage« von 1894. Dieser »Entwurf eines Gesetzes betr. Änderungen und Ergänzungen des Strafgesetzbuches, des Militärgesetzbuches und des Gesetzes über die Presse« sah vor, bereits jede Umsturzbestrebung, also auch ohne daß ein Tatbestand vorlag, jede öffentlich beschimpfende Äußerung gegen die Monarchie, gegen die Religion, gegen Familie, Ehe oder Privateigentum mit Gefängnis bis zu zwei Jahren zu ahnden!

Umschlagseite einer Ausgabe des Liebeskonzils der 20ger Jahre

Erst auf massivsten öffentlichen Protest wurde die Vorlage am 11. Mai 1895, kurz nach Panizzas Verurteilung, in zweiter Lesung abgelehnt. Am Vorabend des Prozesses um »Das Liebeskonzil« hatten in München 5000 Demonstranten gegen die »Umsturzvorlage« protestiert (nach Bauer, S. 156), deren Scheitern Kaiser Wilhelm II. in einem öffentlichen Telegramm zynisch-bedauernd kommentierte: »Es bleiben uns somit noch die Feuerspritzen für gewöhnlich und Kartätschen für die letzte Instanz übrig!«
Auch wenn Panizza als überzeugter Einzelgänger kein Sozialdemokrat war, allenfalls ein Sympathisant, so wurde er doch wie andere Künstler der Münchner Moderne des bequemeren Feindbildes wegen ins sozialdemokratisch-»staatsfeindliche« Umfeld eingeordnet. Panizza bezieht sich im später hinzugefügten Prolog zum »Liebeskonzil« ironisch auf die »Umsturzvorlage«, wenn er die Zensur verhöhnt, die außerstande sei, Umsturz und Engelssturz zu unterscheiden. Außerdem exponiert er sich politisch mit Aktivitäten, die auch welche der Sozialdemokraten sind, etwa im Kampf um die sogenannte »Lex Heinze«, die 1892 im Reichstag eingebracht wurde und so hieß wie der Zuhälter, dem der Prozeß gemacht wurde. Die »Lex Heinze« sollte der Bekämpfung von Kuppelei und Zuhältertum dienen, bezog aber Literatur und Kunst ein als potentielle Verbreiterinnen von Unzucht und unterwarf sie einer strengen Kontrolle und Zensur. Am 2.Januar 1893 leitet Panizza eine Protestversammlung der »Gesellschaft für modernes Leben« gegen die »Lex Heinze«, die im Münchner Orpheum stattfindet und als Resolution beschließt: »Die heute, 2. Januar in München (Orpheum) tagende Versammlung von Künstlern und Schriftstellern, Kunst- und Literaturfreunden, erblickt in den Bestimmungen des Lex Heinze, welche sich auf Kunst und Literatur beziehen, eine feindliche und gefährliche Bedrohung der Freiheitsrechte, ohne welche keine Kunst bestehen kann, und sieht namentlich in der gleichzeitigen Behandlung von Prostitution und Kunst eine das Ansehen der letzteren tief schädigende Demütigung« (nach Schulz, S. 114 f.).
Die 3. Koordinate: Die zahlreichen Verfahren und Prozesse um Kunst und Literatur im zeitlich-räumlichen Umfeld. Als am 26.Oktober 1890 der Intendant des Berliner Lessingtheaters, Oscar Blumenthal, beim Polizeipräsidenten von Richthofen vorstellig wurde, um die Gründe zu erfahren, warum die Uraufführung von Sudermanns Drama »Sodoms Ende« verboten worden war, erhielt er diesen Bescheid: »Weil es uns so paßt!«
»Ich verstehe vollkommen, Herr Präsident ... Sie wollen mir durch diesen Lakonismus ins Gedächtnis rufen, daß nach der polizeilichen Verordnung vom 10. Juli 1851 die Behörde nicht verpflichtet ist, für das Verbot eines Stückes Gründe anzugeben ...«
»Na, da wissen Sie ja also Bescheid!«
»Ich meine aber nur, Herr Präsident, daß doch immerhin die Möglichkeit vorliegt, durch behutsame Änderungen die Bedenken, die zu diesem Verbot geführt haben, aus der Welt zu schaffen. Vielleicht sind es nur einige gewagte Stellen, um die es sich handelt?«
»O nein!«
»Oder einzelne Szenen?«
»Auch nicht!«
»Ja, aber was sonst?«
»Die janze Richtung paßt uns nicht!« (nach Schulz, S. 93).
Skandalisiert wurde die »janze Richtung« in immer spektakuläreren Verfahren, etwa 1890 im sogenannten »Leipziger Realistenprozeß« um drei Romane von Conradi, Walloth und Alberti. Zwar wurden Stellen beanstandet wie nicht ausgeschriebene Wörter, »B...llbesitzer« zum Beispiel, Formulierungen aufge-

griffen wie daß Jesus »am Kreuz verreckte«, an Sätzen Ärgernis genommen wie: »›Mir ist erstickend heiß: ich dampfe‹ –, und Adam küßte diskret die Brust seiner Geliebten ... diese Brust, die so weiß und so elastisch war wie ein weichgekochtes, nervös vibrierendes Ei ...« (nach Schulz, S.93). Doch darf die Beanstandung von »Stellen« nicht darüber hinwegtäuschen, daß es, wie auch bei Panizza, um das ganze Werk ging, unmißverständlich formuliert im Urteil des »Realistenprozesses«, mit dem die Indizierung in einer Leerlaufrhetorik, die solcher Rechtsfindung eignet, begründet wurde: »Die einzelnen Schriftstellen, welche verlesen worden sind, stehen im Verhältnis derart zu einander, daß das ganze Werk gleichsam dadurch infiziert worden ist, das ganze Werk somit als ein unzüchtiges Ganzes erscheint« (nach Schulz, S.100).

Über Jahre schließlich zog sich, ab 1893, der »spektakulärste politische Zensurprozeß in der Geschichte der deutschen Literatur« hin (nach Praschek, S. 11). Hauptmanns Drama »Die Weber« beschäftigte die Gerichte, die Polizei, den Reichstag und den Kaiser höchstselbst, der wegen »demoralisierender Tendenzen« seine Loge im Deutschen Theater aufkündigte, allesamt geeint in der (unbegründeten) Angst vor der revolutionierenden Wirkung dieses Theaterstückes und der (begründeten) vor der anwachsenden Arbeiterbewegung, denn daß »die Ordnung unterliegt, und die Aufständischen siegen«, so in der Verbotsbegründung der Polizeibehörde, galt als das Hauptskandalon (nach Schulz, S. 106). Ein Urteil des Reichsgerichts vom 6. November 1893, in dem es um das Verbot »unzüchtiger Bilder« ging, diente für viele spätere Zensurverfahren als Richtschnur. Die darin festgeschriebene Kunstdefinition verrät ihre Herkunft aus einer mißverstandenen deutschen Klassik: Kunst solle Gegenstände »bis zu dem Grade ... durchgeistigen und ... verklären, daß für das natürliche ästhetische Gefühl die sinnliche Empfindung durch die interesselose Freude am Schönen zurückgedrängt wird«. Alle künstlerische Form habe eine »reinigende« Funktion (nach Schulz, S. 107).

Noch vor diesem Urteil gab es gerade in München erregte politische Debatten über die bildliche Darstellung religiöser Themen. Max Liebermanns Gemälde »Der Knabe Jesus im Tempel« veranlaßte nicht nur den bayerischen Klerus zu hellen Zornesausbrüchen, selbst im bayerischen Landtag tobten am 15. Januar 1889 die Wogen des Zorns. Der Abgeordnete Dr.Daller schäumte, daß »jeder positiv gläubige Christ sich durch dieses blasphemische Bild auf's Tiefste beleidigt fühlen« müsse, »es verletze nicht nur die Augen, sondern die Nase«. Zu Fritz Uhdes Gemälde »Bergpredigt« phantasierte der Abgeordnete Dr.Jäger: Christus werde als »gewöhnlicher Bengel« hingestellt, Maria »wie eine alte Stallmagd behandelt«, seine Apostel schauten aus »wie aus dem Verbrecherkeller oder aus dem Zuchthaus herausgeholt«. »Abgesehen von der Verletzung des berechtigten Gefühls eines großen Teils unserer Bevölkerung, sollte schon die gesunde Vernunft davon abhalten, solchen Unsinn zu malen.« Max Klingers Bild »Kreuzigung«, mit dem nackten Christus am Kreuz, wurde 1892 für eine Ausstellung in München verboten. Schließlich durfte das Gemälde gezeigt werden: aber halb verhängt! (Beispiele und Zitate nach Leiss, Kunst im Konflikt, S. 97, 101, 103)

Die 4. und letzte Koordinate: die Nachwehen des von Bismarck angezettelten Kulturkampfes gegen die geistige Bevormundung durch die katholische Kirche. Er hatte dazu geführt, daß der Katholizismus gerade auch in Bayern versuchte, umstrittene Machtpositionen wieder zu besetzen und zu sichern. Panizza mit seinem populär aufbereiteten Anti-Katholizismus, fundiert in einer umfassenden Kenntnis der reichen Skandalge-

schichte der katholischen Kirche, schien dabei ein gefährliches Hindernis. Auch wenn Panizza letztlich gegen jeden irdischen Autoritätsglauben anschrieb, so war doch seine protestantische Position unverkennbar, die sich gegen katholische Glaubenssätze wandte, wie etwa den »Marien-Cultus« mit seiner »Depossedirung Christi«, so der Angeklagte im Verhör, oder die Seelenmessen als maskierter Ablaßverkauf (nach Boeser, S. 46).
In dieser gesellschaftlichen Umbruchsituation im wilhelminisch-autoritären Staat, beherrscht von den Kämpfen um Machtverteilung und Machtsicherung, zusätzlich verschärft durch bayerisch-regionale Absonderlichkeiten, ist der Skandalprozeß um Panizzas »Liebeskonzil« zu verorten.

6. Staatstheater

Die Voraussetzungen, Autor und Werk zur Strecke zu bringen, waren ideal:
1. Der Gotteslästerungsparagraph des Strafgesetzbuches für das Deutsche Reich schuf in seiner willkürlich-subjektiven Ausdeutbarkeit die zuverlässige rechtliche Handhabe.
2. Panizzas Verfahren der Tabupotenzierung plus Tabuvermischung bot eine gigantische Angriffsfläche, die es der Staatsanwaltschaft ermöglichte, Panizza in der endgültigen Ankageschrift vorzuhalten, in 93 Fällen Gott gelästert und damit öffentlich das religiöse Empfinden der Mitmenschen verletzt zu haben. Gottvater senil, Christus debil, Maria frivol, das reichte. Dazu brauchte es nicht mehr die Borgia, deren Darstellung niemand beanstandete. Keiner wollte hinhören, als Panizza sich schlüssig rechtfertigte: Daß der Himmel immer nur so stark sein könne wie die Gläubigen, die ihn tragen. Wenn das Papsttum abrutscht, bricht auch der Himmel ein.
3. »Das Liebeskonzil« galt als so brisant, daß die beiden von Panizza gewünschten Strafverteidiger, Bernstein und Loewenfeld, vor Prozeßbeginn ihr Mandat zurückgaben, so daß der Angeklagte höchst unqualifiziert und auch nur im formalen Teil der Klage schließlich von einem Anwalt kläglich vertreten wurde.
4. Durch Ort und Region (München und Bayern) sowie die Zusammensetzung von 12 Geschworenen aus gottes- und mariengläubigen Bauern war ausgeschlossen, daß sich der Subjektivismus des Gotteslästerungsparagraphen zugunsten des Angeklagen hätte auswirken können oder daß Argumente aus dem Kulturkampf gar Gehör gefunden hätten. Panizza hat den Anspruch eines Geschworenen überliefert: »Wenn der Hund in Niederbayern verhandelt würde, der käm nicht lebendig vom Platz« (nach Boeser, S. 108).
5. Die lokale konservative Presse entfesselte eine breite Kampagne gegen Panizza und »Das Liebeskonzil«. Kostprobe aus der »Neuen Bayerischen Landeszeitung« vom 17. Januar 1895: Panizzas »Gemälde ist nur mit Kot, Spinat und ›Rhinozerosöl‹ gemalt. Wenn solche Bücher konfisziert und verbrannt werden, ist es nicht schade darum« (S.72). Nebenbei ein Beleg mehr dafür, daß die Sprache der Skandalierer im Unflat rührt, gerade das als Geschäft verrichtet, was sie mit »Pfui!« beanstandet und Phantasmen formuliert, ohne sich konkret mit dem Text auseinanderzusetzen.
6. Der literarische Sachverständige, Panizzas Kollege Michael Georg Conrad, der noch Politiker werden wollte und wurde, sorgte mit seinen Zweideutigkeiten eher für Verwirrung. Zwar preist er »Das Liebeskonzil« als »eines der stärksten und bedeutendsten Kunstwerke der modernen Dramenliteratur«, rühmt die »überlegenen Mittel moderner Dramentechnik«, verliert sich

aber in Leerfloskeln (»Ich halte ›Das Liebeskonzil‹ für ein Kunstwerk ..., weil es von einem Künstler herrührt«), treibt aber dann Wasser auf die Mühlen der Staatsanwaltschaft, wenn er bei Panizza von »Elementen« spricht, »die ans Perverse, Krankhafte streifen« und ihm »persönlich widerliche Geschmacklosigkeiten« bekennt, die aber keine Gotteslästerungen seien (alle Zitate S. 89, 90, 91). Was Thomas Mann zu dem ironischen Kommentar veranlaßt: »Sollten diese vom Künstler sogenannten ›Geschmacklosigkeiten‹ nicht dieselben 90 oder 93 Fälle sein, die der Staatsanwalt ›Gotteslästerungen‹ nennt« (nach Boeser, S. 123)?

7. Die Person des Angeklagten garantiert den Erfolg der Anklagevertretung. Trotz seiner exponierten Stellung innerhalb der Münchner Moderne war Panizza ein exzentrischer Einzelgänger geblieben, der als Außenseiter nicht mehr isoliert zu werden brauchte, weil er es schon war. Obwohl Panizza seine Lage realistisch als »ziemlich aussichtslos« (S. 72) einschätzte und um das beantragte Strafmaß wußte (ein Jahr Gefängnis und sofortige Verhaftung), weigerte er sich, entgegen dem Rat von Freunden und Juristen, erstmal abwartend ins Ausland auszuweichen. Ein solcher Rückzug hätte ihm die Möglichkeit der Selbstdarstellung in einem Prozeß genommen, der reichsweit höchste Beachtung gefunden hatte. So schreibt er am 15. Februar 1895 an Max Halbe: »Aber die kennen einen deutschen Schriftsteller von heute nicht, die meinen, der ließe sich die Gelegenheit zu einer – Rede vor den Assisen entgehen.« (S. 72) Panizzas selbstmörderische Offenheit ging so weit, daß er vor Gericht ausdrücklich zugab, »Das Liebeskonzil«, obwohl vorsorglich in der Schweiz gedruckt, auch im Deutschen Reich verbreitet wissen zu wollen. Mit diesem Geständnis aber hatte er sich das große Schlupfloch zugestopft, durch das er hätte entkommen können. Denn wenn ihm die Verbreitung im Deutschen Reich unerwünscht oder wenigstens gleichgültig oder noch nicht reif genug erschienen wäre, hätte sich die Anklage wegen Gotteslästerung, weil im Ausland erfolgt, von selbst erledigt. Doch Panizza suchte die vorsätzliche Märtyrerrolle.

Till Hoffmann als Alexander VI.

8. Panizza erwuchs in Gestalt des erzreaktionären Freiherrn von Sartor ein teuflisch geschickt agierender, wortmächtiger Staatsanwalt, der den Skandal inszenierte (vgl. Bauer, S. 153 ff.). Als Staatsanwalt war er einer der interessiertesten Leser sozialdemokratischen Schrifttums. Als er in einer solchen Zeitung, der »Münchner Post« vom 24. November 1894, eine Besprechung

von Panizzas »Liebeskonzil« sich hatte zumuten müssen, erwirkte der Freiherr, und nicht etwa eine empörte Öffentlichkeit, den Beschlagnahme-Beschluß. Nur: Es gab zunächst nichts zu beschlagnahmen, da es der Münchner Polizei nicht gelang, auch nur ein einziges Exemplar des Buches aufzutreiben. Schließlich konnten zwei Buchhändler ausgemittelt werden, die lediglich 23 Exemplare des »Liebeskonzils« verkauft hatten. Der Nachweis der Verbreitung war damit geglückt. Die minimale Verbreitung wurde bewußt aufgebauscht. Allerdings: Keiner der Käufer hatte an dem Buch Ärgernis genommen. Noch am 17. Februar 1895 hatte ein verzweifelter Staatsanwalt bei der Münchner Polizei angefragt, »ob in der Zwischenzeit eine Person ermittelt worden« sei, »welche das Buch ›das Liebesconcil‹ von Dr.Panizza gelesen und an dessen Inhalte Aergerniß genommen« habe (nach Bauer, S. 154). Da sich in München, schon der geringen Verbreitung wegen, niemand fand, der sich in seinem religiösen Empfinden verletzt fühlen wollte, gelang es dem Staatsanwalt auf dem Wege der Amtshilfe schließlich in Leipzig einen Polizeirat Müller und einen Oberwachtmeister Forstenberg aufzutun, die »an der Panizza'schen Druckschrift Aergerniß genommen« hatten (nach Bauer, S. 154) – Ärgernisnehmer auf Anfrage waren in der Behörde selbst gefunden worden. Als Höhepunkt seiner Skandaldramaturgie gelang es dem Staatsanwalt, das Interesse an diesem Fall zusätzlich anzuheizen, indem er die Öffentlichkeit ausschloß, weil durch das Verlesen des »Liebeskonzils« eine sittliche Gefährdung zu erwarten sei. Seine Anklage gegen »den Ausbund an schweinischer Gemeinheit nach Inhalt und Form« eines moralisch minderwertigen Autors schloß mit dem Apell an die Geschworenen, in dem er alle rhetorischen Register der Demagogie zog und die Front der Guten im pluralis majestatis gegen die Bösen zusammenschweißte: »Meine Herren Geschworenen! Ich bitte Sie nicht, ich verlange von Ihnen, zeigen Sie durch ein rasches Urtheil den Herren Modernen, daß wir in Deutschland noch Gesetze haben, die verbieten, Gott, die Religion und die heiligsten Gefühle so zu behandeln, wie es der Angeklagte gethan. Wenn die Herren Modernen Schmutz brauen wollen, so sollten sie das allein thun innerhalb ihrer vier Wände. So weit sind wir Gott sei Dank noch nicht, daß wir durch solche Werke Gott, unseren Glauben und unsere Religion besudeln lassen müssen« (nach Bauer, S.155). Damit war ausgesprochen: Es ging nicht bloß um Panizza, es ging um die »Herren Modernen«. Als einer ihrer exponiertesten Vertreter sollte Panizza zur Abschreckung mit scharfem Strafmaß gefänglich und nicht allein mit Konfiskation des Werkes und Geldbuße bestraft werden. Mit keinem Wort setzt sich das Urteil in seiner Begründung argumentativ mit dem Stück auseinander. Pauschal wird als straferschwerend gewertet, daß »es geeignet ist, die religiösen und sittlichen Gefühle Anderer auf das Tiefste zu verletzen, daß ferner die Auslassungen in der Schrift nicht mit schriftstellerischer Freiheit entschuldigt werden können, vielmehr diese in unangemessener Weise mißbraucht ist« (S. 95 f.).

7. Schlußakt

Die Presse kommentierte das Urteil dieses Skandalprozesses zwiespältig. Die lokale wie das »Neue Münchner Tagblatt« vom 1.Mai 1895 hielt es für angemessen: »Es darf behauptet werden, daß niemals unter Christen gleich frevelhaft und gräßlich die Gottheit und alles Heilige in den Kot gezogen wurde.« (S. 97) Die überregionalen Blätter wie die »Vossische« oder die »Kölner Zeitung« oder der »Vorwärts« kritisierten zwar

das Urteil, vor allem aber den »Gotteslästerungspapragraphen«, doch gaben sie zu, das Stück gar nicht zu kennen. Typisch die Redefigur im »Fränkischen Kurier« vom 5. Mai 1895:
»Ob eine Verurteilung notwendig war, können wir nicht beurteilen, da wir die Schrift nicht kennen; aber auf jeden Fall ist die Strafe eine ganz auffällig hohe, die keine höhere sein könnte, wenn wir bereits unter der Fuchtel des Umsturzgesetzes ständen. Für das Jahr Gefängnis hätte Dr. Panizza fast einen Menschen mit tödlichem Ausgange körperlich verletzen können« (alle Zitate nach Boeser, S. 111). Selbst Theodor Lessing glaubte in seiner pfiffigen Verteidigungsschrift »Der Fall Panizza. Eine kritische Betrachtung über ›Gotteslästerung‹ und künstlerische Dinge vor Schwurgerichten« (1895) ohne Kenntnis des Stückes auszukommen. Er »habe weder das Vergnügen noch den Wunsch ... das bestrafte Panizzasche Opus zu kennen«. Ihm genüge es, zu wissen, daß »kein Mensch nach der Lektüre eines Buches in seinen Willensmotiven und Individualtrieben ein anderer geworden als er es vor der Lektüre gewesen ist; durch Bücher hat sich die Welt ganz gewiß noch nie ändern lassen« (nach Boeser, S. 17 f.).
Öffentlich wirksame, organisierte Solidaritätsaktionen von Künstlern und Schriftstellern blieben aus. Die Sympathie für Panizza erschöpfte sich im Privaten. Fontane zum Beispiel, der »Das Liebeskonzil« als »ein ganz bedeutsames Buch« (S. 98) bezeichnete, schrieb an Maximilian Harden am 8. August 1895: »Über den ›unter Schloß und Riegel‹ (das meint: Panizza) zu schreiben, wäre mir ein Vergnügen, aber ich müßte zu diesem Behufe nicht 75 sein und etwas mehr von Weltreformer in mir verspüren.« (S. 98)
Wie kein anderer im Kaiserreich hat Panizza für seine skandalisierte Literatur büßen müssen. Die schwere, demütigende einjährige Einzelhaft im Gefängnis hatte ihn psychisch zerrüttet.
Als Etappen der Skandalfolgen lassen sich markieren: Emigration nach Zürich, Ausweisung, Emigration nach Paris, steckbriefliche Verfolgung wegen Majestätsbeleidigung von Wilhelm II., durch den sich Panizza persönlich verfolgt wähnte und den er in seinen »Parisjana« scharf attackiert hatte, Beschlagnahme seines beträchtlichen Vermögens im Deutschen Reich, dadurch erzwungene Rückkehr, Verhaftung und Untersuchung seines Geisteszustandes, der, völlig unqualifiziert, als »paranoisch« diagnostiziert wurde. 1905 schließlich wurde das Entmündigungsverfahren an einem zum »Geisteskranken« Stigmatisierten vollzogen, dem niemand in seiner Not geholfen, für den niemand sich eingesetzt hatte. In seinem Entmündigungsbeschluß brauchte das Gericht nicht einmal mehr die zweifelhafte Kompetenz der Experten, im Falle Panizza genügte der gesunde Menschenverstand: »Der Lebensweg des Dr. Panizza, soweit er im Rahmen dieses Verfahrens bekannt geworden, macht es schon für den Laien verständlich, wie sich der erblich belastete, krankhaft veranlagte Mann immer mehr in seine Verfolgungsideen ... verrennen konnte« (nach Bauer, S. 220).
Das letzte Ziel der Skandalierer: den Künstler zu entmündigen, ihn mundtot zu machen und als nicht zurechnungsfähig und geisteskrank zu kasernieren, an Panizzas Lebensweg, der ein Leidensweg war, läßt es sich verfolgen. Endstation: Irrenhaus. Lebenslänglich!

Kleiner Katechismus des literarischen Skandals

Wenn spektakuläre soziale Aktionen und Reaktionen von einem literarischen Werk oder durch einen Autor ausgelöst werden, spricht man von einem literarischen Skandal.

Er ist Derivat des politischen Skandals und hat wie dieser bestimmte Abläufe, Schemata und Funktionen. Auch er findet innerhalb der sogenannten Skandal-Triade statt: aus Skandalierern, Skandalisierten und alarmierten Dritten, der Öffentlichkeit also.

Im literarischen Skandal aktualisieren und versammeln sich Aggressionen, Ängste und Ideologeme am Skandalon »Literatur«. Darunter ist je nachdem der Text (die Gattung, das Thema, die Schreibart, bestimmte Figuren, die Fabel), der Autor, die literarische Schule oder die »ganze Richtung« gemeint. Ob ein Text zum Skandal wird oder nicht, hängt immer auch vom Zeitpunkt, dem Ort und den Umständen seiner Publizierung ab.

Der Text als logisches Ganzes spielt im Skandal eine eher untergeordnete Rolle. Vielmehr ist er Anlaß, Auslöser und Verstärker bereits vorhandener Emotionen. So wie Literatur positiv über Identifizierungen der Lesenden arbeitet, kommt der Skandal negativ über demonstrative Nicht-Identifizierung zustande. Die Skandalierer nehmen Literatur zum Anlaß, ihre tatsächlich oder nur scheinbar bedrohten Normen, Werte und Symbole in der Öffentlichkeit zu behaupten und durchzusetzen.

Die Skandalierer beanspruchen also für sich die kulturelle Hegemonie, ohne welche die politische Hegemonie nicht errungen werden kann und nicht lange auszuüben ist. Es ist daher nicht erstaunlich, daß sich Literaturskandale in Zeiten politischer und gesellschaftlicher Krisen häufen.

Skandalierer sprechen nie im eigenen Namen, sondern borgen sich die Autorität der »schweigenden Mehrheit«, des »gesunden Volksempfindens«, der »Moral« oder der »echten Kunst«. Sie sehen sich stets lediglich als Instrument höherer Zwecke und Werte. Bordieu nennt dies die »Selbstkonsekration des Bevollmächtigten«. Sie enthebt den Skandalierer der Notwendigkeit, seine meist zensorischen Verfolgungsmaßnahmen und sein eigenes Interesse zu begründen und offenzulegen.

Auffällig oft bedient sich die Rhetorik der Entrüstung zur Ausgrenzung und Abwertung der Skandalobjekte Tier-, Schmutz- und Krankheitsmetaphern. Das bekämpfte Werk wird beschrieben als Infektionsherd, vor dem schutzbedürftige Gruppen (Kinder, Frauen, Beamte) geschützt werden müssen. Autoren werden schnell aus dem Reich der Normalität verwiesen und als geisteskrank klassifiziert. Literarische Skandale sind auf Öffentlichkeit angewiesen, auf eine Öffentlichkeit, in der Literatur – wie mangelhaft auch immer – dennoch als Wertmaßstab gilt. Was voraussetzt, daß Literatur den Status einer moralischen Autorität und Macht beansprucht. Skandale beziehen sich meist auf regionale/mediale Teilöffentlichkeiten mit eigener gruppendynamischer Brisanz und gehen in der Regel von kulturellen Metropolen aus.

Literarische Skandale simulieren immer spontane Empörung, während sie doch eher für die Öffentlichkeit inszeniert und organisiert werden. Entrüstung ist das Ziel der Skandalproduktion, nicht ihr Ursprung. Am Ursprung steht vielmehr der ästhetische oder kulturelle Choc, der im Literaturskandal in Verfolgungsmaßnahmen umgewandelt wird. Der Choc pflanzt sich auch oft fort durch Hörensagen statt durch Lektüre.

Skandalsubjekte verlassen demonstrativ das Feld symbolischer Auseinandersetzung. Sie wollen keinen Dialog, sondern dessen spektakulären Abbruch in aller Öffentlichkeit. Die Rhetorik des Skandals spart das eigentliche Skandalobjekt weitgehend aus und wendet sich an eine richtende Öffentlichkeit.

Skandale werden häufig aus Parteien, Verbänden, Kirchen und staatlichen Institutionen heraus organisiert. Ihre Initiatoren sind oft einem autoritären und hierarchischen Gesellschaftsbild verpflichtet, dessen Bedrohung sie als Skandal veröffentlichen. Da die Skandalobjekte selbst als Unpersonen behandelt werden, suchen sich die Skandalierer satisfaktionsfähige Ersatzgegner. Sie verlangen dann vom Staat oder anderen Institutionen, gegen den Autor und seine Multiplikatoren vorzugehen, sie auszugrenzen, zu entlassen, zu verurteilen. Eigene Aktionen wie Aufführungsstörungen, Bücherverbrennungen, Krawalle nehmen Skandalierer vor, indem sie die Rolle des Staates nach ihrer Vorstellung simulieren und vorwegnehmen.

Der literarische Skandal gewinnt dann an Dynamik, wenn es gelingt, spontane psychische Bedürfnisse vieler aufzunehmen und auf den einen Skandalfall hinzulenken und zu fixieren. Dann bekämpfen die Entrüsteten ihre eigenen, nicht gelebten Triebregungen an der fremden »obszönen«, »lasziven« literarischen Phantasie. Die so erzielte Entlastung erklärt die Lust am Skandal: Sie hält nicht lange vor und sucht sich neue Entlastungen. Die »Skandalpresse« bedient eine Mentalität, die Neugier nur gleichzeitig mit der eigenen Entrüstung befriedigt. Neben den geläufigen Tabuthemen wie Sexualität, Gotteslästerung, Majestätsbeleidigung ist es stets die Angst vor Fremdem, Krankem, Abnormalen, die Skandalen Brisanz verleiht.

Im Skandal bilden sich häufig soziale Gruppen mit einheitlichem Feindbild und profilierten Wortführern heraus, die sich zur positiven Identifizierung eignen. Skandaltexte müssen geeignet sein, die assoziative Ergänzung des Textes durch eine Vielzahl von schnell vollzogenen Projektionen zu ermöglichen. Literaturskandale sind kollektive Teilinterpretationen oft nicht gelesener Texte, die sich an der von den Skandalorganisatoren vorgegebenen Musterinterpretation orientieren.

Da es den skandalierenden Interpreten oft nicht gelingen will, den vorliegenden Text von der eigenen Phantasie zu unterscheiden, kann die Empörung stets nur durch isolierte »Stellen« aus dem Text, nicht durchs Textganze belegt werden. Der Skandaltext wird als negatives Exempel, als Beispiel für eine unbenennbare Vielzahl ähnlicher Texte gelesen, wird daher mit Projektionen überfrachtet, die eine umsichtige Interpretation verhindern.

Literarische Skandale können Autoren, Autorengruppen, Ausdrucksweisen verfolgen, marginalisieren oder verhindern. Insofern ist der Literaturskandal ein präventives Zensurinstrument, das auf die Selbstzensur abzielt.

Zum literarischen Skandal ist auch eine parasitäre Haltung möglich: der Verleger steigert mit dem Etikett »Skandal« die Auflage, die Schriftsteller versuchen bewußt, Skandale zu erregen, um sich auf dem literarischen Markt gegen die Konkurrenz durchzusetzen.

Nicht zuletzt belegen literarische Skandale die ideelle Macht und die Lebendigkeit des Mediums Literatur. Oft genug überdauert das literarische Werk alle Skandale unversehrt und wird später um so mehr geehrt und gerühmt. Und so sei es!

Literaturverzeichnis

Michael Bauer: Oskar Panizza – ein literarisches Porträt. München, Wien 1984

August Bebel: Die Frau und der Sozialismus. Berlin 1973

Knut Boeser (Hg.): Der Fall Oskar Panizza. Ein deutscher Dichter im Gefängnis. Eine Dokumentation. Berlin 1989

Pierre Bourdieu: Die feinen Unterschiede – Kritik der gesellschaftlichen Urteilskraft. Frankfurt a. M. 1984

Rolf Ebbighausen u. Sieghard Neckel (Hg.): Anatomie des politischen Skandals. Frankfurt a. M. 1989

Martin Jürgens und Annegret Jürgens-Kirchhoff: Skandalproduktion und Reaktion. Anmerkungen zum ästhetischen Aktionismus. In: LiLi 3, 1973, S. 117–136

Ulrike Kistner: Der wackelnde Thron. Gott, Kaiser und Vaterland bei Oskar Panizza. In: Acta Germanica 1984, Bd 17, S. 99–114

Helmut Moser (Hg.): L'Eclat c'est moi. Zur Faszination unserer Skandale. Weinheim 1989

Oskar Panizza: Das Liebeskonzil. Eine Himmelstragödie in fünf Aufzügen. Frankfurt a. M. 1976 (Mit einem dokumentarischen Anhang). Seitenangaben im Text ohne Verfasser beziehen sich auf diese Ausgabe

Oskar Panizza, Werner Schroeter, Antonio Salines: Liebeskonzil Filmbuch. Hg. v. Peter Berling. München 1982

Helmut Praschek (Hg.): Gerhart Hauptmanns »Weber«. Eine Dokumentation, Berlin 1981

Walther Rehm: Der Dichter und die neue Einsamkeit. Aufsätze zur Literatur um 1900. Göttingen 1969

Manfred Schmitz: Theorie und Praxis des poetischen Skandals. Frankfurt a. M./New York 1991

Christian Schütze: Skandal. Eine Psychologie des Unerhörten. Neuausgabe. Bern und München 1985

Gerhard Schulz: Naturalismus und Zensur: In: Helmut Scheuer (Hg.): Naturalismus. Stuttgart 1970, S. 93–121

Ansgar Skriver: Gotteslästerung? Hamburg 1962

Marion Soceanu: Oskar Panizzas Kampf um den Glauben. In: Colloquia Germanica 14, 1981, H. 2, S. 142–157

Bernhard Spies: Oskar Panizzas »Liebeskonzil« und die Geschichte der Religionssatire. In: literatur für leser 1988, H. 1, S. 52–64

Biographie

Dr. Michael Kienzle und Dr. Dirk Mende sind wissenschaftliche Mitarbeiter am Institut für Literaturwissenschaft an der Universität Stuttgart. Sie haben bereits gemeinsam über das dem literarischen Skandal verwandte Thema der literarischen Zensur geforscht und publiziert.

Algernon Charles Swinburnes Borgia-Drama »The Duke of Gandia« und das Frauenbild im 19. Jahrhundert

Von Hans Ulrich Seeber

Die für das englische 19. Jahrhundert typischen Schriftsteller mögen Kritik an der bürgerlichen Gesellschaft üben, deren moralische Normen stellen sie nicht ernsthaft in Frage. So stammt die Schärfe der Kritik von Charles Dickens an sozialen Mißständen und materialistischen Einstellungen aus einem moralischen Weltbild, das seinen Zeitgenossen sehr wohl vertraut und einsichtig war. Nach wie vor beherrschten die Religion und die Moral das öffentliche Selbstverständnis und die Masse der Schriften und Reden. Entsprechend verhielt sich der repräsentative Dichter der Zeit, Tennyson. Der frühe Tennyson leidet noch, in der Nachfolge von Keats, unter der Spaltung von bürgerlichem Leben und künstlerischer Wirklichkeitsentrücktheit. Just diese Spaltung sucht der späte Tennyson in quasi-bürgerlichen Idyllen wie *Enoch Arden* oder moralischen Bearbeitungen des nationalen Arthur-Stoffes wie *Idylls of the King* zu überwinden.

Nichts von alledem findet sich bei Swinburne (1837–1909). Er ist ohne Frage das *enfant terrible* unter den Autoren des viktorianischen England. Sein von Charles Baudelaire, de Sade und einem enthusiastischen republikanischen Idealismus gespeistes Rebellentum richtet sich vehement gegen die herkömmliche Religion, gegen konservativ-royalistische Politik und körperfeindliche Moral, wie er sie – zumindest als geheuchelte Respektabilität, die mit heimlichen Bordellbesuchen einherging – in der bürgerlichen Gesellschaft der Zeit vorfand. In den Dienst dieser Kritik stellt er eine vehemente, eine entfesselte, häufig sich verselbständigende lyrische Rhetorik.

In Swinburnes naturalistischer Weltsicht ist Gott nicht der ewige unbewegte Beweger, der die Geschicke der Menschen lenkt, sondern ein verderbliches Erzeugnis der Menschen, der Natur und der Zeit. Im zweiten Chor des dramatischen Gedichts »Atalanta in Galydon« zeichnet Swinburne eine göttliche Welt, die für den selbstzerstörerischen Drang jeglicher menschlicher Sehnsucht und Begierde verantwortlich ist. Im provozierendsten Abschnitt nennt der Dichter Swinburne Gott sogar grausam und definiert ihn als das »höchste Übel« (*»supreme evil«*):

> Who shapes the soul, and makes her a barren wife
> To the earthly body and grievous growth of clay;
> Who turns the large limbs to a little flame
> And binds the great sea with a little sand;
> Who makes desire, and slays desire with shame;
> Who shakes the heaven as ashes in his hand;
> Who, seeing the light and shadow for the same,
> Bids day waste night as fire devours a brand,
> Smites without sword, and scourges without rod;
> The supreme evil, God.[1]

Das Begehren enthält die Gefahr der Selbstzerstörung, weil Gott zugleich die vergängliche Zeit und die Fesseln der Scham sendet, die den Menschen binden. Der Mensch und Schriftsteller Swinburne antwortet auf diese Situation mit Akten der moralischen und politischen Ent-fesselung, die im viktorianischen England zu einem Aufschrei der Empörung führen. Wie Nietzsche und andere, vom Naturalismus und der Lebensphilsophie beeinflußte Intellektuelle, findet Swinburne in der Renaissance und im antiken Griechenland Vorbilder einer körper- und lustbetonten Lebensform, die er aufgriff, um sie gegen die stickige Atmosphäre des viktorianischen England auszuspielen. Lange vom Staudamm der öffentlichen Tabus behindert, ergießt sich bei ihm die entfesselte Rhetorik der Liebe wie ein Katarakt. Dabei wird manchmal übersehen, daß Swinburne in einem Gedicht wie »Anactoria« lediglich der offenherzigen Vorlage von Sappho eine englische Überarbeitung angedeihen lassen mußte, um das auszudrücken, was er ausdrücken wollte. Im folgenden Monolog fleht Sappho die treulose Geliebte Anactoria an, bei ihr zu bleiben:

My life is bitter with thy love; thine eyes
Blind me, thy tresses burn me, thy sharp sighs
Divide my flesh and spirit with soft sound,
And my blood strengthens, and my veins abound.
I pray thee sigh not, speak not, draw not breath;
Let life burn down, and dream it is not death.
I would the sea had hidden us, the fire
(Wilt thou fear that, and fear not my desire?)
Severed the bones that bleach, the flesh that cleaves,

And let our sifted ashes drop like leaves.
I feel thy blood against my blood: my pain
Pains thee, and lips bruise lips, and vein stings vein.
Let fruit be crushed on fruit, let flower on flower,
Breast kindle breast, and either burn one hour.
Why wilt thou follow lesser loves? are thine
Too weak to bear these hands and lips of mine?[2]

In anderen Gedichten, die sich an biblische Vorlagen wie das Hohelied Salomos anlehnen, spielt Swinburne in einem verwirrenden Doppelspiel den traditionellen spirituellen Sinn eines Bildes wie Lilie gegen seinen möglichen erotischen Sinn (Phallus) aus. Wenn etwa unschuldige Jungfrauen, weiß wie Lilien, die Blüten und den aufrechten Stempel von Berglilien mit Küssen bedecken, dann liegt es nahe, hier eine verschlüsselte homoerotische Handlung zu sehen:

And the first every morning that she came
Put her lips upon the petals pure,
And her hair on the sceptre's golden flame
Which standeth like a planted spear secure
Straight in the petals pure.[3]

In der Tat: Nicht Gott oder das einschneidende moralische Tabu, sondern von der Norm abweichende erotische Bedürfnisse bewirken, daß in Swinburnes Befreiungsakten die Liebe immer auch an den Schmerz gekoppelt wird. Wem, wie Swinburne, homoerotische und sadomasochistische Praktiken wohlvertraut sind, sieht sich unwiderstehlich zu den Verderben bringenden *femmes fatales* der Literatur und des Lebens hingezogen. Ständig umkreist und variiert deshalb Swinburne diese männliche Frauenphantasie in seinen künstlerischen Texten.

Das Bild der männermordenden *femme fatale* ist zutiefst zweideutig, ja mehrdeutig. Ich unterscheide drei Bedeutungen.

(1) Einmal bekundet sich in dem Bild, wie beim Keats des Gedichts »La Belle Dame Sans Merci«, das unreife, vielleicht sogar gestörte Verhältnis des jungen, unerfahrenen Autors zu Frauen – möglicherweise auch purer literarischer Sensationalismus nach dem Muster des Schauerrromans (vgl. Matilda in *The Monk*).

(2) Darüber hinaus offenbart das Phantasiebild charakteristische männliche Neurosen in einem Zeitalter, das zur Jahrhundertwende hin mehr und mehr von der Frauenfrage beherrscht wurde. Natürlich hatte es in der Kulturgeschichte schon immer das Bild der arroganten, übermächtigen, männerverschlingenden Frau gegeben. Darin bekunden sich sowohl Bewunderung für die Lebensmacht, Naturnähe und Sexualität der Frau als auch die Angst des Mannes davor. Wenn solche Bilder – man denke an Oscar Wildes *Salomé,* an Gustav Klimts *Judith* (1901), die Borgia-Figur und die herrschsüchtigen Damen des Malers Ferdinand Hodler – gegen Ende des Jahrhunderts auffällig häufig auftreten, so muß man das sicherlich mit dem auffälligen Wandel im Bereich des Geschlechterverhältnisses in Verbindung bringen. Frauen, die ihre Erotik in Beruf und Politik raffiniert einsetzen, wurden von Autoren wie Otto Weininger als ausgesprochene Bedrohung empfunden. Die sehr wenigen Frauen, die um die Jahrhundertwende die radikale Forderung nach freier Liebe tatsächlich auslebten, lösten bei den faszinierten Männern eine ambivalente Reaktion aus, in der Angst meist weit vor der Bewunderung rangierte. Weiningers provozierendes Buch *Geschlecht und Charakter* (1903) beispielsweise ist ein »einziger flammender Protest gegen die angeblich von Frauen beherrschte ›moderne Koitus-Kultur‹ und gegen die Unterwerfung des Mannes unter die sexuellen Ansprüche des Weibes!«[4]

(3) Wo, wie beim Sadomasochisten Swinburne, das Verhältnis zum anderen Geschlecht durch ein unrepräsentatives Triebverhalten gesteuert wird, ist die Unterwerfung des Mannes freilich nicht das Befürchtete, sondern das Ersehnte. Folgerichtig hat Swinburne zwei ebenso faszinierende wie anrüchige Frauengestalten der Renaissance, nämlich Lucrezia Borgia und

Algernon Charles Swinburne

Maria Stuart, dem Typus der *femme fatale* zugeordnet. Die Maria-Stuart-Trilogie, bestehend aus den drei als Lese-Dramen aufgenommenen Stücken *Chastelard* (1865), *Bothwell* (1874) und *Maria Stuart* (1881), verarbeitet – historisch weitgehend korrekt – die für die Männer Chastelard, Rizzio, Darnley und Babington tödlich endenden Liebesaffären der Schottenkönigin. Maria Stuart ist »eine jener Frauen des Nordens, deren Sirenen-Basilisken-Blick den Tod bedeutet«.[5] Möglicherweise unfähig zu wirklicher Liebe und – übrigens entgegen der Schillerschen Version – gänzlich unfähig zur moralischen Läuterung, ist Maria eine Renaissance-Figur, die ihrer wankelmütigen Sinnlichkeit und ihren machtpolitischen Rankünen lebt. Inwiefern Swinburnes Maria dem historischen Vorbild gerecht wird, ist insgesamt weit weniger bedeutsam als die Einsicht, daß er Maria Stuart vor allem in *Chastelard* am literarischen Modell der *femme fatale* Gautiers, Victor Hugos und anderer modelliert. Maria ist kalt, sie kann nicht weinen, sie ist darüber hinaus bleich und wird von einem Mann, Chastelard, verehrt, der nichts sehnlicher wünscht als das Opfer dieser grausamen Sphinx zu werden.[6] Kein Wunder, daß Swinburne auch von Lucrezia Borgia fasziniert ist. Seine Beschreibung der nackten Borgia, die der französische Gelehrte Lafourcade zitiert, erinnert an Gautier. Swinburne identifiziert sich auch mit den Überlegungen Tebaldo Tebaldeis, des Chronisten von Lucrezia Borgia, zur Schmerzwollust:

> Knowest thou not [...] that a nerve may quiver and be convulsed with actual pain while the blood is dancing and singing for joy like a nymph drunken? that to be pinched and torn by the lips and teeth and fingers of love is a delight enduring when one is past kisses and when caresses have no sting or savour left in them? that the ache and smart of the fleshly senses are things common alike to pleasure and to pain?[7]

Swinburne hat sich zeitlebens ohne durchschlagenden Erfolg um das Drama bemüht. Zwei Umstände hinderten ihn wohl daran, ein bemerkenswerter dramatischer Künstler zu werden. Erstens konnte er sich nie von dem bewunderten Vorbild elisabethanischer und jakobäischer Dramatik lösen. Bis in die Einzelheiten von moralisierenden Mörderszenen oder lyrischen Einlagen, einschließlich der grobgewirkten Technik von Ankündigung und sofortiger Vollstreckung einer Tat, wirkt seine Dramaturgie wie ein Abklatsch der Shakespeareschen Methode. Mag das bei historischen Stoffen im Zeichen des viktorianischen Historismus noch hingehen, so wirkt dieses antiquiert-historisierende Verfahren um die Jahrhundertwende, im Zeitalter des modernen Dramas der Ibsen, Strindberg und Shaw, wie eine verstaubte historische Kulisse. Indem Swinburne sich zur Unzeit gleichsam selbst zitiert, rührt er den abgestandenen Brei des viktorianischen Historismus noch einmal um. Der zweite Grund für das Mißvergnügen der Kritik am Dramatiker Swinburne ist der wortverliebte, wortgewaltige Lyriker Swinburne. Immer mehr an nicht endenwollenden Wortkaskaden und ihrem Klang fasziniert als an dramaturgischen Notwendigkeiten, wurden seine Stücke schon von der zeitgenössischen Kritik heftig gerügt. Über die späten Tragödien *Marino Faliero* (1885), *Locrine* (1887), *The Sisters* (1892), *Rosamund* (1899) und *The Duke of Gandia* (1908) bemerkt der Literaturhistoriker Baugh folgendes: »The later tragedies have little to commend them.«[8]

Allerdings gereicht ein werksgeschichtlicher Betriebsunfall dem Stück *The Duke of Gandia* eher zum Vorteil. Das Werk ist erfrischend kurz. Keine große, durchkomponierte Tragödie liegt uns vor, sondern eine in vier dramatischen Szenen vergegenwärtigte Episode aus dem Hause Borgia. Den ursprünglich gehegten Plan einer großen Borgia-Tragödie hat Swinburne offenbar nicht mehr ausführen können. Man hat den Eindruck, daß diese unfreiwillige Kürze dem Text nur gutgetan hat, vor allem in den beiden letzten Szenen, deren Handlungs- und Dialogtempo eine für Swinburne ungewöhnliche Geschwindigkeit erreicht.

Die zentrale Begebenheit des Stückes ist die Ermordung Francesco Borgias durch seinen Bruder Caesar Borgia. Um diese Achse des Stücks – der eigentliche Mord passiert in Szene 2 – sind die Szenen des dramatischen Tableaus angelegt. Szene 1 offenbart die Kälte und Brutalität des Machtmenschen Caesar, der im

Gespräch mit seiner Mutter zu deren Entsetzen ehrgeizige Pläne ankündigt. Von Eifersucht auf seinen Bruder Francesco gegenüber zerfressen, hat er dessen Tötung beschlossen, die er dann ungeachtet der Beschwichtigungsversuche von Papst Alexander Borgia und Lucrezia Borgia schon in der nächsten Szene mit Hilfe gedungener Mörder in die Tat umsetzen läßt. Wie der Leichnam Francescos den Fischen des Tibers zum Fraße vorgeworfen wird, erfahren wir in Szene 3 im Botenbericht des Fischers Giorgio. In der vierten Szene bekennt sich Caesar gegenüber dem Vater Alexander ungerührt und brutal zu dem Verbrechen und überredet diesen mit überlegener Verstandes- und Willenskraft dazu, sich der großen machtpolitischen Aufgabe der Einigung Italiens nicht zu entziehen.

Was Swinburne hier verhandelt und in Szene setzt, ist eine brutale Renaissance-Welt voller physischer und geistiger Gewalttätigkeit. Wäre nicht der isolierte Hinweis auf die Aufgabe der Einigung Italiens, dann gäbe es im Stück keinen aktuellen Bezug zur Gegenwartssituation von Autor und Leser. Ohnehin war die Frage der italienischen Einheit nach 1900 nicht mehr aktuell. Auch von hierher bestätigt sich der Eindruck, daß Swinburne einen verblichenen dramatischen Stil gegen die Zeitläufe schlicht konserviert.

In der zynischen Borgia-Welt des Swinburneschen Kurzdramas sind alle Szenen und Figuren der beherrschenden Persönlichkeit Caesar Borgia zu- und untergeordnet. Der rücksichtslose Kardinal räumt nicht nur den Bruder aus dem Wege, er lehrt auch Mutter und Vater das Fürchten. Papst Alexander läßt sich am Ende von ihm zur Kumpanei überreden. Wenn noch heute von dem Stück milde Schockwellen ausgehen, dann liegt das an der zur Schau gestellten Sittenlosigkeit, Brutalität und zynisch-blasphemischen Grundhaltung der Borgia-Familie, zumal Caesars. Dieses auffällige

Probeszene aus »Der Herzog von Gandia«

Zurschaustellen des eigenen Zynismus wäre politisch und diplomatisch schädlich, wenn es in der Öffentlichkeit geschähe. Da das Stück aber im wesentlichen nur die interne Kommunikation unter den Familienmitgliedern zur Darstellung bringt, kann es die Offenlegung der machtpolitischen Rechtfertigungsideologie betreiben und damit den Provokationsabsichten des Autors entsprechen. Dies geschieht im wesentlichen über die Figuren Caesar Borgia und Alexander Borgia. Diese Provokationsstrategie bedient sich der *Blasphemie* als stärkster Waffe. Caesar beutet insbesondere die Stellvertreterrolle des Papstes für gewagte Analogien und Argumentationen aus, die seine Mutter Vannozza, die Mätresse des Papstes, ihn selber und den Vater entlasten sollen. Als Frau des Statthalters Christi rückt Vannozza *per analogiam* in die Position der Gottesmutter Maria ein und Caesar selbst in die Position von Jesus. Als solche können sie prinzipiell keine Sünder sein:

> And what hast thou to do with sin? Hath he
> Whose sin was thine not given thee there and then
> God's actual absolution? Mary lived
> God's virgin, and God's mother: mine art thou
> Who am Christlike even as thou art virginal.[9]

Ähnlich wird später der Papst aufgefordert, seine Tränen für den toten Francesco zu lassen, und wie Christus wieder aufzuerstehen, um seiner Rolle als Stellvertreter Christi gerecht zu werden. Schon immer war es ein Markenzeichen des Schurken und Libertin, seine Umgebung mit verwirrenden Argumentationen zu beruhigen und zu übertölpeln. Caesar spielt diesen Part mit Gusto, indem er die Metaphernsprache der Kirche für seine Zwecke einsetzt. Die Analogie soll eine Wahrheit aufdecken, die sie tatsächlich verdeckt. Deshalb gehen Caesars ständige Heucheleien Hand in Hand mit der Verwendung von ironischen Euphemismen: »süße, unschuldige Mutter« redet er die Vannozza an. Papst Alexander, der Vater, spielt dieses Spiel mit Heucheleien und Blasphemien augenzwinkernd mit:

> *Alexander:* Jest not with God. I heard
> A holy word, a hallowing epithet,
> Cardinal Caesar, trip across thy tongue
> Lightly.
> *Caesar:* Most holiest father, I desire
> Paternal absolution – when thy laugh
> Has waned from lip and eyelid.
> *Alexander:* Take it now,
> And Christ preserve thee, Caesar, as thou art,
> To serve him as I serve him.
> (S.389)

Man wundert sich schließlich nicht mehr, daß der Papst Lucrezia vom Beten abrät: »Pray no prayer. / Prayer never yet brought profit.« (S.403) Heuchelei und herausfordernde Analogien weichen in der letzten Szene, als Caesar und Alexander sich mit offenem Visier gegenüberstehen, meist brutaler Direktheit. Aber auch schon vor der Auseinandersetzung über den Mord ist die Tendenz natürlich offenkundig genug. In seinem Zynismus scheut sich beispielsweise Caesar nicht, auch ein Gebot des *Vaterunser* zu parodieren: »Friends? – Our father on earth, thy will be done.« (S.391)

Swinburne gesteht in *The Duke of Gandia* den Frauen Vannozza und Lucrezia nur eine Statistenrolle zu. Die gealterte Vannozza sorgt sich um den Bruderzwist und blickt mit erwachender Reue auf ihr sündiges Vorleben zurück. Allein auf der Grundlage des Textes ist nicht entscheidbar, ob die gehäufte Verwendung des Wort es Liebe – Vannozza liebt Caesar oder auch nicht, Caesar liebt Vannozza, Vannozza liebt Francesco und Lucrezia angeblich mehr als sie Caesar liebt, Caesar liebt vielleicht Lucrezia – lediglich die gebotene verwandtschaftliche Zuneigung anzeigen soll oder gar blutschänderische, inzestuöse Beziehungen. Wenn Vannozza auf Caesars ehrgeizige Ankündigung mit Vorwürfen antwortet (»Caesar, wilt thou cleave my heart? / Have I not loved thee?, S. 386«), dann legt der Kontext eher eine konventionelle Lesart nahe. Auf die Frage, ob er Francesco und Lucrezia liebe, antwortet Caesar lediglich: »God alone knows« (S. 387). Möglich auch, daß Swinburne es mit gutem Grund nicht wagte, deutlicher zu werden. Lucrezia, deren Schönheit Caesar hyperbolisch rühmt, darf nur wenige Zeilen sprechen, die Alexander allerdings sofort als gotteslästerlich rügt. Ihre Formulierung ist in der Tat zweideutig genug:

> *Lucrezia:* How should strife
> Find here a tongue to hiss with? Are not we,
> Brothers and sire and sister, sealed of God
> Lovers – made one in love?
> *Alexander:* Deride not God,
> Lucrezia.
> (S.392)

Die implizite Argumentation Lucrezias lautet: Die Mitglieder der Papstfamilie der Borgias sind kraft der Institution Familie und vor allem kraft des Amtes, das Gott stiftete, einander in Liebe zugetan. Gott ist also der Urheber ihrer notwendigen wechselseitigen Liebe. Aber die Sprache Lucrezias – sie spricht von »Lovers – made one by love« – spielt aufreizend ins Sexuelle hinüber und dürfte damit die bloß spirituelle, von Gott verbürgte Liebe überschreiten bzw. dementieren.
Lucrezia spielt in *The Duke of Gandia,* wie ersichtlich, lediglich eine Nebenrolle. Die in anderen Texten von Swinburne sichtbarer werdende Verknüpfung der historischen Figur Lucrezia oder besser ihres Mythos mit dem Mythos der *femme fatale*-Gestalt soll abschließend in die das 19. Jahrhundert beherrschenden Frauenbilder eingeordnet werden. Dabei zeigt sich rasch, daß die *femme fatale* eine Kopfgeburt der schwarzen Romantik ist, erfunden und goutiert von Männern, die sich als avancierte Ästheten verstehen. Mario Praz hat in seinem wegweisenden Buch *The Romantic Agony* (1933) dazu das Nötige gesagt.
Es fällt auf, daß von Frauen geschriebene Romane ganz andere Frauenbilder entwerfen, die für den Geschmack der Zeit weitaus repräsentativer sind. Die Angst vor dem gesellschaftlichen Absturz treibt die Frauen des 19. Jahrhunderts um. Sie erzeugt bei Jane Austen, Charlotte Brontë und George Eliot Frauen und Handlungsmodelle, die eben diese Gefahr – teilweise gegen alle Wahrscheinlichkeit – bannen. Die großen Heldinnen Elizabeth Bennett, Emma Woodhouse, Jane Eyre und Dorothea Brooke vermögen kraft ihrer starken Persönlichkeit den gleichsam utopischen Traum einer Liebesheirat zu verwirklichen, in dem die Moral, die Liebe und der Wohlstand sich wechselseitig ergänzen. Wovor man sich fürchtet, ist die lieblose Geldheirat oder, noch schlimmer, eine Schwangerschaft ohne akzeptablen Ehemann, die einem gesellschaftlichen Todesurteil gleichkam. Charlotte Brontë spielt in *Jane Eyre* mit dem Motiv der *femme fatale* nur, um es moralisch zu entschärfen. Bertha Mason, die triebhaft-sinnliche Ehefrau Rochesters, entpuppt sich als mörderische Wahnsinnige, die auf die Bühne verbannt wird und schließlich im Feuer umkommt, damit Rochester und Jane endlich vereint werden können. Von einer grausamen Schönheit in ein aggressives, tierisches Ekel verwandelt, verliert die *femme fatale* jegliche Anziehungskraft.

Anmerkungen

1 Zit. n. *The Oxford Anthology of English Literature.* Victorian Prose and Poetry, ed. Lionel Trilling and Harold Bloom (London, u.a.: Oxford University Press, 1973), S. 656.
2 Zit. n. *Viktorianische Lyrik.* Englisch/Deutsch, ed. Armin Geraths et. al. (Stuttgart: Reclam, 1985), S. 301.
3 Zit. n. *Viktorianische Lyrik,* S. 40.
4 Ute Fevert, »Tradition und Veränderung im Geschlechterverhältnis«, in: *Funkkolleg Jahrhundertwende 1880–1930: Die Entstehung der modernen Gesellschaft.* Studienbegleitbrief 9. Herausgegeben vom Deutschen Institut für Fernstudien an der Universität Tübingen (Weinheim und Basel: Beltz Verlag, 1989), S. 78.
5 Zit. n. *Hauptwerke der englischen Literatur.* Einzeldarstellungen und Interpretationen, ed. Manfred Pfister (München: Kindler, 1975), S. 337.
6 Vgl. hierzu Mario Praz, *The Romantic Agony,* (1933; wieder abgedruckt Fontana Press, 1962), S. 245–249.
7 Zit. n. Mario Praz, *The Romantic Agony,* S. 243.
8 Albert C. Baugh (Hrsg.), *A Literary History of England* (London: Routledge, 1948), S. 1444.
9 Algernon Charles Swinburne, *The Duke of Gandia,* in: *The Complete Works of Algernon Swinburne,* Vol. 10 (London: Heinemann & New York: Wells, 1926), S. 387.

Biographie

Hans Ulrich Seeber, geb. 1940, Professor für Neuere Englische Literatur am Institut für Literaturwissenschaft der Universität Stuttgart; Studium der Anglistik, Geschichte, Leibeserziehung und Philosophie in Hamburg und Tübingen. 1969 Promotion, 1976 Habilitation.
Veröffentlichungen: u. a. *Wandlungen der Form in der literarischen Utopie* (1970); *Moderne Pastoraldichtung in England* (1979); Sammelbände über *Literarische Utopien* (1983); *Naturdichtung* (1985) und *Idylle und Modernisierung im 19. Jahrhundert* (1986). Neueste Buchveröffentlichung: *Englische Literaturgeschichte* (1991).
Zahlreiche Aufsätze zur Utopie, zur Idylle und zur englischen Literatur des 19. und 20. Jahrhunderts.

Am letzten Tag des Kongresses, vor dem Beginn des großen Renaissance-Festes, fand unter Leitung von Herwarth Röttgen eine Podiumsdiskussion mit den Referenten des Kongresses statt.
Bei dieser Gelegenheit wurden untereinander und aus dem Publikum Fragen zu einzelnen historischen Fakten gestellt. Heftiger wurde die Diskussion, als behauptet wurde, es seien neuerlich Dokumente gefunden worden, die einen Sohn aus inzestuöser Beziehung zwischen Papst Alexander und seiner Tochter Lucrezia belegten. Aus dem Publikum kam wiederholt zu einzelnen Punkten die Frage, welches denn nun die »wirkliche Wahrheit« über die Borgia sei.
Die beiden Aspekte des Kongresses Geschichte und Legende wurden repräsentiert in den konträren Zugängen der beiden Ehrenreferenten Padre Batllori und Susanne Schüller-Piroli. Während Batllori, perfekter Kenner der päpstlichen Archive, die positivistische Quellenforschung eines strengen Historikers repräsentierte, vertrat Schüller-Piroli mit Vehemenz die Seite der Legende und betrachtete Geschichte skeptisch unter dem Gesichtspunkt des Aberglaubens um

1500. Batllori steht auf der Seite derer, die der Auffassung sind, es gibt eine wahre Geschichte, Schüller-Piroli jedoch hält bereits die ersten Quellen für legendär.
Resümierend wurden sich die beteiligten Referenten darüber einig, daß der Kongreß deutlich durch die zahlreichen divergierenden Borgia-Bilder gezeigt habe, daß auf jeden Fall – so es überhaupt »wahre« Geschichten geben mag – diese Wahrheit verschlüsselt und schwer erkennbar ist hinter dem Schleier, den der jeweils Berichtende über das legt, was er berichtet.
Der Podiumsleiter endete mit der Bemerkung, daß der Historiker, der nach der Wahrheit der Geschichten über Geschichte sucht sich stets fragen muß, wer fragt, wann, warum, was, wie und wen …
Der Kongreß als Ganzes mit seiner Vielzahl an künstlerischen und wissenschaftlichen Beiträgen habe insgesamt vielleicht die Wahrheit über die Borgia näher gebracht. »Oder«, so ein scherzhaft-ernster Ruf aus dem Publikum, »zu den Geschichten der Borgia eine neue Version hinzugefügt: ›Die Borgia-Legende von Schwäbisch Hall‹.«

Die Kontrahenten: Susanne Schüller-Piroli und Padre Batllori

Ausstellungen

Eröffnungsempfang im Hällisch-Fränkischen Museum

Ausstellung im Hällisch-Fränkischen Museum Schwäbisch Hall

aus Anlaß des Kongresses »Die Borgia. Eine Renaissancefamilie im Zwielicht« veranstaltet von der Stadt Schwäbisch Hall und der Universität Stuttgart

29. Mai bis 16. August 1992

Der Katalog zur Ausstellung wurde herausgegeben im Auftrag der Stadt Schwäbisch Hall von Elisabeth Schraut

mit Beiträgen von

P. Miquel Batllori S. J.
Ute Esbach
Marion Hermann-Röttgen
Ulrich Klein
Sabine Poeschel
Herwarth Röttgen
Rudolf Veit

Die Ausstellung im Hällisch-Fränkischen Museum: Die Renaissancefamilie Borgia – Geschichte und Legende – Bildnisgraphik, Medaillen und Dokumente.

Begleitend zu dem Kongreß gab es insgesamt drei Ausstellungen. Die große Ausstellung im Hällisch-Fränkischen Museum, »Die Renaissancefamilie Borgia – Geschichte und Legende«, zeigte Bildnisgraphik, Medaillen und Dokumente. Sie wurde als Jahresausstellung des Museums aus dem vorhandenen Budget finanziert.
Durch einen Wechsel der Leitung während der Vorarbeiten wäre es fast zum Scheitern der Ausstellung gekommen, wenn sich nicht eine kleine Gruppe von Kollegen gefunden hätte, die ein neues Konzept entwarfen, einzelne Abteilungen planerisch übernahmen und die Katalogbeiträge verfaßten. Der Erfolg der Ausstellung und des Kataloges rechtfertigte nachträglich die Mühe. Bei dem großen Eröffnungsempfang im alten Hof des Museums bestätigten zufriedene Besucher, daß das Ziel erreicht war, mit Hilfe der Ausstellung den interessierten Kongreßbesuchern eine anschauliche Darstellung der historischen Hintergründe zu verschaffen. Um einen Eindruck von der Ausstellung zu vermitteln, folgen einige Seiten aus dem Katalog zur Ausstellung.

Die Beiträge dieses Kataloges stellen die Rezeptionsgeschichte der Borgia in der Literatur vor, geben einen Überblick über die Politik Alexanders VI., untersuchen Alexanders Rolle als Mäzen, vor allem bei der Ausmalung des Appartamento Borgia, der päpstlichen Wohnung im Vatikan, durch Pinturicchio und stellen die Borgia in Münzen und Medaillen vor. Der Katalogteil der Ausstellung des Hällisch-Fränkischen Museums, der ersten, die sich der Renaissancefamilie Borgia widmet, stellt eine Fülle bislang nicht oder wenig bekannten Materials zu der Renaissancefamilie Borgia, ihrer Geschichte und Legende, vor.

Inhaltsverzeichnis des Kataloges

Katalog

Elisabeth Schraut

Eine Einführung zur Ausstellung

von Elisabeth Schraut

Über Jahrhunderte hat die Familie Borgia, haben vor allem ihre Mitglieder Rodrigo Borgia, seit 1492 Papst Alexander VI., und seine Kinder Lukrezia und Cäsar das Interesse der Nachwelt gefunden. Bis heute bieten Geschichte und Legende der Borgia Stoff für historische Abhandlungen und für nachempfindende Romane. Die den Borgia nachgesagte Kombination von – modern formuliert – »sex and crime«, oder wie der Chronist Egidio da Viterbo sich – poetischer – ausdrückte: »Gold, Gewalt und Venus«, vermag ein breites Publikum anzusprechen.

Freilich sind die Geschichten, die sich um die Borgia ranken, kein Produkt des 19.Jahrhunderts, sondern setzen schon bald nach dem Tod Alexander VI. im Jahre 1503 ein, also bereits zu Beginn des 16.Jahrhunderts, zunächst in Italien. Mit der Reformation erhält die schon zuvor existente Papstkritik in Deutschland neuen Aufwind. Papst Alexander VI. Borgia erscheint nun als ein besonders geeignetes Objekt, um die sittliche und moralische Verkommenheit der Päpste anzuprangern, sicher auch deshalb, weil er als einer der mächtigsten Inhaber dieses Amts im 15.Jahrhundert galt.

Vor allem drei Anschuldigungen gegen die Familie Borgia werden über die Jahrhunderte immer wieder vorgebracht. Sie ranken sich um den Tod Alexanders, um Inzest und um Brudermord.

Selbst im Schwäbisch Hall des 16.Jahrhunderts waren diese bekannt: der mutmaßliche Verfasser der »Warhafftigen Historien von den grewlichen vnd abschewlichen Suenden vnd lastern [... des] D.Iohannes Faustus«, der Haller Bürger Georg Rudolf Widman (1550–1594) berichtet darüber in seinem 1599 erstmals erschienenen Werk.

Widman stellt Papst Alexander VI. als Mörder vor, der nicht nur seinen vehementesten Kritiker, den Dominkaner Girolamo Savonarola, als Ketzer hinrichten ließ, sondern auch zahlreiche andere Morde eigenhändig begangen haben soll. Sein letztes Mordkomplott ging allerdings schief: das Gift, das er ihm feindlich gesonnenen Kardinälen zugedacht hatte, trank er versehentlich selbst.

Immer wieder, so auch bei Widman, wird der Vorwurf des Inzests vorgebracht. Alexander VI. soll mit seiner Tochter Lucrezia eine inzestuöse Beziehung unterhal-

ten haben, desgleichen sein Sohn Cesare. Diesem wird außerdem unterstellt, aus Neid seinen Bruder Juan umgebracht zu haben.
Mord, Inzest, Brudermord – die Papstfamilie Borgia als Verbrecher?
Für Widman können diese Greueltaten nur eine Ursache haben: hier regiert der Teufel. Und so beschuldigt er konsequenterweise Alexander VI. des Paktes mit dem Teufel (hier liegt die Verbindung zum Faust-Stoff). Von zügellosem Ehrgeiz auf die Papstwürde besessen, soll sich der damalige Kardinal Rodrigo Borgia dem Teufel verschrieben haben.
Als Beleg dient eine Schilderung der näheren Umstände von Alexanders Tod. Nachdem der Papst das Gift getrunken hatte, lag er todkrank darnieder. Er wollte nun ein Buch »voller Schwarzer Kunst« konsultieren. Der Diener, der ihm dieses Buch holen sollte, fand auf dem Stuhl des Papstes zu seinem Entsetzen den Teufel in den Gewändern des Papstes und mit dessen Insignien vor. Dieser verkündete: »Ego Papa sum«.
Eben diese Geschichte – in welchem Strang der Überlieferung auch immer – hat wohl die Anregung gegeben für ein aufklappbares graphisches Blatt aus dem 16.Jahrhundert, dessen Aufbewahrungsort heute nicht feststellbar ist. In geschlossenem Zustand zeigt es, wie aus der Beschriftung ersichtlich, Papst Alexander VI., klappt man das Oberteil auf, kommt der Teufel zum Vorschein, der die Worte spricht *»Ego sum Papa«* (s.Abb.). Soweit ist es mit der Welt, beziehungsweise der Kirche gekommen: der Teufel in Gestalt des Papstes!
Das Hällisch-Fränkische Museum unternimmt nun, zum ersten Mal überhaupt, den Versuch, Geschichte und Legende der Renaissancefamilie Borgia in einer Ausstellung zu zeigen.

Die Ausstellung stellt Ansichten, Dokumente und Zeugnisse zu den Borgia aus deutschen Museen und Sammlungen vor. Diese Beschränkung auf deutsche Leihgeber war aufgrund der zur Verfügung stehenden Mittel, aber auch wegen der knappen Vorbereitungszeit unumgänglich. Gleichwohl vermag die Ausstellung zahlreiche Objekte zugänglich zu machen, die bisher einer breiten Öffentlichkeit nicht bekannt waren.
Den Auftakt bilden Porträts der Renaissancefamilie Borgia und ihres Umkreises in der Druckgraphik, die Herwarth Röttgen und Sabine Poeschel zusammengetragen haben. Zentrale Gestalt ist zweifellos Alexander VI., um den sich einerseits die Darstellung verschiedener Familienmitglieder, andererseits diejenigen seiner Vorgänger und Nachfolger im Amt des Papstes gruppieren. Dabei handelt es sich nicht unbe-

dingt um authentische Darstellungen. Diese finden sich oft eher auf Münzen und Medaillen der Borgia. So ist etwa das einzige authentische Porträt der Lucrezia Borgia auf einer Medaille überliefert. Porträts auf Münzen und Medaillen dienten häufig als Vorlagen für spätere Stiche. Diesen Ausstellungsteil »Münzen und Medaillen« hat der Stuttgarter Numismatiker Ulrich Klein durch intensive Recherchen in den großen deutschen Münz- und Medaillensammlungen zusammengetragen. Die Ausstellung zeigt erstmals eine umfassende Zusammenstellung der Borgia und ihres Umkreises auf Münzen und Medaillen.

In einem dritten Ausstellungsteil »Schlaglichter auf das Wirken der Borgia«, konzipiert von Herwarth Röttgen in Zusammenarbeit mit Ute Esbach und Rudolf Veit, werden schlaglichtartig wichtige Ereignisse der Zeit um 1500 in ausgewählten Exponaten dargestellt, die den Einfluß und das Handeln der Borgia, vor allem Papst Alexanders VI., beleuchten, wie zum Beispiel den Kampf gegen die Türken, die Entdeckung der Neuen Welt, das Ablaßwesen.

In einem vierten und letzten Teil stellt schließlich Marion Hermann-Röttgen an ausgewählten Beispielen die Rezeption der Borgia in der Literatur vor. Hier finden sich Geschichtsschreiber, Politiker und Literaten, die das Borgia-Bild zu dem formten, was heute mit den »Borgia« assoziiert wird und das eingangs, am Beispiel des in Schwäbisch Hall entstandenen Faustbuchs, bereits Erwähnung fand. Damit mag vielleicht auch die oft gestellte Frage »Die Borgias – warum gerade in Schwäbisch Hall?«, wenn auch nicht die, so doch zumindest eine Antwort erhalten.

Das Buch zur Ausstellung dokumentiert in seinem Katalogteil die Ausstellung. Vorangestellt sind sechs Aufsätze, die sich einzelnen Aspekten des Themas »Borgia« aus der Sicht verschiedener Fachdisziplinen – Literaturwissenschaft, Geschichte, Kunstgeschichte und Numismatik – widmen.

Den Auftakt bildet ein Essay von Marion Hermann-Röttgen, die der Frage nachgeht, warum »Geschichte und Geschichten der Borgia« über fünf Jahrhunderte das Interesse der Nachwelt fanden. Der Borgia-Forscher P. Miquel Batllori S. J. gibt sodann einen Überblick über die Politik Alexanders VI. Die Kunsthistorikerin Sabine Poeschel stellt neue Forschungsergebnisse über das von Pinturicchio im Auftrag von Alexander VI. gestaltete Appartamento Borgia vor. In einem zweiten Beitrag diskutiert sie die Frage nach der Authentizität der Borgia-Bildnisse des Appartamento. Herwarth Röttgen stellt in seinem Beitrag Tizians Gemälde *Alexander VI. und Giacomo Pesaro vor Petrus* in den Mittelpunkt. Schließlich gibt Ulrich Klein erstmals einen Überblick über »Münzen und Medaillen der Borgia«, die im Katalogteil einzeln vorgestellt werden.

Der reichen literarischen Verarbeitung des Borgia-Stoffes, auch in Deutschland, steht, nach bisherigem Forschungsstand, keine entsprechende Rezeption in der Bildenden Kunst, zum Beispiel in der Historienmalerei, gegenüber. Auch wer reichhaltige Illustrationen in den ausgestellten Büchern erwartet, wird enttäuscht. Die Klärung der Frage, warum die Rezeption der Borgia in den einzelnen Medien so unterschiedlich verlief, wird eine der Aufgaben der künftigen Borgia-Forscher darstellen. Ausstellung und Katalog möchten dazu anregen.

Foto-Ausstellung:
Das Appartamento Borgia im Vatikan im Goethe-Institut Schwäbisch Hall

Manfried Wüst

Max-Peter Kammeyer

Die wichtigsten bis auf den heutigen Tag erhaltenen Bilddokumente über Papst Alexander VI. befinden sich im Vatikan im Appartamento Borgia. Diese Räume, die heute Bestandteil des Museums sind, bewohnte der Papst während seiner Regentschaft.
Mit Hilfe des Lions Club Stuttgart-Schloßgarten wurde es möglich, die notwendigen Fotos zu beschaffen und zum Teil neue Aufnahmen zu veranlassen. Diese Ausstellung wurde konzipiert, bearbeitet und eröffnet von der Kunsthistorikerin Sabine Poeschel, die bereits einige wichtige Publikationen über diese Räume veröffentlicht hat.
Das Goethe-Institut unter Leitung des Direktors Manfried Wüst beteiligte sich organisatorisch und lud zu einem Eröffnungsempfang in seinen Räumen ein. Große Hilfe bei allen Vorbereitungen leistete dem Projekt der Programmreferent des Hauses Max-Peter Kammeyer. Auch finanziell unterstützte das Goethe-Institut den Kongreß, indem es die Hotelkosten von vier ausländischen Gästen übernahm. Darüber hinaus hat das Institut die Veranstaltung mit dem großzügigen Erwerb von Eintrittskarten für seine Stipendiaten unterstützt.
Es folgen der einführende Text des Kataloges zur Fotoausstellung, die Beschreibung aller Exponate und einige Abbildungsbeispiele.

Sabine Poeschel bei dem Eröffnungsempfang im Goethe-Institut

Das Appartamento Borgia

Eine Einführung von Sabine Poeschel,

Alexander VI. Borgia (1492–1503) beauftragte kurz nach seiner Wahl den umbrischen Maler Bernardino Pinturicchio mit der Ausmalung der fünf Räume seines »Appartamento«. Der Künstler und seine Werkstatt schufen in den Jahren 1492–1495 insgesamt 86 Fresken, davon 44 großformatige Lünetten. Dargestellt sind Szenen der Evangelien, Heiligenviten, altägyptische Mythologie, Allegorien der Freien Künste, Apostel, Propheten, Sibyllen, Planetengötter und Episoden römischer Geschichte. Dieses enorme Programm ist neben den Zyklen der Sixtinischen Kapelle die umfassendste Bilderserie des 15.Jahrhunderts in Italien.
Borgia hatte bereits als Kardinal einen prachtvoll ausgestatteten Palast besessen. Der Vatikan bot noch keine entsprechende Unterkunft. Alexander VI. ließ mit dem Appartamento Borgia erstmals im Apostolischen Palast päpstliche Privaträume herrschaftlich ausstatten. Er nutzte auf diese Weise die Kunst, um sich als »größter Herrscher Roms, der jemals ein Papst gewesen ist«, wie ihn der zeitgenössische Historiker Francesco Guicciardini bezeichnete, darzustellen. Der repräsentative Charakter der Einrichtung beeindruckte die wenigen, gewählten Besucher, die zu diesen Räumen Zugang hatten. König Karl VIII. von Frankreich bezeichnete sie als die schönste Wohnung, die er je in einem Schloß oder Palast gesehen habe.
Nach dem Tod Alexanders VI. 1503 bezog Julius II. die Räume. Der als Mäzen Bramantes, Michelangelos und Raffaels berühmt gewordene Papst konnte das Bildnis seines Rivalen und Amtsvorgängers nicht ertragen und beschloß daher, im darüberliegenden Geschoß eine eigene Wohnung ausstatten zu lassen. 1508 erhielt Raffael den Auftrag zur Ausmalung der Stanzen, die das Appartamento Borgia in den Schatten stellten.

Der Künstler Pinturicchio hatte sich bereits in Rom einen Namen gemacht und mehrere große Aufträge erhalten. Nach seiner Mitarbeit in der Sixtinischen Kapelle ist die wichtigste Arbeit die Ausmalung der Villa Belvedere Innozenz' VIII. in den Jahren 1487–1492. Für diesen Auftrag wurde Pinturicchio erneut in den Vatikan gerufen, wo er die Privaträume des unmitttelbaren Amtsvorgängers Alexanders VI. zusammen mit Andrea Mantegna gestaltete.
Pinturicchios elegante Figuren, die Freude am kostbaren Detail und der Hang zu reichen Kompositionen mit stimmungsvollen Landschafts- und Architekturkulissen ließen ihn zu einem Hofkünstler par excellence werden. Während Perugino mit seinen groß angelegten und harmonischen Kompositionen wie der »Schlüsselübergabe« in der Sixtinischen Kapelle die Hochrenaissance einleitet, bleibt Pinturicchio ein Erzähler des späten 15. Jahrhunderts. Dabei zeigt er sich einfallsreich und begabt in der Lösung neuer Aufgaben. Er arbeitet mit einer Vielfalt von Motiven, denen nicht selten die Arbeiten seiner Malerkollegen zugrunde liegen, was legitim war. Besondere Aufmerksamkeit widmet er den Figuren, denen er Anmut, Innigkeit, wie auch Stolz und Feierlichkeit verleiht, selten jedoch – mit Ausnahme der Sala dei Santi – starke Bewegung und Drama. Die Einzigartigkeit des Künstlers liegt in der Übertragung des pretiösen Stils eines Miniaturisten auf monumentale Maßstäbe. Figuren sind zierlich, haben ausgesuchte Posen und erlesene Kostüme, nicht aber körperliche Festigkeit und Räumlichkeit. Landschaften und Veduten bilden stimmungsvolle Kulissen, kein perspektivisches Kontinuum.

Damit entwickelte er sich in die entgegengesetzte Richtung eines Perugino oder Raffael und schuf eine oft als »poetisch« bezeichnete, mit Ausnahme der Bildnisse realitätsferne Kunst, die keine Nachfolge mehr fand.
Die aus Dokumenten zu konstruierende Anwesenheit Pinturicchios in Rom vom Dezember 1492 bis zum Februar 1495 läßt die Spanne von gut zwei Jahren zur Gestaltung von fünf Räumen. Diese Schnelligkeit der Planung und Ausführung der Fresken setzt einen hohen Werkstattanteil voraus, der auch an der unterschiedlichen Qualität der Arbeiten deutlich ablesbar ist. Pinturicchio war ein gesuchter Maler, wie es die zahlreichen Großaufträge belegen. Um diese Aufträge ausführen zu können, arbeiteten die Meister mit einer Werkstatt. Die Gesamtanlage und meist auch die Entwürfe der Szenen sind als Werk des Meisters anzusehen, die Ausführung unterstand zum Teil Schülern und Gesellen. Ein hoher Werkstattanteil war bei solchen Großaufträgen akzeptiert, da er die baldige Fertigstellung des Werks sicherte.
Das Bild-Programm umfaßt insgesamt 86 Bildfelder, davon 44 großformatige Lünetten mit lebensgroßen Figuren. Dieses enorme Programm ist im 15. Jahrhundert nur mit der Ausmalung der Sixtinischen Kapelle vergleichbar und bildet neben dieser die umfassendste Freskendekoration des Quattrocento überhaupt. Die Pracht der narrativen Darstellungen wird durch vergoldeten Stuck erhöht, der in der Rahmung, der Deckenornamentik, aber auch in einzigartiger Weise in den Szenen zur Betonung der einzelnen Motive eingesetzt wird. Ergänzt wird die Ausmalung durch Marmorfriese zwischen Wand- und Lünettenzonen, marmorne Türeinfassungen und Majolikafußböden. Diese Ausstattung wurde zwar durch Beschädigungen und Restaurierungen beeinträchtigt, ist in der Gesamtheit jedoch nahezu vollständig erhalten geblieben. 1897 öffnete Leo XIII. die Räume für das Publikum, nachdem er sie gründlich instandgesetzt hatte. 1971–1973 fand die vorläufig letzte Restaurierung statt, als Paul VI. das Appartamento zur Aufnahme eines Teils des Museums für moderne religiöse Kunst herrichten ließ.
Die Bilddokumentation des Appartamento Borgia ist lückenhaft, da die Fresken zur Zeit auf geringes Publikumsinteresse stoßen. Das Appartamento ist zwar den Vatikanischen Museen angegliedert und gehört zum (fast) ständig geöffneten Rundgang, doch wird es selbst von Fachleuten wenig besucht und von Laien kaum erkannt. Ein Grund dafür liegt in der ungünstigen Position im Museumsrundgang: links geht es zur Sixtinischen Kapelle, rechts zum Appartamento Borgia. Nach dem stundenlangen Gang durch die weitläufigen Museen entscheidet sich der Besucher meist für Michelangelo, nicht für Pinturicchio. Zum anderen wurde der Trakt 1973 zum Museum für moderne religiöse Kunst umgestaltet. Diese Maßnahme entstellte die Räume dermaßen, daß sie heute von unvorbereiteten Besuchern nicht mehr als päpstliche Residenz des 15.Jahrhunderts wahrgenommen werden. »Wo ist das Appartamento Borgia?« ist eine oft gehörte Frage von Besuchern, die sich mitten darin befinden.
Die hier gezeigten Fotos sollen diese wenig bekannten Fresken vorstellen und auf den Wert des Appartamento Borgia hinweisen. Eine erste Sektion zeigt den ursprünglichen wie den gegenwärtigen Zustand der Räume, während eine zweite durch diese »führt«.
Die historischen Schwarzweißaufnahmen stammen aus der Zeit der Öffnung des Appartamento 1897, als die Räume ein Publikumsmagnet waren und der Maler Pinturicchio im Mittelpunkt des wissenschaftlichen Interesses stand. Die Fotos haben eine für ihre Zeit hervorragende Qualität, doch sind die immer wieder verwendeten Negativ-Platten mittlerweile gut 90 Jahre alt

und zum Teil verdorben. Die jüngeren Schwarzweißfotos des Vatikans sind Gelegenheitsergebnisse, unsystematisch und von unterschiedlicher Qualität. Anläßlich der Restaurierung und Umgestaltung der Räume zum Museum für moderne religiöse Kunst wurde keine umfassende und systematische Fotokampagne durchgeführt. So verschwanden die Reste der Dekorationsmalerei an den Wänden unter einer Bespannung, ohne daß sie durchfotographiert worden wären. Ein Projekt von 1989, das eine umfassende Dokumentation zur Erstellung eines speziellen Führers zum Appartamento Borgia vorsah, wurde inzwischen auf einen unbekannten Zeitpunkt verschoben.
Die Farbfotos entstanden 1974 im Rahmen einer kommerziellen Kampagne zur Publizierung des umgestalteten Appartamento. Der Verkauf wurde inzwischen aufgrund mangelnden Absatzes eingestellt. Die jüngsten Fotos, 1990 aufgenommen, sind durch die Dunkelheit der Räume wie durch die Untersicht beeinträchtigt. Trotz aller Unterstützung durch die Vatikanischen Museen waren bessere Resultate nicht zu erzielen. Es bedarf dringend einer umfassenden Dokumentation bei optimaler Ausleuchtung von einem Gerüst aus – es wäre dies die erste seit der Öffnung der Räume im Jahre 1897.

Legende:
- *1 Sala dei pontifici*
- *2 Sala dei misteri della fede*
- *3 Sala dei santi*
- *4 Sala delle scienze e delle arti liberali*
- *5 Sala del credo*
- *6 Sala delle sibille e dei propheti*
- *7 + 8 Salette*
- *9 Scala*
- *10 Loggia*

Katalog der in Schwäbisch Hall ausgestellten Fotos.

Abbildung Nr. 1

Grundriß nach U. Paal, *Studien zum Appartamento Borgia im Vatikan,* Diss. Tübingen 1981

Das Appartamento Borgia befindet sich im 1.Stock des unter Nikolaus V. Mitte des 15.Jahrhunderts erbauten Palasttraktes sowie in dem unter Alexander VI. errichteten Turm. Der Saal der Päpste (1) gehört noch zu den Zeremonialräumen, daran schließen die repräsentativen Säle im alten Palasttrakt an (2–4), schrägwinklig dazu liegt das Privatissimum mit Schlafzimmer und Garderobe (7, 8). Die Turmzimmer sind weniger kostbar ausgestattete Nutzräume, verbunden mit dem Treppenhaus (9).

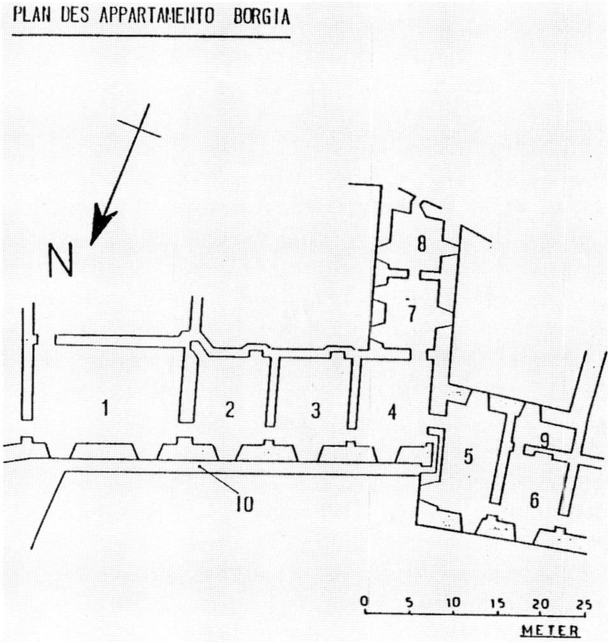

Abbildung Nr. 2

Marmorne Türeinfassung mit Borgia-Wappen Werkstatt des Andrea Bregno, *Sala dei Misteri* (2), Westwand

Original ist die Türeinfassung und das von Engeln gehaltene Borgia-Wappen, der Majolika-Fußboden ist restauriert, die Wände wurden 1973 bei der Umgestaltung zum Museum für moderne religiöse Kunst mit Stoffbahnen bespannt, die den neutralen Hintergrund für die modernen Kunstwerke bilden. Foto: Vatikan

Abbildung Nr. 3

Bregno-Werkstatt, *Sala dei Misteri* (2), Ostwand

Marmorne Türeinfassung und dekorative Wandmalereien im Zustand vor 1973. Foto: Vatikan

Abbildung Nr. 4

Pinturicchio-Werkstatt, *Sala dei Misteri* (2), Westwand

Zustand vor 1973. Die dekorativen Wandmalereien mit Profilleisten, Teppichmustern und illusionistischen Nischen wurde für die Öffnung der Räume als Teil der Vatikanischen Museen 1897 restauriert und ergänzt. Foto: Vatikan

Abbildung Nr. 5

Pinturicchio-Werkstatt, *Sala delle Arti Liberali* (4), Südwand

Zustand nach 1973. Der Kontrast zwischen den Fresken, dem originalen Marmorfries und der neuen Wandbespannung wird deutlich. Ursprünglich schlossen gemalte Nischen mit fingierten Marmorinkrustationen an. Der Kamin gehört nicht zur ursprünglichen Ausstattung. Foto: Vatikan

Abbildung Nr. 2

Abbildung Nr. 6

Verkündigung, Bartolommeo di Giovanni, *Sala dei Misteri* (2), Südwand

Die Verkündigung eröffnet das Programm des »Raumes der Glaubensmysterien«, das neben dieser Szene die Geburt Jesu, die Anbetung der Könige, die Auferstehung Christi, die Himmelfahrt Christi, das Pfingstwunder und die Himmelfahrt Mariens umfaßt. Diese Szenen bilden ein Triumphprogramm, die Passion ist kein Thema. Die Inkarnation findet vor einem römischen Triumphbogen statt, auf dem Stiere, die Wappentiere der Borgia, gezeigt werden.
Foto: Francesco Volpe, Catania

Abbildung Nr. 7

Auferstehung Christi, Pinturicchio und Werkstatt, *Sala dei Misteri* (2), Westwand

Der Triumph Christi über den Tod ist die Basis allen christlichen Denkens. Jesus von Nazareth zeigt sich als Christus, der Messias, welcher sagt: »Mir ist gegeben alle Macht im Himmel und auf Erden« (Matthäus 28,18). In einer Vision erscheint der Triumphator seinem irdischen Stellvertreter, Alexander VI. Borgia.
Foto: Vatikan

Abbildung Nr. 8

Auferstehung Christi, Pinturicchio und Werkstatt, *Sala dei Misteri* (2), Westwand

In der Farbaufnahme wird die Betonung des Papstbildnisses deutlich. Die Auferstehung scheint für Alexander VI. »inszeniert«. Der Papst präsentiert sich als der Stellvertreter des in seiner Göttlichkeit erscheinenden Triumphators. Mit dem Heiligen Grab und der Figur eines Türken im Blickfeld Alexanders wird auf einen geplanten Kreuzzug angespielt.
Foto: Francesco Volpe, Catania

Abbildung Nr. 9

Alexander VI. Borgia, Detail der »Auferstehung«, Pinturicchio, *Sala dei Misteri* (2), Westwand

Pinturicchios Porträt ist die genaueste Wiedergabe der Physiognomie des Borgia-Papstes. Einige Forscher glauben, Alexander VI. habe dem Maler auf dem Gerüst Modell gesessen (eine wenig wahrscheinliche Annahme). Entscheidend ist die Beleuchtung der Augenpartie, die den visionären Charakter der Szene unterstreicht und die Verbindung zu Christus bildet. Alexander steht in der Aura Christi, sein Glanz strahlt auf ihn ab. Foto: Scala

Abbildung Nr. 10

Grabwächter, Detail der »Auferstehung«, Pinturicchio-Werkstatt, *Sala dei Misteri* (2), Westwand

Die dem Papstbildnis gegenübergestellten Grabwächter werden oft als die Söhne Borgias – Juan, Cesare und Joffré – bezeichnet. Die negative Rolle der Wächter wie auch die mangelnde Porträthaftigkeit sprechen gegen diese Identifizierung. Foto: Vatikan

Abbildung Nr. 11

Himmelfahrt Mariens, Antonio da Viterbo und Bartolommeo di Giovanni, *Sala dei Misteri* (2)

Mit der leiblichen Aufnahme Mariens in den Himmel erfüllt sich das Erlösungswerk. Maria erhält die Krone der Himmelskönigin und wird fortan als Fürbitterin für die Menschheit intervenieren. Zeugen des Wunders sind der Apostel Thomas, der den Gürtel der Jungfrau

Abbildung Nr. 8

als Beweis der Erlösung präsentiert, sowie ein Zeitgenosse, vermutlich Francesco Borgia, Cousin und Vertrauter Alexanders VI., Schatzmeister der Kirche und wahrscheinlich Entwerfer des Programms.
Foto: Francesco Volpe, Catania

Abbildung Nr. 12

Heimsuchung Mariens, Pinturicchio, *Sala dei Santi* (3)

Im »Raum der Heiligen« sind neben dieser Szene das Martyrium Sebastians, die Bedrohung der Susanna von Babylon, die Flucht der Barbara von Nikodemien, die Disputation der Katharina von Alexandrien sowie die Begegnung von Antonius Abbas und Paulus Eremita in der Thebais gezeigt. Die Verbindung der Themen ist im Triumph über die »Ungläubigen« gegeben. Damit wird auf die Auseinandersetzung mit den Türken während der Expansion des Osmanenreichs hingewiesen.
Die Heimsuchung beinhaltet nach einer Bulle Sixtus IV. (1471–1484) die Anrufung des Beistands Mariens gegen die Türken. Elisabeth erkennt als erste die bevorstehende Erlösung durch Christus. Foto: Scala

Abbildung Nr. 13

Susanna und die beiden Alten, Pinturicchio, *Sala dei Santi* (3)

Susanna, die einzige Figur aus dem Alten Testament in diesem Raum, war Mitglied der jüdischen Gemeinde von Babylon. Zwei der Ältesten der Gemeinde versuchen, die Ehefrau zu verführen und drohen mit der Anklage des Ehebruchs, falls sie ihnen nicht zu Willen sei. Susanna riskiert eher den Tod durch Steinigung, als sich gegen Gott zu versündigen. Der Prophet Daniel beweist ihre Unschuld. Nach dem Kirchenlehrer Hippolyt symbolisiert Susanna die christliche Kirche, die den Angriffen der Juden und Heiden ausgesetzt ist. Die Darstellung der Alten als Orientalen unterstreicht die Auslegung als Hinweis auf die Bedrohung der Kirche durch die Türken. Foto: Scala

Abbildung Nr. 14

Flucht der Heiligen Barbara, Pinturicchio, *Sala dei Santi* (3)

Barbara von Nikomedien wurde wegen ihrer Schönheit von ihrem heidnischen Vater Dioscorus in einen Turm eingeschlossen. Sie bekehrt sich zum Christentum und läßt als Zeichen der Trinität ein drittes Fenster in ihr Gefängnis einbauen. Als der Vater den Grund erfährt, will er sie töten, doch die Mauern des Turmes bersten und sie entkommt. Das spätere Martyrium der Christin ist nicht gezeigt, vielmehr weist der Turm der wunderbaren Errettung das Borgia-Wappen auf, womit der Borgia-Papst als Retter der Christen ausgewiesen wird.
Foto: Vatikan

Abbildung Nr. 15

Disputation der heiligen Katharina, Pinturicchio, *Sala dei Santi* (3)

Die Christin Katharina von Alexandrien verweigerte den Götzendienst. Kaiser Maxentius stellt sie fünfzig heidnischen Philosophen gegenüber, die sie von ihrem Glauben abbringen sollen. Katharina überzeugt jedoch die Philosophen. Dieser intellektuelle Sieg der Heiligen über die überkommene Weisheit des Heidentums wird mit dem Konstantinsbogen verbunden, der das Siegeszeichen des ersten christlichen Kaisers über Katharinas Widersacher Maxentius ist. Auf diesem ist der Stier als Wappentier Alexanders VI. sowie sein Motto *pacis cultori* (dem Hüter des Friedens) angebracht. Foto: Scala

Abbildung Nr. 15

Abbildung Nr. 17

Abbildung Nr. 16

Disputation der heiligen Katharina, Pinturicchio, *Sala dei Santi* (3)

Die Aufnahme zeigt den Zustand vor der Restaurierung von 1973. Die Wanddekoration dieses Raumes war weitgehend zerstört und wurde für die Öffnung des Appartamento 1897 nahezu vollständig übermalt. Foto: Vatikan

Abbildung Nr. 17

Katharina mit Maxentius, Detail der »Disputation«, Pinturicchio, *Sala dei Santi* (3)

In der Auseinandersetzung mit dem Kaiser zählt die Heilige ihre Argumente an den Fingern auf. In den Figuren wurden Bildnisse der Kinder des Papstes, Cesare und Lucrezia, vermutet. Der Sohn des Papstes kann jedoch nicht als heidnischer Christenverfolger wiedergegeben sein und Katharina ist den übrigen

Frauengestalten (Susanna, Barbara) ähnlich, was für einen Idealtyp, nicht für ein Porträt spricht.
Foto: Vatikan

Abbildung Nr. 18

Djem, Detail der »Disputation«, *Sala dei Santi* (3)

Der türkische Prinz Djem war der Sohn des Sultans Mehmed II., des Eroberers von Konstantinopel. Nach dessen Tod geriet er mit seinem Bruder, Bajazed II., in Streit um die Thronfolge. Auf seiner Flucht 1482 wurde er gefangengenommen und 1489 an Papst Innozenz VIII. ausgeliefert. Der Todfeind des regierenden Sultans lebte als Geisel am päpstlichen Hof und garantierte einen Waffenstillstand mit den Türken. Sein Bildnis bindet die Szene an den aktuellen Konflikt zur Zeit der türkischen Expansion.
Foto: Feuchter, Frankfurt

Abbildung Nr. 19

Andreas Paläologos, Detail der »Disputation«, Pinturicchio, *Sala dei Santi (3)*

Andreas war der Thronfolger im oströmischen Despotat von Morea (Peloponnes). 1460 floh er vor den Türken und lebte seit 1465 am päpstlichen Hof. Als Mitglied der kaiserlichen Familie der Paläologen führt er den Titel des Imperators von Konstantinopel. Sein Bildnis betont den Anspruch auf das verlorene Reich und verweist wie das des Djem auf die aktuelle Situation der Kirche. Hinter ihm ist der Maler Pinturicchio neben dem unbekannten Architekten des Borgia-Turms (mit Winkelmaß) zu erkennen.
Foto: Feuchter, Frankfurt

Abbildung Nr. 20

Merkur und Argus, Pinturicchio-Werkstatt, *Sala dei Santi* (3)

Am Gurtbogen des Gewölbes ist der Mythos der Io wiedergegeben. Jupiter verwandelt seine Geliebte in eine Kuh, um sie dem Zorn seiner eifersüchtigen Gemahlin Juno zu entziehen. Diese wünscht das Tier als Geschenk und läßt es von dem 100äugigen Argus bewachen. Jupiter schickt Merkur, der Argus durch sein Flötenspiel einschläfert, um Io zu befreien. Sie flieht nach Ägypten, erhält ihre menschliche Gestalt zurück und wird als weise Göttin Isis verehrt. Die Szenen leiten den an der Decke dargestellten Mythos von Isis und Osiris ein. Foto: Scala

Abbildung Nr. 18

Abbildung Nr. 21

Die Wohltaten des Osiris, Gesamtaufnahme des 1.Joches, Pinturicchio-Werkstatt, *Sala dei Santi* (3)

Isis heiratet ihren Bruder Osiris, der die Ägypter den Anbau von Getreide, Obst und Wein lehrt; Gewalt und Kannibalismus werden überwunden. Die Ägypter verehren den wohltätigen Osiris als Gott. Foto: Scala

Abbildung Nr. 22

Erscheinung des Apis, Pinturicchio-Werkstatt, *Sala dei Santi* (3)

Osiris wird von seinem eifersüchtigen Bruder Seth (Typhon) ermordet und zerstückelt. Isis sammelt die verstreuten Körperteile und bestattet sie. Am Grab erscheint der Apis-Stier, der als lebendes Bild des toten Osiris verehrt wird. Foto: Vatikan

Abbildung Nr. 23

Triumph des Apis, Pinturicchio-Werkstatt, *Sala dei Santi* (3)

Die Prozession des verehrten Apis wird von einem Posaunenbläser angeführt. Auf einer Fahne am Instrument erscheint die Doppelkrone des spanischen Königshauses von Aragon. Die Borgia behaupteten, mit Aragon verwandt zu sein, und führten die Doppelkrone ebenfalls als Wappen. Mit dieser Szene wird der Bogen zu Alexander VI. geschlagen und der Wohltäter Osiris wird zum Ahnherrn der Borgia. Foto: Vatikan

Abbildung Nr. 24

Marientondo, Pinturicchio-Werkstatt, *Sala dei Santi* (3)

Ein Marienbild gehört zur Grundausstattung einer Papstwohnung. Ein ähnliches Bild von der Hand Pinturicchios befand sich in der Villa Belvedere von Papst Innozenz VIII. Diese Madonna soll jedoch die Züge der Geliebten Alexanders VI., Giulia Farneses, tragen. Die Figur hat jedoch keine individuellen Züge und entspricht dem Typus umbrischer Madonnen. Auch ist eine zum Bildnis profanisierte Maria im 15. Jahrhundert nicht denkbar. Foto: Vatikan

Abbildung Nr. 25

Allegorie der Rhetorik, Antonio da Viterbo, *Sala delle Arti Liberali* (4)

Im »Raum der Freien Künste«, dem Arbeitszimmer des Papstes, sind die Personifikationen der Grammatik, Dialektik, Rhetorik, Geometrie, Algebra, Musik und Astrologie sowie deren Vertreter gezeigt. Dieser Bildungskanon führt zur Erkenntnis der Wahrheit und damit zur Annäherung an Gott.
Die Rhetorik verleiht der Sprache Kraft und kann damit dem Wissenden Gehör verschaffen. Im Zeitalter des Humanismus wurde die Rhetorik besonders geschätzt und als Mittel der theologischen Disputation eingesetzt. Als Hauptvertreter der Kunst erscheint im Vordergrund der Humanist Paolo Cortesi.
Foto: Francesco Volpe, Catania

Abbildung Nr. 26

Petrus und Jeremia, Pinturicchio-Werkstatt, *Sala del Credo* (5)

Im ersten Turmzimmer sind die Apostel als Träger der zwölf Artikel des Glaubensbekenntnisses (Credo) dargestellt. In einer typologischen Erweiterung sind ihnen Propheten, deren Verse den Artikeln des Credo entsprechen, gegenübergestellt. Das römische Glaubensbekenntnis soll beim Abschied der Apostel entstanden

Abbildung Nr. 28

sein und die Einheit der Lehre in aller Welt garantieren. Dieser apostolische Gedanke liegt dem Papsttum zugrunde und wird auch von Alexander VI. vertreten.
Foto: Vatikan

Abbildung Nr. 27

Tiburtinische Sibylle mit Apoll, Pinturicchio-Werkstatt, *Sala delle Sibille* (6)

Im zweiten Turmzimmer stehen sich je zwölf Sibyllen und Propheten gegenüber. Die Sibyllen verkündeten den Heiden, insbesondere Griechen und Römern, die Geburt und Herrschaft Christi, während sich die Propheten an die Juden wandten. Ab dem 15. Jahrhundert wurden die Seherinnen hoch geschätzt. Die Sibylle von Tibur (Tivoli bei Rom) verweist auf den Papst in der Gruppe der Planetenkinder des Apoll. Die Planetenkinder stehen unter dem Einfluß des Gestirns, Apoll gebietet über die irdischen Würdenträger. Das Orakel der Herrschaft Christi wird damit an den Papst gebunden. Foto: Vatikan

Abbildung Nr. 28

Borgia-Wappen, Pinturicchio-Werkstatt, *Sala delle Arti Liberali* (4) Foto: Vatikan

Die Borgia

aus der Sicht zeitgenössischer Künstler

Eröffnung: 29.5.1992, 19 Uhr; 30.5.–7.6., 30./31.5.: 11–15 Uhr; 1.–7.6.: 17–19 Uhr

HALLER AKADEMIE DER
K · Ü · N · S · T · E

INTERDISZIPLINÄRES FORUM FÜR ZEITGENÖSSISCHE KUNST E.V.
LANGE STRASSE 37 · 7170 SCHWÄBISCH HALL

Ausstellung in der Haller Akademie der Künste: Die Borgia aus der Sicht zeitgenössischer Künstler

Michael Klenk, der Leiter der Haller Akademie der Künste, war von Beginn an in der Planungskommission der Gesamtveranstaltung. Seine gleichmäßig begeisterte Haltung gegenüber dem Projekt trug sehr zum Gelingen bei. Von ihm kamen nicht nur viele Ideen, sondern Michael Klenk vermittelte auch den wichtigen Kontakt zum Kunst- und Kulturforum Schwäbisch Hall und zum Deko Trio.
Einer seiner Vorschläge war, eine Reihe von Künstler anzuschreiben und sie zu bitten, sich mit einer Arbeit über die Borgia an einer Ausstellung in Schwäbisch Hall zu beteiligen.
Die Resonanz der Einladung war groß. Von fünfunddreißig angeschriebenen Künstlern sagten dreißig zu und machten mit.
Die Einladung von Michael Klenk war auf einer Postkarte geschehen, die ein Gemälde Bartolomeo Venetos mit einem weiblichen Brustbild zeigt, von dem immer wieder fälschlicherweise behauptet wird, es handele sich um ein Porträt Lucrezia Borgias.
Unaufgefordert schickten viele Künstler keine formelle Zusage auf einem normalen Briefpapier, sondern die meisten gestalteten bereits ihre Antwort zu einem kleinen Kunstwerk, indem sie mit der Karte selbst antworteten, sie kollagierten, verfremdeten, überschrieben oder in irgendeiner Form verändert für ihre Zusage benutzten.
Diese Antworten, die so viel kreativen Schwung bewiesen und die zeigten, wieviel Spaß den Künstlern die Idee dieser Borgia-Veranstaltung zu machen schien, war einer der schönsten Momente während der ganzen Planung und bestätigte die Grundidee des Projekts. Sie gab uns allen neuen Mut, erheiterte uns in einem Moment größter Schwierigkeit, so daß wir beschlossen, nicht nur die Arbeiten der Künstler auszustellen, sondern auch ihre phantasievollen Antworten.
Die beiden größten Arbeiten standen im Hof der Alten Löwenbrauerei Platz – Wolfgang Biers Objekt »Borgia« und Renate Decks »Locken der Lucretia B. – Rosen der Angela B.«
Durch den Lehrbetrieb der Akademie konnte die Ausstellung nur vom 30. Mai bis 7. Juni 1992 gezeigt werden. Die Ausstellung wurde in den Räumen der Akademie mit einem Empfang eröffnet, bei dem es zu dem schwäbischen Rotwein frisch gebackene Borgia-Brezeln in Form eines großen B gab.

Die phantasievoll gestalteten Antworten der Künstler

Die ausgestellten Arbeiten
Biographien der Künstler

»Objekt Borgia« 3teilig, Eisen geschweißt, 1992

Wolfgang Bier

1943	in Mährisch-Trübau (CSSR) geboren
1965–68	Studium an der Akademie der Bildenden Künste, Stuttgart
1969–74	Studium an der Akademie der Künste, Berlin
1973	Meisterschüler
1974–76	Leiter der Metallwerkstatt an der HdK, Berlin
seit 1976	freischaffend in Fichtenau-Gunzach
1977–79	Karl-Schmidt-Rottluff-Stipendium
1983	Kunstpreis der Stadt Darmstadt
seit 1987	Professur an der FH Aachen
1988	Hohenloher Kunstpreis

»Objekt 1992: Locken der Lucretia B. – Rosen der Angela B.«, Installation, versch. Materialien

Renate Deck

1954	geboren in Vellberg, Kreis Schwäbisch Hall
1955–75	Karlsruhe soz.päd. Fachschule »Bethlehem«, im künstlerischen Bereich bei Frisch
1975–80	im soz.päd. Bereich in Heilbronn tätig
1980–89	Galerietätigkeit in Schwäbisch Hall

»Diptychon Familienbande: Cesare Borgia, Lucretia Borgia, Acryl auf Leinwand, 1985

Roland Schauls

1953	geboren in Luxemburg
1974–80	Studium der Kunsterziehung an der Staatlichen Akademie der Bildenden Künste Stuttgart
1980–82	Studium der Freien Grafik, Staatliche Akademie der Bildenden Künste Stuttgart
seit 1980	Lehrauftrag an der Freien Kunstschule Stuttgart

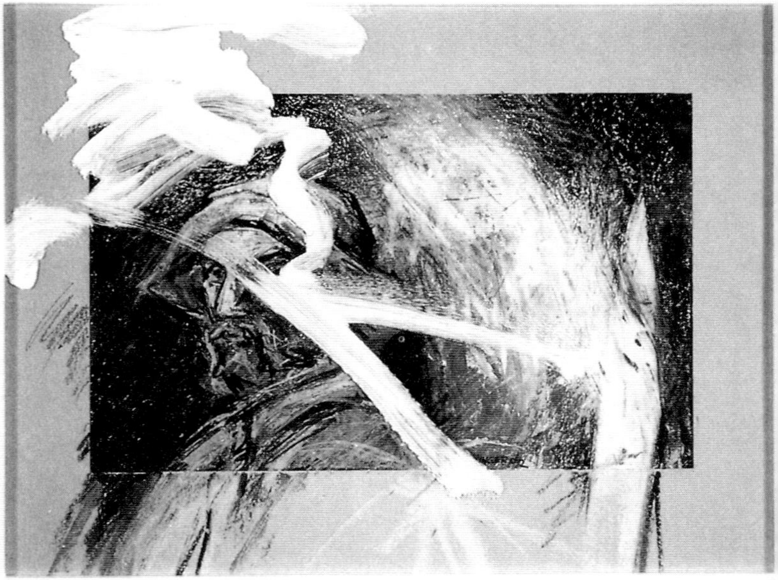

»Cesare«, Ölkreide/Papier, 1992

Eugen Zenzinger

1953	geboren in Mähr.-Schönberg
1969–72	Lithografielehre in Coburg
1980–81	Studium an der Freien Kunstschule Stuttgart
1981–86	Studium der Malerei an der Staatlichen Akademie der Bildenden Künste, Stuttgart
seit 1985	freischaffend und Dozent an der Volkshochschule Schwäbisch Hall und Gaildorf lebt in Fichtenberg

»in Ferrara«, Nr.7 der L.Borgia – Serie, Fotocollage, 1992

Frank-Wigleis Hoffmann

1934 geboren in Görlitz
Studium der Volkswirtschaft,
seit 1961 tätig in der Softwareentwicklung für großindustrielle Anwendung
Parallelstudium HfBK Berlin und Kunstakademie Wien
Künstl. Arbeiten:
seit 1978 Metallplastiken
Fotografien und Fotocollagen
Atelier in Stuttgart-Bad Cannstatt

»500fach vergrößerter rot-violetter Fleck ›Ale(xys) VI.‹ mit goldenem Spaghettirahmen, Acryl/Tusche auf Karton, 1992

Barbara Rehberger

1948 geboren in Crailsheim
Schreinerlehre
Ausbildung als Fachlehrerin für Bildhaftes Gestalten und Werken
Lehrtätigkeit in Köln und Crailsheim
seit 1988 Studium an der Akademie der Künste Schwäbisch Hall
lebt in Crailsheim

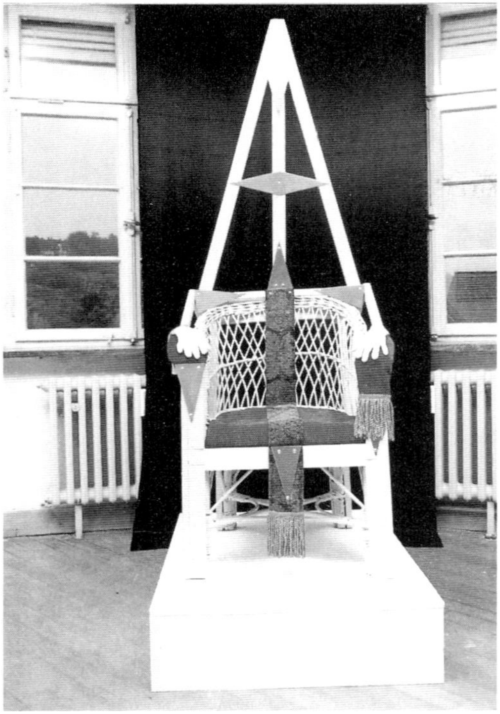

»Pour l'amour de Dieu...«, Objekt, 1992

Lore Jahnel-Kollreider

1955–60	Studium an der Akademie der Bildenden Künste in Wien
seit 1960	in Deutschland, Tätigkeit als Kunsterzieherin
1985–90	Dozentin an der Freien Kunstschule in Schwäbisch Hall
seit 1990	Dozentin an der Haller Akademie d. Künste
1990	Internationaler »Jörg Syrlin-Kunstpreis«
1991	Teilnahme an »Internationale Graphik-Biennale-Varna«
	lebt in Künzelsau

»L.B. nach B. Veneto«, Mischtechnik/Papier, 1992

Andreas Grunert

1947	in Chemnitz geboren
1969–75	Studium an der Akademie der Bildenden Künste Stuttgart
1973–74	DAAD-Studium für Wien, Studium an der Akademie der Bildenden Künste in Wien
1970–75	Studium der Kunstgeschichte an den Universitäten Stuttgart und Wien
1979–81	Stipendium der Kunststiftung Baden-Württemberg
1981	Stipendium Cité Internationale des Arts, Paris
1985	Cardiff-Stipendium der Stadt Stuttgart
1986	Villa Romana Preis, Florenz
1989	Lovis-Corinth-Förderpreis
	lebt in Antwerpen und Stuttgart

»Requiem für A./L./C.«, Mischt./Pap., 1992

Ute Schmidt

1944	geboren in Freiwaldau
1964	Studium am Pädagogischen Fachinstitut Stuttgart bei Prof.Wohlgemuth
1967	Aufnahme der Lehrtätigkeit als Kunsterzieherin in Künzelsau

Gerhard Frank

1948	geboren in Crailsheim lebt in Crailsheim
seit 1988	freischaffend
seit 1990	Aktstudien an der Akademie der Künste, Schwäbisch Hall

»Reiheransicht vom Vatikan zur Zeit der Lucretia Borgia«, Mischtechnik/Karton, 1992

»Tischstilleben Borgia«, Öl/Leinw., 1991

Nikolaus Mohr

1954	geboren in Lindau/B.,
1976–81	Studium der bildenden Künste an der staatlischen Akademie Stuttgart. Studium der Kunstgeschichte an der Universität Stuttgart lebt in Ostrach
1978	»Raum und Leben« Alpirsbacher Galerie, 3. Preis Malerei
1981	Landesgartenschau Baden-Baden »Hommage à Baden-Baden, Stadt und Land«, 2. Preis Malerei
1983	»Bilder für Morgen« Preis der Kreissparkasse Esslingen, Grafik
1984	Preis der Hohenzollerischen Landesbank, Malerei

»Realität und Widerschein«, Acryl/Hartfaser, 1992

Martin Schwarz

	Maler und Objektkünstler
1946	in Winterthur geboren lebt in Winterthur (Schweiz) und Bartenstein (Baden-Württemberg)
seit 1968	selbständiger Kunstschaffender

»Lucretia misteriosa«, Triptychon, Öl/Köper

Martin-Ulrich Ehret

1955	in Ingelfingen/Hohenlohekreis geboren
1977–82	Studium Kunstgeschichte, Universität Stuttgart
	Studium Kunstakademie Stuttgart, Kunsterziehung
1982–84	Studium Freie Malerei, Kunstakademie Stuttgart
	lebt in Stuttgart

Gert Singer

1948	geboren in Mannheim
	Universität Mannheim
	Studium Deutsch und Englisch
	Pädagogische Ausbildung in Stuttgart
	Lehrtätigkeit in Heilbronnn und Crailsheim
1987–89	Studium an der freien Kunstschule
1990–91	Studium an der Haller Akademie der Künste

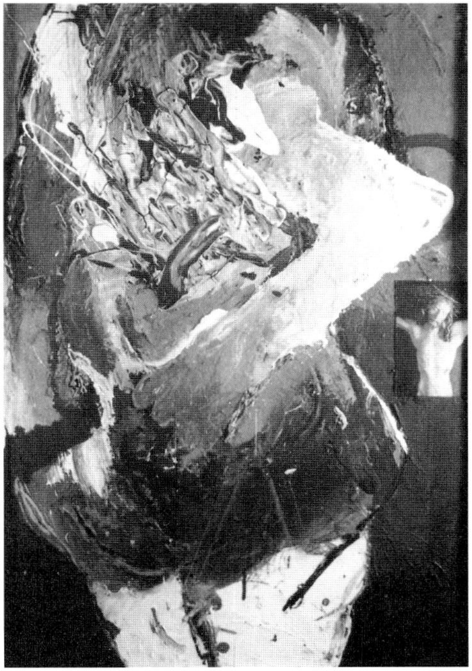

»Lucretia Borgia waiting for Alfonso«, Öl/Pappe, 1991

»Plakatentwurf Borgia«, Mischt., 1991

Michael Klenk

1951	geboren
1971–75	Fachhochschule Rosenheim (Dipl.-Betriebswirt)
1975–81	Staatl. Akademie der bildenden Künste Karlsruhe, Stuttgart und Rom
1976–78	Studium der Kunstgeschichte an der Universität und Akademie Stuttgart
1979	1.Preis der Freunde der Akademie Stuttgart
1982–84	Stipendium der Kunststiftung Baden-Württemberg
1983–84	Stipendium der Deutschen Akademie Villa Massimo Rom in die Casa Baldi (Olevano Romano)
1985	1.Preis Kunstwettbewerb Ginkgo Biloba, Kongreßzentrum Karlsruhe
1989	3.Preis Kreissparkasse Esslingen-Nürtingen
1990	Initiator und Gründer der »Haller Akademie der Künste – Interdisziplinäres Forum für zeitgenössische Kunst e.V.«

»Anmerkungen zu Lukretia Borgia«, Collage, 1992

Ulrich Klieber

1953	geboren in Göttingen
1973–78	Studium an der Staatlichen Akademie der Bildenden Künste Stuttgart
1974–77	Studium der Kunstgeschichte an der Universität Stuttgart
1978–79	Studium am Royal College of Art, London Lebt als freischaffender Maler in Adelberg und Murnau
1976	1. Preis für Malerei, Jugendpreis Ulm
1977	Akademiepreis
1978	Jahresstipendium des Deutschen Akademischen Austauschdienstes für Großbritannien
1980	Stipendium der Kunststiftung Baden-Würtbg.
1982	Stipendium der Stadt Göppingen
1986	Preisträger Kunst am Bau-Wettbewerb Oberpostdirektion Stuttgart
1988	Stipendium Künstlerbahnhof Ebernburg
1990	Stipendium des Landes Schleswig-Holstein

»o.T.«, Glasbild, 1989

Albrecht Pfister

1952	geboren
1971–78	Studium, Universität Stuttgart (Kunstgeschichte) Staatliche Akademie der Bild. Künste Stuttgart
1988	»Silver Prize« des Intern. Contests of Glass Kanazawa, Japan
	lebt in Waiblingen

»Das Fenster (Borgia)«, Steine/Gold/Farbe, 1992

Franz Raßl

1952	in Gaggenau geboren
bis 1977	Lehr- und Gesellenzeit – Zivildienst
1977– 83	Studium der Bildhauerei an der Kunstakademie Stuttgart
seit 1983	freischaffend in Gerabronn, Teilnahme an zwei internationalen Steinbildhauer-symposien
1984	Stipendium der Kunststiftung Baden-Württemberg
	Gruppenpreis der Stadt Hamburg für ein antifaschistisches Mahnmal (Ideenwettbewerb) 82
	lebt in Gerabronn

»Kopf«, Mischtechnik/Collage, 1991

Rudi Weiss

1952	geboren in Ingolstadt/Donau
1974–78	Geographiestudium in Tübingen
1975–80	Studium an der Kunstakademie Stuttgart
1983	Stipendium der Kunststiftung Baden-Württemberg
1985	Stipendium Cité des Arts, Paris
	lebt in Aidlingen

»Alexanders Talkshow mit C.L.«, Fotomontage, 1992

Marion Reuter

1951	geboren in Künzelsau
	Lehrtätigkeit in Schwäbisch Hall
seit 1981	künstlerische Tätigkeiten
	zahlreiche Ausstellungen mit experimenteller Fotografie

Sieglinde Ludwig

1940	geboren
	Lehrerin
1985	Freie Kunstschule Schwäbisch Hall
1987	Freie Kunstschule Stuttgart
seit 1990	Haller Akademie der Künste

»Potenza e violenza IV«, Acryl/Papier, 92 (ohne Abb.)

»Blickt man in die Gesichter der Berauschten, sind sie verzerrt von der Ahnung des Untergangs der humanistischen Ära und des Heraufdämmerns einer neuen Welt, an denen sie keinen Anteil haben.« (Cyran), Experimentelle Fotoarbeit, 1992

Achim Dietz

1958 geboren in Stuttgart

1982–87 Studium der Kunsterziehung
Mitbegründer und bis 1986 Mitbetreiber einer Studentengalerie

1986 Förderpreis für eine Reihe von Architekturplastiken

seit 1989 Verschiedene Dozententätigkeiten (Haller Akademie der Künste, Volkshochschule Schwäbisch Hall, Volkshochschule Ludwigsburg
lebt in Schwäbisch Hall

»Ach so, der Kitt, die große Show«, Mischt./Papier, 1992

Bernd Behrends

1950	geboren in Stockach
1974–79	Studium der Kunsterziehung/Malerei an der Kunstakademie Stuttgart
seit 1982	Lehrtätigkeit an der Heimschule *Lender* in Sasbach/Baden
	lebt in Achern

Konrad Hummel

1955	geboren in Göppingen
1975–80	Studium an der Staatlichen Akademie der Bildenden Künste Stuttgart

»Scala scura«, Mischt./Pappe, 1991

1976–79	Studium der Kunstgeschichte an der Universität Stuttgart
1978	Förderpreis, Jugendpreis Ulm
1978	Preisträger »Grafik unserer Zeit«
1980	1.Preis, Jugendpreis Ulm
1982	Stipendium der Stadt Göppingen
1984	Stipendium der Kunststiftung Baden-Württemberg
1987	Förderpreis der Großen Kunstausstellung Nordrhein-Westfalen, Düsseldorf
1990	Stipendium Künstlerbahnhof Ebernburg

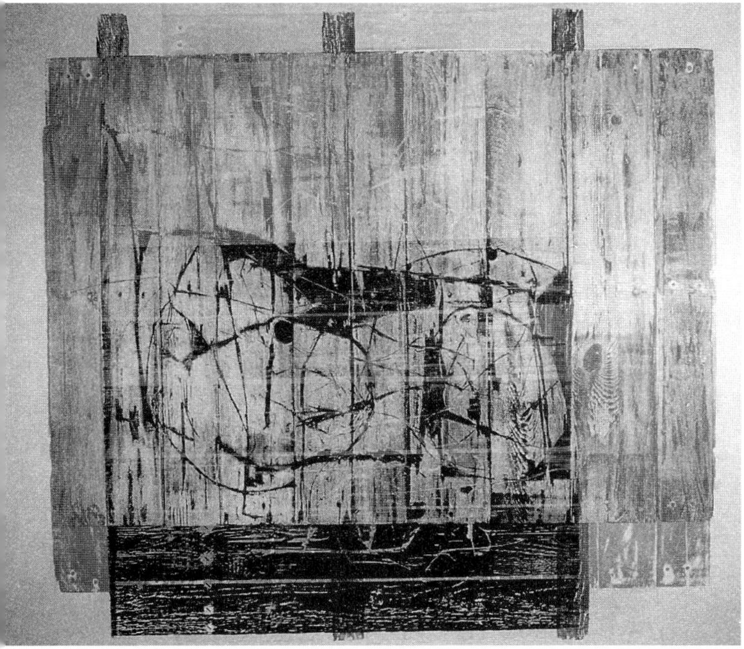

»o.T. (Palette)«, Holzschnitt, Unikat, 1992

Peter Guth

1957	in Mengen (Kreis Sigmaringen) geboren
1977–83	Studium an der Staatl. Akademie der Bild. Künste Stuttgart
1982	2.Preis der Galerie Alpirsbach
1985	Stipendium der Kunststiftung Baden-Württemberg

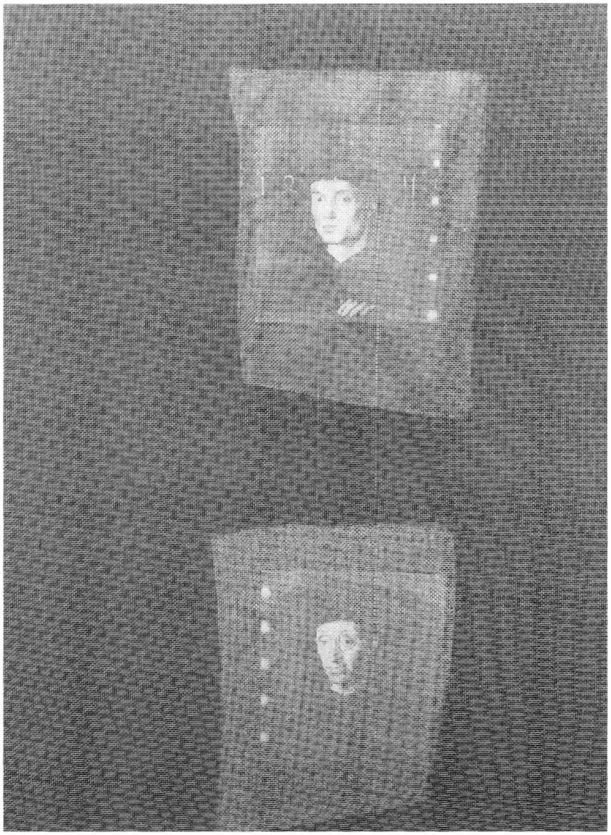

»Duplex«, Eisen/Holz, 1992

Norbert Petry

1956	geboren am 29. 9.
1984–91	Studium der Bildhauerei
seit 1991	freischaffend in Rot am See

»L.B.«, Mischt./Sperrholz, 1991

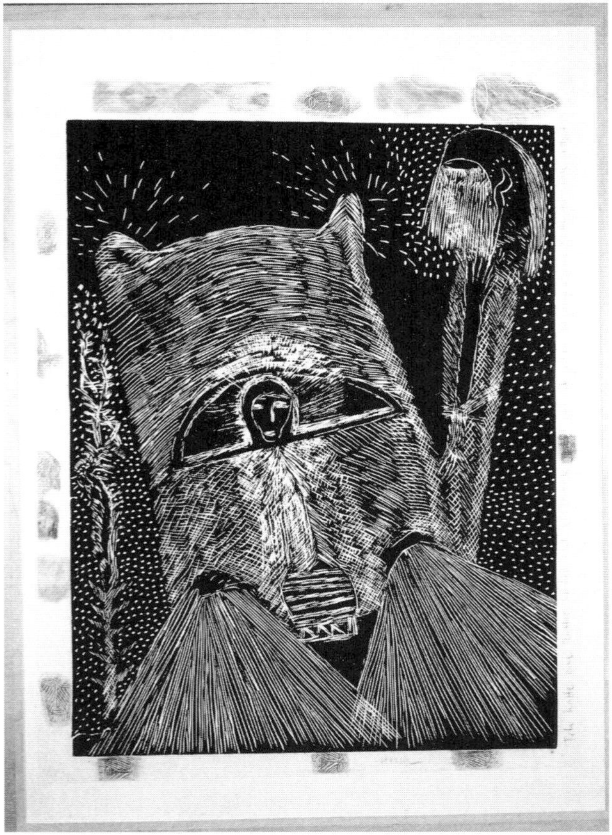

»o.T.«, Linolschnitt u. Farbstifte, 1992

Jörg Hartnagel

1949	geboren in Ulm
1971–76	Studium an der Staatlichen Akademie der Bildenden Künste in Stuttgart
seit 1978	Kunsterzieher in Crailsheim

Johannes Hewel

1947	geboren in Geisenheim am Rhein
1968–75	Geschichte und Kunstgeschichte in Frankfurt/M. und Stuttgart
1969–74	Staatliche Akademie der Bildenden Künste Stuttgart
1981/82	Lehrstuhlvertretung der Klasse für Malerei und Glasgestaltung
1973	Akademiepreis für Malerei
1974	Akademiepreis für Zeichnung
1976	Staatspreis für Glasgestaltung
1980	Stipendium der Kunststiftung Glaspreis, Luzern
1981	Förderpreis für New York, Mexico
1985	Hauptpreis, 2.Coburger Glaspreis
seit 1975	freischaffender Maler
	lebt in Rot am See (Hohenlohe-Franken)

Situationen u. Szenenentwürfe zu Hugo's »L.Borgia«

Eva Kull	1965	geboren
	1985–88	Studium an der Staatl. Akademie der Bildenden Künste Stuttgart
	ab 1989	verschiedene Bühnenbildassistenzen und eigene Ausstellungen
	ab 1991	Bühnenbildassistentin und Bühnenbildnerin am Landestheater Eisenach

BÜCHER
SCHWÄBISCH HALL
GEBHARD

Schwatzbühlgasse 7 · 74523 Schwäbisch Hall · Telefon 07 91/73 80

Verkaufs-Ausstellung der Buchhandlung Gebhard in der Hospitalkirche während des Borgia-Kongresses

Die Buchhandlung Gebhard hatte bereits Wochen vor dem Kongreß mit ihrer Schaufenstergestaltung auf den Kongreß vorbereitet, indem sie nicht nur Bücher über die Borgia, sondern auch Bücher zum historischen und kunsthistorischen Umfeld ausgestellt hatte. Ein Teil dieser Bücher, so auch Publikationen der Referenten, waren die ganzen Tage über in den Kongreßräumen als Ansichtsexemplare vorhanden und auch käuflich erwerbbar.

Buchausstellung zum Borgia-Kongreß

Belloni, M.:	Lucrezia Borgia
Brambach, J.:	Die Borgia
Burckhardt, J.:	Kultur der Renaissance
Cloulas, J.:	Die Borgia
Cyran, E.:	Die Borgia
Cyran, E.:	Lucrezia Borgia
Ferrara, O.:	Alexander VI. Borgia
Grillandi, M.:	Lucrezia Borgia
Gregorovius, F.:	Lucrezia Borgia
Güttich, H.:	Die andere Lucrezia Borgia
Hermann-Röttgen M.:	Die Familie Borgia – Geschichte einer Legende
Klinger, F.M.:	Fausts Leben, Taten, Höllenfahrt
Machiavelli, N.:	Der Fürst
Nietzsche, F.:	Der Antichrist
Nietzsche, F.:	Menschliches, Allzumenschliches
Panizza, O.:	Das Liebeskonzil
Schüller-Piroli, S.:	Die Borgia-Päpste
Schüller-Piroli, S.:	Die Borgia-Dynastie
Sprenger, J.:	Der Hexenhammer

Buch-Ausstellung der Stadtbücherei von Schwäbisch Hall

Auch die Stadtbücherei beteiligte sich an den Vorbereitungen, indem sie eine Vitrine über die Borgia mit einigen Büchern der Leihbücherei gestaltete.

Hospitalgebäude mit Stadtbücherei

Bücherliste der Stadtbibliothek Schwäbisch Hall zur Borgia-Ausstellung

Aufbruch in die Neuzeit: Die glanzvolle Zeit der Renaissance in Wort und Bild. Luzern 1976

Biermann, H.: Renaissance. München

Brambach, J.: Die Borgia: Faszination einer machtbesessenen Renaissance-Familie. München 1988

Burke, P.: Die Renaissance in Italien. Berlin 1984

Fink, H.: Machiavelli: Eine Biographie. München 1988

Hermann-Röttgen, Marion: Die Familie Borgia – Geschichte einer Legende, Stuttgart 1992

König, R.: Machiavelli: Zur Krisenanalyse einer Zeitwende. München 1979

Machiavelli, N.: Der Fürst. Stuttgart 1978

Schraut, Elisabeth, Hg.: Die Renaissancefamilie Borgia – Geschichte und Legende, mit Beiträgen von: P. Miquel Batllori S. J., Ute Esbach, Marion Hermann-Röttgen, Ulrich Klein, Sabine Poeschel, Herwarth Röttgen und Rudolf Veit. Kataloge d. Häll. Fränk. Museums Schwäbisch Hall Bd.6, Sigmaringen 1992

Theater

Michael Klenk als Papst

Theater in der alten Löwenbrauerei

Victor Hugo: Lucrezia Borgia. Regie: Freia Fischer

In der alten Löwenbrauerei wollte die Regisseurin Freia Fischer mit der Nolo-Bühne Victor Hugos »Lucrezia Borgia« in der Übersetzung von Georg Büchner aufführen. Bürgermeister Brückner hielt ihr bei diesem waghalsigen Unternehmen nicht nur die Stange, sondern er bereitete ihr mit dem Bauhof der Stadt im wahrsten Sinne des Wortes den Boden. Das Gebäude war so ruinös, daß selbst der Probenbeginn nicht möglich war, ohne daß zuvor verschiedene Absicherungen getroffen waren. Freia Fischer macht Raum-Theater, das heißt, sie inszeniert nicht »im« Raum, sondern »mit« dem Raum. Wie verführerisch und wie abstoßend zugleich ihr der Brauerei-Turm als Spielpartner während der monatelangen Proben begegnete, geht aus ihren Aufzeichnungen über die Arbeit hervor.

Texte und Fotos können die Faszination, die ihre Inszenierung hatte, nicht vermitteln, und leider – ganz an den Raum gebunden für den sie gestaltet war – ist diese Aufführung nicht reproduzierbar. Kaum einer der Zuschauer wird den mühsamen, dunklen Weg durch den Brauereiturm vergessen, den er mit Lucrezia Borgia gehen mußte, ihr folgend auf dem tragischen Weg ihres verfluchten Lebens. Begleitet wurde er von düsteren Klängen, die ihn umgaben, Töne die oft nicht zu orten waren, weil sie erzeugt wurden in den Rohren des Hauses, an den Steinen der Wände oder in Schächten und unsichtbaren Hohlräumen. Der Künstler Martin Bürck schuf einen akustischen Hintergrund zu dem Drama, der auf entschiedene Weise einen ganz direkten Bezug zu den Zuschauern, beziehungsweise Zuhörern kreierte, so daß Hugos Drama eine emotionale Nähe bekam, die überrascht, weil das Drama, wenn man es liest, uns durch sein hochromantisches Pathos fremd bleibt und melodramatisch zu sein scheint.

Die Zwiespältigkeit von Hugos Lucrezia Borgia – Hugo selbst nennt seine Hauptfigur wegen ihrer Zerrissenheit ein Monstrum aus Gut und Böse – wagte Freia Fischer real erlebbar zu machen, indem sie zwei Schauspielerinnen für diese Rolle gleichzeitig auftreten ließ. Die eine Lucrezia war die nach außen handelnde, die Lucrezia, wie sie die anderen erlebten und sehen wollten, die andere sprach nicht, sondern sang wortlose Klänge, gab stimmlich und durch Agieren im Raum wie-

der, was sich in Lucrezia abspielte. So war sie zum Beispiel eingeschlossen in einem großen Eisenofen, während ihr anderes Ich verzweifelt versuchte, sich in seiner Not dem eigenen Sohn zu offenbaren, aber – im übertragenen Sinn – nicht aus sich herauskonnte.
Mit schweren Schritten schleppte die »Seele« sich durch ein Wasserbecken, ihr nasses, schleifendes Kleid hinterließ Spuren auf dem Boden, die an das Blut denken ließen, für das Lucrezia, die andere »wirkliche« Lucrezia, sich selbst reuig anklagte, ohne Hoffnung, ihre Sünden vergessen machen zu können, ihrer schrecklichen Blutspur gewiß wie Lady Macbeth.
Auch die Sinnlosigkeit des Dialogs zwischen Lucrezia und ihrem Ehemann machte Freia Fischer sichtbar: Alfonso trat nicht auf. Sie hatte die Rolle gestrichen, »weil er ohnehin nur eine unbewegliche Mauer ist, gegen die Lucrezia anrennt. Ein steingewordenes Vorurteil, das seiner Gemahlin Lucrezia keine Chancen gibt. Das wütende Schreien Alfonsos in Victor Hugos Stück ist eigentlich eine Mauer des Schweigens, er antwortet nicht auf das, was sie sagt, er nimmt sie nicht wahr, sondern produziert nur seinen Haß, den Lucrezia längst kennt. Er ist nur Unverständnis und kein Gesprächspartner.«
Diese wenigen Beispiele sind signifikant für die Inszenierung von Freia Fischer. Ein Hauptprinzip ihrer Regiearbeit ist, daß sie Symbolisches real sichtbar, hörbar, erfahrbar macht. Sie will erreichen, daß der Zuschauer nicht nur Worte hört, die er verstehen soll, sondern daß er »räumlich« miterlebt, was auf der Bühne, die ja nicht vom Zuschauer getrennt ist, erlitten wird. Er steht schwindelnd auf durchscheinenden Gittern, die unter ihm einen erleuchteten Kellerraum sehen lassen, wenn Lucrezia durch das Auftreten von Freunden ihres Sohnes an ihn verraten wird und damit ihre einzige Sicherheit – die Liebe ihres Sohnes – gefährdet wird.
Er ist nicht nur im übertragenen Sinne auf einem Höhepunkt, sondern tatsächlich auf dem höchsten Punkt des Gebäudes ange-

kommen, wenn sich unter freiem Himmel die Tragödie vollzieht und Mutter und Sohn sich wechselseitig zerstören.
Die Zuschauer, die in der letzten Szene wirklich an Tischen essend und trinkend an dem schauerlichen Mahle Hugos teilnehmen, können sich schwerlich einem leichten Gruseln entziehen, wenn sie hören, der Wein sei vergiftet.
Doch nach dem hochdramatischen Schluß, als die Terrasse in Dunkel fällt, und der Zuschauer gerade einen Blick auf das nächtliche Schwäbisch Hall unter sich werfen will, um aus den dunklen Geschichten um die Borgia in die Wirklichkeit zurückzukehren, fällt ein Scheinwerferlicht auf die benachbarte Kirche, auf der die »andere« Lucrezia Borgia steht, die Darstellerin, die Lucrezias Seele repräsentiert. Ein kurzer melancholischer Gesang klingt herüber, bricht die blutige Dramatik des Schlusses und transzendiert sie in eine Klage, die Hoffnung offen läßt. Lucrezia Borgia ist nicht tot, denn sie ist nur Bild eines Frauenschicksals, ist hier nur Schauspielerin auf einer Bühne gewesen. Was bleibt ist das Leid, das in ihr war, und die Hoffnung, einen Weg aus diesem Leid zu finden.
Schwer zu beschreiben ist dieses Ende, das – auch wenn es den Leser, der nicht dabei war, verwundern mag – weit entfernt von jeder Banalität war. Das Gegenteil war der Fall. Durch den Bruch nach dem shakespearehaften Schluß, der die Lösung nur im Tod aller sieht, gelang hier, den Zuschauer aus der Emotion des Schaurig-Schönen herauszuzwingen in eine distanzierte Betrachtung über Schuld und Verhängnis. Und das gelang um so leichter, als Lucrezia auf dem anderen Turm sang, weit entfernt von den Zuschauern. Wie so oft hatte die Regisseurin es nicht dabei belassen, in übertragenem Sinne zu inszenieren, sondern der Zuschauer erlebte die erwünschte Distanz zum Geschehen real.
Abschließend möchte ich an dieser Stelle allen Beteiligten für ihren beispiellosen Einsatz herzlich danken. Meine besondere Anerkennung gilt Freia Fischer und ihrer großartigen Arbeit, die sie persönlich ohne jedes Honorar gemacht hat. Der Zuschuß, den sie von der Stadt erhalten hat, trug nur zu einem Teil die anfallenden Unkosten: Sie selbst hat das finanzielle Risiko auf sich genommen, nachdem der Kompagnion ihrer Bühne ausschied, und mit enormen Engagement Mittel und Wege gefunden, um den Schauspielern und Mitarbeitern zumindest die entstandenen Spesen so großzügig wie möglich zu ersetzen.
Ihre Aufführung darf als der künstlerische Höhepunkt des Borgia-Kongresses bezeichnet werden.

Lucrezia Borgia

Drama von Victor Hugo
in der Übersetzung von Georg Büchner

Nolo-Bühne Stuttgart
Regie Freia Fischer

Die seit vielen Jahren stillgelegte, mit Zinnen versehene ehemalige Brauerei mitten in Schwäbisch Hall ist der Palast der Lucrezia. Künstler verschiedener Bereiche entfalten das Renaissancedrama Victor Hugos, bearbeitet von Georg Büchner.

Lucrezia	Irene Wagner und Stephanie Haas
Gennaro	Michael Speer
Gubetta	Manfred Benz
Maffio	Sebastian Schäfer
Jeppo	Simon Stümpfle
Klang	Martin Bürck
Licht	Robin Hohn
Kostüme	Manfred Benz
Maske	Wilma Fuchs
Räume	Monika Gremmelspacher und Rainer Härdter
Regie	Freia Fischer

Renaissance-Musik

Gitarre	Katja Schmidt
Schalmei	Mathias Göckler
Trommel	Daniela Deutsch
Blockflöte	Kerstin Bögner

Lucrezia Borgia in der alten Brauereiruine

von Freia Fischer

Vorüberlegung

Die Herausforderung, aus einer trivialen Geschichte über eine historische Figur eine Reduktion auf die klassischen Grundfragen menschlicher Existenz zwischen Geschichte, Macht und Individualität zu wagen, ist im Theater sicher nicht neu.
Der Reiz, dieses Stück zu inszenieren, begann mit der Erlaubnis und Unterstützung der Stadt Schwäbisch Hall, die alte Ruine Löwenbrauerei vom Keller bis zum Dach zu bespielen.
Ich wurde 1945 geboren und habe die abgebrannten und ausgebombten Häuser in meiner Kindheit erlebt.
Den Niedergang einer Papstfamilie an Hand eines Einzelschicksals zwischen Macht und Reichtum, Verführung und Suche nach Zukunft aufzuzeigen, reizte mich.
Die Figur der Papsttochter, inmitten dieser alten Ruine zu gestalten, schien mir gerade richtig zu sein.
Hugo und Büchner in einem Stück, Trivialität, Psychologie, Zukunftssuche – stehen wir nicht genau in diesem Spannungsfeld?
Die Tochter des Papstes formuliert: »Die beiden Dämonen streiten in mir, der Gute und der Böse; aber ich glaube, daß der Gute endlich siegen wird.« Aber die Geschichte beweist immer wieder das Gegenteil – Mord und Gemetzel.
Die Ruine ein passender Ort – dunkle Winkel, abgebrochene Steine, zerfallener Raum, Stahlwendeltreppe, Korntrichter und Dachterrasse.

Leben und Sehnsucht vollzieht sich in steiniger, aber auch geheimnisvoller Gegend. Lucrezia ist nicht nur die differenzierte, sehnsuchtsvolle Gattin, die sich leise dem Geheimnis ihres Lebens, dem schlafenden Sohn im abgeblätterten Raum des ausgebeinten Bassins nähert, sie ist auch jene singende Seele, die tief unten dämonisch im Schacht lauert und tönt, und sich später warnend im wallenden Kleid durchs Wasser rennend wild und ekstatisch auf der abgeblätterten Empore bis in Tod und Erstarrung äußert.
Alles wird geleitet durch Gubetta, der Gemüse schneidend, ungeachtet des tropfenden Giftes aus der ersten Etage, sich durch Schächte und auf Treppen ihr nähert. Bis ein Tanz der Wut und Verzweiflung auf der obersten Treppe, wohin das Publikum folgt, ihn von der Sprache in die stumme Gebärde einer größeren Aussage zwingt.
In Hugos Stück ist sie des Mordens und der Macht müde geworden. Gubetta, der Bösewicht, der die Vorgeschichte aus dem Untergrund (Keller des Hauses) kennt, warnt sie vor solchem Sinneswandel. Aber Lucrezias Ich ist wie das klingende Innenleben einer Palastruine.
Was an klanglichem Material in diesem Haus, das eine Metamorphose zu vollziehen scheint, vorhanden ist, bildet eine zusätzliche Ebene. Vom Verklingen des Karnevals aus den Rohren im Heizungsofen zu Beginn des Stückes bis hin zu den Lüftungsschächten und Kanälen, findet eine Auswahl spezifisch klingender Elemente statt. So gesellt sich zum abblätternden Palast ein abgewracktes Klavier, Flöte und Streichpsalter treten in Dialog mit der Stimme. Der eiserne Klang von Rohren findet seine Fortführung im Klang der Eisengongs, und der reine Klang der Stimme mischt sich mit dem verstimmten Klang des zerstörten Klaviers – vergleichbar mit dem Innenleben des Hauses, wie es war und ist, mit dem Ich der Lucrezia; schwankend auf dem Boden ihres Wandlungsversuches kann man sie spüren, wie das Innere der Palastruine (alte Löwenbrauerei).

Zur Inszenierung

Wie das Haus mit seinen Schächten, Stegen, Rohren und Treppen das Spezifische der Inszenierung mitbestimmt, so liefern die verschiedenen Bestandteile auch einen Teil des Klangmaterials für die Inszenierung. Der Architektur folgend, bildet das Licht und Gegenlicht eine Atmosphäre, in der das Haus – oder was aus seiner Vergangenheit noch übrig ist – mitspielt und seine Bedeutung in der Gegenwart durch die Arbeit der Schauspieler erfährt. Der Aufgang über das Trümmerfeld mit dem Blick auf die Dächer von Venedig (Schwäbisch Hall) ist spiralförmig durch das Haus angelegt. Jeder Raum birgt ein anderes Geheimnis; versunkene Orte werden wieder lebendig, und man spürt die vertikalen Verbindungen und die räumliche Vernetzung.
Die Schauspieler befinden sich nicht auf einer Bühne deren Bilder wechseln, sie bespielen Räume. Die Zuschauer vollziehen den Szenendurchgang mit. Stehend oder sitzend über den Baugittern, den ausgeleuchteten Abgrund unter sich, begleiten sie die Schauspieler von den unteren, teilweise wassergefüllten Gruften oder Kanälen über den Kachelbalkon und gut erhaltene Kornkammern, über die eiserne Wendeltreppe bis hoch auf die Zinnenterrasse. Dort findet in herrlicher Aussicht über ganz Ferrara (Schwäbisch Hall) das Fest am Ende des Stückes statt.
Lucrezia, von zwei Künstlerinnen (Sprache und Gesang) gestaltet, findet ihre Ausdrucksform im konkreten Spiel und im freien Singen. Das Innere der von

**»Die beiden Dämonen streiten in mir,
der Gute und der Böse;
aber ich glaube,
daß der Gute endlich siegen wird.«**

Stephanie Haas
Irene Wagner

Simon Stümpfle
Sebastian Schäfer
Manfred Benz
Michael Speer

Hugo gezeichneten Lucrezia-Figur ist das eigentliche Thema der Inszenierung: »Die beiden Dämonen streiten in mir, der Gute und der Böse; aber ich glaube, daß der Gute endlich siegen wird.«
Auf eine der tragenden Rollen und einige Nebenrollen wurde verzichtet, um den Innendialog dieser Frau in dem abblätternden, zerfallenen Gehäuse noch zu verstärken. Die Geschichte beginnt, als sie, die mächtige Papsttochter, sich plötzlich Gefühle leistet und sich ihrem Sohn Gennaro nähert, dessen Träume vom Mutterbild mit der Realität schwer zu vereinen sind, was zum Kern des Themas gehört.

Voraussetzungen und Arbeitsweise

Was stand dieser Inszenierung zur Verfügung?
Eine interdisziplinäre Gruppe eigenwilliger Künstler, eine erfahrene Architektin als Bühnenbildnerin, ein aufregender und außergewöhnlicher Spielort und ein unterstützender Baubürgermeister sowie wenig Geld, dazu ein winziger Raum in einer Bauarbeiterbude mit Ofen und eine kalte, zugige, aber spannende Ruine. Ein Steinbruch davor, dunkle Keller, höhlenartige Durchbrüche, Zementbassins, abgeschlagene Steine, Steinmühlräder, ein alter Feuerofen, Kachelräume, ein Kornspeicher und eine Zinnenterrasse mit schrägem Boden, sowie die Katharinenkirche gegenüber, durch deren Turmfenster die Vögel in Scharen ihre Nistplätze aufsuchten.
Durchbrüche für Licht, Schächte für Wasser und Material für jede Art von Symbolfindung. Hier verfing sich jede abstrakte Überlegung in einer stärkeren Welt des Materials und unser Inneres mußte mit dem Zerfall dieses Hauses und seiner Eigenwilligkeit klar kommen. In diesem Prozeß wurde es möglich, trotz Hugos Sprache, an die archaische Seite der Geschichte zu kommen. Nicht Lucrezia schwankte, das Publikum schwankte auf dem Baustahlgitter mit.
Die Ruine drang in unsere Seelen und zwang uns den Umgang mit ihr ab. Die Künstler fanden ihre Plätze. Der italienische Gesang auf dem Stein machte diesen zum Elefanten. Der im Bassin befindliche Kasten wurde zum Verhandlungstisch, unter den zarten Bewegungen der Mutter und dem Klang ihrer Stimme zur Trauminsel. Die Wandkante wurde zum gefährlichen Balancegang der flüsternden Belauscher unter den Masken benutzt. Das abgetrennte Becken wurde mit Wasser für die singende Seele genutzt.
In diese Landschaft mußten Textfragmente und eigene Sequenzen gesetzt werden. Es entstand ein spielerischer, manchmal auch qualvoller Dialog zwischen Material und Rolle. Der Einstieg in den Feuerofen wurde zur Entdeckung eines vielfältigen Schlaginstrumentes, das Steinrund auf dem Boden des grünen Kachelsalons zum Opferstein der flehenden Lucrezia und der Kornkanister zum Resonnanzkopf der singenden Lucrezia. Die abblätternde Fassade gab das darunterliegende rote Mauerwerk frei wie eine Wunde, und das freistehende Plateau in schwindelnder Höhe wurde zur Empore der zuvor in ihrer Erregung durchs Wasser gegangenen, singenden Seele. Durch die Stockwerke tropfte das Gift der Borgia. Hände suchten Halt und gaben Hilfe durch Öffnungen, die einst den Kesselrohren dienten. Licht, Schatten und Klang hielten das Ganze zusammen, bis das Publikum oben auf der Zinnenterrasse angelangt war. Es hatte Teil am Vergiftungs- und Rachemahl der Borgia, begleitet von einer

Die beiden Lucrezien

Musikgruppe mit Renaissance-Klängen. Der Kirchturm gegenüber bot dem versöhnenden Gesang und Lichtstrahl ein Finale unterm Sternenhimmel.
Es war für alle Mitwirkenden sehr hart, dort zu arbeiten. Aber sie fanden alle »ihren Ort«. Sie blieben alle bei ihrem Element und bildeten so ein Ganzes aus Fragmenten.
Die Freiheit, die sonst in der Theaterarbeit nur der Improvisation vorbehalten bleibt, bereitete für mich den Boden, hieraus gültige Formen für die Inszenierung zu gewinnen. Die Sprache der ureigensten Lebensbewegung jedes einzelnen Akteurs wird zur Form, die bestehen kann, und für das Ganze Berechtigung und Gültigkeit erhält, sei es in freien Tönen, dem Wuttanz oder dem Erklettern der nächsten Spielebene über die Feuerleiter.
Aufgabe der Regie war es, für alle Prozesse in ihrer großen Empfindlichkeit einen Rahmen und Untergrund zu geben, sie rechtzeitig zu erkennen, zu fördern und für die Inszenierung zugänglich zu machen. Das macht für mich Theater in seiner Vielfalt und Lebendigkeit erst interessant. So konnten sich durch radikale interdisziplinäre Brechung des Stückes unter Einbindung aller Ebenen Individuelles und für das Theater seit der Antike Gültiges treffen. Unsere Gegenwart und Geschichte, Büchner und Hugo, sollten sich durchdringen: Bruchstückhaft und romantisch, archaisch, aber auch trivial; eine gebrochene Wirklichkeit durch die Lebendigkeit der Individuen zusammengehalten und zur Vielfalt gebracht. Ein natürliches Konzept, das Lebenswunden und Lebenslust aufzeigt, unterschiedliche Ebenen nebeneinander bestehen läßt und im Kunstwerk ein Ganzes ergibt.

Das Stück

Der Platz ist steinig in der Altstadt Schwäbisch Halls, an der an der Steilseite der alten Brauereiruine eine Baustahltreppe über den steinbruchähnlichen Abgrund zwischen alten Häusern zum derzeitigen Theaterplatz führt.
Der Ort hat meine Entscheidung zu dieser Inszenierung bestimmt und Künstler, die mit hoher Sensibilität, Phantasie und eisernen Willen dieses Abenteuer zusammen gestaltet haben.
Ein Experiment, das zur Expedition wurde. Eine Herausforderung, dem verlassenen Ruinenhaus, mit verlassener Geschichte, lebende Gegenwart aus Licht, Klang und Spiel zu geben.
Eigentlich eine banale Geschichte: Die Tochter des Papstes, machtvolle und ohnmächtige Frau, an der Grenze der Trivalität –, aufgebrochen, zerbrochen und zusammengefügt in Bildern des Innenlebens einer Frau.
Das Haus hat alles – was der Geschichte Victor Hugo fehlt, aber in Georg Büchners jungem Leben schon angelegt war: Risse, Sprünge, Durchblicke und Abgründe – und was Theaterarbeit so reizvoll macht. In der Sprache des Hauses ausgedrückt: Vom dunklen, feuchten Keller, unzugehbaren Ecken, Wasserschächten, darüber lindgrünen Kachelräumen, einem voll erhaltenen Kornspeicher bis hin zu einer winzigen Wendeltreppe, die auf eine dachschräge Zinnenterrasse mit Blick auf Schwäbisch Hall und die Katharinenkirche führt. »Steigt nur hinan zur Macht dort obenwerd' ihr umgebracht.«
Keiner weiß, wem die ferne Frauenstimme gehört, die am Abend ihren Sohn von der Straße ruft, der beiläufig Steine werfend ihr folgt. Ihm folgt das Publikum über jene große Baustahlrampe, hoch über steinernem

Baugrund, durch eine kleine Tür an der Hinterseite der Ruine.
Ein italienisches Wiegenlied singend sitzt sie im Halbdunkel einer steinhöhligen Katakombe, auf einem abgebrochenen Stein, den ich den Elefanten nenne (Glücksbringer): Lucrezia, Sopranistin Stephanie Haas, die später zur »singenden Seele« wird.
Abbruch oder Antwort ist das wilde musikalische Spiel des Schlagzeugers Martin Bürck aus dem Feuerofen, der die Wände zum weiteren Abblättern bringt. Währenddessen steht das Publikum noch immer auf einem von unten erleuchteten Baustahlrost, an das die Steine des Gubetta fliegen; der später aus dem Keller, den er aufräumt, dem Publikum neben der Familiengeschichte Schutt und Blut vor die Füße schüttet. Manfred Benz als Gubetta ist es, der das Publikum zur »realen, geschichtlichen Lucrezia« führt – doch was ist Realität?
Im »Kastenraum«, das Gesicht halb verdeckt, die zurückhaltende Frau und Mutter. Wer die Macht hat, leistet sich keine Gefühle. Aber auf einem Steintisch liegt der Sohn, verwundbare Stelle ihres Herzens, die Sehnsucht, das Geheimnis. Ertappt von maskenhaften Schatten, die Freunde des Sohnes, die ihn vor ihr schützen wollen, ist sie gekränkt und erschreckt.
Die »singende Seele« wird hörbar, sichtbar, sie stützen wollend. Die zuvor wie Madonna auf dem Stein ruhende Lucrezia wagt sich durchs tiefe Wasser, über eine eiserne Leiter nach oben steigend auf die Empore.
Hoch über dem Publikum stimmt sie den Klagegesang freier Komposition an, schwebend und klirrend wie Eisen und Glas, um ihn plötzlich erstarren zu lassen.
Schon kocht Gubetta in seiner Küche am vielleicht drohenden Mahl, während grünes Gift wie Tränen, durch mehrere Stockwerke, wie Tropfen der Zeit in eine Metallschale tickt. Auch sein Verzweiflungstanz auf der Treppe kann das Unglück nicht verhindern.
Wo die Tropfen durch den Stein im oberen Stockwerk sickern, strecken sich vor dem Publikum die suchenden Hände der »singenden Seele« von unten entgegen. Das riesige Steinrad wird zum Opferstein, auf dem Lucrezia aus Wut und Jammer gegen den rachsüchtigen, erbarmungslosen Gatten tobt und schließlich ihm ihre Schenkel öffnet, um den geliebten Sohn vor seiner Härte zu retten. Vom Balkon darüber sieht man die wallenden Locken der »singenden Seele« herunterhängen, deren stumme Unterstützung in wilder, aufgebrachter Bewegung nichts auszurichten vermochte.
Nie trat er auf, der Gatte in dieser Inszenierung. Doch durch die flehenden, wütenden Anklagen der Frau wird seine Stummheit lebendig. Sie entlädt sich in einem wütenden Ausbruch, einem wilden »Schlagwerk« des Musikers Martin Bürck, der alles im Stockwerk vorhandene Metall, Türen, Scharniere und Werkzeuge zum Zittern bringt.
Die Rollen haben sich vertauscht. Im Kornspeicher reicht die gezwungene entmachtete Lucrezia ihrem Sohn das Gift. Zerstörte Zukunft, Verzweiflung und Gegengift am schrägen Tisch, bei schrägen Kerzen.
Mit dem Publikum zum großen Fest geladen sterben alle beim festlichen Gelage auf der Dachterrasse. Den Wein hat Lucrezia eingegossen, aber dann ihre Worte: Ihr seid alle vergiftet. So stirbt auch der Sohn, den sie zu spät erkennt. Als gebundene Statue wird die »singende Seele« davon gefahren. Lucrezia stirbt von der Hand ihres Sohnes.
Nur der Sternenhimmel über der Dachterrasse, der Blick auf die Stadt, bleiben. Vom Turm der Katharinenkirche klingt im Lichtstrahl das Lied der »singenden Seele« durch die Nacht auf die Terrasse herüber:
»non canta piu lu gall' come canteva«, »der Hahn singt nicht mehr, wie er uns gesungen hat«.

Die »Raumkonzeption«

von Monika Gremmelspacher

1. Der »Ort«

Am Anfang stand die Suche nach einem inspirierenden Ort für das Stück. Die Faszination, die das Gebäude mit seinem Umfeld auf uns ausübt, steigert sich und wird zum Schicksal für »Lucrezia«. Der Ort: die steilaufragende Burg über dem Trümmerfeld – inmitten des Sanierungsgebietes der Katharinenvorstadt. Das Haus steht wie ein Stein inmitten der bröckelnden Materie. Es wird zum Gegenbild der Idylle.

2. Das »Haus«

Die alte Löwenbrauerei, erbaut 1904, entstammt der Vorstellungswelt des ausgehenden 19. Jahrhunderts. Sie ist zwischenzeitlich aufgelassen. Doch die Funktionssysteme der Brauerei und ihre Konstruktionen – Rohre, Kessel, Stahlträger – sind bruchstückhaft noch vorhanden, und die räumlichen Verbindungen durchdringen das Haus von der Dachterrasse bis zum Untergeschoß wie ein räumliches Geflecht.
Herausgelöst aus ihrem Funktionszusammenhang verselbständigen sich die Objekte und werden zu mythischen Zeichen, zu Gräbern, Grüften, Palastwänden, Balkonen und Opfersteinen ... Sie werden zum Leben erweckt und verwandeln sich.

3. Raum und Material

Und so wird folgerichtig nicht der Einzelraum, sondern das sich durchdringende Raumgefüge mit seinen Objekten zum Thema. Die Zuschauer »erwandern« sich die Raumfolge zusammen mit den Schauspielern und werden selbst Teil des Stückes: Raum, Bühne, Zuschauer werden eins.
Die Materialien entfalten ihre eigene Wirkkraft und Bedeutung: verrostete Eisenstangen, abblätternder, sich verfärbender Putz, bröckelnde Mauerreste ... Sie rufen Assoziationen hervor und symbolisieren die Brüchigkeit der Oberfläche.
Im Kontrast zu den wenigen »kostbaren« Requisiten und Materialien werden sie zum Sinnbild der Veränderung und der Vergänglichkeit der Macht.

Die Musik und Klang-Ebene in Lucrezia Borgia

von Martin Bürck

Klänge eines Hauses

Die abblätternde abgewrackte Ruine der Löwenbrauerei – ein gleichsam verfallener Palast – steht für die verfallende Seele der Lucrezia Borgia. Das was sich in ihr »zusammenbraut«, findet eine klangliche Entsprechung in den ganz besonderen und nur dort vorkommenden Klängen dieser »Palastruine«. Klänge eines Hauses werden so zu »Seelen-Klängen«. Die Rolle der Lucrezia ist doppelt besetzt. Stimme, Gesang und Körpersprache im Raum – von der zweiten Darstellerin verkörpert – bilden in Verbindung mit den Klängen des Hauses und einiger ausgewählter Instrumente eine durchgehende zusätzliche Ebene im Stück, eine Art klingendes Psychogramm der Lucrezia.

Das Klangmaterial

Der Feuerofen mit hallenden Tanks und schweren Metallplatten, dumpfen Röhren, Metallverstrebungen. Der verklingende Karneval mit rhythmischer Sambapulsation steht für die Unterwelt »höllischer« Leidenschaften, zerspringendes Glas für Seelen-Risse – eine diabolische Klangouvertüre, gespielt im Feuerofen. Das Nachvibrieren dieser Klanggewalt im Klirren eines gigantischen Schlüsselbundes überträgt den Klang vom Feuerofen in den nächsten Raum auf einem riesigen Eisengong.
Die »Seelendarstellerin« der Lucrezia schließt mit den Händen Wunden im alten Mauerwerk – in Verbindung mit glissandi auf einem abgewrackten ausgebeinten Klavier.
Leichte Metallbänder, über unzählige Regalfächer einer Art Holz-Ratsche gezogen, untermalen die umherschwirrenden Gerüche. Das alte Klavierfragment wird als verstimmte Harfe der Vergangenheit zur

Gesangsbegleitung eingesetzt. Experimentelle Klänge und Geräusche der Stimme bis hin zu Stimmfetzen in der Haß-Arie steigern sich bis zur Destruktion des Klaviergußrahmens mittels Schlagbohrhammer – zum Zerspringen und Zermeißeln einer gepeinigten Seele.
Der eigentümliche singende Ton eines Stahlseiles, das durch leere Metallschächte gezogen wird, schafft klingende und sichtbare Verbindung zwischen Räumen, Bewußtseinsschichten. Das schwingende Nachsirren von Metallschranktüren läßt wie ferne Ausläufer eines Erdbebens den Zornesausbruch nachschwingen.
Ein großer Korntrichter aus Metall, in dem die Sängerin sitzt und singt, wird an einer Luke mit einem Metallbogen gestrichen und so zum Klangraum. In der Vergiftungszene pocht ein unheimlicher, dumpfer, tiefer Herzpuls, gespielt auf Metalltanks.
So wird das ganze Haus zum großen, eigenwilligen Instrument, zum Klangraum einer verfallenden Persönlichkeit. In und aus den Resten des Brauerei-»Palastes« mit seinen Kellern und Sudräumen, in denen die Bereiche von Rauschhaftigkeit, Genußsucht und Verfall »bebraut« werden, entstehen die Seelenklänge einer tragischen Person. Morbide Klänge für eine morbide Frau.
Die so ganz eigenwilligen und nur dort vorhandenen Klänge des »alten Palastes« sind gleichsam Gefangene ihres Hauses, so wie die Menschen Gefangene ihrer Seele, ihrer Leidenschaften und ihrer Geschichte sind; auch so, wie die Schauspieler und Akteure bei Lucrezia Borgia Gefangene ihres Projekts wurden – besonders und einmalig wie vielleicht das Leben der Lucrezia selbst.

Das Drama

Inhaltsangabe

Lucrezia Borgia, mit Don Alphons von Este verheiratet, beschließt, ihren Sohn Gennaro, von dessen Existenz niemand weiß, in Venedig zu treffen. Gennaro stammt aus einer inzestuösen Beziehung mit ihrem Bruder Johann Borgia, welcher von Lucrezias zweitem Bruder Cäsar, Kardinal von Valencia, ermordet wurde. Da dieses Schicksal auch Gennaro träfe, wenn seine Herkunft bekannt wäre, hat sie ihn entfernt von sich aufziehen lassen und ihm nur Briefe geschrieben, ohne ihm allerdings seine Herkunft und ihren Namen darin zu offenbaren. Bei der Begegnung mit Gennaro in Venedig erfährt sie zwar, daß dieser seine Mutter, die er ja nur aus Briefen kennt, liebt und verehrt, aber auch, daß er die Fürstin Lucrezia Borgia haßt und verachtet. Seine Freunde entdecken ihm, daß die Frau, die ihn angesprochen hat, Lucrezia Borgia ist. Empört verschandelt Gennaro ihr Türschild in Ferrara, indem er aus Borgia »Orgia« macht. Lucrezia, die nicht weiß, daß ihr Sohn Gennaro diese Freveltat begangen hat, verlangt von ihrem Gatten, daß er den Übeltäter mit dem Tode bestraft. Don Alphons, der dieser Bitte gerne nachgibt, da er Gennaro für Lucrezias Liebhaber hält, zwingt Lucrezia, ihrem eigenen Sohn das berüchtigte Borgia-Gift zu reichen, nachdem er sich geweigert hat, ihren einmal geäußerten Befehl wieder zurückzunehmen. Durch ein Gegengift gelingt es Lucrezia, ihren Sohn zu retten. Ein Abendessen im Haus ihrer Freundin Negroni, bei dem sie sich an den Freunden Gennaros rächen will, wird Gennaro aber endgültig zum Verhängnis. Lucrezia ahnt nicht, daß sich ihr Sohn Gennaro, statt aus Ferrara zu fliehen, wie sie ihm nahegelegt hat, ebenfalls zu diesem Fest begeben hat, und so von ihr

unbeabsichtigt zum zweiten Mal vergiftet wird. Am Ende dieses dramatischen Abendessens erscheint Lucrezia, ganz in Schwarz als Femme fatale auf der Bühne, um den bevorstehenden Tod der vergifteten Freunde anzukündigen. Zu spät sieht sie ihren Sohn unter den Opfern. Die Schlußszene zeigt die vergebliche Auseinandersetzung zwischen Lucrezia und Gennaro, in der er beschließt, sie als Mörderin seiner Freunde zu töten. Lucrezia, die weniger um ihretwillen als der Unschuld ihres Sohnes zuliebe Gnade fleht, offenbart Gennaro einen Teil der Wahrheit: er sei ein Borgia, Sohn von Johann Borgia und der Herzogin von Gandia, also ein Verwandter zu ihr. Diese Nachricht verfehlt aber ihre Wirkung und bestärkt ihn erst recht in seiner Absicht, weil er aus ihrem Bekenntnis schließt, daß sie, Lucrezia Borgia, schuld sei an dem elenden Schicksal seiner unbekannten Mutter. Erst im Tod bekennt Lucrezia, daß sie selbst seine Mutter ist.

Der Autor

Victor Hugo (1802 in Besancon geboren, gestorben 1885 in Paris), wandte sich früh der literarischen Tätigkeit zu. In seinem Werk, das eine außergewöhnliche

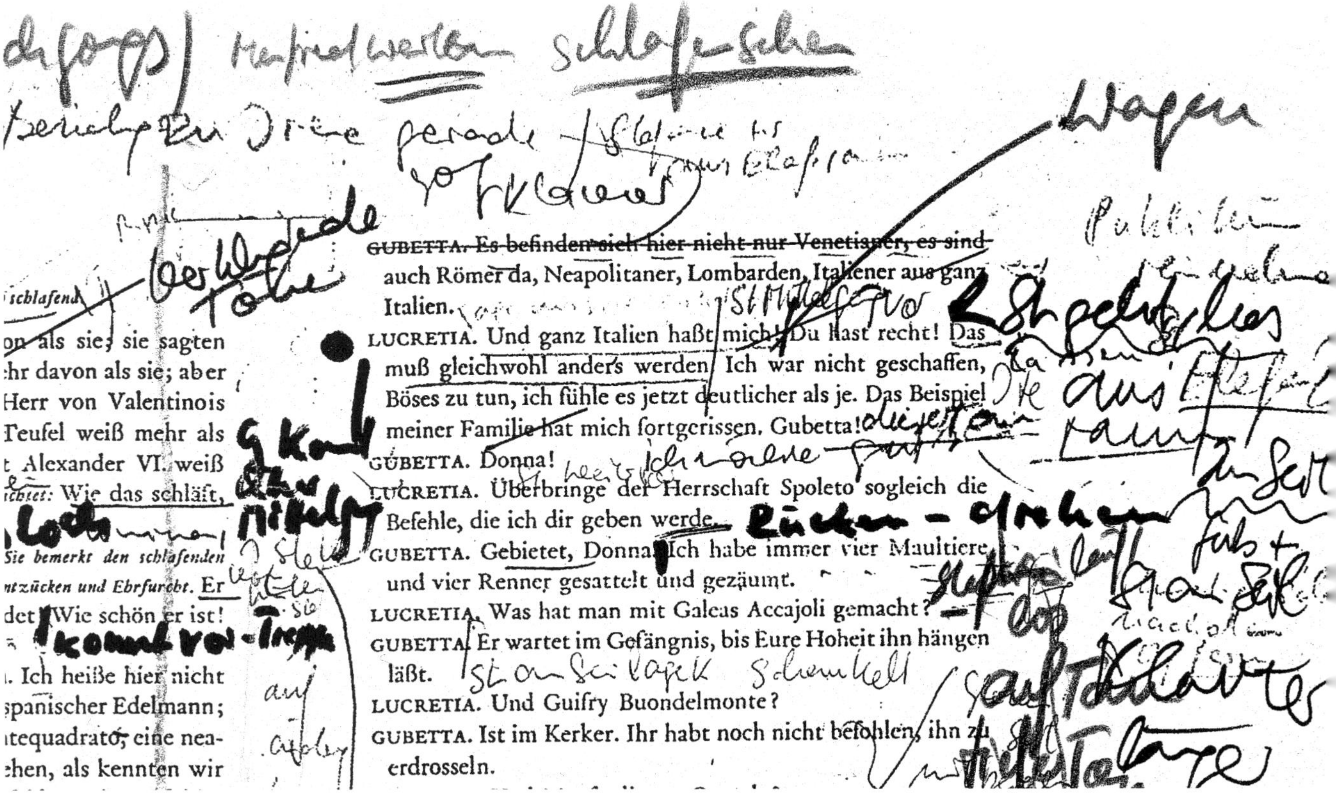

ſchlafend
on als sie; sie sagten
ehr davon als sie; aber
Herr von Valentinois
Teufel weiß mehr als
t Alexander VI. weiß
chtet: Wie das schläft,
Sie bemerkt den schlafenden
ntzücken und Ehrfurcht. Er
det! Wie schön er ist!
. Ich heiße hier nicht
spanischer Edelmann;
tequadrato, eine nea-
hen, als kennten wir

GUBETTA. Es befinden sich hier nicht nur Venetianer, es sind auch Römer da, Neapolitaner, Lombarden, Italiener aus ganz Italien.
LUCRETIA. Und ganz Italien haßt mich! Du hast recht! Das muß gleichwohl anders werden. Ich war nicht geschaffen, Böses zu tun, ich fühle es jetzt deutlicher als je. Das Beispiel meiner Familie hat mich fortgerissen. Gubetta!
GUBETTA. Donna!
LUCRETIA. Überbringe der Herrschaft Spoleto sogleich die Befehle, die ich dir geben werde.
GUBETTA. Gebietet, Donna! Ich habe immer vier Maultiere und vier Renner gesattelt und gezäumt.
LUCRETIA. Was hat man mit Galeas Accajoli gemacht?
GUBETTA. Er wartet im Gefängnis, bis Eure Hoheit ihn hängen läßt.
LUCRETIA. Und Guifry Buondelmonte?
GUBETTA. Ist im Kerker. Ihr habt noch nicht befohlen, ihn zu erdrosseln.

Textseite mit Regienotizen

inhaltliche wie formale Vielfalt widerspiegelt, ist persönliches Erleben und gesellschaftlich-politisches Engagement eng mit seiner Vorstellung des Dichters als eines Propheten und Visionärs verbunden; wohl deshalb sind seine Dramen, Gedichte und Romane auch heute noch so bekannt und vor allem seine Darstellungen des »entgrenzten« Menschen noch so aktuell.
1831 wird Lucréce Borgia von Victor Hugo uraufgeführt. Es war sein größter Bühnenerfolg und das Werk, das von allen Dichtungen über die Borgia im neunzehnten Jahrhundert am meisten gelesen, imitiert und bearbeitet wurde.

Der Übersetzer

Georg Büchner (1813 in Goddelau bei Darmstadt geboren, im Alter von 23 Jahren in Zürich gestorben), war in seinem kurzen Leben als Radikaldemokrat und Literat ein entschiedener Verfechter gesellschaftspolitischer Reformen (eine Gesinnung, die er mit Victor Hugo gemein hatte). Werke wie »Dantons Tod«, »Woyzeck« oder »Leonce und Lena« schufen seinen Ruf; daß er erfreulicherweise auch Dramen von Victor Hugo übersetzte, wird wohl aber eher auf Geldnöte zurückzuführen sein. Der zu seiner Erinnerung gestiftete Georg-Büchner-Preis gilt als bedeutendster deutscher Literaturpreis.

Lucrezia Borgia – Drei Frauen in drei Zeiten?

von Marion Hermann-Röttgen

Der Regisseur, der ein historisches Drama inszenieren will, sieht sich stets mit drei Zeiten konfrontiert, der eigenen, der des Verfassers und der der dargestellten Zeit. Lucrezia Borgia können wir kennenlernen durch Dokumente und Urkunden aus der Renaissance, der Zeit um 1500, in der sie gelebt hat. Das Bild, das sich aus diesem Material ergibt, ist so widersprüchlich, daß wir Mühe haben, eine Vorstellung von ihr zu gewinnen. Glaubt man den neapolitanischen und venezianischen Gesandten, dem anonymen Brief an Savelli, so ist sie eine hexenhafte Hure gewesen, die mit Vater, Brüdern und zahlreichen anderen Liebhabern das Bett teilte. Liest man die Gedichte und Briefe der Humanisten, die mit ihr am Hofe Alfonso d'Estes in Ferrara lebten, sieht man eine »Rose der Tugend« vor sich, eine gebildete, liebenswürdige Fürstin, die ihrem Gemahl ein Kind nach dem anderen gebar. Aus allem jedoch, was wir über die Zeit wissen, werden wir uns vielleicht ein drittes Bild machen, das eine typische Frauenfigur der Renaissance zeigt, die wenig eigene Entscheidungsmöglichkeiten hatte, die gebildet und schön war, aber hinter Konventionen als Charakter verborgen bleibt.

Victor Hugo bringt eine Lucrezia Borgia auf die Bühne, von der er nie vorhatte, sie der »historischen« Lucrezia anzugleichen. Sie war dem romantischen Dichter Modell für die Problematik der eigenen Zeit. Er hatte die Einsicht gewonnen, daß Gut und Böse in allen Menschen vereinigt und nicht trennbar seien, seine Lucrezia ist eine Allegorie dieser Ambivalenz. Ihr gespaltener Charakter, der sie, wie Hugo selbst sagt, zu einer »Monstreuse« macht, ist zugleich die Zusammenführung zweier Frauenbilder des 19.Jahrhunderts, die Hugo vereinheitlicht wünscht. Sie ist die leidenschaftliche Geliebte, die aber gefährlich für den Mann ist, und sie ist die verehrungswürdige Mutter, die zu lieben dem Manne verwehrt sein muß. Reine Mutter und sündige Geliebte sind die Bilder der Frau, die der Mann des 19.Jahrhunderts als Möglichkeiten sieht; aber einen Ausweg aus dem Konflikt kennt er nicht. Auch Hugo, der die beiden Charaktere in einer Figur zusammenschließt, gelingt es nicht, sie zu einem lebendigen Frauenbild zu formen.

Der Zuschauer von heute, der glaubt, die Verwirrung des 19.Jahrhunderts überwunden zu haben, wird die Rolle der Frau in unserer Zeit vergleichen mit allen Frauenfiguren, die ihm auf der Bühne begegnen. Die Frau des 20.Jahrhunderts, die Lucrezia heute, wird sich fragen, wie weit sie sich entfernt hat von der Frau der Renaissance, die als Objekt der Heiratspolitik dem Mann zur Verfügung stehen mußte; vielleicht wird sie sich auch sehnen nach der stilisierten Verehrung, die Lucrezia am Hofe d'Este genoß. Die Gespaltenheit von Hugos Lucrezia aber wird die Frage aufwerfen, ob das Bild des Mannes von der Frau heute wirklich eine Einheit von Sinnlichkeit und Mütterlichkeit, von Hingabe und Unabhängigkeit zuläßt. Die Brücke zwischen den drei Zeiten wird gebaut von den Sehnsüchten nach Verlorenem, der Freude am Überwundenem, der Hoffnung auf zu Gewinnendes und der Trauer über Unerreichbares.

Kabarett im Theaterkeller, Christian Duda: »Lucrezia Borgia«.

Regie: Christian Achmed Gad Elkarim

Wie bereits im Zusammenhang mit den Beiprogrammen berichtet wurde, kam bereits ein Jahr vor dem Kongreß durch Gerhard Woyda, den Direktor des Renitenztheaters, ein Kontakt zu der Schauspielerin Klara Höfels und dem Regisseur Christian Achmed Gad Elkarim zustande. Das Künstlerpaar bereitete gemeinsam ein Ein-Frau-Stück vor, das von Elkarim weniger als Kabarett, sondern eher als Kleinkunst-Theater verstanden sein will.
Den temperamentvollen Regisseur – die Mutter ist Wienerin, der Vater Ägypter – reizte das Thema der katholischen Kirche, die kulturelle Bedeutung der christlichen Auffassung von Moral und ihre Auswirkung auf die sozialpsychologische Rolle der Frau im Laufe der Jahrhunderte.
Mit Witz, ironischer Distanz und gründlicher historischer Kenntnis schrieb er, angeregt durch zahlreiche gemeinsame Gespräche im Sommer 1991, seine »Lucrezia Borgia«. Dieser »Soloabend für eine Schauspielerin« ist ein Stück persiflierter Kulturgeschichte geworden. Lucrezia Borgia wird als Projektionsfigur männlicher Phantasie gezeigt, Opfer – aber zugleich auch Täterin – der christ-

Theaterkeller Schwäbisch Hall

lich bürgerlichen Gesellschaft. Ihr Vater Papst Alexander VI. ist Symbolfigur der »würdelosen Würdenträger« der katholischen Kirche.
Der Erfolg Klara Höfels in diesem Kabinettstück war so groß, daß die Künstler auch nach dem Kongreß noch über 100 Aufführungen verbuchen konnten und im Anschluß an Schwäbisch Hall eine Tournee durch die ganze Bundesrepublik machten.

Biographie Klara Höfels

Am 5. April 1949 geboren

1969–72	Folkwanghochschule Essen
1972–74	Schloßtheater Celle
1974–78	Stadttheater Kiel
1978–83	Schauspiel Frankfurt
1983–85	Residenztheater München
1985–90	Staatstheater Stuttgart
1989	Stadttheater Nürnberg
seit 1990	freiberuflich
1990	Renitenztheater Stuttgart
1991	Stadttheater Bonn

Diverse Fernsehrollen für SDR, BR, HR, WDR, NDR.
Lebt in Berlin

Lucrezia Borgia
Soloabend für eine Schauspielerin

Erzählt wird die Geschichte einer Frau, deren Attraktivität nur noch von ihrer Benutzbarkeit übertroffen wird. Ein Abend der Mätressen. Aufschlußreich und schön.
Mit Klara Höfels als Lucrezia
Regie: Christian Achmed Gad Elkarim
Premiere: 3. Dezember 1991

Biographie Christian Achmed Gad Elkarim / Christian Duda

Am 11. Februar 1962 in Graz/Österreich geboren. Regieassistenz bei Heyme, Ottinger, Schalich, Hellmund, Heusch, Esser. Teilnahme am Berliner Theatertreffen und den Wiener Festwochen.
Teilnahme am Internationalen Theaterfestival in Tokio/Kanagawa/Japan.
Zahlreiche eigene Regiearbeiten in Nürnberg, Stuttgart und Berlin.

Textheft: Christian Duda: »Lucrezia Borgia«

»mein name: lucrezia borgia
geboren: 18. april 1480
gestorben: 24. juni 1519
ein wunder, ein wunder.
mein name ist lucrezia borgia und obwohl seit jahrhunderten tot, sitze ich hier vor ihnen.
nicht schlecht für eine leiche, was?
in den vergangenen jahren wurde ich eine geübte erzählerin meiner wiederkehr. die menschen lieben geschichten zur wiedergeburt; es nährt ihre Hoffnung auf die eigene unsterblichkeit.
doch ich muß sie enttäuschen, ich bin vielmehr eine historische konstante als ein mensch, das verbindet mich mit katholizismus und faschismus. nur bin ich ungleich attraktiver. auch garantiere ich befriedigung. was mich wiederum von den meisten frauen unterscheidet.
sie sehen, ich versuche meinem ruf gerecht zu werden.
lucrezia borgia, geboren am 18. april 1480 als tochter alexander des 6., seines zeichens papst und einer der widerlichsten gestalten der papstgeschichte.

lucrezia borgia, gestorben am 24. juni 1519, die schwester cesare borgias, eines brutalen nepoten, sklavenhalters, erotomanen, perversen etc, etc. lügen über lügen. historischer ausguß und moralische heuchelei einer geistig-verarmten zivilisation.
nein, nein, keine angst. ich will sie nicht mit geschichtsunterricht ermüden, ich weiß, was ich ihrem niveau schuldig bin. zudem scheint der eine oder andere kritiker unter uns zu weilen, was die sache nicht unbedingt leichter macht.
stellen sie sich also vor, eine junge frau, zu reaktionären zeiten geboren, von ihrem privilegierten vater in schulen mit den besten lehrern geschickt, von ihrem intelligenten und mächtigen bruder beschützt, währenddessen wurden die einfachen Frauen von den eigenen vätern und brüdern prostituiert. meistbietend an reiche männer, kardinäle oder andere kleriker verkauft. die geistlichen bauten oder kauften bordelle. jede siebte römerin war eine nutte.
wen wundert es, daß eine derart privilegierte frau, wie ich, in der von katholischen männern dominierten geschichtsschreibung, nicht gut weg kommt?
aber ich bin ja nicht die einzige. was würden sie dazu sagen, wenn jesus christus seine thesen der erziehung seiner mutter zu verdanken hätte, nicht den eingebungen gottes. nicht mehr jungfrau maria, sondern maria, mutter und erzieherin. das hätte uns einen polnischen papst erspart, der mit seinen halbfeuchten muttersohnesphantasien, den katholizismus in bekannte tiefen zurückführen möchte. und mir meinen schlechten ruf.
papa war da anders, nicht daß er seine mutter weniger liebte als woytila. nur hat er sich dafür nicht geschämt. was zur folge hatte, daß er zu einem, für seine zeit und seine möglichkeiten, normalen geschlechtsleben fand. so ganz ohne jungfrauenrethorik und ehering-erpressung. und daß er mehr nebenher auch noch papst war, hat vor ihm und nach ihm auch niemanden gestört. ein papst ist immer mehr den weltlich-ökonomischen als den geistig-ökumenischen dingen zugewandt. und das ganz ohne protest.
oder gibt es jemanden, der sich über die päpstlichen beteiligungen an antibabypillen und panzer-fabriken noch aufregt?
in gewisser hinsicht betreibt der papst auch noch die public-relation für die pille. jede vernünftige frau hat angst so etwas in die welt zu setzen. so 'nen mann. denn bei aller mütterlichen sorge, die der papst heuchelt, ist er ein mann. und wir wissen, was das bedeutet.
papa war ein redlicher kämpfer gegen den zölibat. er war ein tätiger kämpfer. kaum eine frau im vatikan, die nicht von meinem vater besprungen war.
jeder wußte das! nicht nur das. jeder sekretär, bischof, kardinal, der meinem vater zu gefallen wußte, vermittelte ihm eine frau. meist mit persönlicher empfehlung.
die auswahl war nicht schwer, mein vater liebte die frau im allgemeinen. nur bei festeren bindungen legte er wert auf eine gewisse jugend, deren schönste früchte nicht älter als 15 sind.
auch diesbezüglich setzte mein vater eine christlich-kuriale tradition fort.
was ihn aber sehr von seinen vorgängern und nachfolgern unterscheidet, war seine fröhlichkeit. er lachte gern. deswegen bevorzugte er intelligente frauen, frauen mit humor, nun und wo frauen lustig sind, neigen sie zu frivolität. deswegen hat man uns das lachen ausgetrieben. wie sie unschwer feststellen können, verliere ich mich gerne in betrachtungen über männer. wobei weniger zwischenmenschliches oder gar sexuelles interesse mich antreibt, als reine zoologie. zu fremd ist das alles, auch zu absurd. in all den jahren,

die hinter mir liegen, hat sich keiner meiner männer auf seine augen verlassen.
vielmehr ließen sie sich von der begehrlichkeit leiten, die ich bei anderen männern hervorrief.
darum glauben sie mir, wenn ich ihnen sage: ›attraktivität ist sicher kein hindernis bei der suche nach einem mann, jedoch ist ein gespür für strategie von ungleich größerer bedeutung!‹
in meinem fall hat der ruf meines namens ein übriges getan.
borgia!

borgia. ein name mit vielen bedeutungen, hoffnungen sehnsüchten. da jeder männliche borgia das war, was man im volksmund einen hurenbock nannte, mußte eine borgia eine hure sein.
nun verspricht der name borgia nicht nur sexuelle zügellosigkeit, sondern auch macht und reichtum.
dies alles, gepaart mit meinen individuellen vorzügen, wie bildung und attraktivität, ergibt eine mischung, die männer von mir träumen läßt.
trotz allem karrierestreben lauert in jedem mann die hoffnung auf den einen richtigen fick, der ihn aller zukunftsängste entledigt!
leider wird er in diesem moment langweilig.
deswegen habe ich mich auch der familienpolitik unterworfen, nur männer zu ehelichen, die ihrerseits schon reich und mächtig sind.
zum einen um die politische situation meines vaters und bruders zu verbessern, zum anderen um mich selbst vor allzu großen enttäuschungen zu bewahren.
ein mann, der schon wohlhabend ist, ändert sich nicht mehr.
da weiß frau, woran frau ist. und frau weiß gerne, woran sie ist.
man muß uns frauen schon eine große portion an unselbständigkeit unterstellen, um zu sagen, es schlügen zwei herzen in unserer brust. wenn zwei herzen in einer frauenbrust schlagen, kann sich das arme weib nicht entscheiden. ein interpretationsbedürftiger zustand ...
die frau, die sich nicht entscheiden kann, keine aussage beschreibt unsere abendländische kultur besser.
selbst als leonardo da vinci die erste weibliche leiche seziert hatte und nur ein herz fand, kann man sich nicht vorstellen, daß frau nur ein herz hat, das auch nur für frau schlägt.
wo es wohl bleibt das zweite herz?
mein bruder cesare, der immer nur mein einzig herz liebte und begehrte, schlug schon manchen männerschädel ein. ich kann also aus großer sachkenntnis heraus sagen, daß unser zweites herz auch dort nicht zu finden war.
aber vielleicht hat er die falschen erschlagen, wer weiß.
die meisten frauen erschaudern, wenn ich von cesare erzähle. sie schauen dann listig zur seite, wo ihr mann zu sitzen pflegt, und wünschen sich einen bruder wie cesare. cesare war wild, zärtlich und niemals gemein. er liebte die frauen. wie unser vater. er lag manchen tag neben mir in meinem bett und besang meine makellosigkeit.
mein erster mann, der gewalttätige sforza, grobschlächtig und eitel, wie nur männer des adels sein können, betrachtete mich als sein eigentum – für einen mann, der soviel besaß und tief religiös war, nichts ungewöhnliches.
hätte er eine geistige karriere verfolgt, wäre er ob seines frauenhasses sicherlich heilig-gesprochen worden.
es ist wirklich nur im ersten moment schmeichelhaft, eine attraktive frau zu sein. wie bei allen populären din-

gen, stellen sich die nachteile schnell ein. meist in männergestalt. männern wie sforza.
man kann sich vor einladungen mächtiger und reicher männer kaum noch retten. spät am abend sitzt man mit übergewichtigen potentaten allein in einem restaurant, seit hollywood in seinen filmen diese situation als besonders galant und betörend inszeniert hat, sitzen frauen mit fetten freiern in leeren gasthäusern, müssen sich dummheiten anhören, wie: ›bestellen sie, das alles gehört ihnen, trauen sie sich nur‹, und dabei schauen wir in dieses von ehrgeiz und geilheit aufgedunsene gesicht und wünschen unserem gegenüber eine kleine herzattake. aber nichts dergleichen.
wir lassen uns zeit beim bestellen, beim essen, trinken – uns graut's vor der heimfahrt. dann, endlich geht man noch wo hin, wo man ungestört etwas trinken kann. ›bei mir oder bei ihnen‹ – freude blitzt in fettis visage auf, und kaum sitzen wir in seiner limousine von 300 pferdestärken und einem schlanken, jungen chauffeur angetrieben, schmeißt er seinen tonnenförmigen körper auf uns und vögelt uns auf seinem, mit rosenholzimitat und nappaleder veredelten rücksitz. uns bleibt nur die vage hoffnung auf eine vorzeitige ejakulation.
warum, warum das alles?
weil es uns gefällt! es gefällt uns, neben einem mächtigen mann zu stehen und die blicke auf uns zuziehen.
das hat sich in all den jahrhunderten nicht geändert.
sie sehen, ich bin weniger ein mensch als eine historische konstante. das merken sie allein an meiner ehrlichkeit.
uns gefällt sogar diese besserwisserei, dieses ewige, ›schau schatz, das funktioniert so ...‹ und dieses wunderbare ›mein gott, wie oft soll ich dir das noch erklären ...‹, und dabei schauen sie uns mit ihren marzipangesichtern an, als hätten sie die welt in ihrem tiefsten innern erkannt, und die erde sei deswegen kein paradies, weil das hübsche, aber leider auch dumme weib neben ihnen kein gleichrangiger partner ist.
die frau ist die dümmere. ob am fließband oder im parlament, überall ist mann sich dieser historischen konstante gewiß: frau ist dümmer. hat ja auch das kleinere hirn.
papa war anders! er, der renaissance mensch, er ließ die frauen als gleichberechtigt am tisch sitzen.
wir waren damals auch teil der geistigen Welt, nicht nur zierat.
und das ist einer der gründe, warum man alexander den 6. als eine der brutalsten gestalten der papstgeschichte denunziert. nicht einmal seine areligiösität machte ihn zu einer ausnahme in der an atheisten reichen kirchengeschichte.
er war wie alle anderen. nepotisch und sinnenfroh. aber er war kein antisemit und er war kein frauenhasser, diese katholische spielart des rassismus.
und das macht ihn seiner kirche so verhaßt!
woytila und seine vorgänger allesamt böse buben, das klingt sehr nach frauenbewegungsrethorik. ich weiß. aber ich habe da etwas interessantes festgestellt.
ein mann kann jederzeit von der religion, dem katholizismus im speziellen, lassen. er geht zu diesen ämtern, wie heißen sie noch, ämter der öffentlichen ordnung, und tritt aus. er kriegt dann bescheid von seinem gauleiter und die sache ist vorbei.
eine frau macht das gleiche, wiederholt schritt um schritt, und doch ist sie nicht frei. denn sie wird schwanger.
nicht daß sie das allein geschafft hat, nein, kein wunder wie bei kollegin maria, sie hat's mit einem mann getan und ist schwanger.
sie wollte es nicht, es ist auch nicht so einfach passiert. da war was verrückt in ihrem bauch, das pessar oder

die spirale oder was weiß ich, und jetzt ist die arme sau schwanger.
sie geht zum samenspender, erzählt's und sieht einen hochfahrenden mann, mal in der rolle des hintergangenen, mal als superbesonnenen bedenkenträger und der frau schwant, das hat keinen sinn, sie will auch kein kind, und der mann dreht sich um mit einer letzten drohung, schwankt hinaus in die nächste kneipe und weint sich dort aus.
die frau geht zum arzt, geht zur beratung und fährt in ein anderes land und treibt ab.
jahre später gibt es einen prozeß, für das leben gegen die frau, und da stehen frauen, denunziert nach jahren und um sie radio, tv und sie sind angeklagt, beim namen genannt.
und vor ihnen die richter, also drei richter. ein haupt- und zwei nebenrichter und vor ihnen die frauen.
unter den frauen jene mit dem verrückten bauch und der spirale und unter den richtern, jener samenspender wieder in der rolle des hintergangenen und superbesonnenen bedenkenträgers.
ja! und eigentlich werden die frauen an einen pfahl gebunden und verbrannt.
die frau ist aus der kirche ausgetreten und wird nach katholischem recht gerichtet und der mann ist ausgetreten und wird – richter.
warum erzähl ich ihnen das alles? ach ja – wegen der frauenbewegungsrhetorik. die läßt sich dann leider nicht mehr vermeiden. mein gott, bin ich ein schussel, da stehe ich hier mitten in einem kabarettprogramm und erzähle was über abtreibung, wo so viele männer hier sind. unverzeihlich. also wo war ich stehen geblieben?
woytila. ich glaube es war woytila. haben sie gewußt, daß er nach einer schlimmen liebesgeschichte beschloß priester zu werden? und so was wird dann papst.
sforza, mein erster mann, ging wegen einer schlimmen liebesgeschichte, die er mit mir hatte, in den krieg. also das war so: cesare war wütend auf sforza, trachtete ihm nach dem leben, und ich, die ich mord so gar nicht leiden kann, warne pflichtschuldig den gatten, der sogleich flüchtet.
ich trage also eine große mitschuld an meinem schlechten ruf. denn sforza war es, der kaum in sicherheit, damit begann ziemlich üble geschichten über mich, cesare und papa zu erzählen.
das ist eine unentdeckte seite der männer: ihre tratschsucht. was habe ich da schon alles erlebt.
kaum daß sie die köpfe zusammengesteckt und das richtige thema gefunden haben, hebt ein geplapper an, von hysterischem gekreisch begleitet, das selbst in der tonhöhe dem weiblichen schmähbild in nichts nachsteht. ich weiß nicht, warum diese fähigkeit der männer zu damenhafter geselligkeit so wenig beachtet wird.
irgendwie werden männer bevorzugt, was ihre negativen eigenschaften betrifft.
selbst zu zeiten meines vaters, der dem tratsch durch seine lust an der intrige neue qualitäten erschloß, galt der mann als verschlossen, seriös und schweigsam. wissen sie, genau betrachtet stimmen die stereotypen nicht, die man frau und mann zuschreibt.
apropos stereotypen; das dilemma aller kleriker ist die sexualität und auch hier die immer wiederkehrende katholische unterscheidung: ich spreche nicht von der sexualität der männer, sondern der frauen.
obwohl so mancher kleine priester sich nicht mehr ins bett traut, aus angst vor den anschwellenden träumen, die ihn da erwarten, wird die sexualität der frauen problematisiert.
und obwohl es entgegen dem gelübde der keuschheit schon kurinale tradition zu nennen ist, daß der vatikan

bei geschlechtskrankheiten eine geradezu innovative ambition entwickelt hat, wird so getan, als hätten kleriker keine sexualität.
doch die wirklichkeit ist anders!
ohne die flächendeckende organisation der kirche hätte es die syphilis ungleich schwerer gehabt. viele männer wurden nur deswegen mönch, um ungestört huren zu können. in den abteien wimmelte es von frauen und kindern. auch in den klöstern waren die meisten nonnen mehr mit dem verkauf ihres körpers beschäftigt, als mit den exerzitien.
wie schon nikolas von clemanges im 14.jahrhundert sagte: ›heutzutage ein mädchen verschleiern, heißt geradezu es der prostitution auszuliefern‹.
vielleicht erklären sich aus diesen umständen die schwierigkeiten des geistlichen adels mit der frau und ihrem körper. ist ja auch schwierig, wenn die gene eindeutig signale zur begattung aussenden und das gelübde dir ein unnatürliches verhalten aufzwingt. zumal auch so ein genital nicht zur einsicht neigt. kein wunder, daß da frauenhaß entsteht.
ohne frau keine sünde!
ich stelle mir immer so einen netten pfarrer in seiner netten kirche vor, wie er da am boden liegt, malträtiert von nicht abreißenden bildern weiblicher leiber, wie sie um ihn herum tanzen, mit roten zungen locken, und wie er da liegt, in seinem hirn sich düfte und töne sammeln, und er in erwartung von hilfe nach oben schaut, auf den attraktiven, wenn auch gepeinigten, leib seines erlösers sieht und – ohnmächtig wird.
man muß sich darüber klarwerden, wie schwer ein leben mit lust und werkzeug, doch ohne erlaubnis ist, um zu verstehen, woher der frauenhaß der kleriker kommt. all die vielen, kleinen leichen, die verbrannt, verhungert auf dem gewissenskonto der kirche angelegt sind, entspringen einem sexuellen wahn.

was für einen frauenschlitzer gilt, gilt auch für die kirche. sexueller wahn erklärt die einstellung der kirche zum menschen. ein wahn, der sich in den skurrilsten geschichten manifestiert hat.
so war es eine zeit lang üblich, einer nonne, als zeichen ihrer vermählung mit dem erlöser, einen verlobungsring zu geben. dieser ring war nicht aus metall, sondern die vorhaut christi.
das wirft die frage auf, wie man aus nur einem heiland soviel vorhäute gewinnen kann. aber nun ist der katholizismus voll der wunder, und damit sei auch dieser umstand erklärt.
nun sieht man aber schon: eine etwas pathologische ausrichtung. die kam dann bei einer dame voll zu tragen, mit dem namen agnes blannbekin. sie spürte, in einem besonders durchgeistigten moment, die göttliche vorhaut auf ihrer zunge, unermeßlich süß, liegen. derart kulinarisch stimuliert, schluckt sie sie herunter und, schwupp, ein neues häutchen liegt auf ihrer eifrigen zunge und gleich geschluckt, wiederholt sich das wunder noch an die hundertmal.
diese geschichte wurde zu gläubigeren zeiten als diesen von der kirche selbst kolportiert. sie lehrt uns zum einen, daß die gute nonne so unerfahren nicht war, wie wir uns das von einer nonne wünschen, zum anderen, daß die geschichte von einem mann aufgebessert wurde. denn das mit dem süßen geschmack scheint doch eindeutig einem männerhirn entsprungen zu sein.
aber ich will mich nicht nur mit den alten zeiten aufhalten. die widerlichste nonnengeschichte sah ich im deutschen fernsehen, das ja nicht nur auf diesem gebiet stilbildend ist.
eine schauspielerin, ihr name sei hier ausnahmsweise nicht erwähnt, mimte eine nonne, die dem leben und dem heiland gleichermaßen zugewandt ist. in einer sekunde rettet sie ein kind, im nächsten moment vermittelt sie in sozialkonflikten, dann betet sie für einen gestrandeten, hilft prostituierten bei der wohnungssuche und schaut ganz adrett aus der haube, verdreht einem protestantischen kollegen die augen und ist ganz frau und gottesdienerin.
während 45 minuten liefert sie einmal die woche das verlogenste bild, das man der fernsehnation von einer nonne machen kann.
damit läßt sich viel geld verdienen, jedoch steht jedes junge mädchen, das sich von diesem schmierentalent zum schleier verführen läßt, für ein schwerverbrechen.
angesichts solcher heuchelei erscheint einem das dunkle mittelalter als epoche der aufklärung.
aber man sieht an diesem beispiel, zu was eine frau in der lage ist, wenn man sie gut bezahlt.
was mich wiederum zu meiner person zurückbringt.
in den jahrhunderten meines lebenswandels habe ich schlimme und schöne momente erlebt, jedoch um ein los kam ich immer herum: ich war nie arm!
sie sehen also; es verbindet uns doch einiges. es lacht sich einfach besser auf unserem niveau.
das ist einer der gründe, warum ich an die renaissance mit gemischten gefühlen zurückdenke: die vielen armen leute. es sind ja nicht weniger geworden, aber diese menschen sind heute viel weiter weg. selbst an den urlaubszielen der dritten welt hat man für uns das areal ästhetisch gesäubert.
diesbezüglich war die renaissance etwas härter. man mußte sich mit dem ambiente vor der haustür abfinden. beziehungsweise den leuten etwas zu essen geben, wenn man nicht über leichen steigen wollte.
diese unbill erübrigt sich heute, und ich muß mein urteil von vorhin revidieren. diese zeiten waren doch dunkler als das 20.jahrhundert. eine fernsehschauspielerin allein macht noch kein mittelalter. wenn auch nur knapp.

überhaupt waren schon immer, und durch alle zeiten, die schlechtesten mimen die beliebtesten. sonst könnten sie auch nicht präsident der vereinigten staaten werden oder reichskanzler.
die leute wollen einen gewissen dilletantismus, der sie an sie selbst erinnert. es bereitet ihnen geradezu eine diebische freude, sagen zu können: der ist genauso doof wie ich. ein solcher grundsatz sorgt für einen gewissen sozialen frieden, wenn er auch nicht das niveau hebt. aber auch das war schon immer so.
kein unglück der geschichte ist ohne den hintergrund der jeweiligen zeit denkbar.
darum können sie sich schon darauf freuen, in 20 bis 30 jahren, als die epoche des helmut kohl in den geschichtsbüchern zu stehen. und dann haben sie es schwarz auf weiß. darüber sollten sie nicht allzu traurig sein, denn irgendwie stimmt das ja auch, und es gibt schlimmeres.
im übrigen würden sie sich wundern, wie wenig die zeiten sich ändern. ob jetzt marat oder uwe barschel tot in der wanne liegt, ist in ein paar jahren egal.
so egal wie die frage, ob die frau blond oder schwarzhaarig ist, mit der ihr mann sie gerade betrügt. hauptsache er tut es.
und auch das war schon immer so, nur werden jetzt mehr bücher und filme darüber gemacht. also mehr geld damit verdient. was ja wieder der wirtschaft dient, womit sie – gnädige frau – wieder dankbar sein können, daß ihr mann mit seiner läufigkeit das bruttosozialprodukt hochhält.
ja, das wäre ein großer unterschied zwischen gestern und heute. die sexualität war etwas heimlicher, heute steht sie in der öffentlichen kritik. das hat dem sex und dem feuilleton nicht gut getan.
die huren und kritiker waren früher besser, aber man gewöhnt sich an alles. fragen sie ihren mann ... und mittlerweile wird in europa geschrieben, wie gevögelt, nur mit leichter hand, sozusagen en passant, ohne tiefgang. und wo der tiefgang fehlt, ist die frau der depp. oder um gorbi zu zitieren: wer zu spät kommt, den bestraft das leben (und frau kommt immer zu spät).
das erinnert mich an einen meiner liebhaber, der stand vor einer großen menschenmenge und hielt eine rede, sein verkrüppeltes bein etwas angewinkelt, er hatte krampfadern in seinem standbein, wie eine 50jährige fließbandarbeiterin, und wie er vor der masse stand, sagte er:
›feinschmecker können wir nach dem kriege werden!‹
dann lachten die leute so wie sie, und das beweist, jede zeit hat den humor, den sie verdient.
nicht daß sie denken, daß joseph goebbels uncharmant war. er hatte mehr schauspielerinnen flachgelegt als rudolpho valentino, was allerdings so schwer dann auch nicht war.
ich bin keine faschistin, für eine frau in meiner position erübrigt sich das klein-klein der alltagspolitik, aber eines mußte man den nazis lassen: sie haben die masse bombig unterhalten!
in gewisser hinsicht liegt darin wieder die zukunft des deutschen showbusieness. wenn der teutone sich langweilt, geht er zum asylantenheim und verbrennt kinder. die ersten nachwuchstalente unterhalten mit diesen showeinlagen ganze städte.
und das wiederum erinnert mich an papst gregor den 13., der nach dem gemetzel der bartholomäusnacht seine genugtuung äußerte, und ein feierliches te deum zelebrierte.
was wiederum beweist, daß es kaum eine untat gibt, die nicht von der katholischen kirche begangen wurde.
darum werde ich immer ganz hellhörig, wenn jemand sagt, er sei ein guter katholik. das gleiche gilt natürlich auch für die protestanten!

es macht keinen unterschied, ob man eine frau mit schlechtem gewissen oder mit verachtung besteigt. wie sagt luther: ›die frau sei ein halbes kind, ein toll tier und die größte ehre, die es hat (er sagt tatsächlich es, nicht sie), die größte ehre, die es hat, ist, daß wir (also die männer) allzumal durch die weiber geboren werden.‹
thomas von aquin nannte uns einen verstümmelten, mißlungenen mann. man sieht auf diesem gebiet ist die einheit der christen gewahrt.
solch ökumenische einigkeit sah man erst wieder, als es galt adolf hitler in den arsch zu kriechen. da sag noch einer, die kirche sei nicht von dieser welt.
heute scheint es doch so, als sei jesus christus nur für die männer gestorben, denn nur sie erfüllen die maßstäbe des menschlichen, während wir frauen, kraft unserer ererbten schwierigkeiten, in einem zwischenraum hängengeblieben sind.
nur so ist die kirche ohne sünde: man muß die frauen, die sie verbrannt hat, einer anderen kategorie zuordnen, und schon wird aus mord eine rituelle schlachtung oder eine sozialpolitische notwendigkeit.
und wieder sehen wir die vorbildfunktion dieser institution.
aber wir wollen diesen satz nicht überstrapazieren. am schluß merken sie sich das noch, und das wäre mir dann doch peinlich.
sollte ich ihnen irgendwann mal wieder begegnen, worauf ich keinen wert lege, will ich nicht wiedererkannt werden. es birgt den einen oder anderen vorteil, eine gewisse anonymität zu besitzen.
den wenigen malen, in denen ich mich historisch exponierte, verdanke ich meinem schlechten ruf. wie gesagt.
als ich mit napoleon durch das mir bis dahin unbekannte russische land fuhr, blieb ich unerkannt in einer kutsche. während seine armee die russischen bauerntruppen niederkartätschte, sprang der kleine korporal im rhythmus der schlaglöcher auf mir herum, und bildete sich ein, ein ganz großer zu sein.
doch will ich kein falsches bild vom franzosenkaiser zeichnen, er besaß den vorzug intelligent zu sein und war von zwingender ehrlichkeit. eigenschaften, die sich ein heutiges publikum von einem politiker nicht mehr vorstellen kann.
und intelligenz erzeugt charme, und wer wie ich charme erlebt hat, darf auch ein bißchen reaktionär von der guten alten zeit träumen.
gemessen an den liebkosungen des 18. jahrhunderts haben sich die männer zu primaten zurückentwickelt. was sie früher mit sprachlicher eleganz und schmeichelei erreichen mußten, erledigen sie heute mit der scheckkarte.
es macht für eine frau keinen unterschied, ob sie mit einer keule oder mit einem geldbeutel erschlagen wird. but times are changing. heute sitzt die frau quotiert in ihrer position und heuchelt etwas vom neuen stil, den die damen in die arbeitswelt bringen. währenddessen strebt und intrigiert sie wie jeder mann, und ich sehe ein, daß sich emanzipation nur auf dem kleinsten gemeinsamen nenner realisieren läßt.
und alle welt tut so, als bräuchte es ein bärtchen, um ein hitler zu sein.
aber vielleicht entwickelt sich die menschheit weiter, wenn sie sich auf niedrigstem niveau zusammengerauft hat. per aspera ad astra. durch den schmutz zu den sternen. und vor uns liegt eine zukunft ohne rassische und soziale unterschiede. ohne grenzen...
hahaha. sie haben geglaubt, sie haben das wirklich geglaubt. hahaha. ich werde verrückt. ihre intellektuelle disposition verbaut ihnen die realisierung der eigenen träume. hahaha. aber das sagt ihnen nur eine frau.

und währenddessen steckt diese gesellschaft beim kleinsten anflug eines problems den kopf in den sand.
ach strauß – der größte vorwurf an meine familie war der hinweis auf ein ausgeprägtes nepotentum. also der tatsache, daß der papst, also papa, vor allem die eigene familie begünstigt hat.
da ist was dran. wie komme ich darauf? ja – strauß.
man könnte auch rommel oder von weizsäcker erwähnen, ohne das glückliche zusammenwirken von chemischer industrie und schweizer badewannentechnik würden wir sicher auch barschel dazu rechnen dürfen.
da wir gerade von marat sprechen – wenn männer in die wanne steigen, kommt einiges heraus und nicht immer nur ein sauberer mann.
marat unterschrieb ein paar todesurteile, während er im kräutersud garte.
das zur sittengeschichte, nicht gewußt? sehen sie, man lernt nie aus.
apropos lernen, sprechen sie italienisch? nein? aber sie verstehen bestimmt folgenden begriff: bella figura. bella figura.
bei der zuordnung dieser worte fallen ihnen sicher vor allem frauen ein, mit schlanken taillen und aufreizenden becken, oder männer mit breiten schultern und knackigen hintern. dieser begriff spielt aber nicht nur in unserer dem weltlichen zugeordneten gesellschaft einre rolle, sondern auch im vatikan.
man hat – mit wenigen ausnahmen – bei der wahl zum oberhaupt der christenheit auch auf die bella figura geachtet, die der kandidat in seiner soutane macht.
so war es kein zufall, daß die gazetten nach der wahl woytilas voll waren mit hinweisen auf die sportliche ader des pontifex, samt bildern vom durchtrainierten und kräftigen körper. er hat eben bella figura, wenn auch eine polnische, und das ist auch gut so.
als johannes der 23. nach der wahl seiner herde gegenübertrat, rief eine frau, die in größter erregung auf dem petersplatz wartete: ein dicker! und sank in ohnmacht.
johannes, ein wirklich heiliger und christ hatte alles, was man sich von einem papst wünscht, nur keine bella figura.
kardinal pignelodi, der sich bei der letzten wahl zum christenchef große hoffnung auf die berufung zu nummer 1 machte, hungerte schon während der konklave, nur um im amt eine bella figura zu machen, und als dann die wahl auf woytila fiel, bekam er einen derartigen schreck, daß ihm seine auszehrung, gepaart mit der enttäuschung, den rest gaben und der arme, kurze zeit nach der inthronisation des konkurrenten, verstarb.
kirchenintern nennt man priester, die aus sexueller frustration, wie eine ganze prozession verkleidet durch die kirchen huschen, auch sakristei-tunten.
wobei man sagen muß, daß die boshaftigkeit im umgang untereinander, der kirche selbst große sorge bereitet.
wahrscheinlich ist johannes paul der 1. nicht ermordet worden, aber es hätte auch niemanden verwundert, wenn es so gewesen wäre. es ist eben alles schon mal da gewesen, und ich, die ich auch schon da gewesen bin und immer noch hier bin, ich lucrezia borgia, die ich alles gesehen habe und nichts verändern konnte, nicht einmal meinen schlechten ruf, ich sitze hier vor ihnen und erzähle und erzähle und trotzdem wird sich nichts ändern: nicht die geschichte, nicht der papst und schon gar nicht mein schlechter ruf.
oh, ich war eine wunderbare mutter, eine treue ehefrau, ein liebend kind und doch habe ich es nicht geschafft. ich lucrezia borgia, gestorben am 24. juni 1519, habe es nicht geschafft als die in erinnerung zu bleiben, die ich zeit meines lebens war. ich habe es nicht geschafft!

all die jahre, die hinter mir liegen, und geblieben ist leere. es ist schon richtig: wir frauen sind nur ein gefäß, in das andere etwas hineinschütten.
als ich das dritte mal, zum erstenmal glücklich, verheiratet war mit alfonso d'este herzog von ferrara, mächtig und angesehen, dachte ich, es geschafft zu haben. ich gebar ihm 6 kinder, wobei ich, mich von der letzten niederkunft nicht erholte und verstarb.
meine kinder waren die ersten herzöge ferraras, die über eine umfassende bildung verfügten, mein mann und meine kinder waren von meinem ableben tief erschüttert. meine fröhlichkeit, meine bildung, meine schönheit wurden in gedichten besungen, doch nur hundert jahre später war ich eine hure. und ich hatte es nicht geschafft.
ich war nicht mehr – nur – lucrezia borgia, sondern – vor allem – die tochter alexanders oder die schwester cesares, je nach dem.
es gibt vieles zu den beiden zu sagen, aber warum muß ich ihr ansehen bereinigen, um meinen ruf zu retten? franz, auch er ein borgia, besser bekannt als der schwarze papst, stand hoch im kurs als seliger, heiliger. er, der den jesuiten vorstand, er hat es geschafft! warum? weil er ein mann ist.
ich war nicht ich allein. ich war immer diejenige, welche ... die frau, die ... ich war immer nur relativ.
die soziologie ist die grammatik der geschichte. sie bestimmt wie etwas gesehen wird. und frau ist objekt und mann ist subjekt. mann liebt frau. mann ernährt frau. mann heiratet frau. aber nie: frau liebt mann. frau ernährt mann. frau heiratet mann. erst subjekt, dann prädikat und zuletzt objekt, also die frau. hinsetzen – 6!
ich habe es trotz der freiheiten, die ich besaß, nicht verhindert.
und jeder rettungsversuch meiner ehre verendet in romantischer sozialrhetorik. oder in selbstmitleid.
dann sitze ich vor mir fremden menschen und weine laut in mich hinein, sitze in dieser pfütze peinlichen schweigens und höre einen aufgeregten zuhörer mosern: ›das können sie so nicht bringen.‹
und mein widerstand verläuft sich im anspruch einer belletristischen gesellschaft, die man mit der wahrheit nur unterhalten kann, wenn sie komisch ist und ... der kennedy, der hat es geschafft. was hat der alles getrieben.
an dem konnte keine frau vorbeigehen, ohne daß er einen ständer bekam. die deutschen damen schrien sich die kehlen heiser, als er ihnen versprach: ich bin ein berliner.
das hat er dann nicht gehalten, und der willi mußte einspringen. auch kein ersatz...
kein wunder, daß das attentat nicht verhindert werden konnte, der c.i.a. war ja gänzlich damit beschäftigt, seine liebesaffären geheimzuhalten. da blieb keine zeit mehr für die deckungsarbeit.
während kennedy, bei dem versuch seiner ständigen erregung herr zu werden, zum freiheitsengel der westlichen welt aufstieg, bekam seine witwe, nach der heirat mit onassis, das etikett hure angeheftet. nur, weil sie es wagte, auch nach dem ableben von john f. an die eigene libido zu denken. die hat es auch nicht geschafft. heute muß man schon wie mutter theresa daherkommen, um die weltöffentlichkeit zu befriedigen. na dann lieber hure!
während in indien die kinder des hungers sterben, macht sie eine promotiontour gegen die abtreibung und verkündet der begeisterten fanggemeinde: ›gebt mir eure babys, wenn ihr sie nicht wollt.‹
so was kriegt dann den nobelpreis. da kann man nur noch saufen.
prost willi. war ja ein feiner kerl. und schon so alt. wie der wehner auch, den hat man plötzlich nicht mehr

gesehen, und ich dachte schon, ›mensch, der wehner ist tot‹ und schwupp, war er im fernsehen, gab ein interview, und ich dachte, ›mensch, der wehner, der lebt ja noch‹ und schwupp, war der tot, und ich dachte, ›mann, jetzt ist keiner mehr da, der zum stoltenberg schnullermund sagt.‹
naja, der wehner war der letzte politiker, jetzt haben wir nur noch patrioten.
keine fachleute für sozialpolitik, wohnungsbau oder was weiß ich, – nur noch patrioten, deutsche patrioten. lauter geschichts-selige, die das vergangene nur heranziehen, weil sie sich im heute nicht zurechtfinden.
das sind die väter des patriotischen, nationalen.
die definition, ein engländer, ein pole zu sein, mit dieser oder jener geschichte behaftet zu sein, macht sie erst zu einer größe, vor der sie selbst ehrfurcht haben. nur so wird aus dem kleinen mann, der vor uns steht, das überwesen, zu dem sein äußerliches abbild keinen anlaß zur hoffnung gibt.
sie selbst sind die brunnenvergifter und kinderschänder, von denen sie uns in sturmumtosten nächten erzählen.
sie machen das jetzt unerlebbar. sie schaffen die stereotypen, über die wir frauen, juden, zigeuner gestolpert sind, und da das russische, das deutsche, das kroatische wieder zu seinem recht kommt, ist es an uns, dagegen zu sein, aufzustehen, wiederaufzustehen oder, wie ich, gar nicht erst zu sterben, um denunzierend am rand der geschichte zu stehen und das bild des nationalen taumelns zu stören.
am ende, wenn alles leben wieder in die erde will, der tod uns auf uns selbst zurückzwingt, gibt es nur noch eine frage: ›hat es spaß gemacht? war es schön?‹
so infantil wird alles enden. und wer dann keinen spaß gehabt hat, muß wieder kommen. das ist die rache gottes.

darum, meine damen und herren, glauben sie mir, wenn ich ihnen sage: ein glückliches sexualleben ist die halbe miete für das paradies.
mit jedem orgasmus entfernen sie sich von der katholischen und nationalen ethik und werden wieder eins mit der welt und nur deswegen sind sie hier.
ich aber, ich habe einen anderen auftrag.
ich bin der stolperdraht der selbstsicheren. wer es mit mir zu tun hat, hat nicht mehr viel zeit etwas zu tun.
ob napoleon oder kennedy oder goebbels, ich habe sie alle in der sekunde vor ihrem sturz kennengelernt. das ist mein talent.
ich bin das geschenk mit dem doppelten boden, eine fleischgewordene briefbombe. sie sehen, ich bin weniger ein mensch als eine historische konstante ...

(eine tür öffnet sich, herein tritt der amtierende bundeskanzler und sagt:)

lucrezia, nun komm' doch endlich!

Das interdisziplinäre Projekt »Swinburne«

Universität Stuttgart

Staatliche Hochschule für Musik und Darstellende Kunst Stuttgart

Hochschule für Theaterwissenschaft St.Petersburg

Theateraufführung:

Algernon Charles Swinburne: Der Herzog von Gandia (1908)

Regie: Juri Wassiljew

Dieses Projekt repräsentierte in ganz besonderer Weise die Zielsetzung des Kongresses. Das Projekt »Swinburne« war nicht nur interdisziplinär, sondern verband in einem Arbeitsprozeß wissenschaftliche und künstlerische Arbeit. Darüber hinaus waren drei Institutionen und drei Nationen beteiligt.

Eine Gruppe von vier Studenten des Seminars von Professor Seeber erarbeitete die Erstübersetzung des englischen Dramas »The Duke of Gandia« des Romantikers Algernon Swinburne. Mit der Aufführung wurde eine Gruppe von Studenten der Musikhochschule der Klasse Sprecherziehung und der Gruppe »Studio gesprochenes Wort«, unter Leitung von Uta Kutter, beauftragt. Die Inszenierung der Aufführung übernahm ein Gastregisseur der Musikhochschule Petersburg, der russische Regisseur Juri Wassiljew mit seiner Assistentin und Dolmetscherin Larissa Schatik.

Nachdem die Rohübersetzung vorlag, trafen sich die Studenten der Universität mit den Studenten der Musikhochschule zu einer ersten gemeinsamen Arbeit. Der philologische Zugang der Universitätsstudenten hatte eher zu einer skeptischen Bewertung des Dramas geführt. Die künstlerischen Studenten der Musikhochule lasen das Drama jedoch in der ersten gemeinsamen Sitzung vom Blatt bereits so lebendig vor, daß bei den jungen Anglisten große Überraschung entstand, und ein ungeahnter Enthusiasmus für das Stück wuchs. Der tote Text hatte durch die gesprochene Sprache Lebendigkeit, durch die Stimmen Stimmung erhalten.

Der zweite Prozeß galt einer Kritik der entstandenen Übersetzung, zunächst durch Fachkollegen am germanistischen Institut von philologischer Seite, Heinz Schlaffer und Marion Hermann-Röttgen. Danach jedoch begann unter Leitung von Ulrike Hillenbrand die gemeinsame Arbeit der Studierenden beider Hochschulen: die Schauspieler überarbeiteten mit den Philologen den Text, weil den Sprechern der Gesichtspunkt der Sprechbarkeit genauso wichtig war wie die philologische Richtigkeit.

Theorie und Praxis standen sich gegenüber, gemeinsam wurde ein Weg erarbeitet, der dem Text als aufzuführendes Drama gerecht wurde. Eine zweite Übersetzung der ausgebildeten Anglistin Ute Dapprich wurde hinzugezogen und aus beiden Texten eine Synthese erarbeitet.

Die Regiearbeit des Russen mit den Stuttgarter Rezitationsstudenten erwies sich ihrerseits als Abenteuer. Juri Wassiljew hatte bereits einmal mit den Studenten als Gast gearbeitet. Seinen Stil kannten sie, aber es war nicht einfach, dem Temperament des Russen zu folgen und in knapp drei Wochen das Stück zu erarbeiten. Mehr Zeit war nicht, weil die Finanzierung als Arbeitsprojekt auf diesen Zeitraum begrenzt war und die Studenten ihr normales Studienpensum neben dem Borgia-Projekt erfüllen mußten.

Trotz der großen Anstrengung, die für alle erforderlich war, ist die gemeinsame Erfahrung unschätzbar gewesen. Wohl kaum gibt es sonst die Möglichkeit, daß wissenschaftliche und künstlerische Arbeit so eng miteinander verbunden und aufeinander reagierend verknüpft werden können. Für beide Seiten war die Begegnung mit der Arbeitsweise des anderen, mit seinen jeweiligen Bedürfnissen und Bedingungen, eine Erweiterung der bisherigen Erfahrung.

Der Herzog von Gandia

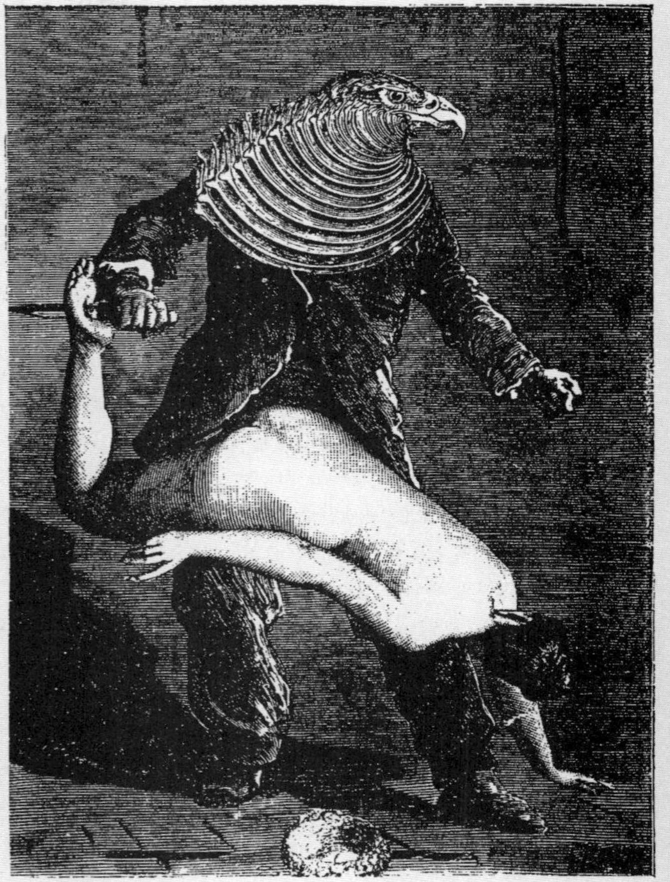

von

Algernon Charles Swinburne

Der Regisseur

Juri Wassiljew

geboren 1947 in Leningrad
Schauspielstudium am Institut für Theater, Musik und Filmkunst in Leningrad.
Tätigkeit als Schauspieler an verschiedenen Leningrader Bühnen.
Leiter einer eigenen Bühne in Leningrad.
Dissertation im Fach Phonetik, Bühnensprache und Rezitation,
seit 1970 Dozent am Leningrader Institut für Theater, Musik und Filmkunst.
Gastverträge als Schauspiellehrer am Theaterinstitut Helsinki, in Bulgarien, in Hamburg und Stuttgart.

Premiere:
Samstag, 30. Mai 1992, 19.00 Uhr
Hospitalkirche Schwäbisch Hall

Musikalische Begleitung	Christiane Fischer Helmut Mittermaier
Licht und Ausstattung	Martin Harbauer
Programmgestaltung	Martin Harbauer Elisabeth Verhoeven
Organisation	Prof. U. Hillenbrand Luise Wunderlich
Regieassistenz	Reinhard Böse
Dolmetscherin und künstlerische Mitarbeit	Larissa Schatik
Regie	Juri A. Wassiljew (St. Petersburg)

Die beteiligten Akteure sind Mitglieder des »studio gesprochenes wort« der Staatlichen Hochschule für Musik und Darstellende Kunst Stuttgart, Leitung: Prof. Uta Kutter.

Die Rollen und Ihre Darsteller

Papst Alexander VI.	Thomas Bleil
Francesco Borgia	Helmut Mittermaier
Caesar Borgia	Dirk Prawdzik
Don Michele Coreglia	Tobias Keil
Giorgio Schiarone	Reinhard Böse
zwei Mörder	Onno Grohmann Martin Harbauer
Offizier des päpstl. Hofes	Stefan Charisius
Vannozza Catanei	Ulrike Froleyks
Lucrezia Borgia	Ines Lutschewitz
Frauen	Sabine Voigt Luise Wunderlich

Der Herzog von Gandia

von
Algernon Charles Swinburne

Erste Deutsche Übersetzung von:
Ute Dapprich unter Mitarbeit von Kirsten Kern,
Birgit Stümpfig und Claudia Hellmann (1991)

Erste Szene

Auftritt Caesar und Vannozza

Caesar: Nun, Mutter, zwar liebt ihr meinen Bruder mehr, doch bin nicht ich mehr Euer Sohn als er?

Vannozza: Mehr nicht.

Caesar: Habe ich mehr spanisches Blut in mir, als Eures? Entfachte unser Heiligster Vater euren Schoß mit mehr italienischer Leidenschaft als mit jener, die mich hervorbrachte?

Vannozza: Kind, dein älterer Bruder war nie wie du – Sprich nicht so.

Caesar: Daran zweifle ich nicht: Aber ich, Mutter, bin nicht mein älterer Bruder. Er wünscht sich nichts anderes und genießt das Leben, welches Gott ihm gibt – Gott, der Papst, unser Vater und Eure Heiligkeit, geliebte, angebetete Mutter. Ich jedoch begehre mehr.

Vannozza: Du warst immer ruhelos wie der Wind – Ein Kind, das sich danach verzehrte, ein Mann zu werden. Sieh den Purpur an dir. Bist du nicht Kardinal?

Caesar: Ja, die Eminenz meines Vaters hat mich so ausgezeichnet. Ich werde nicht als Kardinal sterben.

Vannozza: Caesar, willst du mir das Herz brechen? Habe ich Dich nicht geliebt?

Caesar: Ja, schöne Mutter – ja.
Meinen Vater liebtet Ihr ebenso. Liebt Ihr Giulia – die süße Farnese – genannt die Schöne in allen Straßen Roms, wo Ihr die Rose genannt werdet? Und das kluge Kind Giovanni, den unser edler Herr, Euer heiliger Vater und der ihrige, bei seiner Geburt zum Herzog von Nepi machte?

Vannozza: Als dein sündiger Vater dich zeugte, ein hitziger, grausamer Spanier – ich fürchte, seiner Sünden wegen gebot Jesus dem Teufel sich seiner zu bemächtigen?

Caesar: Und euch zu befruchten süße unschuldige Mutter. Fürchtet es nicht. Ihr habt Kinder, die von Euch und ihm mehr geliebt werden als ich – unseren klugen Francesco, zum Lächeln und Herrschen geboren, und sie, deren Gesicht die Sonne im Himmel erbleichen, deren Augen den Glanz des Meeres verspotten, deren Haar alle Wunder des Mittags in seiner Beschaffenheit vereint, deren Mund Gottes und Italiens einzigartige Rose ist, Lucrezia.

Vannozza: Liebst du sie denn? Mein Kind, wie sollte ich dann dich nicht lieben?

Caesar: Gott allein weiß das. War es nicht Gott – der Gott der Liebe, der seinen Sohn zum Menschen machte, weil er die Menschen haßte? Und sah ihn gepeinigt und hängend, und vergab schließlich die Sünde, mit der er uns gezeichnet hatte, sah Er doch eine so gefällige und völlige Buße – war nicht Gott Brautführer, als der gekrönte Statthalter Christi meine Mutter zur Frau nahm?

Vannozza: Spricht mir nicht von Gott.
Ich habe gesündigt, ich habe gesündigt – ich wollte ich wäre als Nonne gestorben, im Kloster!

Caesar: Auch dort hätte mein Vater Euch gefunden. Priester wandeln auf Pfaden, welche

Krieger nicht zu begehen wagen – außer wenn der Krieg die Scheunentore des Wehrs der Hölle öffnet. Und was habt Ihr mit Sünde zu tun? Hat er, dessen Sünde die Eurige war, Euch nicht dort und in jenem Moment Gottes wahre Absolution erteilt? Maria lebte als Jungfrau Gottes und als Mutter Gottes: Ihr seid die meine, der ich wie Christus bin, so wie Ihr jungfräulich seid. Und ob Ihr mich liebt oder mich nicht liebt, weiß nur Gott, und Gott, der mich und meinen Vater und Euch erschaffen hat, mag die Last auf sich nehmen. Ich bin ich. Etwas gedenke ich zu tun, bevor meine Tage sich dem Ende zuneigen. Liebte ich Euch gar nicht, so hätte ich Euch das verheimlicht.

Vannozza: Ach, mein Sohn!

Caesar: »Ach«, meine Mutter, bringt dem Menschen keine Vernunft – klingt nur töricht und hallt als wiederkehrendes Gelächter. Weint oder lächelt über mich, Euer Sonnenschein oder Euer Regenbogen erweichen nicht die sterbliche Hülle, in die Ihr mich gekleidet habt. Nein, aber eher wollte ich Euch lächeln sehen als weinen, Mutter. Lächelnd seid Ihr lieblicher.

Vannozza: Was ist es, das du beabsichtigst? Gottes Gericht hängt über uns. Ich, die ich dich in mir einschloß, wie Maria den noch ungeborenen Jesus – Du schenkst dem Glauben? Bist du nicht ein vom Glauben verlassener Ketzer?

Caesar: Ich? Das Kind des Statthalters Christi?

Vannozza: Gott sei gepriesen! Dann gebiete ich, ich deine Mutter, dir, bitte, bitte dich, sag wonach dein Herz verlangt, und wohin du das mühsame Leben schleudern würdest, welches in dir ist.

Caesar: Wohin? Bin ich nicht das Scharnier der Pforte zum Himmel – das Gott zu öffnen gebietet, wenn mein Vater den Schlüssel hineinsteckt – Kardinal? Könntet Ihr Euch im Traum vorstellen, daß ich lieber Herzog wäre?

Auftritt Francesco

Francesco: Wollt Ihr mein Amt übernehmen, mein Caesar? Ich hörte Euch es lachend verspotten. Mutter, woher kommt das süße Geschenk der Anmut von Morgen zu Morgen, das Euch täglich schöner macht?

Caesar: Kennt Ihr keine die lieblicher ist?

Vannozza: Mein Caesar findet mich nicht so schön. Ihr liebt mich zu sehr, Francesco.

Caesar: Nein, kein bißchen.
Unser himmlischer Vater auf Erden betet unsere Mutter nicht weniger an als unsere Schwester: und ich halte sein Herz und Auge, seinen Geist und seinen Verstand für unfehlbar.

Auftritt Papst Alexander

Alexander: Scherze nicht mit Gott. Ich höre heilige, geweihte Worte, Kardinal Caesar, sorglos über deine Zunge kommen.

Caesar: Heiligster Vater, ich bitte um väterliche Absolution – wenn Euer Lachen von Lippe und Augenlid gewichen ist.

Alexander: Empfange sie nun, und Christus behüte dich, Caesar, wie du bist, um Ihm zu dienen, wie ich Ihm diene. Meine Rose, meine Rose aller Rosen, wohin sind diese

Tränen gefallen, die die süßesten Augen, die jemals von der Liebe erleuchtet waren, mit Licht trüben, das dem Morgen spottet!

Vannozza: Nein, mein Herr, ich weiß nicht – nein, ich bemerkte nicht, daß ich weinte.

Alexander: Unsere Söhne und die von Christus und Petrus, die wir preisen, haben sie – haben diese – sich entzweit?

Francesco: Ich mich nicht von ihm.
Noch er, so glaube ich, sich von mir.

Caesar: Gott bewahre!
Der Gott, der euch an euren Platz berufen hat, und der euch dort erhält, bindet den Bruder an den Bruder durch die Liebe, die er entfacht.

Alexander: Gott oder kein Gott, der Mensch muß leben und den Menschen leben lassen – während das Leben des einen nicht das des anderen verbittert. Narren und Teufel sind die Menschen, die den nicht vorhandenen Feind nur spielen. Warum solltest du, der du den Gürtel der Kirche trägst und dem die Macht gegeben wurde, über Geist und Fleisch zu regieren – oder du, bekleidet mit dem Ruhm der großen Welt – du, Priester, oder du, Prinz, den bösen Blick gegen den Bruder wenden, oder glauben, daß euer Gott Vater das Schicksal falsch verteilt gegenüber einem von euch oder irgendjemand. Hat nicht Rom, hat nicht das Himmelreich des Herrn Jesus Christus, wo sein Wille auf Erden geschieht, genug von all dem, wonach es den Menschen dürstet, wonach er hungert, was er begehrt – Vergnügen, Stolz und Macht – um euch zu befriedigen und unter euch zu verteilen? Wohin sollte sie, einst die gottlose Göttin der Heiden, die Uneinigkeit, wieder ihr zischendes Haupt erheben zwischen den christlichen Kindern der Liebe – der Liebe? Hat Gott die Verzückung, die das Fleisch verherrlicht, verringert, den hitzigen stürmischen Schmerz, der das Blut verbrennt, gekühlt, weil gar hundert statt zwei daran teilnehmen? Söhne, meine Söhne, seid weise und bleibt ruhig, welches Feuer sich auch immer eures Fleisches bemächtigen, welcher Traum auch immer euer Leben in Brand gesetzt, bleibt Freunde.

Caesar: Freunde? – Unser Vater auf Erden, euer Wille geschehe.

Francesco: Beim Leibe Christi, Caesar! Macht Ihr Euch lustig?

Caesar: Ich nicht.
Habt Ihr Euch mit mir entzweit, nun da eure schleppende Zunge Euch Lügen straft?

Alexander: Nun, bei nichts – und noch können wir bei »nichts« schwören – Torheit, die so klar gesehen und so laut gehört werden kann, mag weise Männer dazu verleiten, an den Teufel ebenso wie an Gott zu glauben. Was plagt euch? Woher kommen die Blicke in euren Augen, mit zischender Spur von Donner auf euren Lippen?
Narren! und die Narren, die ich für die Menschheit zu Göttern zu machen gedachte. Ist es Liebe oder Haß, der euch entzweit – veranlaßt Zahn, Klaue oder Kralle, wenn die Zeit sie mit Beute ver-

sieht, euch gegenseitig zu kneifen und in der Luft zu zerreißen?

Caesar: Haß oder Liebe, Francesco?

Francesco: Wieso, ich hasse Euch nicht – Ihr wißt ich hasse Euch nicht, mein Caesar.

Caesar: Ich glaube, weder haßt, noch liebt, noch hegt Ihr Mißgunst gegen mich; genauso weiß ich und wissend glaube ich, uns allen – Unserem Vater, Euch und mir – dreieinig im Herzen – ist von allen lieben-den Dingen das Liebste diese hier!

Auftritt Lucrezia

Lucrezia: Mutter! Was haben Tränen und Ihr nun gemein? Regen im Sonnenlicht?

Vannozza: Fragt Euren Herrn.
Gleiche ich nicht jetzt dem Mond? Die Heilige Anna gebar die heilige Jungfrau Maria – bevorzugte Gott nicht das Kind, Julia Farnese, und stieß zurück mit kaum einem Lächeln die Mutter?

Alexander: Stoßt nicht eure Dornen gen Himmel, Rose.

Lucrezia: Aber was fehlte ihr? Sie will es nicht sagen.

Caesar: Schwester, ich habe gesündigt – mein ist die Sünde. Ein böses Wort fiel zwischen uns, und sie weinte, weil der Vater uns schalt.

Lucrezia: Wie sollte der Streit hier eine Zunge zum Zischen finden? Hat nicht Gott uns, den Brüdern, dem Vater und der Schwester das Siegel der Liebe aufgedrückt – uns in Liebe vereint?

Alexander: Spotte nicht Gott, Lucrezia.

Lucrezia: Vater, fürchtet Ihr ihn denn?

Alexander: Ich sage nicht, und ich weiß nicht, ob ich ihn fürchte.

Francesco: Ihr könnt nicht. Vater, wäre er zu fürchten, wie lange würdet Ihr leben – Ihr, sein Abbild auf Erden?

Alexander: Sohn, bist du ganz ein Kind? Was wußten jene mehr, die Männer, die Gott liebten und fürchteten und für ihn starben, als ich und du, die ihn nicht kennen? Wir wissen, dieses Leben ist unser und süß, wenn Scham und Furcht uns zu nichts geringe-rem als Menschen machen: und geringer wären jene, die unterwürfig krochen und sich krümmten und sich duckten und Gott anriefen, sie vor ihm selbst zu retten. Hier stehe ich wie er, Gott, oder Gottes zu Fleisch gewordene Gestalt, Gott ähnli-cher als Jesus. Wage ich, die Peitsche und den Strick zu fürchten? Du, mein Kardinal, kannst dir nicht vorstellen, gegeißelt und gekreuzigt zu werden – ha?

Caesar: Nein: es liegt kein Gott in mir verborgen, und Ihr, Vater, fürchtet Ihr ihn?

Alexander: Ich? Nichts fürchte ich weniger als Gott. Aber wenn uns sein Name leichtfertig über die Lippen geht, wird dieser zu gering in der Menschen Ohren klingen bis Erde und Luft, wenn der Mensch den Namen Gottes ausspricht, mit Gelächter antworten. Übe Nachsicht mit ihm.

Caesar: Weisheit spricht aus Euch und klingt doch nicht entlang der Straßen als ob keiner von Gottes Volk, der hört, sie beachtete, da alle die hören können, Euer Wort beachten – oder sterben, da sie nicht außerhalb Gottes Sichtweite sind. Schlaft

Ihr hier unter seiner besonderen Obhut – hier – heute Nacht, Bruder?

Francesco: Warum wünscht Ihr dies zu wissen?

Caesar: Man sagt, diese heiligen Straßen des Himmels' heiligster Wahl liegen nun gefährlich in der Dunkelheit, wenn ein Mann nicht in heiligstem Auftrage wandelt. Ihr, so sagt man, wäret kaum ein christusähnliches Opfer, wenn man Euch erschläge. Zu viele Tote fließen des nachts den Tiber hinunter, so sagt man.

Francesco: Ich habe Euch bis jetzt noch keinen Narren genannt.

Caesar: Ach, mein Herr und Bruder, tätet Ihr es jetzt, wäre dies nicht undankbar? Gott – unseres Vaters Gott führe Euch!

Abgang Francesco

Er geht und dankt mir nicht. Mein Herr, was sagt der Gott, der auf Euren Lippen lebt und in Eurem Schweigen schwindet?

Lucrezia: Verärgert ihn nicht, Caesar. Ihr seht, er ist müde.

Alexander: Fürwahr. Folget mir. Besinn' dich, Caesar. Verärgere mich nicht.

Abgang Alexander, Vannozza und Lucrezia

Caesar: Dies, so denke ich, werdet Ihr mir nicht noch einmal gebieten, Vater.

Auftritt Michelotto

Du bist rasch zu Stelle, wenn man dich braucht. Ich gebot dir, mein Geheiß zu erwarten.

Michelotto: Bis man Euer Gnaden alleine ließ.

Caesar: Wußtest du das?

Michelotto: Wo mein edler Herr sich befinden mag und was sich für seinen Knecht von ihm zu wissen ziemt, ich wäre es nicht wert, wüßte ich nicht, mich des Wissens zu bemächtigen.

Caesar: Ich frage Dich nicht, wo mein Bruder schläft, und wo auch der Morgen ihn noch schlafend sieht –

Michelotto: Befragt die Fischernetze im Tiber.

Caesar: Nein – nicht ich, sondern Rom soll danach fragen. Gehe in Frieden. Mein Herr segne dich.

Abgang

Zweite Szene

Eine schmale Straßenöffnung zum Tiber
Auftritt Michelotto und die Mörder

Michelotto: Ihr kennt das vornehme Hurenhaus – dort?

1. Mörder: Ja, sicher.

Michelotto: Der erste, der seinen Fuß über die Schwelle setzt, ist es.

2. Mörder: Wie können wir das wissen?

Michelotto: Ich weiß es. Ihr müßt nur zuschlagen.

Abgang

Auftritt Francesco

Francesco *(singend)*: Liebe und Nacht sind wie Leben und Licht;
Schlaf und Wein und Lied
Eile und morde den schleichenden Tag
Eh' zu lang er lebt.

1. Mörder: Dies sollt nicht Ihr tun. Singt, wer auch immer Ihr seid, Euer nächstes Lied für Satan.

Sie erstechen ihn.

Francesco: Hunde! Ihr wagt es?
Gott! Erbarme dich! Gott!

Er stirbt.

2. Mörder: Gott sei seiner Seele gnädig! Dies war ein Christ: viele, die ich erschlug, starben mit Worten der Verdamnis auf den Lippen.

1. Mörder: Schweig still. Hebe seine Beine an, so wie ich den Kopf.

2. Mörder: Ein Knabe! Und von edlem Antlitz wie ein Engel.

1. Mörder: Wenn die Netze diesen Fisch nicht beizeiten fangen, bevor sich andere daran gütlich tun, keiner, der ihn emporhebt, damit sich die Sonne sich über ihn belustige oder ihn verderbe, soll diese Tat jemals verlauten lassen. Bringt ihn hinunter. Der Tiber hat sich schon an Besserem gelabt, als wir ihm zuführen wollen, bevor wir sterben.

Abgang mit dem Leichnam

Dritte Szene

Im Vatikan
Alexander und Lucrezia

Alexander: Der Tag ist schon fortgeschritten. Du hast sie noch nicht gesehen – du?

Lucrezia: Meine Brüder, mein Herr? Nein, nicht seit gestern Nacht.

Alexander: Die Nacht ist gerade verblichen. Seit gestern abend?

Lucrezia: Auch seitdem nicht mehr. Ich sah sie, als wir hier auseinander gingen zuletzt.

Alexander: Ich glaube, du lügst nicht. Tochter, der Tag sieht bleich aus vor deiner Schönheit. Braue, Wange, Auge, Lippen, Hals und Busen, du überschattest alle Frauen, die jemals verehrt wurden. Einst hielt ich deine Mutter für die schönste von allen, die das alte Rom jemals in den Himmel verwandelten. Hast du ihren goldenen Horaz gelesen?

Lucrezia: Andernfalls wäre ich vertrieben worden von all ihrem Chor, der den Musen dient.

Alexander: Ja. »Noch schönere Tochter der schönen Mutter«, hältst du es für möglich, daß dies Lob jemals so verdient war, wie du es verdienst? Ich nicht.

Lucrezia: Es bekümmert mich nicht im geringsten, ob es so wäre oder nicht.

Alexander: Du tust wohl. Du hast nicht, so sagtest du, Francesco gesehen?

Lucrezia: Nein – Gebt mir irgendeine Reliquie, worauf ich schwören kann – einen Rosenkranz – ein Kruzifix oder Amulett, verhext oder geheiligt.

Alexander: Niemals zuvor wurden Zwillinge geboren, die sich ähnlicher waren als er und du – noch reizender: doch ihr wart keine Zwillinge.

Lucrezia: Was ist mit Eurer Heiligkeit?

Alexander: Ich bin beunruhigt: mein Herz ist schwer. Letzte Nacht war keine Feier hier abgehalten, und doch wird der Tag mir schwer, ermattet Körper und Seele, als hätten wir mit tobendem Frohsinn Kravall gemacht die lebenslange Dauer der Dunkelheit hindurch.

Lucrezia: Böse Stunden beunruhigen manchmal alles lebende Volk; niemand weiß warum: Kein Kind schläft immer die ganze Nacht hindurch.

Alexander: Warst du schlaflos? Kein Kummer klammerte sich an dich? Nichts machte die Nachtluft schwerer durch die Ahnung, die sich anfühlt, als wenn Freude Angst spürt und verkümmert? Ich fürchte mich nicht: mich dünkt, ich selbst bin die zu Fleisch gewordene Furcht.

Auftritt ein Offizier des päpstlichen Hofes.

Offizier: Ihre Heiligkeit sei mir gnädig.

Alexander: Sprich. Dein Gesicht ist das des Todes: laß' Tod auf deinen Lippen leben.

Offizier: Mein Herr, der einfachste entlohnte Knecht – ein Fährmann, der seinem Handwerk die ganze Nacht nachgeht – erbittet Audienz selbst bei Euch.

Alexander: Ein Römer?

Offizier: Nein. Ein Ausländer – ein Grieche – sie nennen den Knecht Georg den Slawen.

Alexander: Sie?

Offizier: Die Fischersleute. Auf dem Tiber.

Alexander: Bitte ihn herein: bitte Gott selbst hinein und mit ihm mein Schicksal.

Abgang Offizier

Hörst du, Kind – Tochter?

Lucrezia: Welch Grauen überkommt Euch?

Alexander: Harre, und du sollst es erfahren, wie ich es erfahren werde.

Auftritt Giorgio Schiavone

Sprich, ich sage, sprich. Wer du bist, weiß ich: und wer ich bin, weißt du – und doch weißt du es nicht.

Giorgio: Heiligster Herr, letzte Nacht war ich auf meinem Boot auf dem Tiber – edler Herr; was ich sah, war nicht von meiner Tat – dies zu sehen, vertrieb jeden Schlaf – Herr, habt Erbarmen: seht mich nicht so an.

Alexander: Hund, sprich, solange du noch Herr über deine Zunge bist.

Giorgio: Zwei Männer kamen herab und sahen sich am Ufer um, und zwei kamen hinterher – Männer, deren Augen die ganze Nacht durchforschten, das Ufer absuchten – ich lag unterhalb meines Bootes – neben ihm auf der Schattenseite – und sah es. Dann kam ein Mann zu Pferde –

edler Herr, auf einem Schimmel ritt er – der Mondschein machte seine Mähne zu einem gedämpften weißen Feuer und auf seiner Kruppe hing schwer ein Leichnam, die Arme zusammengehalten auf dieser Seite, Beine auf jener, ich weiß nicht was auf welcher – aber die Männer, die ihn hielten, hielten ihn gut fest, und nahe am Ufer des Tibers brachten sie das Pferd zum Wasser herein – scharf und schnell wie ein Mensch ein Pferd lenken mag – und fingen und warfen ihren Toten in den Strom: und er trieb dahin, und das Mondlicht streifte sein Gesicht, welches wie voller Leben gegen es schien; und der Anführer saß bis dann leise wie der Mond auf der Lauer, und gebot dann, man möge Steine auf den dahintreibenden Toten schleudern und ihn außer Sicht versenken; und als er dies getan sah, ritt er von dannen, und sie folgten ihm nach.

Alexander: Mann, und du – du?

Giorgio: Edler Herr, ich legte mich wieder zum Schlafen nieder: Ich drehte mich herum und schlief neben meinem Boot.

Alexander: Mann, Hund, Teufel, wenn dein Wort wahr, und wenn meine Angst nicht lügt – wie konntest du es nur übers Herz bringen, dich ruhig zu verhalten? Wie kommt es, daß die Wächter des Ufers nicht von dir erfuhren, welch Untat die Nacht erhellte, während das Verbrechen noch im Gange war?

Giorgio: Tausendmal mußte ich diesen Anblick ertragen, doch nie bis zu dieser Stunde sah ich den, der Interesse an ihrem Schicksal bekundete.

Alexander: Bis jetzt noch nie. Er schaut in Gottes stummes Antlitz und meins, und sagt's. Gott sei mir gnädig! Doch Gott wird es nicht sein – oder ist es nicht. Wo ist denn dein Toter, Teufel, von Gott aus der Hölle berufen, um mich heimzusuchen – zu peinigen?

Giorgio: Herr, ich ließ ihn draußen.

Alexander: Bleib wo du bist. Gebiete deinen Gefährten, meinen Toten herzubringen.

Abgang Offizier

Nein, aber der meine ist es noch nicht – es mag nicht der Meine sein – solange er es nicht sein mag, ist er es nicht. Kind, es soll nicht dein Bruder sein. Bete nicht. Gebete haben noch nie genutzt. Erblasse nicht. Angst vertieft die Wunde im angsterfüllten Herzen nur, sie heilt sie nicht.

Auftritt Offiziere mit dem Leichnam des Francesco

Wer ist es, den sie bringen?
Oh Gott! Du lebst! Und mein Kind ist des Todes!

Fällt.

Vierte Szene

Im Vatikan
Alexander und Caesar

Alexander: Du hast diese Tat begangen.

Caesar: Ihr habt es ausgesprochen.

Alexander: Glaubst du zu leben, und mir ins Antlitz blicken zu können?

Caesar: Eine Weile noch.

Alexander: Ich wollte, es gäbe einen Gott – daß er mich erhörte.

Caesar: Es ist – um euretwillen – schade, daß es ihn nicht gibt.

Alexander: Willst du mich erschlagen?

Caesar: Warum sollte ich?

Alexander: Bin ich nicht dein Vater?

Caesar: Und der der Christenheit obendrein.

Alexander: Ich bitte dich, Mann, erschlage mich.

Caesar: Und dann mich selbst? Ihr seid wahnsinnig, doch ich bin vernünftig.

Alexander: Bist du von Fleisch und Blut?

Caesar: Sie sagen von Eurem.

Alexander: Wenn der Himmel stillsteht und dich nicht heimsucht, dann gibt es wirklich keinen Gott.

Caesar: Weder Ihr wißt es, noch weiß es ich.

Alexander: Ich könnte zu Gott beten, daß es ihn geben möge, wäre ich nur verrückt. Du sagst, ich bin verrückt: du lügst: ich bete nicht.

Caesar: Heiligster Vater, nein. Euer Gehirn ist noch nicht so krank. Ihr und Gott Freunde? Mann, wie lange hätte Gott Euch leben lassen – Euch?

Alexander: Lange genug hat er mich am Leben erhalten, um sein feuriges Antlitz zu schauen – sollte es eins sein – und die Erde als Hölle zu sehen – und dich, aus meinen Lenden hervorgegangen, als Satan.

Caesar: Die erste Frucht eurer Vaterschaft war Satan mehr als ebenbürtig. Mann Gottes, prahlt nicht.

Alexander: Ich wollte, ich wäre noch im Schoße meiner Mutter gestorben.

Caesar: Ihr sollt es besser machen, der Tod soll euch im Stuhl Petri ereilen! Ihr sollt berühmt sterben.

Alexander: Ja, kein Schutz, keine Zuflucht, kein Vergessen auf Erden. Wir werden für alle Zeiten berühmt sein, Hölle und Nacht, bedeckt mich!

Caesar: Habt Ihr je gehört, daß Gebete erhört werden? Oder habt Ihr jemals gehört, daß die Erde sich teilt, um des Schreis eines Menschen willen, und ihn verschlingt?

Alexander: Ich habe diese Tat begangen. Du hast es nicht getan: deine Tat ist nicht die deine, auf meiner Hand, auf meinem Kopf, ruht Blut.

Caesar: Werdet Ihr deswegen schlechter schlafen im nächsten Jahr?

Alexander: Ich werde die nächsten sieben Tage nicht überlegen.

Caesar: Ihr habt sieben Tage in der Hölle verlebt, Vater: man sagt Ihr habt Euch sogar des Schlafes enthalten.

Alexander: Ja.

Caesar: Was man sagt und was Ihr sagt, halte ich für falsch. Obwohl Ihr wie eine Frau geweint, wie ein Wolf geheult habt über unseren Toten, seid Ihr gesund und ganz. Und nun obliegt es Euch als Christus unser Gott wiederaufzuerstehen, als stellvertretender Christus, und wie ein Stück Fleisch die Trauer abzulegen von Eurer Göttlichkeit. Ich und Ihr zusammen, werden Hand anlegen, wie Gott es nie getan, an das Reich und die Steuerung der Welt. Vergeßt ihn, der tot ist, und nichts war, und bedenkt, welch eine Welt zu leiten

der immerwährende Gott Euch in eure Hände gelegt hat, welche ihn täglich aus Brot formen und sein geformtes Fleisch zur Speisung geben. Ihr und ich werden das zerrissene und ruinierte Italien eins machen. Unser soll es sein, Leib und Seele, und großartig über aller Macht und allem Ruhm, von Gott denjenigen gegeben, die starben, um Euch dorthin zu bringen, wo Ihr seid – thronend auf Caesars und Christi Staub, herrschaftlich. Die Erde soll wieder versinken und sich wieder um so höher erheben, da sie zitterte. Rom will es so: es war und wird sein.

Alexander: Sohn, bist du mein Sohn?

Caesar: Wen hätte eure strahlende Rose Passenderes für die Veredelung finden können, um solch starken Sprößling wie mich hervorzubringen?

Alexander: Bei meinem Glauben – woran, weiß ich nicht – bei meiner Seele, falls es sie gibt – ich glaube es. Gott vergaß sein Geschick, als er dem, den du erschlagen hast, den ersten Atemzug vor dir gab.

Caesar: Gott wird vergessen müssen – wenn Gott sich erinnert. Nun, da dieses Wesen, das Ihr geliebt habt, das ich dahin riß und niemals meines Hasses für würdig hielt, tot ist, wollt Ihr nun eins sein mit mir – ein Gott? Nicht geringer als Herr Jesus Christus zu Rom werdet Ihr sein.

Alexander: Nun? Die Taube?

Caesar: Welche Taube, obwohl lieblicher als der Schwan, der Leda zur Liebe eines Gottes auf Erden verleitete, könnte Lucrezia ebenbürtig sein?

Alexander: Keine. Du bist von seiner Seele und stark. Ich wollte du hättest ihn verschont – hättest ihn verschonen können.

Caesar: Herr, ich wollte es auch. Unser Herr, sein Herr und der meine, ich erschlug ihn nicht aus Freude am Erschlagen, oder aus Haß, oder wegen etwas geringerem als eurem klügeren Geist und meinem.

Alexander: Nicht um der Taube willen?

Caesar: Weder aus Haß, noch aus Liebe. Der Tod war das Los, welches Gott ihn ziehen hieß, sollte Gott mehr sein, als wir aus ihm machen.

Alexander: Brot und Wein hätten kaum so bitter werden können. Kannst du schlafen?

Caesar: Ihr nicht, Das Fleisch muß schlafen, um zu leben. Bin ich nicht Euer Sohn?

Alexander: Ich wollte, ich sähe dein Ende, und meins: und doch wollte ich es nicht.

Caesar: Herr, gute Nacht.

Sie gehen ab.

Rezitation: Eine Collage von Texten aus 500 Jahren: Alexander VI. – Cesare Borgia – Lucrezia Borgia

gesprochen von Birgit Kindler

Ludovico Ariost
Pietro Bembo
Johannes Burcardus
Jacob Burckhardt
Antonio Giustinian
Joseph Arthur Comte de Gobineau
Ferdinand Gregorovius
Helmut Güttich
Francesco Guicciardini
Klabund alias Alfred Henschke
Marion Hermann-Röttgen
Georg Holmsten
Victor Hugo
Friedrich Maximilian Klinger
Niccolò Machiavelli
Dimitri Mereschkowski
Conrad Ferdinand Meyer
Friedrich Wilhelm Nietzsche
Aeneas Piccolomini
Emma Robinson
Jacopo Sannazaro
Marino Sanuto
Joseph Schnitzer
Enricus Spondanus
Ercole Strozzi

Die Rezitatorin Birgit Kindler rezitierte auf dem Kongreß im Anschluß an die wissenschaftlichen Vorträge eine Collage von Texten über die Borgia, die aus historischen und literarischen Schriften der letzten fünf Jahrhunderte stammten.
Bewußt waren sie nicht chronologisch geordnet, sondern es war der Versuch unternommen worden, aus den vielen widersprüchlichen Äußerungen über die Familie die Geschichte der drei Hauptfiguren der Borgia-Legende zu einem Mosaik zusammenzufügen.
Der Zuhörer hatte die Freiheit, die fehlenden Steinchen zu ergänzen. Der Weg von der textlichen Quelle zu einer phantastischen Legende konnte auf diese Weise von den Zuhörern aktiv nachvollzogen werden, die aus dem Bedürfnis, zu vervollständigen und zu harmonisieren, die Bruchstücke, ob sie wollten oder nicht, während des Hörens zu einer Geschichte fügen mußten.

Alexander Borgia

Ferdinand Gregorovius

Die Borgia werden lange die Untersuchung des Geschichtsschreibers und des Psychologen reizen. Ein geistreicher Freund fragte mich eines Tags, wodurch es sich erkläre, daß alles was Alexander den VI. und Cesare Borgia und Lucrezia Borgia betrifft, daß jede Tatsache aus ihrem Leben, daß jeder neu entdeckte Brief des einen oder des anderen, unsere Neugierde lebhafter aufregt als Ähnliches, was von manchen anderen, viel bedeutenderen Charakteren der Geschichte uns überliefert wird. Ich weiß keine bessere Erklärung dafür, als diese: für die Borgia ist der beständige Hintergrund die christliche Kirche; sie kommen aus ihm hervor, sie bleiben auf ihm stehen, und der grelle Widerspruch ihres Wesens zum Heiligen macht sie dämonisch. Die Borgia sind die Satire auf eine ganze große Form oder Vorstellung kirchlicher Welt, welche sie zerstören oder verneinen. Auf hohen Postamenten stehen ihre Gestalten, und ihre Angesichter streift stets das Licht des christlichen Ideals. In diesem sehen und erkennen wir sie. Die sittliche Empfindung ihrer Taten gelangt an uns immer durch ein Medium, welches mit religiösen Vorstellungen durchdrungen ist. Ohne alles dies würden die Borgia, auf einem nur profanen Lokal, unter die Linie vieler anderer Menschen ihrer Natur herabsinken, und bald aufhören, mehr zu sein, als Einzelnamen einer großen Gattung.

Marion Hermann-Röttgen

Die Erwartungen an Papst Alexander VI. waren besonders hoch, man hatte sich viel versprochen. Der ungewöhnliche Reichtum des Kardinals Rodrigo Borgia und seine energische Entschlußkraft, die er bereits jahrelang unter Beweis gestellt hatte, machten ihn zu einem der begehrtesten Anwärter auf das höchste Kirchenamt. Italien brauchte in der schwierigen politischen Lage 1492, vor allem wegen der Bedrohung durch die Türken, einen starken Mann, der einen Kreuzzug wagen würde. Alexander war ein Papst, der schon vor seiner Wahl durch zahlreiche Hoffnungen die Gemüter beschäftigte. Verstärkt wurde die Aufmerksamkeit durch die auffällige Persönlichkeit. Alexander war ein außergewöhnlich gut aussehender, lebhafter Mann, von gewinnender Ausstrahlung und liebenswürdigem Umgang. Seine Kinder galten als aufsehenerregend schön und begabt. Diese Mischung aus Begabung und Schönheit, verbunden mit Macht, bot der Neugier und der Phantasie ausreichend Gesprächstoff. Zudem war Alexander VI. Spanier.

Aeneas Piccolomini

Papst Pius II. Aeneas Piccolomini schreibt am 11. Juni 1459 an Rodrigo Borgia:

»Uns ist zu Ohren gekommen, daß sich vor drei Tagen mehrere Damen aus Siena in den Gärten von Giovanni Bichi versammelt haben, daß du, ungeachtet deiner Würde, mit ihnen den Nachmittag zwischen ein und sechs Uhr verbracht hast und daß du in Begleitung eines Kardinals warst, dem wenigstens sein Alter, wenn er es schon an Respekt gegenüber dem päpstlichen Stuhl ermangeln ließ, seine Pflichten hätte in Erinnerung rufen müssen. Man hat Uns berichtet, daß auf höchst unziemliche Weise getanzt wurde: kein amouröses Spiel wurde ausgelassen, und du hast dich benommen wie ein Jüngling aus der Laienwelt ...
Solltest du nicht bessere Sitten annehmen, sind Wir gezwungen, öffentlich zu erklären, daß du dich ohne

Unser Einverständnis oder richtiger zu Unserer schärfsten Mißbilligung so berträgst; und eine Rüge von Uns wird dir gewiß nicht zur Ehre gereichen. Wir zeigten Uns dir stets wohlgesinnt, und da Wir dich für ein Vorbild an Ernsthaftigkeit und Bescheidenheit hielten, erachteten Wir dich Unserer Protektion für würdig.«

Jacob Burckhardt

Was sie gewesen sind und was sie getan haben, ist oft und viel geschildert worden. Ihr nächstes Ziel, welches sie auch erreichten, war die völlige Unterwerfung des Kirchenstaates, indem die sämtlichen kleinen Herrscher – meist mehr oder weniger unbotmäßige Vasallen der Kirche – vertrieben oder zernichtet und in Rom selbst beide große Faktionen zu Boden geschmettert wurden, die angeblich guelfischen Orsinen so gut wie die angeblich ghibellinischen Colonnesen. Aber die Mittel, welche angewandt wurden, waren so schrecklich, daß das Papsttum an den Konsequenzen derselben notwendig hätte zugrunde gehen müssen, wenn nicht ein Zwischenereignis (die gleichzeitige Krankheit von Vater und Sohn) die ganze Lage der Dinge plötzlich geändert hätte.

Anonymo an Savelli

Wer möchte nicht davor schaudern, die entsetzlichen Ungeheuerlichkeiten an Ausschweifung aufzuzählen, die bereits offenkundig in seinem Haus, mit Verachtung der Scham vor Gott und den Menschen, begangen werden? All die Schändungen, die Inzeste, die Gemeinheiten an Knaben und Mädchen, all die Huren im Palast Petri, die Kupplerscharen und -wettbewerbe, die Bordelle und Hurenhäuser – all das wolle gar nicht erst über die Lippen. Am 1. November, an Allerheiligen, seien 50 römischen Huren zum Gelage in den Palast geladen worden und hätten das gemeinste und abscheulichste Schauspiel geboten; und damit auch die Beispiele zum Anreiz nicht fehlten, habe man in den nächsten Tagen vor dem Papst und seinen Kindern als Zuschauern das öffentliche Schauspiel einer Stute zum besten gegeben, auf die man brünstige Hengste losließ, um sie in Wut und Raserei zu treiben.

Johannes Burcardus

Am Abend des letzten Oktober 1501 veranstaltete Cesare Borgia in seinem Gemach im Vatikan ein Gelage mit 50 ehrbaren Dirnen, Kurtisanen genannt, die nach dem Mahl mit den Dienern und den andern Anwesenden tanzten, zuerst in ihren Kleidern, dann nackt. Nach dem Mahl wurden die Tischleuchter mit den brennenden Kerzen auf den Boden gestellt und rings herum Kastanien gestreut, die die nackten Dirnen auf Händen und Füßen zwischen den Leuchtern durchkriechend

Wappen von Johannes Burchardus

aufsammelten, wobei der Papst, Cesare und seine Schwester Lucrezia zuschauten. Schließlich wurden Preise ausgesetzt, seidene Überröcke, Schuhe, Barette u.a. für die, welche mit den Dirnen am öftesten den Akt vollziehen könnten. Das Schauspiel fand hier im Saal öffentlich statt, und nach dem Urteil der Anwesenden wurden an die Sieger die Preise verteilt.

Dimitri Mereschkowski

Der alte Borgia, trotz seiner siebzig Jahre gesund und stark wie ein Zuchtbulle, wirkte wie ein Nachkomme seines Wappentieres, des goldroten Stieres, des Gottes der Sonne, der Lebensfreude, Wollust und Fruchtbarkeit.
Er wühlte in der Schatulle und entnahm ihr eine haselnußgroße, längliche, rosafarbene indische Perle von unschätzbarem Werte, hielt sie gegen das Licht und freute sich an ihr. Jedesmal, wenn er sie öffnete, mußte er an seine geliebte Tochter Lucrezia denken, die einer blassen Perle so ähnlich sah. Er stellte sich vor, wie schön sie sich auf Madonna Lucrezias mattweißer Brust, im tiefen Ausschnitt ihres schwarzen Kleides ausmachen würde und schwankte noch, wem er sie schenken sollte – der Herzogin von Ferrara, oder der Jungfrau Maria? Sofort aber sagte er sich, daß es Sünde wäre, der Himmelskönigin das gelobte Geschenk zu weigern; er reichte die Perle dem Juden und befahl ihm, sie auf die Lampe zu setzen, an die sichtbarste Stelle, zwischen den Chrysopras und einen Karfunkel, ein Geschenk des Sultans.

Joseph Schnitzer

Es war im August 1503. Eine afrikanische Hitze hatte den Tag hindurch über der verschmachtenden Landschaft gebrütet. Die Nacht war angebrochen. Hinter S. Peter in Montorio strahlte in einem weit ausgedehnten Weinberge ein prächtiges Landhaus in tagheller Beleuchtung. Soeben trat der Hl. Vater, Alexander VI., mit einem Gefolge hoher Prälaten hier ein. Es währte nicht lange, so war ein festliches Bankett im Gange, man trank sich Gesundheit zu und unterhielt sich augenscheinlich aufs heiterste und angeregteste. Schon war der Papst nahe daran, die Tafel aufzuheben. Plötzlich ein dumpfer Fall. Sessel werden umgestoßen, Tafelgeschirr und Gläser stürzen klirrend zu Boden, erschrocken eilen die Diener herbei, mit besorgten Mienen umringen die Prälaten ihren in schwere Ohnmacht gesunkenen Herrn. Nun wird er von kräftigen Armen in seine Sänfte gebettet, im Schweigen der Nacht kehrt er in die vatikanischen Gemächer zurück. Er wird sie lebend nicht mehr verlassen.

Antonio Giustinian

Der venezianische Gesandte Giustinian berichtete mit großem Interesse von der Erkrankung und von dem Tod Alexanders, der große Unruhen in Rom auslöste: »... einer der Ärzte, die ihn (Alexander VI.) behandelten, namens Meister Scipio, teilt mit, daß es sehr schlecht um den Papst stehe, der anhaltend hohes Fieber habe, so daß man eigentlich alle Hoffnung auf die irdische Medizin verloren geben müsse. Denselben Abend ging im Palast alles drunter und drüber ...«

Marino Sanuto

In seinem Brief vom 19. August gibt der venezianische Chronist eine drastische Beschreibung von der Leiche Alexanders VI.: »... die Christenheit hat keinen grauenvolleren und schrecklicheren Anblick gesehen. Das Blut lief aus Ohren, Mund und Nase, so reichlich, daß man es nicht trocknen konnte. Die Lippen waren geschwollen wie die Faust eines Mannes: er hatte den Mund offen, und darin kochte das Blut ...«

Joseph Schnitzer

Gestanden doch Cesares eigene Leute, nicht um ein gewöhnliches Fieber habe es sich bei diesem gehandelt, sondern um Gift in Trebbianerwein, den der Papst unvermischt, Cesare aber mit Wasser getrunken habe.

Francesco Guicciardini

»Ganz Rom konnte sich nicht satt daran schauen, daß sie endlich ausgelöscht war, die Schlange mit ihrer unbeherrschten Ambition und verpesteten Perfidie, mit all ihren Beispielen an schrecklicher Grausamkeit, monströser Sinnlichkeit und unerhörter Habgier.

Cesare Borgia

Friedrich Nietzsche

»Cesare Borgia – ein höherer Mensch, eine Art Übermensch!«

Niccolò Machiavelli

Ich möchte für die beiden vorgenannten Möglichkeiten des Erwerbs einer Herrschaft durch Tüchtigkeit oder durch Glück ein Beispiel aus unserer Zeit anführen: Cesare Borgia (im Volksmund Herzog Valentino genannt) erwarb die Herrschaft mit der glücklichen Hilfe seines Vaters und verlor sie wieder mit dessen Tod, obwohl er jedes Mittel benützte und alles tat, was ein kluger und tüchtiger Mann tun mußte, um in Ländern festen Fuß zu fassen, die er den Waffen und dem Glück anderer zu danken hatte. Denn wer das Fundament nicht schon von Anfang an legt, kann dies, wie ich oben sagte, nur bei außerordentlicher Tüchtigkeit nachholen, wenngleich dies für den Baumeister mit Mühseligkeiten und für den Bau mit Gefahren verbunden ist. Wenn man das ganze Vorgehen des Herzogs betrachtet, so bemerkt man, daß er eine sichere Grundlage für seine künftige Macht errichtet hatte. Hierauf näher einzugehen, halte ich nicht für überflüssig; denn ich wüßte einem neuen Machthaber keine besseren Lehren zu geben als das Beispiel seiner Taten. Und wenn seine Maßnahmen auch keinen Erfolg hatten, so war es nicht seine Schuld; es ist vielmehr auf die außerordentliche und ungewöhnliche Tücke des Schicksals zurückzuführen.

Johannes Burcardus

Alle zagen und zittern vor Alexanders brudermörderischem Sohn, der vom Kardinal zum Meuchelmörder geworden ist. Nach dessen Wink und Willen wird alles willkürlich geleitet; er versteckt sich nach Türkensitte unter seiner Hurenbande, und bewaffnete Soldaten bewachen ihn; auf seinen Befehl und Beschluß werden alle ermordet, verwundet, in den Tiber geworfen, vergiftet, all ihr Vermögen innerhalb und außerhalb der Mauern geraubt. Jener beiden Hunger, Raublust und Durst sättigt sich in Menschenblut. Aus Furcht vor ihren Ungeheuerlichkeiten entfernten sich bereits die edelsten Familien aus Rom, die besten Bürger versteckten sich, und wenn nicht der Kaiser so bald wie möglich solch gehäuftem Unglück zu Hilfe kommt, werde jedermann an Flucht und ans Verlassen Roms denken müssen.

Jacob Burckhardt

Als aber der Papst mit der Zeit unter die Herrschaft seines Sohnes geriet, nahmen die Mittel der Gewalt jenen völlig satanischen Charakter an, der notwendig auf die Zwecke zurückwirkt. Was im Kampf gegen die römischen Großen und gegen die romagnolischen Dynasten geschah, überstieg im Gebiet der Treulosigkeit und Grausamkeit sogar dasjenige Maß, an welches z.B. die Aragonesen von Neapel die Welt bereits gewöhnt hatten, und auch das Talent der Täuschung war größer. Vollends grauenhaft ist die Art und Weise, wie Cesare den Vater isoliert, indem er den Bruder, den Schwager und andere Verwandte und Höflinge ermordet, sobald ihm deren Gunst beim Papst oder ihre sonstige Stellung unbequem wird. Alexander mußte zu der Ermordung seines geliebtesten Sohnes, des Duce di Gandia, seine Einwilligung geben, weil er selber stündlich vor Cesare zitterte.

In der Tat kann kein Zweifel darüber walten, daß Cesare, nach Alexanders Tod zum Papst gewählt oder nicht, den Kirchenstaat um jeden Preis zu behaupten gedachte, und daß er dies nach allem, was er verübt hatte, als Papst unmöglich auf die Länge vermocht hätte. Wenn irgendeiner, so hätte er den Kirchenstaat säkularisiert und hätte es tun müssen, um dort weiter zu herrschen. Trügt uns nicht alles, so ist dies der wesentliche Grund der geheimen Sympathie, womit Machiavell den großen Verbrecher behandelt ... Und was würde Cesare getan haben, wenn er im Augenblick, da sein Vater starb, nicht ebenfalls auf den Tod krank gelegen hätte? Welch ein Konklave wäre das geworden, wenn er sich einstweilen, mit all seinen Mitteln ausgerüstet, durch ein mit Gift zweckmäßig reduziertes Kardinalkollegium zum Papst wählen ließ, zumal in einem Augenblick, da keine französische Armee in der Nähe gewesen wäre? Die Phantasie verliert sich, sobald sie die Hypothesen verfolgt, in einen Abgrund.

Emma Robinson

Das kleine Licht der flackernden Flamme unter des Zauberers Kohlenbecken war das einzige, was den großen Raum noch erhellte. Aus dem Becken sah Alfonso einen dicken schwarzen Rauch aufsteigen, der einen seltsamen Geruch verbreitete. Trotz all' der Gründe, die er hatte, hinter des Necromanten Treiben einen Betrug zu vermuten, war doch der Glaube an die Wunder der Zauberei so groß und allgemein verbreitet, daß Alfonso mit Angst und Beben der Erscheinung eines Bewohners des fernen unbekannten Reiches entgegenblickte. Aber trotz des Schreckens, welchen die Verbrechen Cäsars erregen mußten, lag doch etwas Erhabenes in dem festen und unerschrockenen Mut, mit welchem der Borgiasohn den Versuchen des schrecklichen Experimentes zuzusehen schien. Vielleicht hatte das Gefühl, das ihn ermutigte, eine Verwandtschaft mit dem eines Menschen, der ein faulendes Glied der Hand des amputierenden Arztes darreicht, weil er darin die einzige Art der Befreiung von einer unerträglichen und dauernden Angst sieht, – denn er murmelte mehrmals halb unbewußt und laut: »Gebt ihm Gestalt – hervor aus der Finsternis, ich werde es nicht fürchten!«

Enricus Spondanus

Spondanus, der es für sinnvoller hält, Cesare Borgia die Schuld an der Misere Italiens zu geben als dem Papst, bezeichnet Cesare eindeutig als den Mörder seines Bruders: (Herzog Gandia wurde »aus Neid vom eigenen Bruder, dem Kardinal Valentino, nach einem gemeinsamen Abendessen bei der Mutter Vanozza ermordet ...«)

Friedrich Maximilian Klinger

»Michelotto«, sprach Cäsar zu seinem Hauptmann Michelotto –, »bei meiner Mutter Vanozza ist heut ein

Abendessen. Mein Bruder wird spät in der Nacht zu einer uns gemeinschaftlichen Buhlerin schleichen, und ich müßte Michelotto schlecht kennen, wenn er den Weg zu seinem Palast zurück fände. Ich heiße Cäsar, und will alles oder nichts sein.«
Michelotto faßte des Kardinals Hand, dankte ihm für sein Zutrauen, berief sich auf die Beweise seiner Treue und Ergebenheit, und entfernte sich, um einige seiner Gesellen auf die Tat vorzubereiten.
Faust und der Teufel wurden zu dieser Abendmahlzeit gleichfalls eingeladen. Die Gäste waren sehr munter. Francisco überhäufte seinen Bruder mit Zärtlichkeit, ohne dessen Entschluß zu erschüttern. Nach dem Essen nahm Cäsar Abschied von seiner Mutter, um sich zu dem Papst zu begeben, seine letzten Befehle abzuholen; sein Bruder erbot sich, ihn eine Strecke Wegs zu begleiten, um das Vergnügen seiner Gesellschaft noch einige Augenblicke länger zu genießen.
Faust und der Teufel folgten ihnen. Francisco trennte sich bald von dem Kardinal, nachdem er ihm vorher in das Ohr gelispelt, wohin er sich begäbe. Der Kardinal wünschte ihm lachend Glück, umarmte ihn, und nahm Abschied von ihm. Er eilte nach dem Vatikan, endigte sein Geschäft, suchte die Meuchelmörder am bestimmten Orte auf, und erteilte seine Befehle. Faust war bei der Schwester eines Principe abgestiegen, und der Teufel, der das schwarze Drama seiner Entwicklung nah sah, lenkte es so ein, daß er sich mit Fausten in dem Augenblick an der Tiber befand, als Don Michelotto den Leichnam des ermordeten Herzogs in den Fluß versenken ließ. Faust wollte auf die Mörder zusprengen, der Teufel hielt ihn zurück, und sagte:
»Nahe nicht, und halte dich still, daß dich keiner entdecke, ihrer sind tausende in Rom, und du bist in dem Vatikan, selbst an meiner Seite deines Lebens nicht sicher.«

Friedrich Nietzsche

Cäsar unsterblich gesund, unsterblich heiter und wohlgeraten.
Ein Typus Mensch, der mir nicht Ekel machen soll, ist einem Typus Cäsar Borgia hundert Mal ähnlicher als einem Christus.

Graf Arthur Gobineau

»Da sagt man noch, daß ich nicht ehrlich sei! Ja, ein Drachen trägt mein Wappenschild, Herr Niccolo! Ich gleiche nicht, wie der Trauerherzog von Mailand, der elenden Schlange, die einen Säugling sich zur Beute wählt. Ich bin die lernäische Hydra! Nennt mich ein Ungeheuer, doch zugleich der Ungeheuer ärgsten Feind! Nicht eins von ihnen soll mir mehr am Leben bleiben. Ich rotte sie aus bis auf den letzten Mann: alle die Fürsten aus dem Rinnstein, die falschen Kondottieri, die mir den Weg versperren. Die Trümmer ihrer Nester werden meines Horstes Stützen sein. Und der Tag wird kommen, da es vom Fuße der Alpen bis zum Meere Siziliens nur einen Herrscher gibt: mich, Cesare Borgia!«

Niccolò Machiavelli

Cesare Borgia galt als grausam. Trotzdem hat diese Grausamkeit die Romagna geordnet und gereinigt und ihr wieder Frieden und Ergebenheit (gegenüber dem Herrscher) gebracht. Wenn man alles genau betrachtet, wird man finden, daß er viel barmherziger war als das Volk von Florenz, das, um dem Ruf der Grausamkeit zu entgehen, die Zerstörung von Pistoja zuließ.

Friedrich Nietzsche

Man mißversteht das Raubtier und den Raubmenschen (zum Beispiele Cesare Borgia) gründlich, man mißversteht die »Natur«, so lange man noch nach einer »Krankhaftigkeit« im Grunde dieser gesündesten aller tropischen Untiere und Gewächse sucht oder gar nach einer ihnen eingeborenen »Hölle« – : wie es bisher fast alle Moralisten getan haben. Es scheint, daß es bei den Moralisten einen Haß gegen den Urwald und gegen die Tropen gibt? Und daß der tropische Mensch um jeden Preis diskreditiert werden muß, sei es als Krankheit und Entartung des Menschen, sei es als eigne Hölle und Selbst-Marterung? Warum doch? Zu Gunsten der »gemäßigten Zonen«? Zu Gunsten der gemäßigten Menschen? Der »Moralischen«? Der Mittelmäßigen? –

Lucrezia Borgia

Ferdinand Gregorovius

Lucrezia Borgia ist die unseligste Frauengestalt der modernen Geschichte. Ist sie das, weil sie auch die schuldigste der Frauen war? Oder ist sie es nur, weil sie einen Fluch tragen muß, mit dem sie die Welt aus Irrtum belegt hat? Denn diese liebt es, die menschlichen Tugenden wie die menschlichen Laster in typischen Persönlichkeiten anzuschauen, mögen solche der Mythe oder der Geschichte angehören.
Es gibt eine Geschichte Alexanders VI. und Cesars: von Lucrezia Borgia gibt es kaum mehr als eine Legende. Nach ihr ist sie eine Mänade, welche in der einen Hand die Giftphiole, in der anderen den Dolch trägt. Und zugleich hat dieses furienhafte Wesen die sanften und schönen Züge einer Grazie.
Als ein moralisches Monstrum hat sie Viktor Hugo dargestellt; so geht sie noch heute über die Opernbühnen

Europas, und so faßt sie das Vorstellen der Menschen im allgemeinen auf. Das ungeheuerliche Drama »Lucrezia Borgia« jenes romantischen Dichters wird der Freund echter Poesie als eine groteske Verirrung der Dichtkunst verdammen, und der Kenner der Geschichte wird es belächeln, aber dieser kann den geistvollen Poeten mit seiner Unkenntnis und seinem guten Glauben an eine seit Guicciardini hergebrachte Tradition entschuldigen.

Klabund: alias Alfred Henschke

Lucrezia Borgia trat ein. Der uralte Kardinal erhob sich aus seinem Lehnstuhl. Eine purpurne Röte schoß in seine Stirn, um sofort einer Totenblässe Platz zu machen.
Er hob mit Anstrengung nochmals die Augenlider, das Wunder von Mensch, das Wunder von Mädchen vor sich zu betrachten.
Sie hatte nur einen kleinen Brokatmantel umgeschlungen, der ihr kaum bis auf die Knie ging.
Sie öffnete ihn und stand nackt vor ihm. Da blühte sie, die schönste Blüte der Natur: die Blume Frau. Ein Nelkenmund. Zwei Brustknospen. Ein moosiger Schoß.
Er hob noch einmal die Arme.
Dann brachen ihm die Knie.
Er fiel in den Ledersessel zurück.
Der Kopf schlug hölzern auf die Tischkante. Lucrezias Augen öffneten sich zuerst ein wenig erstaunt. Dann schloß sie den Mantel und trat auf den toten Kardinal zu. Sie schloß ihm mit leichter, fast zärtlicher Handbewegung die Augen.
Sie machte das Kreuz über ihn, nahm von den Naschereien, die in einer kleinen silbernen Schüssel, augenscheinlich für sie bestimmt, auf dem Tisch lagen und ging mit zarten, aber festen Schritten, wie sie gekommen war.

Conrad Ferdinand Meyer

Eine zarte Pflanze, aufwachsend in einem Treibhause der Sünde, eine feine Gestalt in den schamlosen Sälen des Vatikans, den ersten Gatten durch Meineid abschüttelnd, einen anderen von ihrer Brust weg in das Schwert des furchtbaren und geliebteren Bruders treibend, hatte Lucrezia Mühe gehabt, in den Kreuzgängen der Klöster, wohin sie sich mitunter nach der Sitte zu mechanischer Buße zurückzog, die einfachsten sittlichen Begriffe wie die Laute einer fremden Sprache sich anzulernen; denn sie waren ihrer Seele fremd. Höchstens geschah es, daß ihr einmal ein Buße predigender Mönch, den dann der Heilige Vater zur Strafe in den Tiber werfen ließ, eine plötzliche Röte in die Wangen oder einen Schauder ins Gebein jagte. Mit der von ihrem unglaublichen Vater ererbten Verjüngungsgabe erhob sie sich jeden Morgen als eine Neue vom Lager, wie nach einem Bade völligen Vergessens. Dergestalt verwand sie ohne Mühe, was eine gerechte Seele mit den schwersten Bußen zu sühnen für unmöglich erachtet, was sie zur Selbstvernichtung getrieben hätte. Und wenn sie nach einer unerhörten Tat verfolgende Stimmen und Tritte der Geisterwelt hinter sich vernahm, so verschloß sie die Ohren und gewann den Geistern den Vorsprung ab auf ihren jungen Füßen.

Helmut Güttich

Alfons trug einen roten Samtanzug französischer Mode und ein schwarzes Samtbarett, Gamaschen und Stiefeletten von Inkarnatfarbe. Er ritt einen Braunen, die Schabracke war mit Gold bestickt.
Der Bräutigam mußte dem Zug vorausreiten, er kündigte das Herzstück an: die Braut. Voran ihre Kavalkade, Pagen, Hofbeamte und stolze Spanier. Ihnen folgten fünf Bischöfe, dann die Gesandten, zuletzt die ranghöchsten aus Rom. Alle hatten die besten und

wohlaufgezäumtesten Pferde, die langen Brokatmäntel hingen von den Pferden herab. Dann kamen sechs Tambourschläger und endlich die Braut, sie ritt einen Schimmel mit scharlachfarbener Schabracke, sie trug eine breitärmelige Camorra von schwarzem Samt mit feinen Goldleisten und eine Sbernia aus Goldbrokat. Das schmale Gesicht und das güldne Haar waren bedeckt von einem Netz, das von Gold und Diamanten funkelte. Um den schlanken Hals legte sich eine Perlenkette mit Rubinen, Isabella kannte sie noch als Kette ihrer Mutter, das Ankunftsgeschenk von Herzog Herkules. Das Haar wallte frei auf die Schultern herab.
Dann sah man in 14 Galawagen Lucrezias neue Hofdamen. Und nun bestaunte das Volk die Schätze der Braut. Zwei Schimmel und zwei weiße Maultiere trugen Samt und Seide und Goldschmuck. 86 Maultiere waren mit weiteren Garderoben und Schätzen beladen, es war eine reiche Braut, die ihr Erbprinz heimführte.

Conrad Ferdinand Meyer

Sie lächelte das Volk an, um die Schmach ihrer Abhängigkeit tief zu verstecken, kraft deren sie mit Vater und Bruder zu einer höllischen Figur verbunden war. Dann nahm sie ihre ganze Kraft zusammen, und mit einem kräftigen Ruck entschlug sie sich der Sache.
In diesem Augenblicke hielt der Zug vor einem Kastell, von dessen ausdrucksvoller Mauerkrone ein Seiltänzer herabschwebte. Sie sah das Kunststück an und sagte sich: »Du gleitest und stürzest nicht, und ich ebensowenig.«
Es war ein Amor, der unten vom Seile sprang, vor ihr das Knie bog und ihr einen Myrtenkranz bot mit den huldigenden Worten: »Der keuschen Lucrezia!« Unter dem Jubel der Menge krönte sie sich und ergab sich ganz der Lust des Augenblickes.

Victor Hugo

Alfonso d'Este von Ferrara, der Ehemann Lucrezia Borgias zeigt ihr, nachdem er ihre vermeintliche Untreue entdeckt hat, seinen ganzen Haß:
»... Seht Donna, ich hasse Euer ganzes abscheuliches Geschlecht Borgia und Euch vor allen, Euch, die ich so toll liebte! ... Ich verabscheue Euren Bruder Cäsar, der Euren Bruder Johann erschlagen hat! Ich verabscheue Eure Mutter Rosa Vanozza, das alte spanische Freudenmädchen ... Ich verabscheue Euren Vater, der Papst ist und der einen Weiber-Serail hält ... Euren Vater, welcher der Antichrist ist!!!

Ercole Strozzi

Rose, dem Boden der Freuden entsproßte, vom Finger gepflückte,
Warum scheinet als sonst schöner dein farbiger Glanz?
Färbt' dich Venus aufs neu? hat eher Lucrezia's Lippe
Dir im Kusse so hold schimmernden Purpur verliehn?

Cardinal Bembo

Ad Lucretiam Borgiam:
Trotz der Schönheit, in der die von Paris geraubte Helena vergeblich mit Dir wetteifert, weißt Du Dich auch gelehrten Studien und den Künsten zuzuwenden

und läßt es nicht zu, daß unter dem Glanz der äußeren Erscheinung der Geist Schaden leidet. Wenn Du Verse in volkstümlicher Sprache vorträgst, meint man ein italienischem Boden entsprossenes Kind zu vernehmen. Greifst Du zur Feder, um Verse und Gedichte zu verfassen, sind es Verse und Gedichte, wie sie den Musen anstehen. Und sei es, daß Dich die Lust anwandelt, mit der schneeweißen Hand die Saiten zu rühren, sei es, daß es Dir gefällt, die nahen Wellen des Po heraufzubeschwören und deren Rauschen durch die sanfte Musik zu mildern oder daß es Dir behagt, Dich im Tanze zu wiegen, den zierlichen Fuß im Takt zu heben, o wie fürchte ich, irgendein Gott, der Dich zufällig erblickt, möchte Dich heimlich dem Schlosse rauben und Dich leichten Fluges in die Lüfte entführen, um Dich zur Göttin eines neuen Sternes zu machen ...

Georg Holmsten

Mehr als sechzehn Jahre waren seit dem Tage vergangen, an dem Lucrezia Borgia ihre Vermählung mit dem Herzog von Ferrara feierte. Aus der mädchenhaften Braut war eine immer noch reizvolle Matrone von fast vierzig Jahren geworden. Noch nie hatte Lucrezia sich so schwach und krank gefühlt wie in dem schwülen Sommer des Jahres 1519, und doch brauchte sie alle ihre Kräfte, denn schon wieder erwartete sie ein Kind. Das Mädchen, das sie unter Schmerzen und Krämpfen zur Welt brachte, hatte ebensowenig Lebenskraft wie seine Mutter und starb bald nach der Geburt.
Tagelang quälte sich Lucrezia. Sie verlor das Gehör und das Augenlicht. Die Last ihres schönen, üppigen Haares verursachte ihr solche Kopfschmerzen, daß man es abschnitt. Aus der Nase und dem gepeinigten Leib rann das Blut. Aber Lucrezia verlor nicht das Bewußtsein. Ihre letzten Kräfte raffte sie zusammen, um ihrem Sekretär einen Brief an den Papst zu diktieren. Ergreifende Worte fand Lucrezia, die fromme Christin und reuige Sünderin!

Jacopo Sannazaro

Der neapolitanische Dichter Sannazaro verspottete die Familie Borgia in vielen Epigrammen. Von ihm stammt auch die ironische Widmung für ein Grab Lucrezias: »Hier ruht eine Lucrezia dem Namen nach, aber in Wahrheit eine Thais: Tochter, Gattin und Schwiegertochter Alexanders.«

Ludovico Ariost

Lucrezia Borgia, die mit jeder Stunde
Stets Schönheit, Tugend, Sittsamkeit vermehrt
Und wächst an Ruf und Glück, so wie die Pflanze
Im lockern Erdreich wächst – im Sonnenglanze.
Wie Mohn zur Rose, wie die blasse Weide
Zum immergrünen Lorbeer sich verhält,
Gefärbtes Glas zum Diamantgeschmeide,
Zum Silber Zinn, zum Gold sich Kupfer stellt,
So läßt mit ihr, die meines Herzens Freude,
Sich nur die Frau vergleichen auf der Welt,
Die durch Verstand und Schönheit auserlesen,
Durch jede Trefflichkeit berühmt gewesen.

Birgit Kindler

Studium Germanistik, Philosophie und Theaterwissenschaften (FU Berlin). Gründungsmitglied einer literarischen Kabarettgruppe und des »belcanto«-ensembles. Unterricht in Pantomime, in Schauspiel und in Gesang. Diplom für Sprecherziehung. Auftritte mit dem »belcanto«-ensemble bei Festivals für Neue Musik, Schallplatten- und Rundfunkaufnahmen. Soloprogramme als Rezitatorin, Diseuse und Sängerin. Im Mittelpunkt ihrer Arbeit steht die Verbindung von Literatur und Musik, Neuer Musik und Improvisation. Lehraufträge für Sprecherziehung.

Performance: Die Borgia

Eine Arbeit des Deko-Trio unter Mitarbeit der Haller Akademie der Künste und des Kunst- und Kulturforum Schwäbisch Hall

Michael Klenk

Eine Gruppe junger Künstler ergänzte die Theaterveranstaltungen durch eine Performance, die ausgehend von dem legendären Ruf der Borgia in vier Szenen die Geschichte des Papstes neu gestaltete. Postmodern mischten die Künstler bei der Gestaltung der Masken und Kostüme Zitate aus der Renaissance mit anderen Zeiten und Elementen der Gegenwart.

So sah Papst Alexander VI. weit eher aus wie Julius II. und repräsentierte damit das Papsttum schlechthin. Lucrezia Borgia glich den filmschen Versionen Lucrezias aus den dreißiger Jahren, eine Mischung aus dem Portrait Bartolomeo Venetos, einer gepanzerten Jeanne d'Arc und dem Pin-up Girl einer amerikanischen Revue. Cesare Borgias glänzendes, aber furchterregendes Batman-Kostüm machte deutlich, wie sehr der Papstsohn im Laufe der Geschichte zum Inbegriff des männlichen Helden geworden ist und wie ähnlich er sich in der Interpretation seiner Rezipienten im Prinzip geblieben ist: grausam aber großartig.

Der Bruch zwischen historischer Wahrheit und phantastischer Legende wurde sichtbar durch die ironische Mischung von treuer Imitation würdevoller Insignien und banalen Gegenständen. Der Pomp der Kostüme wurde grotesk verfremdet, so war zum Beispiel die prächtig bestickte Tiara des Papstes eine Kaffemütze. Der Papst hielt die Weltkugel in der Hand, aber diese Kugel war ein Wasserball. Lucrezia nahm ein Blutbad, aber in einem Plantschbecken aus Gummi. Der Aufstieg des Papstes vollzog sich real sichtbar, er wurde hoch über das Publikum erhoben, aber mit einem ordinären Stapelheber.

Der Tod des Papstes, der in früheren Jahrhunderten tatsächlich immer zu einer Plünderung der Papstgemächer führte, wurde in einer wilden Szene historisch nachvollzogen und zugleich absurd

in unsere Zeit transpontiert. Ein Lastwagen fuhr in den Hof, und die Mitspieler, die Kinder des Papstes und sein Hofstaat, rissen mit wildem Geschrei unter lauter Musik nicht nur dem toten Papst die Kleider vom Leib, sondern zerrten gierig alle prächtigen Dekorationen auf den Laster, fuhren hupend davon und hinterließen den Schauplatz in trostlos desolatem Zustand.
Die wissenschaftlich diskutierte Frage nach der Wahrheit von Geschichte war hier farbig demonstriert worden, indem noch einmal nachgespielt wurde, was gewesen sein soll, und zwar so, wie es heute mit unseren Mitteln, mit unserer Phantasie, unserer Erinnerung von Geschichte und unseren Bildern ausgesehen haben könnte.
Ein wahrhaft gelungenes Spektakel, dem man anmerkte, das es den Spielern genauso viel Vergnügen bereitet hat wie den Zuschauern.

Dekotrio

Das Deko-Trio wurde vor 5 Jahren von 3 Frauen ins Leben gerufen. Unser kleines, kreatives Team hat sich von Anfang an auf die dekorative Gestaltung von festlichen Anlässen aller Art spezialisiert. Zu unserem Metier gehört z.B. das Dekorieren von Familien- und Firmenfesten sowie öffentlichen Veranstaltungen, Produktpräsentation für Firmen und die dekorative Unterstützung von wissenschaftlichen Dokumentationen (Museumsarbeit).
Eine erste große Herausforderung für uns war die Gestaltung des äußeren Rahmens für die Einweihungsfeier der *Haller Akademie der Künste* im Jahre 1990. Die damals von uns gezeigte Raumdekoration sowie die lebendige Dekoration mit Kostümen und Aktionen zum Eröffnungsakt wurde seinerzeit in der Presse mehrfach lobend erwähnt.
Zwei Jahre später setzten dann die Organisatoren des Renaissance-Festes in Schwäbisch Hall unter der Leitung von Marion Röttgen soviel Vertrauen in unsere Kreativität, daß wir in Zusammenarbeit mit dem *Kunst- und Kulturforum* sowie mit der *Haller Akademie der Künste* bei der dekorativen Ausstattung dieses Festes mitwirken durften.
Die Aufgabe für das Deko-Trio war, das Thema »*Borgia*« in Kostümen und vier zu gestaltenden Szenen allegorisch zu bearbeiten.
Bei dem Entwurf der Kostüme für die fünf Hauptfiguren der Borgia-Familie – Papst Alexander IV, seine Kinder Lucrezia, Cesare und Juan Borgia und dessen Gemahlin – haben wir versucht, die wesentlichen Charakterzüge der einzelnen Personen besonders hervorzuheben, d.h. die Kostüme wurden frei umgesetzt, ohne direkten historischen Bezug. Mit diesem gedanklichen Hintergrund haben wir z.B. für Papst Alexander VI. einen obszönen Thron angefertig, der als wollüstige Frauenkörper mit üppigen Brüsten und ausladenden Schenkeln gestaltet war.
Um im Innenhof der Hospitalkirche das bunte Treiben am Hofe der Borgia-Familie möglichst lebendig widerzugeben, wurden von uns noch die Kostüme für 10

weitere Figuren im höfischen Umfeld angefertigt, so daß die königliche Familie noch von einem Zeremonienmeister, einem Astrologen sowie von div. Dienern und Zofen umgeben war.

Die vier in Szene gesetzten Bilder aus dem Leben der Familie Borgia

1) Speise-Szene mit der gesamten Familie und dem Hofstaat
2) Tanz-Szene des Juan Borgia und seiner Gemahlin
3) Bade-Szene der Lucrezia Borgia
4) Sterbe-Szene des Papstes

wurden in enger Zusammenarbeit mit Herrn Michael Klenk, *Haller Akademie der Künste*, sowie Herrn Thomas Urban, *Kunst- und Kulturforum*, gestaltet.
Sämtliche erforderlichen Kulissen und Requisiten wurden vom Deko-Trio angefertigt.
Den Frauen des Deko-Trios – Gitti Klupp, Hanne Haub und Babs Hohl – hat diese Aufgabe seinerzeit viel Spaß gemacht.
Wir freuen uns sehr, daß wir mit unserer Arbeit zum guten Gelingen des Renaissance-Festes beitragen konnten.

Das Dekotrio

Mitwirkende der Performance:

Papst Alexander	Michael Klenk
Lucrezia	Brigitte Klupp
Angela	Dorothe Lang
Cesare	Piotr Kus
Juan	Ludwig Lang
Zeremonienmeister	Manfred Merz
Astronom	Kust Walz
Hofdamen	Carmen Klenk
	Heidrun Kessler-Politz
Lakeien	Raimund Lang
	Oliver Philipp
	Manuel Prot
	Jan Gebauer
u.a. Mitwirkenden	

Idee: Hanne Haub, Brigitte Klupp, Thomas Urban, Michael Klenk
Kostüme, Bühnenbild: Deko-Trio, Crailsheim
Lichtregie, techn. Bauten: Thomas Urban, Thomas Ebert
Musikzusammenstellung: Thomas Urban, Michael Klenk

1. Szene: Auftritt der ganzen Hofgesellschaft, die nacheinander hereinlief und sich vorstellte und sich zu Papst Alexander gesellte: Angela Borgia, Juan, Lucrezia, Cesare mit Lakeien, Hofdamen, einem Astronomen usw. Aufgerufen wurden sie vom Zeremonienmeister. Fürstliches Essen wurde hereingetragen und verspeist. Zur Musik von »Pomp & Circumstances« von E. Elgar fuhr der Thron mit Papst in die Höhe.

2. Szene: Lucrezia schreitet mit ihrem Gefolge zum Bade, sie entkleidet sich, die Hofdamen schütten Wasser in die Wanne, ein Schwan leistet Lucrezia Gesellschaft. Beim Verlassen des Beckens tritt Lucrezia auf den Beckenrand und das Wasser, nun blutrot gefärbt, fließt über die Bühne herab auf den Boden. Schreie ertönen vom Band.

3. Szene: Angela und Juan tanzen verschiedene alte und neue Tänze. Diese Idylle wird durch das Auftauchen Cesares unterbrochen. Dämonisch umkreist er die Hofgesellschaft und erklimmt die Dekorationen hinter dem Papst und verschwindet. Der Tanz geht weiter.

4. Szene: Papst Alexander geht es nicht gut, zusammengesunken sitzt er auf seinem Thron. Er ahnt die kommenden Ereignisse. Seine Kinder haben sich verbündet, um ihn zu töten. Schon besorgt sich Cesare eine Flasche Gift. Unterstützt von den anderen flößt er die Flasche dem sich wehrenden Papst ein, der im Todeskampf auf den großen Tisch fällt. Da fährt ein großer LKW herein und die ganze Hofgesellschaft plündert den Tisch und die Dekorationen mit der Kleidung des Papstes. Tot und halbnackt bleibt Papst Alexander alleine zurück, während der LKW mit all dem Hofrat und der johlenden Gesellschaft hinausfährt.

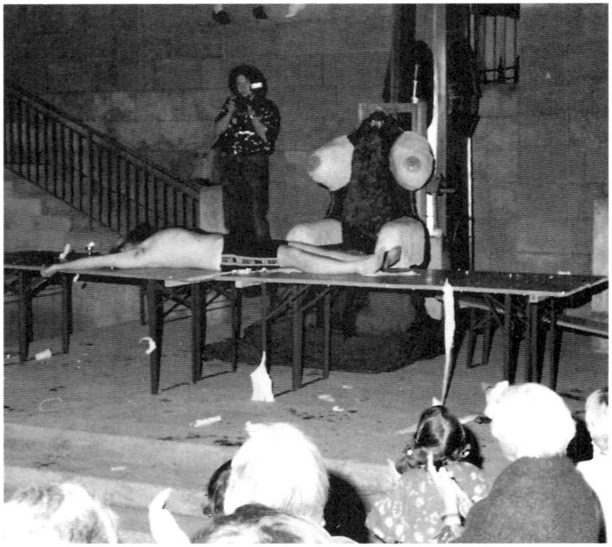

Konzerte

Renaissance-Konzert:

Gesang, Musik und Tanz aus Rom um 1500 mit Originalinstrumenten
Leitung: Ursel Fischer-Bernlöhr

Dieses Konzert, dessen Entstehungsgeschichte Frau Fischer-Bernlöhr selber im Anschluß berichtet, war wohl der originalste Punkt der ganzen Veranstaltung. Es führte mehr als alle anderen künstlerischen Ereignisse und wissenschaftlichen Erörterungen in die Nähe der Zeit, die Thema des Kongresses war.
Die Musik stammte aus Rom um 1500, desgleichen die Tänze mit ihrer Choreographie. Gespielt wurde auf alten Instrumenten und die Kostüme waren – zumindest zum Teil – originale Nachbildungen der italienischen Renaissancekleidung um 1500. Einige Kompromisse mußten geschlossen werden.
Während die ruhige Musik erklang, der ritualisierte, unpathetische Gesang des wunderbaren Kontratenors zu hören, die langsamen und eleganten Bewegungen der Tänzer zu sehen waren, kam über das Publikum ungewohnte Ruhe, Geduld und Muße. Und in den Gesprächen kam es deutlich zum Ausdruck: So also war die Zeit der Borgia auch, so gelassen, so ritualisiert, so langsam, so leise. Keiner der wissenschaftlichen Referenten wäre in der Lage gewesen, mit Worten diese Atmosphäre zu vermitteln, die auch ein Teil der Wahrheit ist, die wir kennen müssen, wenn wir uns die Borgia vorstellen. Ursula Fischer-Bernlöhr ist es mit ihren Studenten gelungen, die Vergangenheit lebendig werden zu lassen und so auf künstlerischem Wege zum Verständnis der Zeit der Borgia erheblich beizutragen

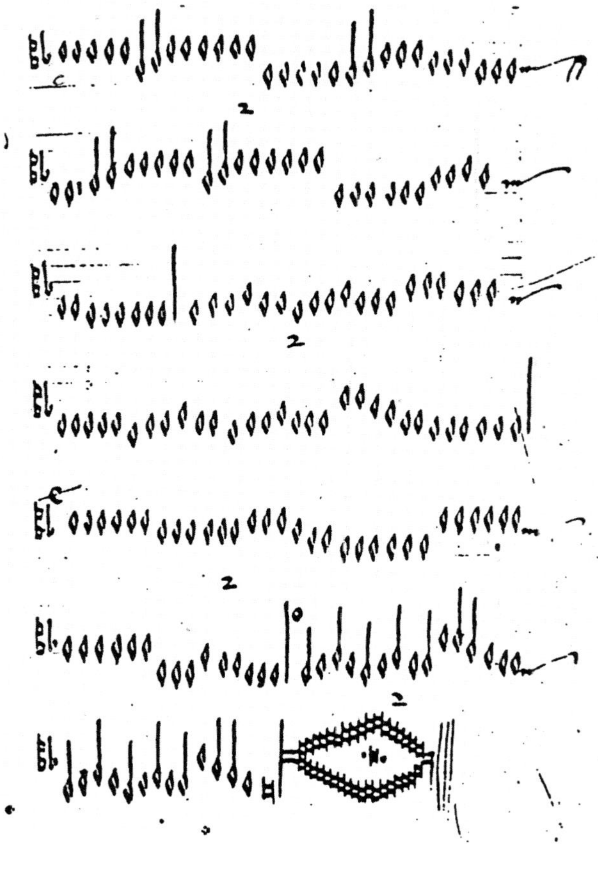

Gesang, Musik und Tanz aus Rom um 1500

mit Originalinstrumenten

Ausführende: Studierende der Staatlichen Hochschule für Musik und Darstellende Kunst Stuttgart.
Leitung: Ursel Fischer-Bernlöhr.

Musik und Tanz aus Rom um 1500

Programmfolge

Petit Riense	Ballo von Jovanni Ambrogio (Schalmei)
Patienza	Bassa danza von Guglielmo Ebreo (getanzt, Gambe, Laute)
Zwei Fantasias	von Narvaez (Viuhela)
Frottole	von Petrucci (Altus, Laute)
Rostiboli Gioioso	Ballo von Domenico da Piazenza (getanzt, Blockflöte, Trommel)
Si je perdu mon amy	von Josquin de Prez (Blockflöten)
Frottole	von Petrucci (Altus, Laute)
Pellegrina	Bassa danza von Guglielmo Ebreo (getanzt, Gambe, Laute)
Si je perdu mon amy	von Marbrianus de Orto (Blockflöten)
Sonetto	von Luis Milan (Gesang, Vihuela)
Fantasie	von Luis Milan (Vihuela)
Sonetto	von Luis Milan (Gesang, Vihuela)
Anello	von Domenico da Piazenza (getanzt, Blockflöte, Trommel)
Amoroso Ballo	von Giovanni Ambrogio (Schalmei)

Das Renaissance-Konzert

Ein Bericht von Ursel Fischer-Bernlöhr

1. Die Voraussetzungen für das Projekt schaffen

Im Frühjahr 1991 bekam ich den Auftrag seitens der Hochschule, ein Projekt für den Borgia Kongreß in Schwäbisch Hall 1992 durchzuführen. Gedacht war dabei an ein Konzert im Rahmen des Abschlußfestes des Kongresses. Die Voraussetzungen für ein solches Projekt waren an unserer Hochschule nicht ohne Weiteres gegeben, da wir keine Abteilung für Alte Musik haben. Obwohl mir klar war, welche Arbeit da auf mich zukam, sagte ich zu und freute mich auf die Arbeit.
Ein *reines* Konzert *ohne* Tanz konnte es aus stilistischen Gründen nicht werden, ich selbst war jedoch, was den Historischen Tanz anbelangt, mehr auf Barocktanz spezialisiert. So bat ich Daniela Mallmann (Tübingen) um Mithilfe, da wir beide uns von den Aufführungsvorbereitungen (Barock-Renaissancetanz) bei »Muse et Danse de Besançon« kannten (Andrea Francalanci).
Zunächst ging es bei den Überlegungen um die *Gewichtung* der Instrumente und der Tanzbeiträge. Gesang und Laute mußten an erster Stelle stehen, Flöten und andere Instrumente ein wenig in den Hintergrund treten, bei den beiden Tanzgattungen jener Zeit, Bassedanze und Balli, waren die Bassedanze die Hauptgattung.
Welche Traktate, welche Komponisten kamen in Frage? Eberhard Schauer, Tanzforscher, konnte mir die entsprechenden Quellen beschaffen. (Mit ihm gestaltete ich schon seit einiger Zeit historische Aufführungen des Barock und des Rokoko). Nun galt es zusätzlich das historische Umfeld zu erarbeiten. So gewann das Programm Gestalt. Es war aus den oben genannten Grün-

den recht schwierig, an unserer Hochschule die geeigneten Studenten zu finden. Zwar konnte ich, was die Blockflöte anbelangte, auf meine eigenen Hauptfachstudenten zurückgreifen (jedenfalls größtenteils) und auch Tänzer fanden sich in meiner Rhythmikklasse, aber bei Schalmei und Gambe etwa ergaben sich größere Besetzungsschwierigkeiten, die erst einmal gelöst werden mußten. Ein weiteres Problem war die Bassadanza.

Wie kommen wir zu einer Musik für die Bassedanze, da uns hierfür nur die Choreographien überliefert sind? Die Schola Cantorum Basiliensis hatte dafür Spezialisten und half uns beim Erstellen eines sog. »Tenors«. Was die Trommeln für die Schlagzeugbegleitung der Tänze anbelangte, so konnte ich dabei meine eigenen Instrumente zur Verfügung stellen.

2. Einstudierung

Zu Beginn des Wintersemesters 1991 konnte die Arbeit mit den einzelnen Studentengruppen beginnen. Die Proben konnten nicht in der regulären Unterrichtszeit stattfinden, sondern mußten quasi »nebenher« gehen. Die Studenten waren mit größtem Interesse und Engagement bereit, auf den historischen Instrumenten das Lesen der alten Schlüssel und der historischen Notation zu erlernen, bzw. die historischen Tanzschritte zu erarbeiten, ja sich in diese doch so weit zurückliegende Epoche einzuleben. Tänzer und Musiker arbeiteten zunächst getrennt. Einige Wochen vor der Aufführung brachte ich Musik und Tanz zusammen, was auch sehr gut »klappte«, da ich bei den Musikproben immer schon mitgetanzt hatte. Ich plante eine öffentliche Hauptprobe, in der die einzelnen Teile des Programms zusammengefügt werden sollten, aber aufgehoben in einer Art szenischer Abfolge, wie ich es von meinen Barock- oder Rokokoaufführungen gewohnt war. Dabei stellte sich auch die Frage, ob Daniela Mallmann und ich nicht auch aktiv an dem Geschehen teilnehmen sollten, da wir nun so mit dem Projekt zusammengewachsen waren.

Da mein Mann mir freundlicherweise die Texte der italienischen Lieder übersetzt hatte, bot es sich für mich an, die Sprecherin zu machen, da ich ja meine Aufführungen auch selbst moderierte. Daniela sollte meine »Freundin« sein, die mit mir das »Geschehen« auf der Bühne mit großer Aufmerksamkeit und Kommentar mitverfolgt.

Liebe und Eifersucht waren die Themen der Frottole und so bildeten sie auch den szenischen Stoff.

Die Hauptprobe fand in Raum 6 der Hochschule statt. Interessierte Studenten, die keine Möglichkeit hatten nach Schwäbisch Hall zu kommen, konnten so dieses sicher an unserer Hochschule einzigartige Projekt miterleben. Das Aufregende für die *Teilnehmer* bei der Hauptprobe war, daß sie nun die Beiträge der anderen Studenten kennenlernten, z.B. der Sänger die Tänze zum ersten Mal sah, und es ein »echtes Staunen« gab, das nicht einstudiert zu werden brauchte.

3. Die Kostüme

Die Kostüme für die Aufführung sollten so authentisch wie möglich sein, deshalb studierten wir, um unser Wissen zu erweitern, zahlreiche Kostümbücher und Gemälde jener Zeit. Es war uns klar, daß die Kostüme der Tänzer und des Sängers kostbarer scheinen mußten, als diejenigen der Musiker, um so Rang und Ansehen ausdrücken zu können.
Meine Anfragen bei sämtlichen Theatern der Region waren erfolglos.
Kostüme für die Tänzer konnten wir teilweise von unseren Freunden bei »Muse et Danse« in Besançon bekommen, sie liehen sie uns kostenlos. Es handelte sich dabei um Kopien italienischer Mode um 1450.
(Maestro de Cassone Adimari, Nozze Adimari-Ricasoli Firenze, Galleria dell'Academia; Nozze ebraiche-Mantora-Jacob ben Aser, Citta del Vaticano, Biblioteca Apostolica Vaticana, Codice Rossiano)
Zwei weitere Kostüme für die männlichen Tänzer (sog. Schauben) konnte Daniela Mallmann von einer befreundeten Tanzgruppe aus Nürnberg unentgeltlich leihen.
Mir war bekannt, daß sich im Fundus der Opernschule unserer Hochschule, dem Wilhelmatheater, ein großartiges Kleid mit wunderschöner Schleppe, detailgetreu nachgearbeitet, befand. Ich kann kaum beschreiben, welche Schwierigkeiten ich hatte, bis mir dieses Kleid für unsere Aufführung zugesichert wurde. Die Zeit, die mein *Bitten* beanspruchte, mußte ich der Kostümschneiderin aus eigener Tasche bezahlen! etc. ...
Kostüme für die Musiker lieh ich, nachdem keine andere Möglichkeit mehr sich auftat, von der Waldorfschule Stuttgart (für 300 DM!). Sie bestanden aus einigen Umhängen aus Samt und sonstigen, nicht genauer zu definierenden Teilen, die erst »in Form« gebracht werden mußten. Viel Geduld und Fantasie war vonnöten, bis alle Umhänge mit Goldtressen verziert waren, die Kopfbedeckungen angefertigt, ...
Für die zehn Wollstrumpfhosen war kein Geld mehr zur Verfügung, und so mußte ich halt mal wieder in die eigene Tasche greifen.

4. Die Aufführung

Der Tag der Aufführung war für die überwiegende Zahl von uns kein Anreisetag, sondern wir hatten den Kongreß mit all seinen Vorträgen mitverfolgt und gemeinsam die Ausstellungen besucht. Das stärkte nicht nur das Zusammengehörigkeitsgefühl, sondern wir spürten, daß wir innerlich noch mehr für die Aufführung vorbereitet wurden, unsere Ehrfurcht vor den Gestalten, die wir darstellen sollten, wuchs.
Meines Erachtens war die Aufführung ein voller Erfolg, der Saal war restlos besetzt, die Atmosphäre war sehr festlich und es gab keine nennenswerten »Patzer«.
Nach der Aufführung kamen viele Leute zu uns und sprachen uns ihre Bewunderung aus. Manche fragten uns, ob wir ein festes Ensemble wären, das man engagieren könne, andere dachten gar, daß wir ein feststehendes »Stück« von damals gespielt hätten.
Das größte Lob aber war für uns alle die spontane Reaktion von Marion Hermann-Röttgen, welche sagte:

> »Eure Aufführung war die einzige Stunde des ganzen Kongresses, in der ich zu innerer Ruhe und Besinnung kam, sie hat mich wirklich in die damalige Zeit zurückversetzt.«

5. Schlußkommentar

Unsere Zielsetzung war es, einen lebendigen Beitrag zum Borgia-Kongreß zu leisten. Ich glaube, dies ist uns gelungen.

Die Kommentare der Studenten über das Projekt möchte ich wie folgt zusammenfassen:

Wir haben mit großem Eifer und Freude gearbeitet –

- sehr viele neue Erfahrungen gemacht, über die Zusammenhänge zwischen Musik und Bewegung
- einen Einblick bekommen darüber, welche Aspekte berücksichtigt werden müssen, um eine Aufführung zu gestalten (im Gegensatz zu einem Konzert)
- durch den mehrtägigen Aufenthalt in Schwäbisch Hall ein enormes Zusammenwachsen der Gruppe gespürt
- versucht, die Sorgen um das Gelingen des Projekts, und die enormen Schwierigkeiten in ideeller und finanzieller Hinsicht, die die Hochschule unserer Projektleiterin entgegen brachte, mitzutragen
- sehr viele Erinnerungen an das Projekt, die wir noch heute gerne austauschen, dann heißt es:
- Weißt du noch – - – damals bei *»Borgia«* ....

Diesen Kommentaren der Studenten möchte ich mich voll und ganz anschließen. Allerdings hätte ich mir gewünscht, daß ich seitens unserer Hochschule mehr Unterstützung in Bezug auf organisatorische und finanzielle Probleme erhalten hätte. Nach Meinung der Direktion der Hochschule sollten die Studenten aus Kostengründen gerade mal eben »ihre Sache abliefern« und wieder abreisen, und nicht am Kongreß teilnehmen. Schließlich siegte *meine* Vorstellung von »Studieren«, die immer schon ganzheitlicher Natur war. Außerdem fand ich es sehr enttäuschend, daß die Hochschulleitung im gesamten Kongreß *nicht* vertreten war, zumal sie immerhin mit drei Beiträgen beteiligt war. Durch das Projekt mußte ich mich in relativ kurzer Zeit intensiv mit der Frührenaissance befassen, was dazu führte, daß inzwischen diese Epoche, sowohl in musikalischer, als auch tänzerischer Hinsicht zu einem festen Bestandteil meiner Arbeit geworden ist. Diesen Sachverhalt habe ich nicht zuletzt Marion Röttgen zu verdanken.

Tanzeinstudierung

von Daniela Mallmann

Als mich Ursel Fischer-Bernlöhr auf dieses Projekt ansprach, waren mir sofort die Vorteile, aber auch die Schwierigkeiten klar:
Drei Punkte würden Probleme hervorrufen: Das Projekt war zwar zeitlich definiert, über räumliche Bedingungen, die für die Planung des tänzerischen Teils maßgebend waren, bestanden nur vage Angaben, der Umfang der Vorbereitungen der Tänzer würde sicherlich viel größer werden als vermutet, und die Frage der Kostüme, deren Beschaffung und eventuelle Geldmittel dafür standen noch offen.
Das erste Problem war die angekündigte Bühne des schönen großen Raumes, die sich bei einer Besichtigung als ein kleines Podium erwies, auf dem es unmöglich gewesen wäre einen Tanz aufzuführen. Nach Erwägung anderer Lösungen wurde schließlich unser Vorschlag, vor der Bühne, *im* Saal (wie es auch in der Renaissance üblich war) zu tanzen doch akzep-

tiert, da man mit einigem Aufwand die zusammenhängenden Sitze ausbauen konnte. Telefonische Absagen seitens der Stadt Schwäbisch Hall konnten uns nicht daran hindern, unsere Tanzfläche Sitzreihe für Sitzreihe zu »erobern«.
Es war für mich sehr wichtig, daß die Arbeit mit den Tänzern früh angefangen wurde, denn die Schritte der Tänze aus dem »Quattrocento«, die Tänzern aus anderen Fachrichtungen sehr einfach vorkommen, müssen sehr lange geübt werden, um natürlich zu wirken, und verlangen ungewöhnliche Körperspannung und Konzentration. Tatsächlich wurden aus den 6–8 Proben, die ich vorgesehen hatte, fast doppelt so viele.

Die Arbeit mit den Rhythmikstudenten war sehr anregend: Nicht nur ihre Bereitwilligkeit, sich diesen »neuen« Tanzstil anzueignen, sondern auch ihre Fragen und Einwände zeigten ihr Interesse. Die Freude, mit der sie tanzten und »movimenti« improvisierten, ihre Fähigkeit, Regieanweisungen auszuführen, und das Vertrauen, das sie mir entgegenbrachten, waren Erlebnisse, die ich nie vergessen werde. Ursel Fischer-Bernlöhr bin ich dankbar dafür, daß sie mir diese Erfahrungen ermöglicht hat. Meistens ergänzten sich unsere Ansprüche jeweils für Musik und Tanz, aber auch Gegensätzliches hat zu einer fruchtbaren Zusammenarbeit beigetragen.

Kurzbiographien der Künstler

Die Musiker

Jürgen Banholzer* (Altus)
Kirchenmusikstudium und Gesangsausbildung

Frank Schilling* (Laute, Vihuela)
Studium in Gitarre und Laute

Kerstin Bögner* (Blockflöte, Gambe)
Blockflötenstudium und Ensembleleitung

Daniela Deutsch* (Blockflöte, Schlagwerk)
Studium in Blockflöte und Musikalischer Grundausbildung

Mathias Göckler* (Schalmei)
Studium in Blockflöte und Oboe

Tanja Braun (Blockflöte)

Susanne Rieman (Blockflöte)
Blockflötenstudium

Veronika Vogel (Blockflöte)
Blockflötenstudium

Die Tänzer

Stefan Schatz*
Schulmusikstudium, Organisationsprogrammierer, Tanzleiter, Barocktänzer

Christian Schlegel
Rhythmikstudium, Bewegungs- und Improvisationstheater und Barocktanz

Theresia Hörl
Erzieherin, Rhythmikstudium, Unterricht in Blockflöte und Barocktanz

Heike Pfreundner
Eurhythmiestudium, Rhythmikstudium, Unterricht in Blockflöten- und Barocktanz

Die mit * bezeichneten Personen sind inzwischen feste Mitglieder im Ensemble »Contre-Temps« Stuttgart, unter der Leitung von Ursel Fischer-Bernlöhr

Daniela Mallmann (Tanzeinstudierung)
Französisch- und Englischlehrerin, Kurstätigkeit in Renaissancetanz

Ursel Fischer-Bernlöhr (Projektleiterin, Sprecherin)
Erzieherausbildung und Rhythmik- und Blockflötenstudium. Seit 1975 Dozentin für das Fach Blockflöte und seit 1990 Dozentin für Barocktanz im Rhythmikseminar der Musikhochschule Stuttgart und seit 1993 Dozentin für Historische Tänze und Geschichte der Historischen Tanzmusik an der Ballettfachschule Ronecker, Fellbach

Duo Favori

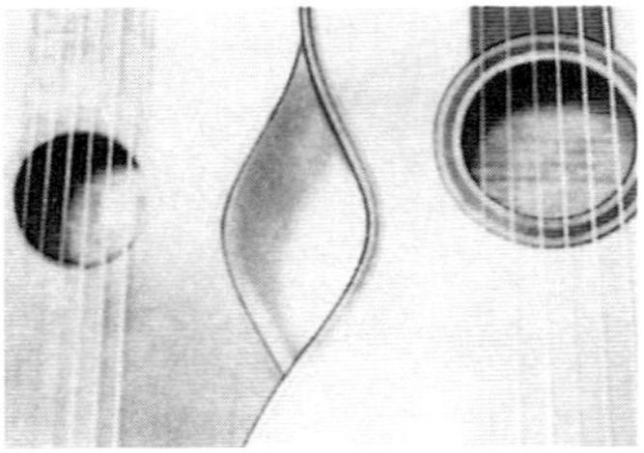

Bei dem großen Empfang des Oberbürgermeisters spielte das renommierte Gitarren Duo Favori im Rathaus Schwäbisch Hall zwei »Diferencias« von Antonio de Cabezón (1510 – 1566) und zwei anonyme »Canon Duos« aus der gleichen Zeit.

Frank Armbruster geboren 1960 Erster Gitarrenunterricht bei Jacques Cavert 1983 –87 Studium an der Staatlichen Hochschule für Musik und Darstellende Kunst Stuttgart bei Prof. Dr. Mario Sicca 1987 Abschlußdiplom 1987–90 Aufbaustudium in der Konzertklasse von Prof. Luis Martin Diego an der Hochschule für Musik in Trossingen 1990 Künstlerische Reifeprüfung Meisterkurse u.a. bei Manuel Barrueco, Frank Bungarten und José Tomas

Barbara Gräsle geboren 1966 Erster Gitarrenunterricht bei Johan de Blaauw 1980–86 Unterricht bei Prof. Dr. Mario Sicca 1986–90 Studium an der Staatlichen Hochschule für Musik und Darstellende Kunst Stuttgart bei Prof. Dr. Mario Sicca 1990 Abschlußdiplom 1990–95 Studium in der Konzertklasse von Frank Bungarten am Konservatorium Luzern Preise bei »Jugend musiziert« und beim Wettbewerb des Verbands Deutscher Tonkünstler Meisterkurse u.a. bei David Russell, Thomas Müller-Pering und Roberto Aussel 1993 Konzertexamen

Konzert-Matinee in der Hospitalkirche Schwäbisch Hall:

»Lucrezia Borgia und andere Frauengestalten in der italienischen Oper des 19. Jahrhunderts«

Leitung: Klaus Nagora

Staatliche Hochschule
für Musik
und
Darstellende Kunst
Stuttgart

Ursprünglich hatten die Veranstalter damit geliebäugelt, die ganze Oper »Lucrezia Borgia« von Donizetti durch Studierende der Opernklasse der Staatlichen Hochschule für Musik und Darstellende Kunst aufführen zu lassen. Abgesehen von den Kosten, die den zur Verfügung stehenden Etat bei weitem überschritten hätten, ist die Oper im Hinblick auf die außerordentlichen gesanglichen Schwierigkeiten der Partitur schon im normalen Opernrepertoir sehr selten, völlig ungeeignet aber ist sie für junge Stimmen, die noch nicht auf dem Höhepunkt ihrer Reife, ja noch nicht einmal am Ende ihrer Ausbildung sind.
So entwickelte Klaus Nagora die Idee, im Sinne des Gedankens, daß Lucrezia Borgia gerade im 19. Jahrhundert eine Repräsentationsfigur männlicher Phantasie wird, verschiedene Frauengestalten der italienischen Oper dieser Zeit vorzustellen. Nagora gewann drei Studentinnen und studierte mit ihnen das Programm ein. So entstand ein Zyklus von Arien, der wie eine tönende Bildergalerie eine Reihe verschiedener Frauenportraits zeigte.
Die drei jungen Sängerinnen standen vor der besonderen Aufgabe, am hellen Vormittag, in einem nicht abzudunkelnden Raum, ohne Theaterscheinwerfer, ohne Kulissen, ohne Kostüme Skizzen aus großen dramatischen Werken zeigen zu müssen.
Ernst Poettgen von der Stuttgarter Staatsoper, der die »Inszenierung« im strengen Sinne des Wortes »in Szene setzen«, übernahm, hat nachträglich ein paar Gedanken skizziert:
»Stichworte als *unfrisierte Gedanken* –
Das Abenteuer mit der Psychotechnik:
Unsere drei Sängerinnen hatten die Aufgabe, zunächst die genaue Innenlage der von ihnen darzustellenden Figuren zu erspüren und diese psychische Befindlichkeit wie einen »als-ob«-Zustand in sich aufzubauen. Erst von ihm aus können sie ja mit dem Publikum in die erwünschte Partnerschaft treten. Das ist von den drei ja sehr verschiedenen Individualitäten gebenüber ebenso verschiedenen darzustellenden Figuren sehr gut erfüllt worden.
Besonders, wenn im Falle der Benutzung einer Fremdsprache die semantische Schiene der Wort-Kommunikation sehr erschwert ist, kommt der körpersprachlichen Inhaltsvermittlung eine ganz besonders wichtige Rolle zu. Auch hier: starkes Kommunikationsfeed-back für unsere drei. Sehr erfreulich.

Der Verzicht auf illustrative Szenen-Elemente (es gab nur Chiffren) fordert das Ergänzungsverhalten des Publikums auf besondere Weise und fördert die Lust an der eigenen Mitkreativität.
Hier wäre das Lob für ein intelligentes Publikum am Platze«.
Wenn Poettgen das Publikum lobt, soll nicht versäumt werden, Poettgen selbst zu loben.
Mit Charme und großer Erzählgabe skizzierte er mit wenigen Worten die Oper, aus der die jeweils nächste Arie gesungen werden sollte, führte mit Humor oder mit einfühlsamer Wärme auf die Stimmung hin, in der die nächste Frau ihre Stimme erklingen ließ. Ein Stuhl und ein Kissen waren die einzigen Gegenstände auf der Bühne und bekamen von Poettgen geweils neue Eigenschaften, wurden in die Gegenstände verwandelt, die auf der Bühne nötig waren.
Er selbst war manchmal stummer Partner der Frauen, so daß eine dialogische Atmosphäre entstand, trotz seiner stummen Rolle und seiner zurückhaltenden Gestik.
Die jungen Sängerinnen reagierten auf diese zarte Kulisse, die in die Phantasie der Zuschauer hineingezaubert wurde, mit so viel schauspielerischem Temperament, daß der Zuschauer am Ende des Konzertes wie gebannt war und meinte, all die gesungenen Frauenschicksale tief und zur Gänze erlebt zu haben.
Die künstlerische Qualität der Darbietung wurde vollkommen durch die vorzüglichen Stimmen und die ausgereiften Interpretationen der Arien. Die hervorragende Klavierbegleitung von Steven Hess machten dieses Konzert zu dem würdigsten Abschluß der Veranstaltung von Künstlern und Wissenschaftlern, den man sich wünschen konnte.

Migumi Adachi, Sigrun Schell und Heike Stadtmann

Programm zur Konzert-Matinee am Sonntag, 31. Mai 1992, 11.30 Uhr. Hospitalkirche

Lucrezia Borgia und andere Frauengestalten in der italienischen Oper des 19. Jahrhunderts

Leitung:	KLAUS NAGORA.
Sängerinnen:	MIGUMI ADACHI, SIGRUN SCHELL, HEIKE STADTMANN
Pianist:	STEVEN HESS
Kommentar:	ERNST POETTGEN

Die Rolle der »Lucrezia Borgia« in Donizettis gleichnamiger Oper stellt eine für das 19. Jahrhundert typische Frauengestalt dar. Aber es gibt noch andere davon sehr verschiedene Auffassungen der Frau in der Oper. Die Opernklasse der Staatlichen Hochschule für Musik und Darstellende Kunst Stuttgart stellt sich mit ihrem Beitrag zu dem Kongreß die Aufgabe, einen Blick auf die Frauengestalten der italienischen Oper im 19. Jahrhundert zu richten. Es werden Arien von Rossini gesungen, von der Rosina aus dem »Barbier von Sevilla«, der Cenerentola und Desdemona aus seinem »Othello«. Danach wird Donizettis Lucrezia und ihre Favoritin zu hören sein, und nochmals Desdemona, doch diesmal mit der Stimme G. Verdis, des Großmeisters dieser Epoche. Schließlich wird Puccinis verliebte Lauretta aus dem »Schicchi« zu hören sein und mit der tragischen »Butterfly« wird der große Bogen durch das 19. Jahrhundert in unser Jahrhundert hineingeführt.

Das universelle Theater hat ebenso wenig wie das wirkliche Leben die Tragödie von der Komödie ausdrücklich getrennt gehalten. Einer der Faktoren für die Auswahl der Beispiele war uns, die Vielfalt der Auffassung der weiblichen Rolle in der italienischen Oper zu zeigen. Die Gestaltung der Programmteile erfolgt ohne jeden szenischen Aufwand in konzentrierter Form. Wir haben uns auf die Projektion der Innenspannung der jeweiligen Frauengestalt konzentriert. Gerade dieser psycho-technische Teil der Erarbeitung einer Rollengestaltung stellt eine wesentliche Station auch im Werdegang der Persönlichkeitsentwicklung unserer Studierenden dar.

Nagora/Poettgen

Ernst Poettgen, Steven Hess und die drei Sängerinnen

Gruppo di Musica Popolare

Während des Festes spielte eine Gruppe italienischer Musiker, die unter dem Namen »Gruppo di Musica Popolare« auftreten, volkstümliche Musik aus Mittel- und Süditalien.
Sie vermittelte in glücklicher Weise zwischen dem historischen Thema und der Gegenwart des Abends. Bis in den frühen Morgen spielten sie italienische Lieder aus verschiedenen Zeiten.

Programm:

Tänze: Zumpariello. Saltarello abruzzese. Saltarello calabrese. Tantarella.
Canti: Canti d'amore. Filastrache.

Gruppo di Musica popolare Stuttgart

Stimmen, Rhythmen, Lieder und Geschichten aus Süditalien

»Gruppo di Musica Popolare« hat sich als Ziel gesetzt, die traditionelle Musik, Lieder und Rhythmen aus Süditalien zu recherchieren und auf Originalinstrumenten einem breiten Publikum darzustellen und zu vermitteln. Traditionelle Musik heißt für die Gruppe:

> Auseinandersetzung mit Rhythmen und Texten auf der Grundlage von persönlichen Erfahrungen und musikalisch-literarischen Quellen.
>
> Gebrauch von akustischen und zum größten Teil Originalinstrumenten wie Mandoline, Mandola, Gitarre, Chitarra battente (Wölbgitarre), Blockflöte, Akkordeon, Maultrommel, Reibtrommel (Putipù) sowie verschiedenen Arten von Percussionsinstrumenten (Tammorra, Tamburelli, Cerchietti, Tamburo a bacchetta, Nacchere usw...).

Mitglieder und Instrumente der Gruppe:

Waldemar Eistermeier:	Mandoline, Mandola, Akkordeon, Percussion
Ulla Blase:	Blockflöten, Percussion, Voce
Salvatore Voi:	Gitarre, Voce
Salvatore Catania:	Gitarre, Kontrabaß, Voce
Enzo Coraci:	Chitarra battente (Wölbgitarre), Percussion
Antonio Lo Bello:	Tammorra, Tamburello und verschiedene Percussionsinstrumente und Voce
Salvatore Lo Bello:	Tontechnik.

Film

Das kommunale Kino: Kino im Schafstall

Auch Verfilmungen des Borgia-Themas sollten auf dem Kongreß gezeigt werden. Peter Ege besorgte folgende Borgia-Verfilmungen:

1. Richard Oswald: ***Lucrezia Borgia,*** **Deutschland 1922**

2. Abel Gance: ***Lucrèce Borgia,*** **Frankreich / Italien 1951**

3. Christian Jaque: ***Lucrèce Borgia,*** **Frankreich / Italien 1953**

4. Werner Schröter: ***Liebeskonzil,*** **Deutschland 1981**

Die Filme wurden im Wechsel abends nach den Theatervorstellungen und noch einmal alle hintereinander am Sonntag nach der letzten Veranstaltung gezeigt, so daß interessierte Besucher Gelegenheit hatten, alle Filme kennenzulernen.
Eine besondere Attraktion waren die Vorführungen des Stummfilms von Oswald. Der Pianist Michael Schlierf begleitete an beiden Abenden die Filme original auf dem Piano. Der Applaus war zu Recht anhaltend, denn Schlierf, der den Film offensichtlich gründlich studiert hatte, bewirkte durch sein einfühlsames Spiel, daß der Zuschauer sich ganz und gar in die zwanziger Jahre versetzt fühlte.

Lucrezia Borgia
Der große gewaltige Monumental-Film
7 Akte
Regie: Richard Oswald
HH

ALLIANZ FILM ZEIGT
Lukrezia Borgia
EIN FARBFILM IN TECHNICOLOR VON CHRISTIAN-JAQUE
Regie: Christian-Jaque Drehbuch: Jacques Sigurd, Christian-Jaque, Cecil Saint-Laurent · Dialoge: Jacques Sigurd Kamera: Christian Matras · Bauten: Robert Gys · Ton: Jacques Carrere und Lucien Lacharmoise · Musik: Maurice Thiriet Schnitt: Jacques Desagneaux · Kostüme: Marcel Escoffier
Produktionsleitung: Alexandre Mnouchkine, Francis Cosne, Georges Danciger
PERSONEN: DARSTELLER: DTSCH. SPRECHER:
Lukrezia Borgia .... Martine Carol .... Marion Degler
Cesare Borgia .... Pedro Armendariz .... Ullrich Haupt
Herzog von Aragon .... Massimo Serato .... Ernst Kuhr
Julie Farneze .... Valentine Tessier .... Lilly Towska
Magier .... Louis Seigner .... Gerhard Geisler
Micheletto .... Arnoldo Foa .... Richard Münch
Paolo .... Christian Marquant .... Jürgen Goslar
Vanna .... Tania Fedor .... Paula Lepa
Botschafter .... Georges Lannes .... Kurt Meister
Notar .... Howard Vernon ... Alfred Carlos Werner
Perotto .... Maurice Ronet .... Jürgen Wilke
Zweg .... Pieral .... Frank Barufsky
Deutsche Fassung: Internationale Film-Union, Remagen · Manuskript und Regie: Georg Rothkegel · Ton: Werner Strötzel · Schnitt: Anny Lautenbacher
Eine italienisch-französische Gemeinschaftsproduktion Ariane - Filmsonor - Francinex, Paris / Rizzoli, Rom
Das sündige Rom zur Karnevalszeit des Jahres 1498 ... Übermütig schäumt die ausgelassene Menge durch die festlich beleuchteten Straßen und über die tanzfrohen Plätze hin, ganz dem Taumel des buntwimmelnden Maskentreibens verfallen. Inmitten des Jubels, des Leichtsinns und der tausend Verführungen schwirren zischend zwei tödliche Pfeile. Sie finden ihr Opfer ... Der bunte Reigen, die Musik verhalten jäh, jeder weiß: Des allmächtigen Cesare Borgias Rache hat wieder einen Rivalen ausgelöscht! Und weiter geht der tolle Mummenschanz, noch wilder und feuriger sprühen die Fackeln ...
Zwei Fremde sehen es mit Entsetzen. —
„Lukrezia Borgia hat ihn mir geschenkt!" grölt ein junger trunkener Soldat und reckt die Hand mit dem kostbaren Ring. „Und ich habe sie besessen! Jetzt wartet sie wieder auf mich!" brüstet er sich vor den Kurtisanen. Tobendes Lachen antwortet ihm. Aber auch die Wachen haben seine Lästerworte gehört.

Illustrierte
Film-Bühne
Nr. 1148
EDWIGE FEUILLERE in
LUCREZIA
BORGIA

1. Installationen und Rauminszenierung von Thomas Urban

Der Installations- und Videokünstler Thomas Urban übernahm zusammen mit Martina Petereit die Gestaltung des Hospitalhofs, der Schauplatz des Renaissance-Festes wurde, das seine Tore auch den Bürgern Schwäbisch Halls öffnete, die nicht an den anderen Veranstaltungen des Kongresses teilgenommen hatten.
Die Gestaltung einer verbindenden Atmosphäre war daher das Ziel der Arbeiten des Künstlers. Die verschiedenen Örtlichkeiten der Stadt, die mit dem Geschehen des Kongresses in irgendeiner Weise verbunden waren – Plätze und Häuser, dazu gehörten auch die Hotels, in denen Gäste wohnten, sollten zu einem großen Raum verknüpft werden, der die Besucher zu jeder Zeit mit dem Anlaß ihres Aufenthaltes verband und diejenigen, die nicht daran teilnahmen, aufmerksam machte auf das Ereignis, das sich in der Stadt abspielte.
Mit einer aufwendigen Plakatgestaltung, mit Spruchbändern und einer Borgia-Fahne, die von allen beteiligten Gebäuden – das heißt von mehr als einem Dutzend Häusern – flatterte, wurde das Ziel erreicht. »Man« wußte um die Borgia, alle künstlerischen Veranstaltungen waren ausgebucht, die Vorträge waren bestens besucht und zu dem Renaissance-Fest kamen an die tausend Gäste. »Schwäbisch Hall im Borgia Fieber« meinte ein Tourist lachend, der sich, neugierig geworden, spontan zu dem Kongreß entschloß und alle vier Tage als treuer und begeisterter Gast blieb.
Während des Festes wurde deutlich, daß es Urban nie allein um den Raum, sondern in gleichem Maße um die Gestaltung der Zeit geht. Sorgfältig plante er Musik und Licht als Mittel, den Abend zu gliedern, Zäsuren zu schaffen, die Aufmerksamkeit auf die jeweils anste-

henden Programmpunkte zu lenken und für wechselnde Spannung oder auch für Entspannung der Festbesucher zu sorgen.
Das Zeltdach, das er für den Fall von schlechtem Wetter gespannt hatte, war in der warmen Mainacht nicht notwendig gewesen, erwies sich aber als eine sinnvolle Gliederung des großen Hofes und verbarg geschickt wenigstens einen Teil des häßlichen Baugerüstes, das wegen der laufenden Renovierungsarbeiten des Hauses nicht entfernt werden konnte.

2. Das Festprogramm

Am Samstag abend fand bei herrlichem Wetter in dem Innenhof des Gebäudekomplexes Hospitalkirche und Goethe-Institut das große Renaissance-Fest statt.
»Von Zivil bis Kostüm« war die Devise für die Kleiderordnung, damit die Referenten sich gleich nach der Podiumsdiskussion in das Festgetümmel stürzen konnten und dennoch diejenigen, die Spaß an Spiel und Verkleidung fanden, Gelegenheit hatten, sich im Stile der Renaissance zu kostümieren. Eine ganze Reihe von Gästen zitierte den Anlaß zumindest mit einem Kleidungsstück, einem Hut, einer Maske oder einer Waffe und viele Besucher waren komplett im Stile der Renaissance kostümiert.
Es geschah, was wir insgeheim erhofft hatten: es gab ein halbes Dutzend Lucrezia Borgias auf dem Fest und sicher nicht weniger Cesares. Auch der Papst war mehrfach vertreten, allein schon, weil die Schauspieler der verschiedenen Theatergruppen in ihren Kostümen geblieben waren.
So zeigte das Fest anschaulich, was sich als Resumée der Podiumsdiskussion ergeben hatte, die den wissenschaftlichen Teil des Kongresses abschloß: Es gibt nicht eine wahre Lucrezia Borgia, sondern so viele, wie es Menschen gibt, die sich ein Bild von ihr machen.
Während des Festes gab es verschiedene Programmpunkte. Zu Beginn wurde in der Hospitalkirche das bereits beschriebene Theaterstück von Swinburne aufgeführt. Im Anschluß war das Renaissance-Konzert mit den Renaissance-Tänzen. Die vier Szenen der Performance verteilten sich vom Beginn bis zum Ende des Abends.
Zwischendurch war ein Feuerschlucker zu sehen, und eine Giftbar – »Cantarella-Bar« – die so nach dem berüchtigten Gift der Borgia hieß – sorgte für Getränke, die schauerlich aussahen und köstlich schmeckten.
Zwischen den einzelnen Vorführungen spielten die italienischen Musiker: Gruppo di Musica Popolare, deren volkstümliche Musik eine heitere, italienische Atmosphäre erzeugte, die zu dem Stil der ganzen Veranstaltung paßte und dennoch die Gäste zu späterer Stunde zum Tanzen verlockte.
Für das lukullische Wohl sorgte der italienische Gastronom Ribellato gemeinsam mit den Mitarbeitern seines Schwäbisch Haller Restaurants. Die Speisen entsprachen den Eßgewohnheiten Italiens um 1500. Auf dem offenen Feuer wurde Fleisch gebraten, grob geschnittenes Gemüse brutzelte in großen Töpfen, runde Brotfladen waren auf den Tischen. Alexander VI. Borgia liebte schlichtes Essen und schätzte kein großes Raffinement bei Tisch – was ihm mancher seiner Hofherren und Kardinäle verübelte – aber er mochte süßen Nachtisch aus roten Früchten. Die Legende berichtet, daß er seinen Feinden bevorzugt in Rotwein oder in dieser Süßspeise das Gift reichte. Man sah in dem dunklen Rot nicht,wie es die Speise verfärbte, und man schmeckte es nicht in den süßen Früchten. Ribellatos rote Fruchtspeise jedoch war sehr bekömmlich und fand in dieser heißen Nacht viel Zuspruch. Das

Fest ging bis in die frühen Morgenstunden. Die italienischen Musiker saßen am Schluß mit den Veranstaltern und den letzten Gästen um einen Tisch, spielten auf ihren Gitarren und sangen dazu, bis es hell zu werden begann.

3. Das Organisations-Team:

Kunst- und Kulturform Schwäbisch Hall

Je näher der Kongreß rückte, desto drängender wurden die organisatorischen Probleme, die nicht das große Konzept, sondern die zahlreichen Kleinigkeiten betrafen, die vor Ort geklärt werden mußten. Wenn die Not am größten ist ...

In einem Moment, als das ganze Unternehmen beinahe drohte an diesen Dingen zu scheitern, bot sich eine kleine Gruppe junger Leute aus Schwäbisch Hall an, bei der organisatorischen Durchführung behilflich zu sein. Sie nannten sich Kunst- und Kulturforum und waren gerade erst im Aufbau ihrer geplanten Aktivitäten. Sie sagten ihre Hilfe zu, ohne Geld zu verlangen. Die Erstattung entstehender Unkosten erbaten sie und eine Anerkennung ihrer Arbeit durch Nennung ihres kleinen Vereins. Die jungen Leute suchten eine Chance, sich im Bereich der Kulturarbeit in ihrer Stadt Schwäbisch Hall zu bewähren.

Und sie haben sich bewährt. Liebenswürdige Hilfsbereitschaft, unermüdlicher Arbeitseinsatz Tag und mehr als eine Nacht, gepaart mit einer präzisen Organisation, Pünktlichkeit, Zuverlässigkeit und einer Professionalität, die man bei arrivierten vergleichbaren Firmen wird lange suchen müssen, haben diese Gruppe zu einem wesentlichen Bestandteil des gesamten Kongresses gemacht.

Szenen während des großen Renaissancefestes

Nicht nur, daß ohne sie vieles nicht so gut und manches gar nicht gelungen wäre, sondern auch, daß sie durch ihren Einsatz ermöglichten mit Zuversicht und Schwung das eigentliche Ereignis nach all den erschöpfenden Vorbereitungen im wahrsten Sinne des Wortes »über die Bühne zu bringen«. Jeder konnte sich auf seine Arbeit konzentrieren, weil Martina Petereit und Thomas Urban die Basis solide im Griff hatten. Im Namen aller Kongreßteilnehmer gratulieren wir dem Kunst- und Kulturforum zu seinen Räumen in der Brauerei, die es sich mit der Arbeit an dem Borgia-Kongreß wahrlich verdient hat.

4. Vorbereitung auf das Projekt Borgia

Der Verein Kunst- und Kulturforum wurde im Herbst 1991 gegründet. Ziel dieser Institution ist es, das vorhandene künstlerische und kulturelle Engagement zu unterstützen, indem die Möglichkeiten zur Zusammenarbeit, zur Entfaltung und zum Austausch gefördert bzw. geschaffen werden.

In diesem Sinne engagierte sich das Kunst- und Kulturforum für das Zusammenwirken der Beteiligten am Borgia-Kongreß 1992 und zeichnet verantwortlich für die Organisation der Abschlußveranstaltung.

Die Arbeit des Kunst- und Kulturforums sah konkret folgendermaßen aus:

- Im Rahmen des Kongresses waren Gespräche zu führen mit allen beteiligten Institutionen und Kulturträgern in Schwäbisch Hall.
- Termine mußten aufeinander abgestimmt werden.
- Kontakt und Austausch gewährleistet sein zwischen Hausmeistern, Amtsleitern, Sekretariaten, Künstlern, Schauspielern und Helfern und den Organisatoren aus Stuttgart.
- Der Verein Kunst- und Kulturforum hat das Werbekonzept für den Kongreß mitentwickelt und gestaltet. (Stadteinfahrtstafeln, zwölf Fahnen im Stadtgebiet)
- Für Kaffee und Erfrischungen während der Tagungspausen wurde gesorgt.
- Gestaltung und Ablauforganisation des Renaissancefestes im Hospitalhof lag im Verantwortungsbereich des Kunst- und Kulturforums. Hier galt es ebenfalls zu koordinieren, zu organisieren, phantasievoll und kompetent den Hof zum passenden Ambiete für die päpstliche Borgia-Familie und ihre Gäste zu machen.
- Aus Aluminiumstangen und zwei 6–8 m großen Zeltplanen wurde die Überdachung für einen Teil des Hofes gebaut.
- Die Beleuchtung und die Dekoration wurde vom Kunst- und Kulturforum z.T. organisiert und z.T. selbstgestaltet.
- Darbietungen während des Festes, wie z.B. die Rauminszenierung des päpstlichen Festmahles der Borgias, wurden vom Kunst- und Kulturforum ermöglicht.
- Das komplette ›catering‹ (Toiletten, Geschirrmobil, Verpflegung, Einlaß usw.) wurde organisiert und überwacht.

Das Projekt Borgia-Kongreß und das Renaissancefest war für das Kunst- und Kulturforum eine sehr wichtige Bewährungsprobe, im kulturellen Umfeld gemeinsam mit der Stadtverwaltung Kompetenz, Verläßlichkeit und Engagement zu beweisen.
Das Kunst- und Kulturforum hat inzwischen fast 100 Mitglieder und ist in Schwäbisch Halls Kulturlandschaft präsent und im Sinne der Vereinsziele aktiv.

Stadtführung

»Schwäbisch Hall um 1500«

Am Sonntag morgen fand sich bei schönstem Wetter, trotz der langen Nacht zuvor, eine Gruppe von über fünfzig Besuchern ein, die das Angebot wahrnahmen, sich von dem damaligen Direktor des Hällisch-Fränkischen Museums Harald Siebenmorgen durch das mittelalterliche Schwäbisch Hall führen zu lassen. Viele Besucher des Kongresses waren zum ersten mal in Hall und waren bezaubert von den Schönheiten des Ortes.

Schwäbisch Hall um 1500 ist ein Gemeinwesen, das – seit dem 13. Jahrhundert Reichsstadt – in wirtschaftlicher Blüte und städtebaulichem Aufbruch war. Verfassungskämpfe zwischen Adel, Kirche und Bürgertum galten Macht in der Stadt. Aber der mächtiger werdende städtische Rat sorgte für entscheidende architektonische und bildkünstlerische Erneuerungen, die das Stadtbild Halls bis heute prägen. Die Führung umfaßt mit St. Michael, dem Marktplatz den Herrengassen und der Befestigung beim Limpurger Tor wesentliche Punkte der Stadtentwicklung Halls im 15. und 16. Jahrhundert.

Die Wirkung

Das Ergebnis

Der interdisziplinäre Kongreß, der unter dem Thema »Die Borgia – eine Renaissance-Familie im Zwielicht« anläßlich des 500. Jahrestages der Thronbesteigung Papst Alexanders VI. Borgia stattfand, realisierte ein ungewöhnliches Kulturprojekt. In Zusammenhang mit sieben Institutionen zweier Städte gelang es, wissenschaftliche und künstlerische Zusammenarbeit von insgesamt achtzehn Disziplinen zu verwirklichen. Der Saal während der wissenschaftlichen Vorträge war durchgehend auf allen Plätzen besetzt, alle Theatervorstellungen während der vier Tage ausgebucht, bei der großen künstlerischen Abschlußveranstaltung kamen an die tausend Besucher. Das sind Zahlen, die sich im Zusammenhang mit einem so ungewöhnlichen Projekt sehen lassen können. Das finanzielle Ergebnis war entsprechend befriedigend und die Kalkulation ist im Wesentlichen eingehalten worden.

Über den Kongreß wurde ungewöhnlich breitgestreut und ausschließlich positiv in der Presse berichtet. Die Abendschau des SDR sendete einen ausführlichen Film, sechs Rundfunkstationen brachten insgesamt neun Interviews. Die Mappe mit den Artikeln der Tagespresse umfaßt über vierzig Artikel. Die ungewöhnliche Kombination von wissenschaftlicher und künstlerischer Arbeit fand durchgängig große Anerkennung. Mehrfach wurde die viertägige Veranstaltung als »Gesamtkunstwerk« bezeichnet. In Spanien erschienen in zwei Nummern der Wochenzeitung »Els Temps« je acht Seiten lange reich bebilderte Artikel. Die historische Zeitschrift »Afers« in Valencia schließlich veröffentlichte den gesamten wissenschaftlichen Teil des Kongresses in katalanischer Sprache dabei wurde die Hälfte der Beiträge vollständig abgedruckt, die anderen in gekürzter Fassung. Außerdem sind aus dem Kongreß wissenschaftliche Artikel in italienischen Zeitungen hervorgegangen, eine Buchpublikation aus dem Bereich der Literaturwissenschaft in Deutschland und die Übersetzung desselben Buches ins Spanische.

Der große Erfolg der Veranstaltung und die vorzüglichen Ergebnisse auf wissenschaftlicher und künstlerischer Ebene, haben die Stadt Schwäbisch Hall und die Universität Stuttgart bewogen, noch einmal Geld zu investieren, um dieses Kulturprojekt zu dokumentieren.

Reaktionen in der Presse

Folgende Zeitungen haben berichtet:

Backnanger Kreiszeitung
Kocherbote
Der Patriot – Lippstadt
Esslinger Zeitung
FAZ Frankfurter Allgemeine Zeitung
Flugasche
Fränkische Nachrichten
Fränkischer Anzeiger
Haller Tagblatt
Hamburger Abendblatt
Heilbronner Stimme
Hohenloher Monatsmagazin
Hohenloher Tagblatt
Hohenloher Zeitung
Ipf- und Jagstzeitung
Kreiskurier
Kultur
Ludwigsburger Kreiszeitung
Münchner Abendzeitung
Murrhardter Zeitung
Nordwestzeitung Oldenburg
Pforzheimer Zeitung
Reutlinger Generalanzeiger
Rundschau
Salzburger Nachrichten
Schweinfurter Volkszeitung
Sindelfinger Zeitung
Stader Tagblatt
Stuttgarter Nachrichten
Stuttgarter Unikurier
Stuttgarter Zeitung
Tauberbischofsheimer Zeitung
Thema–Bericht–Impuls–Diskussion

El Temps Valencia
Storia e Dossier Florenz

Das Fernsehen brachte eine Life-Sendung aus dem Kongress in der Abendschau.

Außerdem wurden in verschiedenen Rundfunksendungen Interviews zu dem Kongreß gesendet:

Süd-West-Funk Baden Baden
SDR 1, 2, und 3
Hessischer Rundfunk
NDR

Liebe, Macht und Verbrechen

Die Borgia haben die Phantasie der Geschichtenerzähler angeregt

Papst Alexander VI. im Jahre 1503 so schreibt ein Chronist, flogen Teufel ...nem Zimmer umher, und sieben affen...che Ungeheuer hielten an seinem To...tt Wache. Kochende Flüssigkeiten ...amten aus dem rabenschwarzen Leich..., und im Petersdom heulten die Höllen...de. Der venezianische Gesandte Marino ...udo, der so Schauerliches zu berichten ...ß, ist sich sicher: Der Papst aus de... der Borgia stand mit dem ... Bunde. Sanudo stand kein... einung. Wäh... 516 bra...

ist für Niccolo Machiavelli („Il Principe") das Sinnbild des glorreichen Renaissance-Fürsten, ein Jahrhundert später für den protestantischen Dramatiker Barnabe Barnes das Werkzeug des Teufels.

Wer vermag das Dickicht der Geschichten und Legenden, der Deutungen, Interpretationen und Verfremdungen noch zu entwirren und die historischen Figuren wiederzufinden? Eine Spurensuche führt nach Spanien. Dort, in Jativa bei Valencia wurde der spätere Papst Alexander VI. 1431 als Rodrigo Borgia geboren. Als 22jähriger ging er nach Italien, um Kirchenrecht zu studieren, wurde nur fünf Jahre später Kardinal und Vizekanzler der Kirche und 1492 mit Hilfe seines Reichtums Nachfolger von Papst Innozenz VIII.

Das sprichwörtliche Glück der Borgia war ... ihm während seines ...

...burger Abendblatt – Nr. 273 – Seite 3

...es Fest der ...

Von Yvonne Deininger

...strengem Blick, das päpstli...upt links und rechts von ...ensionalen ... weiblichen ...gestützt, beobachtet Papst ...der VI. den Einzug der Gä...en Hof der Schwäbisch Hal...pitalkirche zum Höhepunkt ...ertägigen Borgia-Kongres...n Renaissancefest. Mi...

ließen das ... großen S... zahlreiche... Morde ... doch Inze... tigten die... Sterben ... der Her... gleichna...

Vor 500 Jahren trat Rodrigo Borgia als Papst Alexander VI. sein Amt in Rom an

Ein Ungeheuer auf dem Thron Petr...

Rahmenprogramm zum Borgia-Kongreß; das Renaissancefest:

Ein Abend im 15. Jahrhundert

„Prachtentfaltung" im Hospitalhof / Kostümierung erwünscht

SCHWÄBISCH HALL (ral). Zum Höhepunkt des Borgia-Kongresses, der nach dem Willen der Veranstalter eher ein „Festival der Sinne" sein soll, geben sich Akteure aus allen Kunstrichtungen am Samstag, 30. Mai, ab 18.30 Uhr ein Stelldichein im Hof der Hospitalkirche. Es gibt M... Theater und natürlich etwas zu essen, und das all... prächtigen Rahmen. Wenn es regnet, findet da... trotzdem statt.

...begleitet hiel-... Pra... Stü...

EL TEMPS

...15 de juny 1992 ... Any ... Núm. 417 · Setmanari d'infor...

MÓN BOR...

Els segles no han atenuat l'interès pels Borja, els valencians que ponderaren sobre els destins d'Europa des del Vaticà. EL TEMPS, en el cinquè centenari Borja, publica la primera part d'un diccionari que va més enllà de la llegenda negra.

Borgia-Kongreß vor...

Univer... „aufs ...

Das Löwenbraue...

SCHWÄBISCH HALL (rh... noch eine dritte Variante... könnte es die Abwahl se... Karl Friedrich Binder, Ob... bei dem Gedanken an ei... Stadt Schwäbisch Hall h... Die Kocherstadt wird vo... platz einer Begegnung n...

Ein Renaissance-Festival

Ein Kongreß der Uni Stuttgart in Hall

Die Geschichte der Familie Borgia – ...

...ur Kolumbus! Vor 500 Jahren mach...ner Wahl zum Papst. „Die ...Kongreß von Uni-... 31. Mai

Und weiter: Die Nolo-Bühne Stuttgart zeigt „Lucrezia Borgia" in der Lö...we...auerei, die mit ihrem hohen Ka...nd den Zinnen an den Palas... Ferrara erinnert und ei... des experimen...wird. Ein weil... der F...

Victor Hugos Lucre...

Eine spannende Inszenierung in der alten H...

...menprogramm zum Borgia-Kongreß: Ausstellungen

Der Papst und seine Kinder im Bild

...HFM, Goethe-Institut, und Akademie der Künste präsentieren die Borgia-Rezeption ... Das Hällisch-Fränkische ...tellung der Familie ... Bücher

zeitgenössischen Künstler beleuchtet die H...mie der Künste das „faszinierende Thema ... Erotik. Den Bilderbogen rundet das Goet... mit einer Foto-Ausstellung über das „... ...", die Papstwohnung im Vatikan.

Facettenreiche gesa...

Konzert-Matinee würdigte die Borgia

(X) Eingebunden in Kongreß und Ausstellung „Die Borgia – eine Renaissance-Familie" fand in der Hospitalkirche ein Matinee-K...

mit kleinster Schrift, fast ... Lupe zu entziffern, enthie... Namen der Sängerinnen...

orde und Intrigen

nem einzigen
werden, das
e hatte.
„nur" zwei,
rigen beschäf-
der Festgäste.
ncesco Borgia,
Gandia, in dem
skizzenhaften
Algernon Char-
das für diesen
ntinnen des an-
Universi-
wurde.

Freude für die Sinne – Herausforderung an den Geist

Der Kongreß „Die Borgia, eine Renaissance-Familie im Zwielicht" dauert vom 28. bis 31. Mai

HWÄBISCH HALL (ral). Zahllose Geschichten und Legenden ranken sich um die Familie der Borgia ...er, Machtmißbrauch und Eroti... die den meisten ... zia Borgia ...

...nst, Literatur und Theater heute aufgearbe... he weniger um die wissenschaftliche Ergr... Frage, was ist nun wirklich wahr, legte die ... nisatorin Marion Hermann-Röttgen gesten i... sekonferenz im Haller Rathaus dar. So möch... eranstaltung auch eher als Festival für... als wissenschaftlichen Kongreß ... illkommen sind alle Intere...

ahmenprogramm zum Borgia-Kongreß; Filme ur...

Arien aus dem 19. Jahrh... Filme von 1922 und 1...

...o im Schafstall zeigt Lucrezia Borgia von einer an...

...ÄBISCH HALL (ral). Das Kino im Schafstall greift in ...-Kongresses vom 28. bis 31. Mai die Verfilmungen des Stoffes auf. In ...lmen „Lucrezia Borgia" von 1922 und „Liebeskonzil" von 19... unterschiedliche Ansatzpunkte deutlich. Die Filme sind an ...minen zu sehen: „Lucrezia Borgia" am 28. und 29. Mai ... und am Sonntag, 31. Mai um 14 Uhr. Das ...

Vor 500 Jahren trat Rodrigo Borgia als Papst Alexander VI. sein Amt in Rom an

Ein Ungeheuer auf dem Thron Petri

Von THOMAS FRANKENFELD

Anno domini 1492, in jenem denkwürdigen Jahr also, als der Genueser Christoph Ko... ...

...bastion der Borgias mit Feuer und Schwert.

Dabei sterben die Ge... der Borgias wie... Man ...

...enprogramm zum Borgia-Kongreß: Theateraufführungen

...rauerei wird Borgia-Palast

...aufführungen aller Art ziehen sich durch die Kongreßtage

...eraufführungen aller Art wird ...al). Die alte Löwenbrauerei wird ... Hall zu Ferrara. Diese ... fertig-...

...gebot ist auf 50 Besucher beschränkt. Etw... anderes hat die Kabarettistin Klara Höfels in ... ihrer „Lucrezia Borgia" will sie die Frau als ... ...dukt des Mannes entlarven. Sie gastiert ... ab 20.30 Uhr im Theaterkeller.

...s 31. Mai in Hall:

...ät kommt ...che Land"

...nde wird zur Spielfläche

...offe, daß es wenigstens für mich ...che Tod und Irrenhaus. Für mich ...spä... schleichen Dr. ...

Frankfurter Allgemeine Zeitung

Lucrezia lebt

Deutsche Szene: Schwäbisch-Hall arbeitet die Papstgeschichte auf

...orgia-Kongreß:

...zia?

...nnende Streitfrage:

2 : 1 für Luc...

...n Vortrag von Dr. Schüller-Piroli und zur Podiumsdiskussion

...CHWÄBISCH HALL (ade). War Papst Alexander VI. mit dem Teufel im Bunde? War Cesare ein Brudermörder? War Lucrezia wirklich eine schamlose Giftmörde-rin? War sie femme fatale oder hilflose Papsttochter? Hatte sie eine Beziehung zu ihrem Bruder? Es gibt tausend ungeklärte Fragen zur Familie der Borgia. Doch ... 500 Jahren läßt sich häufig nicht mehr klären, was wirklich war und was ... In elf Vorträgen und einer Podiumsdiskussion versuchten namhafte ... auf dem Schwäbisch Haller Borgia-Kongreß der Wahrheit ei... Besondere Beachtung verdiente hierbei der Vortrag d... Dr. Susanne Schüller-Piroli, auf den hier nä...

Die Legende der Borgia-Familie

Ewiges Spiel um Liebe, Macht und Verbrech...

...Borgia

...enbrauerei

...che Leistung

...ienischen Oper

dern es gilt, die gesangliche Leistung zu loben in ih...

Papa Papst und die ewige Lucrez...

...„one- woman-show" als Urtypus der Frau die Jahrhunde...

Klara Höfels durcheilt in ihrer „one- woman-show" als Urtypus der Frau die Jahrhunde...

SCHWÄBISCH HALL (–). Lucrezia Borgia lebt. Noch immer schlägt sie sich mit von Männern geprägten Klischees herum, nach wie vor soll sie Lustobjekt bleiben, noch immer steht ihr ... handelndes Subjekt ihrer eigenen Wünsche, ihrer ... dennoch, ist es vorbei mit ihrer ...

Klara Höfels machte in ihrem Programm „Lucre... geschrieben von Christian Duda, inszeniert vo... Achmed Gad Elkarim, die historische Kons... typisierten Frauenfigur deutlich. Bei der Premie... nerstag war der Theaterkeller ausverkauft, der ... che Monolog war am Freitag im Rahmenpro... ...noch einmal zu sehen.

Ausschnitte aus Leserbriefen:

Volkmann, R., Bibliothekarin
Der Kongreß war ein Gesamtkunstwerk.

Zieseln, M., Studienrat
Ein köstlicher Dialog zwischen Legende und Geschichte.

Seeber, U., Anglist
Der Kongreß war informativ und untehaltsam, dulce et utile.

Moritz, A., Hausfrau
Ein Festival der Sinne.

Lawick, H., Journalistin
Erstaunliche Vielfalt neben Gelehrsamkeit und Gemütlichkeit.

Gerber, H., Ministerialrat
Dieser Kongreß ist wahrhaft »Fröhliche Wissenschaft« gewesen... Tage von bewundernswerter kultureller Spannweite... Eine selten köstliche Synthese aus kundiger und kritischer Durchdringung von Vergangenem und heiterer Beschwörung im Gegenwärtigen...

Spriblle, M., Arzt
Der Kongreß war grandios.

Gebhard, C., Buchhändlerin
Das Abschiedskonzert war ein furioses Erlebnis, man war wie betrunken.

Wir bedanken uns bei den Förderern der Publikation

Universität Stuttgart

Stadt Schwäbisch Hall

Bausparkasse Schwäbisch Hall AG

Buchhandlung Gebhard

Daimler-Benz AG

Kreissparkasse Schwäbisch Hall – Crailsheim

Landesbausparkasse Stuttgart

LG Stiftung: Kunst und Kultur,
Landesgirokasse Stuttgart

Sparkassen-Versicherung AG Stuttgart

Stiftung Würth Künzelsau

Südwest LB Stuttgart

Volksbank Schwäbisch Hall